이재명 '민주당의 반란'과
12.3 비상계엄

# 이재명 '민주당의 반란'과 12·3 비상계엄

도서출판 **오색필**

우리 사회는 현대사에 들어 위기가 아닌 적이 없었다. 그러나 이번 12.3 계엄 사태보다 더 큰 위기는 없을 것 같다. 그만큼 절박했는지도 모른다.

지난 12월 3일이다. 늦은 저녁 아들이 계엄이 선포됐다고 알려줬다. "무슨 난데없이 계엄이야"하고 TV를 보니 윤석열 대통령이 비상계엄을 선포했다고 난리가 난 듯 보도하고 있었다. "뭐야? 정말이란 말야?" 믿기지가 않았다. 정치가 개판인 것을 알았지만 그렇다고 계엄까지 할 시기인가? "더 망가질 때라야 계엄을 하는 것이지 아직은 국민들이 체감하지도 못할 텐데"하는 생각이 뇌리를 스쳤다.

그런데 TV를 보니 국회에 나타난 계엄군이 좀 어설프게 보였다. 그 숫자도 너무 적었으며, 특전사부대원들이 민간인들에게 밀리는 모습이다. 행동도 굼뜨고 … 생경스런 풍경이다. 과거의 계엄은 탱크부터 앞세웠는데 이게 무슨 계엄인가? 그러더니 얼마 안 돼서 국회에서 계엄 해제가 의결되었다. 뭐가뭔지 벙벙한 느낌이다. 계엄이 무슨 장난도 아니고… 국회는 도대체 대통령이 계엄을 선포했으면 뭣 때문에 했는지 심의를 해야 하는 것 아닌가. 덮어놓고 해제부터 해야 하는 것인가.

그리고 대통령은 자유민주주의를 수호하고, 종북 반국가세력을 척결하겠다고 계엄을 했으면 성공해야 하는 것 아닌가? 무책임하게 선포만

해놓고 해제되면 도대체 계엄을 왜 했다는 말인가? '무슨 계엄을 아무런 준비나 계획도 없이 하는가' 하는 생각이 들었다.

그러나 87 헌법 체제에서는 평시 계엄을 하면, 국회에서는 즉시 계엄을 해제할 수 있게 되어있다. 그러니 지금과 같이 이재명의 민주당이 다수의석을 점유한 경우에는 계엄선포는 무의미하다. 그런 계엄을 무엇 때문에 해서 이렇게 나라를 흔들고 국민들을 고생시키는지 모르겠다.

그러나 그렇더라도 그 계엄은 목적성을 두고 살펴보면 정당하다. 계엄군이 국회에 출동해서 국회를 봉쇄하더라도 국회가 헌정질서를 파괴하는 행위를 하는 한 대통령은 국민으로 부터 부여받은 헌법수호의 사명자로서 국회를 봉쇄시키고 국회의 기능을 제한하거나 중단시키는 행위가 헌법에 저촉되지 않으며, 그 같은 행위는 헌법 수호자로서 정당하다. 다만 그 행위가 여러 선택 수단 중에서 최선의 선택이라고 장담할 수는 없다. 다만 그 계엄으로 인해 나라가 무너질까 봐 애국적인 자유민주 국민들이 엄동설한 눈보라 속에서도 총 궐기하여 민주당의 패악질이 널리 알려졌다. 그로 인해 잠자던 국민들, 2030세대, 그리고 호남인들이 기적처럼 살아났다는 것은 정말로 감사할 일이다.

자유민주 국민들이 나라를 살리고 대통령의 체면이라도 살린 것이다.

12.3 비상계엄에 대해 찬반 논란이 많지만 12.3 계엄으로 인해 나라가 무너질 뻔할 위기를 맞기도 했지만 그것으로 인해 민주당의 입법 독재, 줄 탄핵, 이재명 방탄 야단법석, 예산 폭거 등의 패악질이나 부정선

거의 실상이 많은 국민들에게 알려지는 계기가 되기도 했다. 특히 2030 세대와 많은 국민들, 그리고 호남에서 윤석열 대통령에 대한 지지율이 30% 이상이 나오는 기적이 일어났다.

그러나 대통령은 탄핵되고 파면되어 그로 인해 대선정국이 열려 전과 4범에 대형범죄 혐의가 덕지덕지 붙은 이재명 체제가 들어설 판이다. 그의 지지도는 고공행진을 경신하는 기이한 현상으로 이 나라에 위기가 찾아오고 있다. 다수의 횡포로 개헌법률을 만들어 국민투표를 거치지 않고 국회에서 제정하는 연성헌법을 하기라도 한다면 이 나라는 어떻게 될 것인가?

이 모든 위기가 12.3 비상계엄으로 열린 것이다.

대통령이 이 나라의 위기를 국민들에게 알릴 의지만 있다면 계엄보다 좋은 방법은 얼마든지 있다. 시간이 더 걸리더라도 가장 확실한 방법을 통해 하는 것이 좋은 것이다. 앞서도 지적했지만 계엄방식은 경고성이든 아니든 곧바로 해제되어 실효성이 없다. 그렇기 때문에 대통령 주재 하에 각계분야의 전문가들, 시민운동가들과 함께 정기적인 국민 대토론회나 국민 대공청회를 개최하여 부정선거나 민주당의 패악질 등을 구체적인 증거를 가지고 알리는 것이 효과적이다. 정말 대통령이 이 나라를 사랑하고, 이 나라의 자유민주주의를 위했다면 이렇게 국민들에게 알릴 수 있는 자리를 만들어줬어야 한다. 그렇게 해서 전민과 전관, 전군에게 부정선거의 실체와 민주당의 패악질, 종북 반국가세력의 행태를 낱낱이 밝혀주었어야 했다. 그렇게 했다면 이 나라의 자유민주주의는 반석 위에 굳게 세워졌을 것이다.

그런데 12.3 계엄 사태는 불난 집에 부채질하듯 민주당은 내란몰이로 대통령을 끌어내리기 위해 탄핵부터 국회에 상정하여 탄핵하고, 헌법재판소는 파면하는 데 혈안이 된 듯했다. 자유민주주의를 실망스럽게 지키는 정당이 국민의힘이지만 국민의 눈에는 미덥지가 않다. 개혁하기만 하면 좌클릭이며, 좌익들이 주장하는 5.18 헌법전문 수록 등을 주장해야 개혁인 줄 아는 모양이다.

어떤 나라든지 그 나라의 자유민주주의 수준이나 정치 수준은 그 나라의 국민의 의식 수준을 따라가는 법이다. 그렇기 때문에 그 나라의 흥망은 그 나라 국민의 뇌 속에 자리 잡은 의식에서 좌우된다.

우리 정치사에서 정말 특이한 현상이 이재명 현상이다. 그는 전과 4범에다 12개의 범죄혐의로 5개의 재판을 받고 있음에도 불구하고 민주당을 개조하여 이재명 중심의 일극 독재체제를 구축했다. 그래서 다수당의 횡포로 국회를 좌지우지한다. 민주당도, 국회도 그의 손바닥 안의 공기돌처럼 됐다. 그러니 29번의 줄 탄핵을 해도, 23번의 정쟁 특검법을 발의해도, 독단적 예산 폭거를 자행하여 2년 반 동안 국정을 마비시켜도 이재명밖에 없다는 것이다. 이제 이재명은 민주당의 아버지가 됐다. 수령님의 반열에 오른 것이다. 거짓말을 입에 달고 살아도, 형과 형수에게 온갖 쌍욕을 퍼부어도, 국민의 세금으로 언론홍보비를 물쓰듯 사용해도,

심지어 일반 국민의 한 달 평균 과일 값의 30배가 넘는 과일을 경기도 법인카드로 사 먹어도 이재명을 지지하는 인간들은 요지부동이다.

도대체 그들의 민주주의는 무엇이며, 그들의 개혁과 공정은 무엇인가? 이재명의 저런 행동이 민주적으로 보이고, 정의롭게 보이고, 공정하게 보이는가? 이들은 과연 이재명이란 인간에 대해서 얼마나 알고 있을까? 알면서도 그런 건가? 아니면 겉모습만 알고 있는 것인가? 필자는 그들이 정말 얼마나 알고 있는지 몹시 궁금했다.

필자는 고심 끝에 『이재명 '민주당의 반란'과 12.3 비상계엄』을 쓰기로 결심했다. 우선 정보를 찾는 일이 너무나 힘들었다. 악착같이 숨겼기에.... 해석의 여지가 있는 것은 ' '로 표시했다.

이 책은 이 나라의 자유민주주의와 정의와 공정을 지키기 위한 수많은 언론인들과 지식인들의 피와 땀과 눈물로 만들어진 기사들과 저서들을 체계적으로 집대성하여 이재명의 실체를 낱낱이 밝힌 것이다. 또한 자유민주주의를 지키기 위해 광화문이나 대한문에서 비가 오나 눈이 오나 자유민주 전선을 지키며, 부정선거를 막기 위해 몸부림쳐온 모든 이들이 이 책의 공동 저자들이다. 필자는 그저 이분들의 숭고한 정신과 정성과 신념을 전달하고 대변하고자 최선을 다했을 뿐이다. 부족한 부분은 필자의 부덕의 소치이며, 너그럽게 해량해 주시기를 바란다.

– 포천 어느 후미진 심심산천에서 –

# 2. '일 잘한다'는 이재명의 허위사실

# 제II장
# '구국의 12.3계엄' 선포의 발단

## 1. 민주당의 집권 야욕과 윤석열정부 허물기

# 3. '구국의 12.3 비상계엄' 선포

———

# 이재명 '민주당의 반란'

# 1.
# 이재명 독주의 태동


## '이재명의 거짓 상징'의 대표적 행태

### '거짓의 상징' 이재명의 굽은 팔

이재명은 15살 때 야구글러브와 스키 장갑을 만드는 대양실업에 취업하여 가죽을 재단하는 과정에서 프레스에 눌려 손목관절이 으스러졌다고 한다. 왼손 손등으로 내려오는 두 개의 뼈중 안쪽 뼈만 자라고 바깥쪽 뼈는 자라지 않아 손목관절과 함께 팔이 굽어서 일명 '굽은 팔'이라고 했다. **"한쪽 관절이 아예 없어서 근육으로 버티고 있을 뿐이니 아파서 팔운동을 하기도 쉽지 않다. 나는 한 손으로 넥타이를 매야 한다. 한쪽 손목뼈가 없으므로."**(이재명, 『굽은 팔』, 김영사, 2017.2.3., pp.56~60) 왼손은 한쪽 손목뼈가 없이 힘줄로만 움직일 수밖에 없다는 주장이다.

그런데 이재명의 말은 금방 거짓임이 드러났다. 넥타이도 못 맨다는 왼손으로 넥타이를 매고 있는 모습이 사진으로 드러났으며[1], 그 손으로 함마를 휘두르는가 하면 떡메도 찧고 있었다. 그는 자신의 굽은 팔로 '장애인 행세'를 하여 장애인들의 표를 많이 얻었다. 소년 시절의 장애가 치유되어 정상적으로 사용할 수 있어도 장애인인지는 모르겠다.

게다가 이재명은 인권변호사가 되기 위해 허위 봉사활동서를 받아서 민변에 제출, 인권변호사 행세를 하고 다녔다는 것이다. 이는 2014년 6월 1일 당시 성남시 시의회 예결위원장으로 있었던 정기영 위원장이 시의회 회기 중에 양심선언을 함으로써 밝혀졌다. 그는 **"이재명 후보는 민선5기 성남시장 출마를 준비하던 4년 전의 이력을 '인권변호사'로 포장했습니다. 제가 회장으로 있던 장애인단체에 "인권변호사가 되겠다"며 전화를 했고, 민변에 제출하기 위한 허위 봉사활동서를 받아갔습니다. 그리고 이재명 후보는 민선5기 민주당 성남시장후보 공보물에 '성남을 지켜 온 인권변호사'라고 내걸었고, 이를 활용해 민선5기 시장으로 당선될 수 있었습니다."[2]** 라고 폭로했다.

1  stormche 2009, 「[경찰제출 동영상 원본] 이재명 성남시장 철거민 집단폭행의 진실」, 2016. 12. 16., https://youtu.be/d-FuQX3UB08

2  뉴데일리, 「""거짓으로 얼룩진 비도덕 이재명, 시민 심판해야" 신영수 측 "이재명은 사이비 인권변호사"…李 측 "고발할 것"」, 2014.06.01., https://www.newdaily.co.kr/site/data/html/2014/06/01/2014060100119.html

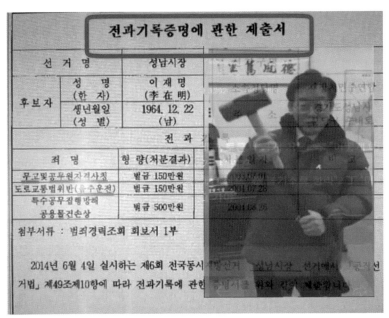

| 전과기록증명에 관한 제출서 | | |
|---|---|---|
| 선 거 명 | 성남시장 | |
| 후보자 | 성 명 (한 자) | 이재명 (李在明) |
| | 생년월일 (성 별) | 1964. 12. 22 (남) |
| 전 과 기 | | |
| 죄 명 | 형 량(처분결과) | |
| 무고및공무원자격사칭 | 벌금 150만원 | |
| 도로교통법위반(음주운전) | 벌금 150만원 | |
| 특수공무집행방해 공용물건손상 | 벌금 500만원 | |
| 첨부서류 : 범죄경력조회 회보서 1부 | | |

2014년 6월 4일 실시하는 제6회 전국동시 ... 선거 ... 성남시장 ... 선거 ... ...
거법」 제49조제10항에 따라 전과기록에 관한 ...

▲ 이재명은 공장에서 손목을 다쳐 넥타이도 한 손으로 맨다더니 그 무거운 함마를 양손으로 잘만 들어 올린다. 군대 갈 때는 장애판정을 받았는지는 모르나 함마를 들고 떡메를 찧을 정도면 장애에서 벗어난 것 아닌가. 정상적으로 손목을 사용할 수 있다면 장애인 코스프레는 그만 멈춰야 한다.【출처 : 페이스북】

이처럼 감성팔이 거짓말의 극치를 달리고 있는 이재명을 향해 김부선 씨는 2021년 7월 18일 페이스북을 통해 "이재명, 지긋지긋한 그 감성팔이 제발 좀 멈추라"며 "내게 총각이라 속이고 접근할 때도 훌러덩 벗고 그 팔부터 보여줬다"고 주장했다. 김 씨는 "그때는 나도 속았고 울기도 했었다"며 "감성팔이가 여전히 먹힌다는 걸 넌 일찍부터 터득했던 거다"라고 말했다.

김 씨는 "가난이 죄는 아니다만 너처럼 자랑할 일도 아니다"라며 "사형수 조카 면회는 갔었느냐 질문에 뱀처럼 못 들은 척 도망가네. 소름이

다. 소름"이라고 당시 경기도 지사였을 때의 이 지사를 비판했다.[3]

　이재명 후보의 장애 감성팔이는 상습적인 데가 있다. 실상 밝혀진 것을 보면 손목뼈가 부러져 없어서 넥타이도 한손으로 맨다고 하면서 양손으로 자연스럽게 매는 모습을 여러 번 보여줬으며, 왼손 장애 감성팔이 할 때는 아무것도 못할 것처럼 말하다가 그 손으로 드라이도 하고 면도질도 하며, 식사를 하면서 신문을 펼치고 자연스럽게 넘기면서 본다.[4] 또 윈드서핑과 바다낚시도 하고[5] 오함마도 휘두르고, 떡메도 치고, 무거운 서류도 들고 다닌다. 어렸을 때 장애가 나으면 그것이 영원한 장애인인가? 불리할 때는 장애인, 유리할 때는 건강하게 사용하는 내로남불 장애 감성팔이꾼이 이번 대선에 출사표를 던졌다.

3　시사저널, 「이재명, 소년공 시절 '굽은 팔' 공개…김부선 "지긋지긋한 감성팔이"」, 2021.07.18., https://www.sisajournal.com/news/articleView.html?idxno=221009

4　sbs, 「1회 동상이몽2_너는 내 운명」, 2017.07.10.(월), https://programs.sbs.co.kr/enter/dongsang2/vod/52007/22000236575

5　①SBS Entertainment, 「물 만난 이재명, 감탄 끌어낸 '서핑 실력' @동상이몽2 - 너는 내 운명 8회」, 2017.08.28., https://www.youtube.com/watch?v=raOlu_JvJKA ②SBS Entertainment, 「김혜경, 이재명과 신혼 첫날 낚시한 기억에 '절레절레' @동상이몽2 - 너는 내 운명 8회」, 2017.08.28., https://www.youtube.com/watch?v=AppDHsVi330

▲ 「굽은 팔」 출판기념회에서 굽은 손이라고 하고 약간 굽은 팔만 보여줌.
【출처 : 출판기념회에서 촬영된 사진들중에 페이스북에 공유된 사진】

▲ 손목이 부러져서 넥타이도 한손으로밖에 못맨다는 이재명.. 손 번쩍, 넥타이도 매고 심지어 함마도 휘두른다.【출처 : 이재명 블러그】

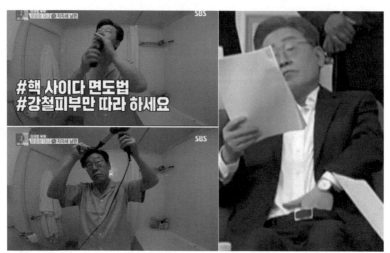

▲ 비록 프레스기에 눌려 왼 손목뼈가 없다고 하지만 능숙하게 면도와 드라이하는 왼쪽 손은 정상인보다 건강하고 튼튼하게 보인다. 카메라기자들 앞에서도 고추(?)쪽이 가려워서 왼손으로 긁으면서 서류를 본다.【출처 : sbs, 1회 동상이몽2(2017.07.10.) 캡처사진(좌)과 뉴데일리 기사에서 캡처 편집(우)】

▲ 왼 손목뼈가 없어서 넥타이도 못맨다는 이재명은 윈드서핑은 물론 왼손으로 바다낚시도 즐기고, 무거운 서류도 들고, 오함마를 휘두르는가 하면, 그 무거운 오함마를 왼손 하나로 드는 괴력의 소유자다.【출처 : 대한경제(2022.02.02.)와 뉴스1(2021.06.30.)】

이재명의 장애 감성팔이가 심하다고 본 민경욱 전 의원은 자신의 페이스북에

"어이, 이재명. 휜 팔? 장애? 그걸로 군복무를 면제 받았다고?

ㅎㅎㅎ, 나랑 왼팔이 똑같구먼. 나는 초등학교 4학년 때 자전거포에서 자전거 빌려 타다가 야트막한 다리에서 떨어져서 왼팔이 부러졌어. 집에 돈이 없어서 접골원에 가서 대강 맞추고 통깁스를 한 뒤에 풀어 보니 팔이 휘었더군. 나도 어렸을 때 휜 팔 때문에 마음 고생 좀 했지. 하지만 난 그때부터 왼팔 운동을 많이 해서 왼손 팔씨름이 더 세. 그리고 나도 1984년 5월 논산 신병 훈련소 갔더니 신체검사를 다시 하는데, 왼팔의 굽은 각도와 시력 때문에 병역 면제에 해당할 수 있다는 얘기를 들었었어. 하지만 나는 무슨 소리냐며 군복무를 지원했어. 그래서 당당하고 자랑스러운 육군 병장 만기 제대자야. 같은 조건이라도 다르게 극복하면, 군 미필자라고 민주당 대선주자들 사이에서 따돌림 당하고, 국민들 상대로 감성팔이 하고, 김부선 씨에게 조롱 당하며 구차하게 살지 않아도 돼. 병역 문제는 잘 모르지만 고건 前 총리도 어렸을 때 팔이 부러져서 왼 팔이 저와 똑같더군요. 그런 사람 많습니다. 그러니 어려서 팔 다치신 분들, 기죽지 말고 열심히 삽시다! 파이팅!"하고 장애 감성팔이 그만하고 건강하게 살라고 위로겸, 충고를 했다.[6]

---

6    민경욱, 2021년 7월 19일, 페이스북 게시글.

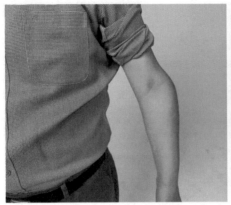

▲ 왼쪽의 이재명 후보는 왼 손목뼈가 없다고 군면제받고, 장애 감성팔로 『굽은팔』이란 책도 내고, 그 팔을 이용하여 가짜 장애인 봉사활동서를 받아 인권변호사도 되고, 성남시장도 됐다. 반면에 오른 쪽의 민경욱 전 의원은 심각한 장애를 극복하고 정상적인 생활을 하면서 나라의 근본을 흔드는 부정선거 투쟁에 올인하고 있다.[출처 : 민경욱전의원 페이스북]

  위의 민경욱 의원의 페이스 게시글을 그의 페친인 임영자 씨가 2021년 7월 19일 자신의 페이스북에 공유하면서 **"이재명과 민경욱의 팔은 쌍둥이? 똑 같은 장애인데도 이재명은 군대도 안 가고 그걸 장애라고 감성팔이 하고 민경욱은 안 갈 수도 있는 군대를 만기병장 제대하고…… 됨됨이를 보여주는 단면이다."**고 이재명의 장애 감성팔이에 대해 직격했다.[7]

7   임영자, 2021년 7월 19일, 페이스북 게시글.,
    https://www.facebook.com/share/p/1CUkcBsDm2/

▲ 왼손 손목뼈가 없어서 넥타이도 못맨다는 이재명은 무거운 함마는 잘도 든다. '오함마' 선물 받은 이재명 성남시장… "부패 기득권 세력 부숴버릴 것"이라 했다.【출처 : 천지일보, 이재명 성남시장 페이스북 캡처 및 sns에서 캡처】

▲ 왼손 손목뼈가 없어서 한 손으로만 넥타이를 매던 이재명 후보는 양손으로 능숙하게 넥타이를 맸다. 놀라운 기적이 아닐 수 없다. 뼈가 없는 손목으로 말이다. 그의 거짓말은 끝이 없다.【출처 : sbs, 1회 동상이몽2(2017.07.10.) 캡처사진】

▲ 손목뼈가 없어도 힘줄로만 떡메도 잘치는 '굿모닝 떡집'의 이재명【출처 : 에펨코리아(2022.01.21.)】

　　이재명에게 있어서 소년시절 장애가 없었다면 그의 인생은 어떻게 되었을까? 이재명 정도의 두뇌는 차고 넘치는 세상이다. 그러나 머리가 좋으면서 장애인인 정치인은 드물다. 그는 자신의 장애로 인권변호사가 됐고, 동정표와 장애인표를 얻어 성남시장에 당선되는 데 적지 않은 영향이 있었다고 본다. 그것으로 책을 냈고, 그것으로 가난팔이를 하여 기본시리즈와 3무정책을 펼 수 있었으며, 다수의 서민층을 바탕으로 성남시장이나 경기도지사, 민주당 대표를 할 수 있었다고 본다. 무한 경쟁사회에 있어서는 다른 사람이 갖지 못한 한두 가지의 요인이 현격한 차이를 갖게 하는 것이다.

　　이재명에게 있어서 굽은 팔은 그의 출세가도에 있어 전부라 해도 과언이 아니다. 굽은 팔로 그의 인생은 고통스런 시기가 있었을 것이나 굽은 팔의 위력은 그의 인생을 좌우할 정도로 대단했다. 그는 그런 장애를 극복해 인간승리를 이룬 내용이 뭇사람들에게 감동을 주고 동정과 용기와 희망을 함께 주었다고 본다. 그러니 전과 4범이 문제가 아니고 불륜이 문제가 아니고 거짓말을 입에 달고 살아도 이재명 지지자들에게는 그런 것이 문제가 되지 않았다. 또한 자기 형과 형수에게 입에 담지 못할 개쌍욕(굿바이이재명에 상세히 나왔다)을 해도 문제가 되지 않았으며, 명백한 대장동·백현동 대형비리 혐의에도 문제가 되지 않게 되었다는 판단이다. 이미 그들에게 이재명은 굽은 세상을 곧게 하는 '굽은 팔 신앙'의 대상이 된 것 같다. 범인은 동굴 속 우상으로부터 깨어나기는 힘들다. 마음을 다해 지지했던 우상과 같은 사람을 떠난다는 것은 대단히 어려운 일이다. 그만큼 미련이 많기 때문이고 설마 그게 사실일까하는 의심을 떨쳐바릴 수 없는 것도 우상으로부터 벗어날 수 없게 하는 요인이다. 그러나 떠나든 떠나지 않든, 지지하든 지지하지 않든 이재명 후보에 대해 우리 국민과 이 나라의 미래를 위해 냉정하고도 객관적으로 바라볼 필요가 있다. 그것이 그를 위한 길이고, 이 나라와 국민은 물론 자기 자신들을 위하는 길이다. 우상에 대한 열망보다 자신의 행복과 국리민복, 그리고 이 나라의 미래가 더 중요하기 때문이다.

만일 이재명에게 장애가 없었다면 그는 성남시장도, 경기지사도, 민주당 당대표나 대선후보에도 못 올라왔을지도 모른다. 그만큼 그의 굽은 팔의 위력은 상상 이상이다. 그의 '굽은 팔 처세'는 출세를 놓고 보면 압권이다. 그러나 그가 말하듯 정말로 손목뼈가 없다고 하는 그 왼 손목을 이용해서 일상생활에서 능숙하게 정상인처럼 사용하고 있다면 그것은 둘 중에 하나는 거짓이다. 과거에는 장애였으나 지금은 정상임에도 장애 감성팔이로 국민을 기만하는 것이 아니라면 정말로 장애임에도 아픔을 내색하지 않는다는 것이다. 그렇지만 아무리 보아도 필자가 보기에는 건강하고 튼튼한 '곧은 팔'을 '굽은 팔'이라고 하는 것으로 보인다. 그의 '굽은 팔'이 필자의 눈에만 이상한 것인가?

## 철거민들에게 폭행당했다고 깁스한 이재명 시장

1. '철거민들에게 집단 폭행당했다'고 한겨레와 인터뷰하는 이재명

철거민에 집단폭행당한 이재명 성남시장
"단체장에 대한 폭력은 민주주의 파괴"

김기성 기자  +구독                 등록 2011-11-24 22:45

가'

▲ 2011년 11월 24일 한겨레 신문과 인터뷰하는 '인간철판' 이재명 성남시장.


    2016년 12월 16일 stormche2009의 유튜브 동영상 《[경찰제출 동영상 원본] 이재명 성남시장 철거민 집단폭행의 진실》에는 당시 이재명 성남시장이 철거민과 몸싸움하는 모습이 담겨있다. 이재명은 그 과정에서 넥타이가 풀리자 양손으로 넥타이를 매려다가 오른손으로 삿대질을 하면서 언성을 높이는 장면이 나온다. 그 후 이재명은 양손을 이용하여 넥타이를 풀고 난 이후 철거민과의 몸싸움은 완전히 끝났다. 이재명의 팔

에는 긁힌 흔적도 찾아볼 수 없을 정도로 아무 이상이 없었는데 그 후 부상도 당하지 않은 이재명이 팔에 기브스한 뒤 **철거민 11명을 집단폭행 및 업무방해로 고소**했다. 이재명 성남시장은 어느 병원에서 자신의 팔을 기브스해주었는지는 모르나 저렇게 기브스를 했다는 것은 팔의 뼈에 이상이 있을 정도의 피해를 입었어야 한다. 그러나 동영상 속에서의 이 시장은 오른쪽 손과 왼쪽 손을 권총 손가락 모양을 한채 힘차게 삿대질하면서 고함치는 모습을 볼 때 외형상 아무렇지도 않게 보였다. 그런데 100만 성남 시장이란 자가 그러한 팔에다 기브스를 하고 집단 폭행당했다고 언론과 인터뷰를 통해 천연덕스럽게 보여주는 철면피한 짓을 아무런 양심의 가책도 없이 해낸다는 것이 놀라울 뿐이다. 만일 저 동영상이 없었다면 철거민들은 이 시장의 주장대로 대거 연행되어 폭력수사로 형사처벌을 받았을 것이다.

## 2. 이재명 성남시장 '철거민 집단폭행의 진실'

〈철거민 집단폭행의 진실 1〉

**[경찰제출 동영상 원본] 이재명 성남시장 철거민 집단폭행의 진실**

▲ 철거민 한 명이 이재명 시장에게 달려들면서 이재명의 몸통을 잡으려는 장면

〈철거민 집단폭행의 진실 2〉

**[경찰제출 동영상 원본] 이재명 성남시장 철거민 집단폭행의 진실**

▲ 이재명이 오른 팔꿈치로 철거민을 거세게 밀면서 때리기 직전 상황. 수행원 한 명이 철거민의 오른
손과 팔목을 잡는 장면

〈철거민 집단폭행의 진실 3〉

[경찰제출 동영상 원본] 이재명 성남시장 철거민 집단폭행의 진실

▲ 이명의 오른 손바닥이 철거민의 얼굴을 빠르게 가격하기 직전의 장면이며, 수행원 한 명이 철거민의 오른 손과 팔을 완전히 잡고 있다.


〈철거민 집단폭행의 진실 4〉

[경찰제출 동영상 원본] 이재명 성남시장 철거민 집단폭행의 진실

▲ 이재명의 오른 손바닥이 철거민의 얼굴을 빠르게 가격하여 철거민이 동시에 방어하면서 이재명의 멱살을 잡는 모습이다.

〈철거민 집단폭행의 진실 5〉

[경찰제출 동영상 원본] 이재명 성남시장 철거민 집단폭행의 진실

▲ 이재명이 철거민의 얼굴을 빠르게 가격하자 철거민이 맞고 밀리는 순간 이재명은 몸을 빼고 철거민은 동시에 이재명의 멱살을 잡고 있는 모습.


〈철거민 집단폭행의 진실 6〉

[경찰제출 동영상 원본] 이재명 성남시장 철거민 집단폭행의 진실

▲ 이재명이 철거민의 얼굴을 가격한 손을 거둬들이고 있는 모습이며, 철거민은 계속 이재명의 멱살을 잡고 있다.

〈철거민 집단폭행의 진실 7〉

[경찰제출 동영상 원본] 이재명 성남시장 철거민 집단폭행의 진실

▲ 철거민이 다시 한번 이재명에게 달려드는 모습.


〈철거민 집단폭행의 진실 8〉

[경찰제출 동영상 원본] 이재명 성남시장 철거민 집단폭행의 진실

▲ 수행원들이 이재명과 엉거붙은 철거민을 떼어내는 모습.

〈철거민 집단폭행의 진실 9〉

[경찰제출 동영상 원본] 이재명 성남시장 철거민 집단폭행의 진실

▲ 수행원들이 철거민을 밀어내자 이재명은 양손으로 엉클어진 넥타이를 가다듬고 있다.


〈철거민 집단폭행의 진실 10〉

[경찰제출 동영상 원본] 이재명 성남시장 철거민 집단폭행의 진실

▲ 양손으로 넥타이를 매고 있다가 오른 손으로 삿대질하면서 철거민을 향해 소리치는 이재명. 양 손목이 아무 이상이 없다는 증거다. 손가락도 정상인과 아무런 차이가 없이 손가락이 권총잡이 모습이다.

〈철거민 집단폭행의 진실 11〉

**[경찰제출 동영상 원본]** 이재명 성남시장 철거민 집단폭행의 진실

▲ 왼손으로 권총잡이 삿대질하고 있는 이재명 시장

〈철거민 집단폭행의 진실 12〉

**[경찰제출 동영상 원본]** 이재명 성남시장 철거민 집단폭행의 진실

▲ 〈철거민 집단폭행의 진실 11〉은 이재명 시장이 왼손으로 권총 모양을 한 채 소리치는 모습이며, 12는 사건이 종료되어 이재명 시장이 청사로 돌아가는 모습이다.

'이재명 성남시장 철거민 집단폭행의 진실'의 캡처사진에 대한 시간대별로 보면 〈철거민 집단폭행의 진실1, 2, 3, 4, 5, 6, 7, 8, 9 ,10, 11, 12〉의 순서이다. 11월 16일 동영상에서는 〈철거민 집단폭행의 진실 1~8〉까지의 몸싸움 이후 〈철거민 집단폭행의 진실 9, 10, 11〉은 양손으로 넥타이를 매무새하면서 왼팔과 오른팔로 삿대질하는 모습이고, 12는 사건이 종료되어 이재명이 양팔이 멀쩡한 상태로 조용히 돌아가는 모습이다. 그런데 11월 24일 한겨레와의 인터뷰 사진에는 철거민들에게 집단폭행 당해 오른팔에 깁스를 한 모습을 보여주고 있다. 또한 그의 비서인 백씨는 '목뼈가 부러졌다'고 병원에 목깁스를 하고 드러누웠다. 이재명 시장은 철거민 11명을 대상으로 집단폭행 및 업무방해 혐의로 고소했으나 영상 속에서 보는 바와 같이 단 한 명만이 이 시장에게 달려들다 오히려 이 시장에게 맞은 장면이 나온다. 영상증거가 없었다면 11명 전원 입건되었을 것이다. 시장의 권위를 누구보다 잘 아는 이재명이다. 그러나 영상증거물로 인해 경찰 조사결과 집단폭행에 대해서는 무혐의로 종결되고, 이재명과 몸싸움을 한 단 한 명만 입건했다. 당연 이재명 측은 이를 몰래 촬영했다는 듯이 비난한다. 이재명의 오른팔 깁스 쇼는 보통 사람들은 심장이 약해서 흉내도 낼 수 없는 일을 아무렇지도 않게 하는 것을 보여준 것이다. 수단과 방법을 가리지 않는 '인간철판' 이재명이 하는 일은 범인의 상상을 초월한다.

# 철거민 사건의 전말

## 사건의 전개과정

지난 2021년 8월 11일 '뽐뿌' 커뮤니티에 올린 《이재명 철거민 사건 정리 5》를 보면 다음과 같다.

1. 성남에서 변호사를 하던 시절, 이재명이 판교 철거민들 사건을 당시 수임료 2300만 원에 맡음.
2. 일명 새끼변호사에게 사건을 맡기는 등 성의없는 일처리 끝에 패소.
3. 변호사 시절에는 보상을 받을 수 있다며 수임해놓고, 성남시장이 되자 자신이 맡았던 사건의 철거민들에 대해 법대로 처리하겠다고 통보.
4. 철거민들이 시위를 하다가 한 명이 우발적으로 달려들어 멱살을 잡았으나 그 즉시 주변 수행원들에 밀려 나가떨어짐.
5. 엉뚱한 손에 깁스하고 철거민들의 기획 집단폭행으로 언플 시작. 수행비서 백씨도 목깁스하고 드러누움.
6. 당시 기사 – 철거민에 집단폭행 당한 이재명 성남시장 "단체장에 대한 폭력은 민주주의 파괴"(한겨레 인터뷰기사)

철거민에 집단폭행 당한 이재명 성남시장 "단체장에 대한 폭력은 민주주의 파괴"

"단체장에 대한 폭력은 표(투표권)를 무기로 민주주의를 파괴하는 것이죠."
지난 12일 어린이 벼룩시장에 참석했다가 판교 …

7. 성남시로 철거민 총 11명을 폭행 및 업무방해 혐의로 성남 중원경찰서에 고발.

8. 사건 전과정을 찍은 동영상이 나오면서 우발적으로 덤벼든 1명만 빼고 무혐의 처리됨. 남은 한 분도 영장기각.

9. 우발적 몸싸움을 집단기획 폭행으로, 법원에서 검증된 동영상을 편집 동영상으로, 자신이 맡았던 사건의 철거민들은 90년대 초중반부터 그곳에 살고 있던 사람들임에도 불구하고 2001년 판교 개발 고시 이후 이권을 노리고 집을 지은 사람들이라 매도.(정말 그랬다면 본인이 변호사였던 시절 수임은 왜 했나요?)

10. 2018년 인터넷상의 철거민 관련 글들에 대해 가짜뉴스대책반에서 법적 조치를 취할 것이라 협박.

11. 박훈 변호사 페이스북에 달린 댓글 – 철거민 투쟁이란 개발지역 거주민 중 애매하게 보상기준에 비켜난 사람들의 투쟁입니다. 보상기준에 적합한 사람들은 굳이 투쟁할 이유가 없어요. 생계에도 영향을 받으면서 사람들이 거친 투쟁의 전선에 설 때는 싸우는 거 말고 방법이 없기 때문입니다.

이 사람들을 순수한 철거민이 아니라고 하면 이게 말입니까?

01년도에 개발을 고시하면서 89년 이전부터 거주민만이 보상대상이라는 거부터가 형평성에 문제가 있는 건데 자신과 대척점에 섰다고 한때 변호하던 사람들을 개발이익을 얻어먹으려 철거민 코스프레한 사람들로 매도한다는 게 슬프네요.

법령상 도저히 보상해줄 수 없다면 설득하고 위로해줘야지 선거 때는 기꺼이 부려먹고 당선 이후엔 안면 몰수 했단거죠? 와우.. 심하네요.

위의 내용을 보면 이재명은 판교철거민들 사건을 보상받을 수 있다고 수임료 2300만원에 맡아 놓고 새끼변호사에게 일을 맡겨 성의없는 일처리로 패소했다. 그럼에도 철거민들은 이재명 성남시장 선거를 열심히 도와서 당선되는 데 도움을 주었으나 정작 성남시장이 되자 변호사로 일할 때는 보상받을 수 있다고 해놓고 자신이 맡았던 사건의 철거민들에 대해 법대로 처리하겠다고 통보했다. 철거민들의 면담 요청도 거부하여 어린이 벼룩시장에 나오는 것을 계기로 철거민과 대립하다 철거민 한 명이 이 시장에게 달려들자 이 시장이 번개같이 오른손으로 그 철거민 얼굴을 가격하자 그 철거민이 다시 달려들어 멱살을 잡자 서로 뒤엉키는 가운데 수행원들이 뜯어말리는 장면이 영상에 고스란히 담겼다. 그리고 나서 이 시장은 오른팔, 왼팔로 힘차게 삿대질을 해가면서,

"경찰 불러! 다 잡아넣으라니까!"
"다 구속시키도록 해!"
"현행범이니까 다 체포해!"
"법정에서 보도록 해!"

이것이 인권변호사 출신의 입에서 나오는 말이다. '억강부약(抑强扶弱)'을 통해 대동세상(大同世上)을 만들겠다는 정치의 신조로 삼는 정치인의 입에서 나오는 말이다. 즉, "강자를 억누르고 약자의 삶을 보듬는 억강부약 정치로, 모두 함께 잘 사는 대동세상을 향해 가야 한다"는 것이 이재명 후보의 정치적 꿈이다. 그 당시 강자는 이 시장이고, 약자는 집도 절도 없는 철거민들이다. 그런 그가 자신을 낮추고 철거민들을 위해 해

야할 일이 무엇이며, 그들과 함께 잘사는 사회를 어떻게 도모해야 하는 지를 고민한 흔적은 찾아볼 수 없고, 오히려 강자의 자리에서 약자를 억 압하고 군림하여 2001년 개발고시 이후 이권을 노리고 집을 지은 사람 들이라고 매도하며, 보상해주지 못한다고 통보했다. 이런 이 시장의 행태 를 두고 이민석 변호사는 그의 페이스 북에 "자신에게 반대한다면 최약 자인 철거민까지도 무고하는 것이 이재명이다. 이것이 이재명이 말하는 억강부약의 실체이다."고 비판했다.

그런데 더 가관인 것은 며칠이 지난 뒤에 한겨레와의 인터뷰에서 "단체장에 대한 폭력은 민주주의 파괴"라며, "시민의 권리를 외치는 사람 들이 '시민의 권리를 찾아주겠다'고 나선 시장에게 폭력을 휘둘렀다고 생 각하니 솔직히 당혹스러웠다"고 털어났다. 이 시장은 철거민들에게 집단 폭행당했다며, 손목에 깁스를 한 채로 철거민들을 고소했으나 경찰 제출 동영상 원본에는 철거민 한 명이 이시장에게 달려들다가 이시장의 오른 손으로 얼굴을 가격당한 후 재차 달려들어 멱살을 잡고 뒤엉키다 수행 원들이 뜯어말린 뒤 이사장이 오른팔과 왼팔을 번갈아 힘차게 삿대질하 면서 고함치는 모습을 보인 후 자리를 떴다. 현장 영상을 보면 전혀 다친 사람으로 보이지 않는다. 철거민이 오른손을 잡은 것도, 때린 것도 아닌 데 난데없이 오른손에 깁스까지 하고 수행원 백종선은 목을 다쳐서 목에 깁스를 하고 입원해 있었다. 그리고 철거민들을 집단 고소한 것이다.

철거민 한씨는 '사건 직후 한씨가 운영하는 생수 대리점에 수정구청 공무원 10여명이 들이닥쳐 보복성 건축물 단속을 하면서 주변의 컨테이 너 박스가 불법이라며 철거를 시도하려 했다. 그러나 '보복단속'이라고 반발하는 한씨와 승강이 끝에 자진철거로 마무리됐다.[8] 이 철거민 사건을 두고 '전설의 1타 2깁스'란 말이 SNS에 나돌았다. 즉 "이재명이 사건 다음날 손 깁스 사진 올리며 폭력은 범죄 운운하던 그 시간 병원에서 찍어 올린 사진이다. 시장은 손깁스. 비서는 목깁스. 판교 철거민들 중 폭행 혐의로 불구속 기소돼서 집행유예 받은 사람은 딱 1명으로 알고 있는데 그 집행유예 받으신 분이 1타 2깁스를 시전하셨다는 건가? 집행유예 받으신 분 사진 보니 전직 UFC선수가 아닌 그냥 동네 나이든 아저씨고 동영상 봐서는 순식간에 제압 당하던데 어떻게 1타 2깁스를? 1타 2깁스는 이소룡도 실전에서 하기 힘든 비기인데 저 아저씨가 알고 보면 재야의 무림 고수였나보다."하고 이시장의 행각을 꼬집었다.[9]

8  한겨레, 「성남시장 폭행사건 '진실게임' 비화, 철거민 "사건 조작" 고소 맞불」, 2019.10.19. (2011.12.14. 등록기사수정), https://www.hani.co.kr/arti/area/area_general/510267.html

9  뽐뿌, 「이재명 철거민 사건 정리 5」, 2021.08.11., https://m.ppomppu.co.kr/new/bbs_view.php?id=issue&no=395754

## 이재명 시장과 수행비서 백종선의 '전설의 1타 2깁스' 쇼.

▲ 한겨레신문과의 인터뷰할 때의 사진(2011.11.25.).

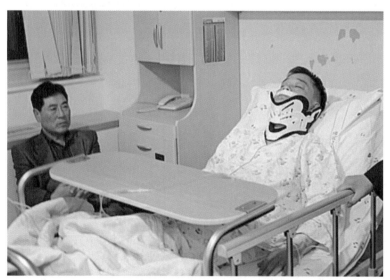

▲ '전설의 1타 2깁스'. 김찬식 페이스북에 올린 이재명의 형인 이재선씨에게 말로 표현하기 힘든 쌍욕과 저주의 문자를 보냈던 이 시장의 전설의 수행비서 백종선의 목 깁스 입원 모습. 영상에는 잘 보이지도 않지만 철거민들에게 당한 부상이라는 것.

한겨레

2011년 11월 25일
15면 (수도권)

철거민에 집단폭행당한 이재명 성남시장

## "단체장에 대한 폭력은 민주주의 파괴"

"단체장에 대한 폭력은 표(투표권)를 무기로 민주주의를 파괴하는 것이죠."

지난 12일 어린이 벼룩시장에 참석했다가 판교 새도시 철거민들에게 폭행을 당한 이재명 경기 성남시장(사진)은 "부당한 요구를 부당한 방법으로 관철하려는 것에 결코 동의할 수 없다"며 이같이 말했다.

지난 21일 손목에 깁스를 한 채 성남시청 집무실에서 만난 이 시장은 "시민의 권리를 외치는 사람들이 '시민의 주권을 찾겠다'고 나선 시장에게 폭력을 휘둘렀다고 생각하니 솔직히 당혹스러웠다"고 폭행 당시의 심경을 전했다. 그는 "그동안 시정에 불만을

품은 시민들이 7~8차례 격분한 상태로 시장실로 몰려왔지만 대화로 꾸준히 문제를 풀어왔기에 많은 자신감이 있었다"며 "하지만 막상 일을 당하고 보니 '안되는 것도 있구나'라는 생각도 든다"고 털어났다. 최근 박원순 서울시장에 대한 기습 폭행과 '빨갱이' 폭언 등에 대해 이 시장은 "이념을 달리하는 사람 가운데 비이성적인 사람들이 벌이는 상식 밖 해프닝이었다"고 했다. 이 시장은 자신에 대한 폭력 사건은 "자신의 이익을 관철시키려고 단체장을 괴롭히는 것을 넘어 굴복을 강요하는 것"이라며 "단체장들의 수난시대인 것 같다"고 말했다. 이 시장

은 그러나 "주민 민원에 대해 인내심을 갖고 합리적으로 풀도록 노력하겠지만 풀뿌리 민주주의를 훼손하는 행위는 앞으로도 단호하게 책임을 묻겠다"고 말했다. 한편, 이 시장 폭행 혐의로 경찰에 입건돼 조사를 받고 있는 철거민들은 '성남시가 항공사진을 조작해 한국토지주택공사(사업 시행자)에 제공하는 바람에 이주 보상 대상에서 제외됐다'며 소송을 냈으나, 패소한 상태다.

글·사진 김기성 기자 player009@hani.co.kr

(17.9×9.8)cm

## 전 언론 모두 '철거민들이 이재명 시장 집단폭행' 기사로 도배

최덕효 기자가 취재하여 기사화한 참세상의 "판교철거민사건 변호인 이재명 성남시장을 철거민들이 집단폭행?"이란 기사에는 '인권뉴스 동영상 판독 – 집단폭행 아닌 한 철거민의 우발적 사고'라는 제목하에 "판교 철거민들이 언론들로부터 뭇매를 맞고 있다. 이른바 진보언론이라는 한겨레신문과 보수·수구언론의 대명사라는 조선일보를 포함해 모든 언론들이 성남시(시장 이재명)의 주장만 천편일률적으로 배낀 기사를 내보내고 있다."고 비판하고 있다. 이들 기사의 요지는,

1. 이재명 경기도 성남시장이 지난 12일 오후 3시 10분께 성남시 중원구 여수동 성남시청 광장에서 열린 '어린이 경제벼룩시장 착한 장터' 행사장을 둘러보던 도중 갑자기 몰려든 판교철거민대책위원회 회원들 5명한테서 '집

단폭행'을 당했다.

2. 성남시는 폭행에 가담한 5명과, 주변에서 확성기를 틀며 어린이들의 벼룩시장 행사를 방해한 철거민 6명 등 모두 11명을 폭행 및 업무방해(특수공무집행방해치상) 등 혐의로 성남 중원경찰서에 고발했다. 경찰은 13일 철거민 가운데 3명을 우선 입건하고 수사에 착수했다.

3. 판교철거민대책위원회는 "판교 새도시 개발과정에서 이주대책 없이 쫓겨났다"고 주장하며 지난 달 14일부터 성남시청 주변에서 집회를 열어왔다. 시는 "이들 철거민이 '성남시가 항공사진을 조작해 한국토지주택공사(사업 시행자)에 제공하는 바람에 이주 보상대상에서 제외됐다'며 소송을 냈으나, 2007~2008년에 3심 모두 패소했다"며 "지원할 방법이 없다"고 밝혔다.[10]

철거민들은 이 시장에게 항의하기 위해 준비한 시청 앞의 프랜카드와 피켓시위용품 등 일체를 훔쳐가서 이를 중원경찰서에 알아보니 성남시청에서 불법으로 떼어갔다는 것을 확인했다. 철거민들 "어제의 변호인이 오늘 시장되더니 철거민 탄압하나"고 배신감에 감정이 격앙돼 있던 상태이다.[11]

---

10  참세상, 「판교철거민사건 변호인 이재명 성남시장을 철거민들이 집단폭행?」, 2011.11.14., https://www.newscham.net/news/view.php?board=newsers_news&nid=63946

11  위의 기사

## 이재명의 거짓말

이재명이 주장하는 "맨날 하루 열 시간씩" 시청 앞에서 집회 방송을 튼다는 말은 거짓말이고, 실제 철거민들은 공무원들의 출근 시간, 점심 시간, 퇴근 시간에 맞춰 하루 3차례(1회 30분 기준) 투쟁가를 틀고 있는 것으로 알려졌다.

이재명은 언제든지 "대화로 꾸준히 문제를 풀어왔기에 자신있었다"고 한겨레의 인터뷰에서 말하고 있으나 철거민들의 주장은 전혀 다르다. 지난 2011년 11월 8일 '노동자민중생존권평의회 판교철거민대책위원회 회원 일동'이 이재명에게 보낸 '이재명 성남시장에 대한 항의 성명 및 면담 요청서'에는 "판교 철거민들의 주거생존권을 배제시킨, 법적 증거로 채택될 수 없는 오류투성이 코닥필름을 이재명 시장이 묵인한 사실은 지자체장으로서, 그리고 법률가로서, 행정적으로나 도의적으로 책임을 면할 수 없는 중대한 과실이 아닐 수 없습니다. 또, 이재명 시장이 판교철거민의 억울한 사정을 누구보다 잘 인지하고 있으면서도 철거민들의 민원(면담요구 포함)을 묵살하고 "법대로 처리했다"는 공문을 회신한 것은 있을 수 없는 일이라 하겠습니다."라고 적혀있다.[12]

㉠ 이재명의 주장1 : 1년 6개월이 다 되도록 괴롭혔으나 요구가 관철되지 않자, 이들은 2011년 11월 성남시청 광장에서 기획폭행 사건을 벌여

---

12  위의 기사

시장 일행에게 폭력을 행사하여 행사장이 아수라장이 되고 그 모든 것을 1명이 조용히 촬영하고 있었다.

→ 기획폭행도, 집단폭행도 아니다. 철거민 1명이 우발적으로 감정이 격해 이 시장에게 달려들다 이 시장으로부터 폭행을 당하자 재차 달려들어 이 시장 멱살을 잡고 서로 엉키다 수행원들이 뜯어말린 사건이다. 1인이 조용히 촬영한 것은 맞으나 마치 몰래 기획 촬영한 듯한 인상을 주는 주장은 언어도단이다. 공개적인 취재 활동이며, 사건의 공정성과 무고를 방지하기 위해 촬영한 것이다. 촬영자는 최덕효 한국인권뉴스 대표로서 민주노동당 출신이다.

ⓛ 이재명의 주장 2 : 이들은 기습폭행을 뿌리치며 막는 저의 방어동작을 슬로모션으로 편집하여 철거민을 때리는 장면으로 만들어 피해자가 졸지에 '철거민을 때린 무자비한 폭행가해자'로 둔갑되었다.

→ 달려들기는 했으나 기습폭행 자체가 없었으며, 수행원들의 제지에 막힌 상태에서 오히려 이 시장에게 철거민의 얼굴이 가격당했으며, 재차 달려들어 이 시장의 멱살을 잡은 적은 있으나 동영상을 편집한 부분은 철거민이 이재명에게 달려들 때부터 수행원에게 끌려나갈 때까지의 과정으로 이 부분을 삭제 편집한 것은 없다.

ⓒ 이재명의 주장3 : 조작 영상을 모 새누리당 시의원이 시의회 본회의에서 틀고 가짜 철거민들이 성남시 곳곳에서 장시간 집회를 열어 수없이 반복 상영하여 기획폭행 및 폭행조작 사건 피해자였던 이 시장이 '판교철거민폭행 사건 가해자'의 오명을 쓰게 됐다.

→ 영상을 조작한 바 없고, 가짜 철거민도 존재하지 않으며, 기획폭행 및 폭행을 조작한 바도 없으며, 이 시장을 '판교철거민폭행 사건 가해

자'의 오명을 씌운 적도 없다.

ⓔ 이재명의 주장4 : 이들을 돕던 K모 성직자로부터 이 폭행 사건과 조작 왜곡 영상 유포가 철저히 사전기획된 것이라는 제보를 받았다. 제보에 따르면, 이시장 참석 사실 파악 후 최초 접근자, 촬영자 등 역할을 나누고 최초 접근자는 과거 인연을 이용, 반가운 표정으로 시장에게 접근하여 사건을 만들고 기자는 이를 찍어 이슈화하기로 한 후 사건 현장으로 이동하여 조작 영상 제작 유포한 후 내부에서 기획사건 폭로 등 다툼이 벌어졌고 새누리당 시의원 측근이 이들의 집회에 개입한 정황 등이 있었다는 주장이다.(이 시나리오는 **나중에 이재명 피습사기 사건에 응용한 것은 아닌지 하는 합리적 의심을 갖게 한다.**)

→ 철거민들이 이 시장이 행사에 참여한다는 사실을 알고 자신들의 사정을 이재명에게 하소연하려 한 것이며, 자신들의 억울함을 언론에 알리려 했는데 그러한 준비를 위해 역할 분담을 하는 것은 당연한 것이다. 그것을 고의적으로 폭력을 유도하기 위한 기획으로 매도하는 것이 불순하다. 한국인권뉴스 대표인 최덕효는 영상을 촬영한 적은 있지만 영상을 악의적으로 편집한 적도 없고, 이재명을 가해자로 왜곡한 적도 없다. 철거민 집회를 주도한 노동자민중생존권평의회는 한나라당 타도를 외치던 단체로 이 사건에 새누리당이 개입했다는 주장은 황당하다.

ⓜ 이재명의 주장5 : 더 경악할 내용은 이들 중 한 사람만 원주민이고, 나머지는 '보상을 노리고 들어온 외지인'이며, 이 사건에 유명 법률가도 관련되었다.

→ 2001년 말 개발 고시할 때 1989년 이전에 산 사람만 구제한다고 하였다. 1989년 이전에 산 사람은 없지만 이들은 1990년대부터는 살았

다. 철거민의 정의는 힘들다. 1989년 이전에 살았던 사람만 철거민으로 볼 수는 없다. 1990년부터라면 개발고시까지 최장 13년 정도를 산 사람들부터 여러 사람들인데 이들이 어떻게 철거민 보상대상이 될 수 없다는 말인가? 이들을 무조건 근거도 없이 보상을 노리고 온 외지인 투기꾼으로 매도하고 보는 게 이재명의 전매특허다. 다만 이재명에게 사건을 맡긴 사람 중 한 명은 투기꾼의 의심은 든다. 유명 법률가는 박훈 변호사이다. 당시 이재명은 이들에게 집단폭행 당했다고 고소했다. 만일 최덕효가 촬영한 동영상이 없었다면 이들 모두는 감옥에 갔을 것이다. 시장이란 자가 자신이 달려드는 철거민의 얼굴을 가격하고 그 손으로 힘찬 삿대질을 하면서 고함을 쳐놓고 손목이 부러졌다고 깁스를 한 채로 한겨레와 인터뷰하고, 수행비서란 자는 누가 목을 친 장면도 없는데 느닷없이 목뼈가 부러졌는지 폭행을 당했다고 목에 깁스를 하고 입원하는 희대의 쇼(?)를 한 모습을 보고 집단폭행으로 보지 않을 경찰이 있겠는가? 설마 시장이나 수행비서가 다치지도 않았는데 깁스하겠느냐고 생각할 것. 게다가 모든 언론이 이 시장이 집단폭행을 당한 것으로 보도했는데 경찰이 그들을 구속수사하여 검찰에 넘기지 않을 수 있겠는가? 그러나 집단폭행의 진실이란 동영상 증거물이 없었다면 이재명에게 고소당한 11명의 철거민들은 감옥살이했을 것이다. 그 증거영상 때문에 이 시장에게 덤빈 철거민 1명에게는 영장이 청구되었고 나머지는 영장이 기각되고 영장청구된 사람이외의 모두 무혐의 불기소처분을 받았다.

이후 철거민들에 대한 재판이 있었다. 덤빈 철거민의 변호를 맡은 분이 박훈 변호사이다. 박훈 변호사는 무료변론을 하였다. 박훈 변호사는 이재명이 1인의 우발적인 폭행을 집단폭행이라고 무고하였다고 주장하였고 이재명도 증인으로 신청하려고 하였다. 그런데 이후 성남시와 철거민이 합의를 하여 고소를 취하하고 재판도 사실인정을 하고 정리하였다.[13]

　　이재명 시장은 지난 2017년 1월 11일 SBS 8시 뉴스에 출연해 **"부패를 청산하고 공정한 나라를 만드는 게 내가 꿈꾸는 대한민국"**이라며 이 같이 밝혔다. 이재명 성남시장은 자신의 **공약 1호는 '억강부약(抑强扶弱)'**이라고 했다. **'강한 자를 누르고 약한 자를 도와준다'**는 뜻으로 삼국지에 나오는 고사성어다.[14] 그러나 이재명은 강한 자를 누르는 것이 아니라 약한 자를 짓밟고 강한 자를 도와주는 일을 해왔다. 장애인들의 요청을 거부하고 내쫓았으며, 자신의 정책을 강행했다. 또 철거민을 대변하여 수임료를 2300만원이나 받아먹으면서 철거민보상을 약속했으나 시장이 된 후에는 안면몰수하고 손목에 깁스까지 하면서 고소까지 했다. 억강부약이란 공약은 실제 '억약부강'으로 뒤바꿨으며, 억강부약은 국민을 기만하기 위한 선동문구로 변해갔다. 이재명은 거짓말을 아무렇지도 않게 해버려도 별로 흠이 되지 않는 묘한 정치인이며, 오히려 거짓말을 하면 할수록 친명 국민들은 일 잘하는 정치인으로 인식되어 가는 불가사의한 정치인이다. 친명 국민과 이재명, 그리고 그의 덕에 정치를 해먹거나 출세하는 인간들과 한통속이 되어 점점 거대한 괴물 카르텔이 만들어져가고 있었다.

---

13　①위의 기사, ②「[경찰제출 동영상 원본] 이재명성남시장 철거민 집단폭행의 진실」, 2011.11.12.촬영., https://youtu.be/d-FuQX3UBO8, ③뉴스프리존, 「이재명 판교철거민 폭행사건의 진실공방, '엇갈린 주장'에 대해 당시 현장을 촬영한 '최덕효'활동가와 통화」, 2018.06.02., https://www.newsfreezone.co.kr/news/articleView.html?idxno=62585

14　중앙일보, 「이재명 "대통령 되면 검찰총장은 윤석열 검사로"」, 2017.01.11

# 장애인단체 대부 정기영의 양심선언

## 이재명은 '사이비 인권변호사'

성남시의 장애인의 대부로 불리는 정기영 시의원(성남시의회 예결위원장 역임)은 2014년 6월 1일 자신의 분당구 정자동 사무실에서 이재명 후보는 '사이비 인권변호사'라고 양심선언을 했다. 정 의원은 '이재명 후보는 민선5기 성남시장 출마를 준비하던 4년 전에 본인이 사무국장으로 있던 성남장애인부모회에 전화를 해 인권변호사가 되겠다'며 '민변에 제출해야 하니 장애인단체에서 무료법률자문을 했다는 허위 봉사활동서를 만들어 달라고 요구해 본인이 허위로 작성해 주었다'고 했다.[15] 이것이 인권변호사로 행세해온 가짜 인권변호사 이재명의 탄생 배경이다.

▲ 양심선언하는 성남시의회 정기영 시의원

---

15  성남도시신문, 「"이재명 시장후보는 사이비 인권변호사"」, 2014.06.01.,
    http://sungnammail.co.kr/bbs/board.php?bo_table=m1&wr_id=5843

## 성남시장 후보 공보물에 '성남을 지켜온 인권변호사'로 명기

정기영 시의원은 양심선언을 통해, '이재명 후보는 본인이 허위로 작성한 장애인을 위한 무료변론실적을 민변에 제출한 뒤 당시 성남시장 후보 공보물에 '성남을 지켜온 인권변호사'라고 활용해왔으며, 이로 인해 민선5기 시장으로 당선될 수 있었다'고 주장했다. 또한 정기영 시의원은 양심선언을 통해,

"이재명 후보는 민선5기 성남시장 출마를 준비하던 4년 전에 이력을 '인권변호사'로 포장했습니다. 제가 회장으로 있던 장애인단체에 "인권변호사가 되겠다"며 전화를 했고, 민변에 제출하기 위한 허위 봉사활동서를 받아갔습니다. 그리고 이재명 후보는 민선5기 민주당 성남시장 후보 공보물에 '성남을 지켜 온 인권변호사'라고 내걸었고, 이를 활용해 민선5기 시장으로 당선될 수 있었습니다. … '거짓'으로 만들어진 '사이비 인권변호사'로 민선5기 성남시장에 당선될 수 있도록 한 과오에 100만 성남시민들께 정말 죄송하다고 말씀드립니다. … 대학원 석사논문이 심사결과 표절로 판명나자 석사학위를 자진 반납한 것처럼 지금이라도 허위로 작성된 봉사활동서를 반납해 주십시오. … 이재명 후보는 시청사를 매각하여 빚을 갚는다고 해놓고, 지금 시청사는 멀쩡하게 있는데도 모라토리엄은 졸업한 것으로 홍보하고 있습니다. '거짓' 모라토리엄의 진실이 바로 이것입니다. … 모라토리엄을 합리화시키기 위하여 각종 사회단체의 보조금을 삭감하고, 느닷없이 직장운동부까지 해체했습니다. 지난 소치올림픽에서 금메달 3개와 동메달 1개를 러시아의 품에 안겨준 … 안현수 선수는 모 기자와의 인터뷰를 통해 "성남시의 빙상팀 해체가 러시아 귀화를 결심하게 한 직접

적 계기가 되었다"고 분명히 말을 했습니다. … 이재명 후보는 지금도 자신의 도덕성 문제에 대해 부끄러워하지 않고 있습니다. 민선 6기 성남시장 후보 공보물에 적시된 후보자 전과기록에 대한 해명을 '공적'인 문제로 몰아가고 있습니다. … 민선 6기 성남시장 후보 토론에서조차 성남시민이라면 어느 정도 알고 있는 '막말 파문', '스캔들', '석사논문 표절' '검사 사칭' 등에 대한 해명은 전혀 없이 이해할 수 없는 '사적 도덕성'과 '공적 도덕성'이라는 말장난으로 어물쩍 넘어갔습니다. '거짓 모라토리엄', '종북세력 연대', '전국 164등 청렴도', '공약이행률 전국 146등', '세월호 늦장 대응한 언딘에 재정 지원' 등 … 성남시가 엉망이 되어버린 지금, 저는 이 일에 관여한 사람으로 무척 부끄럽기 짝이 없습니다."[16]

## 이재명의 정치보복

### 양심 선언한 장애인 시의원 소속 장애인단체 보조금 끊겨

성남시장에 재당선되고 한 달이 지난 2014년 7월 성남시는 장애인단체에 대한 지도점검을 실시했다. 이때 성남시는 이 시장에게 허위봉사서를 발급해준 한국장애인부모회 성남지부(성남장애인부모회)가 운영하는 '장애인 그룹홈'에 차량을 14회 지원하고 일지를 제대로 기록하지 않

---

16  성남FM, 「정기영의원, 이재명 사이비 인권변호사 폭로」, 2014.06.02.,
http://www.fmnara.com/news/16730

은 점과 정 전 시의원이 성남장애인부모회의 상위 단체인 경기장애인부모회의 회장을 맡고 있다는 점을 문제 삼아 주의 처분을 내렸다. 성남시는 성남장애인부모회에 2013년 5,514만원, 2014년 1월부터 7월 25일까지 3,663만 9,000원의 보조금을 지원했다.

○ 단체명: (사)한국장애인부모회 성남시지부

(단위: 천원)

| 연도 | 대표자 | 지원금액 | 지원내용 | 비고 |
|---|---|---|---|---|
| 2013 | | 55,140 | · 협회운영비<br>· 지적장애인 사회적응 훈련 지원 | |
| 2014 | | 36,639 | · 협회운영비<br>· 지적장애인 사회적응 훈련 지원 | · 2014. 7. 26.부터 보조금 지원 중지<br>· 장애인연합회 탈퇴 ● |
| 2020 | | 31,812 | · 운영비 보조 | · 2019. 2. 25. 성남시장애인단체 정회원 재가입 |
| 2021 | | 74,971 | · 운영비 보조<br>· 차량구입비 지원 | |

▲ 출처 : 성남시의 한국장애인부모회 성남시지부 보조금 지원 현황(자료=뉴스버스).

성남시는 이를 근거로 2014년 7월 26일부터 2019년까지 보조금 지원이 끊겼다.[17] 아무것도 할 수 없는 세상에 가장 약자인 장애인단체로서는 최악의 사태를 맞게 됐다. 이것이 '인간철판' 이재명이 말하는 '억강부약의 실체'다.

---

17  뉴스버스, 「이재명 비판한 장애인 시의원 소속 장애인단체 보조금 끊겨」, 2021.08.10., https://www.newsverse.kr/news/articleView.html?idxno=237

## '성남시장애인연합회 통한 장애인부모회 제명'으로 보복

성남시는 성남시장애인연합회에 장애인부모회에 대해 이사회 정관에 따른 처분을 내려달라는 공문도 보냈다. 이에 장애인연합회는 이사회를 열어 장애인부모회에 자진 탈퇴를 요구했으나 응하지 않자 2014년 9월 장애인부모회의 제명을 의결했다. 장애인부모회는 이 지사가 경기지사에 당선돼 성남을 떠난 후인 2019년 2월 25일이 돼서야 장애인연합회에 재가입했다.[18]

## 장애인인 이재명이 장애인 박대

이재명 성남시장이 2014년 11월 1일부터 시행하기로 한 과도한 장애인 콜택시 요금인상정책에 반발한 장애인들이 시장실을 항의 방문했으나 이 시장의 장애인들 강제 퇴거명령에 의해 모두 강제로 쫓겨났다. 이 시장은 경기장차연에 대해 "이번 일에 대해 경찰에 고발할 것", "(여러분들은) 대화할 자세가 전혀 되지 않았다"라며 강경한 태도로 일관했다.

기존에 성남시가 적용하는 장애인 콜택시 요금은 기본요금 10km 이내 1200원, 추가요금 5km당 100원으로 시내버스 요금 기준과 거의 동일했다. 그러나 변경안에 따르면 11월 1일부터 기본요금이 1500원, 10km 초과시 추가요금이 144m당 50원으로 대폭 올랐다.[19] 실례로 성남시 상

---

18  뉴스버스, 위의 기사

19  비마이너, 「이재명 시장, 장애인콜택시 요금 인상 반대 장애인들 쫓아내」, 2016.10.31.,

대원동의 한 아파트에 거주하는 장애인 A씨는 서울시 종로구 동숭동에 위치한 직장에 출근하기 위해 장애인 콜택시를 이용하는데, 인상 전 요금으로는 1600원을 내면 됐다. 그러나 콜센터 문의 결과, 인상 후 요금으로는 인상 전 요금의 10배나 되는 최대 1만 5000원을 내야 한다고 한다.[20] 장애인단체에서 강력히 항의하고 개선책을 요구하지 않을 수 없는 성남시의 일방적인 요금 폭거라 할 수 있다. 그럼에도 불구하고 이재명 시장은 강경하고 고압적으로 내일부터 당장 시행하라고 소리치고 전부 강제퇴거시키고 경찰에 고발할 것을 지시했다.

▲ 경기장애인차별철폐연대와 면담에서 이재명 성남시장이 장애인 콜택시 요금 인상안 강행 입장을 밝히고 있다.【출처 : 비마이너 기사】

https://www.beminor.com/news/articleView.html?idxno=10283

20  비마이너, 「'장애인들이 이재명 시장실 불법 점거?' 진실은 이렇습니다.」, 2016.11.02.,
   https://www.beminor.com/news/articleView.html?idxno=10288

▲ 경기장차연 활동가가 이재명 시장이 떠난 시장실 앞에서 피켓을 들고 있는 모습.【출처 : 비마이너 기사】

## 이재명 경기도지사 측근들의 장애인에 대한 '막말 파동'

"장애인은 대한민국 국민이 아니다.", "장애인이 아니니 말하기 편하겠다.", "장애인용은 시끄러워서 안 되고, 비장애인용은 시끄러워도 괜찮다.", "공무원은 일 벌리는 거 아니다." 경기도청 기획담당관실 소속 공무원이 〈버스번호식별안내시스템〉을 건의하기 위해 방문한 한 시각장애대학생에게 한 막말이다. 제도 도입을 건의하기 위해 방문한 시각장애 대학생에게 "장애인은 대한민국 국민이 아니다. 대부분의 국민들이 그렇게 생각하고 있다.", 국민을 위해 봉사해야 할 공무원이 "공무원은 일 벌리

는 게 아니다."라는 망언을 하였다.[21]

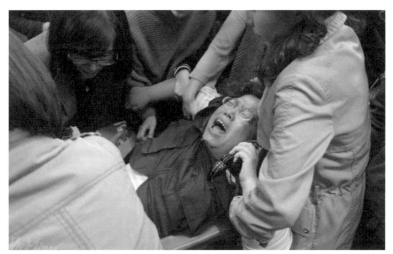

▲ 장애인 콜택시 요금인상 반대, 법정대수 200% 증차를 요구한 이형숙 경기장차연 상임대표가 시장실에서 성남시 공무원 직원들에게 끌려 나왔다.【출처 : 비마이너】

21    (사)한국시각장애인연합회, 《[성명서]이재명 지사는 답하라, 장애인은 대한민국 국민인가?》,
       2019. 12. 16., http://www.kbuwel.or.kr/Board/Release/Detail?page=12&contentS
       eq=1205707

# 장애인들의 지지를 얻어내는 신기술

 더불어민주당
https://old.theminjoo.kr › board › file › download ⋮

## 장애각계 이재명 대선후보 지지선언 봇물

군산장애인연합회 △경북장애인부모회 △장애인주간보호시설종사자 △경기, 강원, 전. 북, 충남 장애인직
업재활시설협회장 등 지역과 분야 망라한 장애계 지지선언 잇따라.

 오마이뉴스
https://www.ohmynews.com › NWS_Web › View › at_pg ⋮

## 장애인가족 40만여명, 이재명 지지 "발달장애인 국가책임제"

2022. 3. 4. — 전국의 장애인가족 40만1271명이 "이번 20대 대통령 선거에서, 누구도 차별받거나 배제되
지 않는 평등과 사람 중심의 조화로운 나라를 이끌 대통령 ...

 마포정신장애인자립생활센터
http://www.mmdcil.or.kr › ... ⋮

## 당사자 40만 명 '이재명 후보 지지' 선언

2022. 3. 7. — 기자회견, 차별받거나 배제되지 않는 세상 이끌 대통령으로 이 후보 선택장애인과 가족이
떠안았던 책임을 국가가..."오랜 세월 듣고 싶었던 약속"발달· ...

 오마이뉴스
https://www.ohmynews.com › NWS_Web › View › at_pg ⋮

## 장애인가족 22만여명 "'사람 중심' 이재명 지지"

2022. 1. 25. — 전국 장애인가족 22만 3154명은 "사회 구성원으로서 누구도 차별받거나 배제되지 않는 평
등과 사람 중심의 조화로운 나라를 이끌 사람은 이재명 후보 ...

# 2.

# '일 잘한다'는 이재명의 허위사실

## 성남시장 시절, 시정 경제성적표와 동부연합의 '점령'

### 이재명의 모라토리엄 선언과 시정 경제성적표

성남시는 시군 지자체 중 전국 재정자립도 1위를 기록해 온 지자체이다. 만일 이러한 성남시가 빚이 많아 갚을 수 없다며 모라토리엄을 선언한다면 전국의 모든 지자체는 당연 모라토리엄을 선언해야 할 것이다.

성남시의 재정자립도는 2008년 74.0%를 기록한 이후 2009년 70.5%, 2010년 67.4%, 2011년 67.1%, 2012년 63.0%까지 낮아졌다가 2013년부터 상승세로 돌아선 것이다.[22] 2022년 회계연도 결산 기준으로

---

22  연합뉴스, 「성남시 재정자립도 65% 전국 시군 최고」, 2013.04.11.,
    https://www.yna.co.kr/view/AKR20130411161400061

공시한 성남시 재정자립도는 58.08%(동일 유형 지자체 평균 36.34%), 재정자주도는 65.48%(동일 유형 지자체 평균 57.15%)였다.[23] 또한 지방재정통합공개시스템인 지방재정 365가 공개한 '2024년 시군구 재정자립도(당초 예산 기준)'에 따르면 성남시 재정자립도는 57.2%로, 전국 기초지방자치단체 가운데 1위로 나타났다.[24]

이렇게 볼 때 이재명 시장이 모라토리엄을 선언한 2010년의 성남시 재정자립도 1위 67.4%는 2024년 57.2%로 재정자립도 1위였을 때보다 훨씬 높았다. 그럼에도 불구하고 이재명 시장이 성남시민들을 모욕하는 모라토리엄을 선언한 이유가 무엇일까? 당시 이재명 시장은 2010년 7월 전국 최고 부자 도시의 하나로 꼽혔음에도 불구하고 판교신도시 조성을 위한 판교특별회계에서 빌려 쓴 5200억 원을 단기에 갚을 수 없다며 모라토리엄(moratorium, 지급유예)을 선언했다. 특히 2014년 1월 이재명 시장이 3년 6개월 만에 모라토리엄을 극복했다며, 시장 연임을 위해 모라토리엄 극복을 적극 홍보하면서 성남시와 시의회 간의 대립은 격화됐다. 이재명 시장은 국토해양부(이하 국토부)가 판교특별회계에서 빌려 쓴 5200억 원의 정산을 요구해 와 어쩔 수 없이 모라토리엄을 선언했다는 입장이지만 실제로는 국토부의 정산요구 자체가 없었다. 국토해양부가 정산을 요청해 어쩔 수 없이 모라토리엄을 선언했다는 이 시장의 주장은 거짓

---

23  비전성남, 「성남시, 지난해 살림살이 6조 4,514억 원… 재정 운용 결과 공시」, 2024.08.19., https://m.snvision.newsa.kr/19479

24  비전성남, 「성남시, 기초지자체 중 재정자립도 전국 1위」, 2024.05.08., https://m.snvision.newsa.kr/a.html?uid=19013

임이 드러났다.[25] 그렇다면 무엇 때문에 이 시장이 성남시민의 명예를 훼손하면서까지 모라토리엄을 선언한 정치적 의도는 무엇일까? 그것은 성남시가 거덜 나 보이게 한 뒤 자신이 모라토리엄을 극복한 일 잘하는 시장으로 부각시키기 위한 책략이 숨어 있다고 보여지며, 이전 시장이 성남시 시정(市政)을 형편없이 해온 것을 지금까지 시민들에게 숨겼다고 하여 상대 당인 국민의힘(당시 새누리당)에게 치명적인 정치적 타격을 극대화시키려는 의도가 담겨있는 것으로 보인다. 그러나 무엇보다도 모라토리엄 극복이라는 명분으로 재정 긴축이란 미명하에 전국연합 산하 조직인 경기동부연합의 인맥을 성남시청 등 요직에 침투시키고, 경제적으로 지원하는 사업을 대대적으로 추진하기 위한 책략으로 성남시를 재건해야 한다는 명분을 갖기 위한 것으로 보인다.

이재명 시장은 재정 긴축을 명분으로 전임 시장이 추진하던 공정률 50~70% 되는 사업을 중지시켜버렸다. 그리고 자기가 하고 싶었던 무상교복 사업 등을 새롭게 추진했다. 또한 이대엽 시장이 남겨 놓은 부채를 청산한다는 미명하에 이재명은 성남시 소속 12개 직장운동경기부 해체를 결정했다. 당시 성남시 소속의 안현수 선수도 이로 인해 그만두게 되었다. 그는 2006년 동계 올림픽에서 대한민국 쇼트트랙 국가대표 선수로 출전하여 금메달 3개, 동메달 1개를 획득하면서 쇼트트랙 선수 최초로 한 번의 올림픽에서 전종목 메달을 땄고, 2003년부터 2007년까지

---

25    월간조선, 「경기 성남시 모라토리엄 공방의 진실, "당장 갚지 않아도 될 돈인데, 서둘러 지급유예 선언"」, 2014년 4월호
https://monthly.chosun.com/client/news/viw.asp?nNewsNumb=201404100013

세계 쇼트트랙 선수권 대회를 5연속 제패하면서 '쇼트트랙 황제'라는 별명을 얻어 국위를 선양한 세계적인 선수였다. 2008년 성남시청에 좋은 대우를 받고 입단했으나 이재명 시장에 의해 2010년 팀이 해체된 이후 2011년 러시아로 귀화한 후 2014년 동계 올림픽에서 금메달 3개, 동메달 1개를 획득해 올림픽에서만 총 8개의 메달을 따는 등 승승장구했다. 미국의 아폴로 앤턴 오노와 남자부 쇼트트랙 최다 메달 타이기록을 세웠고, 2014년 세계 쇼트트랙 선수권 대회에서 종합 우승을 하면서 남자 쇼트트랙 선수로는 최초로 세계 선수권 대회 6회 우승을 차지했다.[26] 이재명의 막가파 시정이 가져온 결과였다. 당시 홍문종 새누리당 사무총장은 **"안현수 선수가 인터뷰를 통해 자신의 러시아 귀화는 성남시의 팀 해체 때문이라는 사실을 명확히 밝혔다"**고 주장했다. 또 2010년 12월 13일 《중부일보》는 이 시장이 직장운동선수 및 감독 40여 명과의 대화에서 **"여러분들은 나와 정치적으로 적이 될 것이다. 죽이고 싶겠지"**라고 말하는 등 문제 있는 발언을 했다고 보도했다.[27] 이 시장은 "감사원 「지방행정 감사백서」에서 민선5기 취임 당시 성남시의 재정 상황과 그 원인을 정확히 지적하고 있다"고 했으나 실제는 "감사원 백서를 보면, 2010년 7월 12일 이재명 시장이 일방적으로 지급유예를 선언했다"고 나와 이재명의 거짓말이 드러났다. 하지만 거의 대부분 감사원 백서를 볼 수 없는 성남시민들은 시장의 말을 믿을 수밖에 없다.[28] 어떠한 진실도 대량의 거짓

---

26  위키백과, 빅토르 안 참조

27  월간조선, 위의 기사

28  위의 기사

앞에는 속수무책이며, 대량의 거짓으로 뒤덮어 거짓이 진실이 되는 것이 현실이다. 성남시의회는 이 시장의 모라토리엄 졸업 선언에 대해 "정치적 쇼에 불과하다"는 입장이다. 오히려 빚이 늘었다는 주장이다. 장대훈 성남시 의원(前 시의회의장)은 "이재명 시장은 허리띠를 졸라매서 빚을 갚았다고 주장하는데 사실은 정반대"라며 "민선5기(이재명 시장)에 성남시의 부채와 채무가 눈덩이처럼 늘어나, **채무는 2010년 90억에서 1193억원으로 13배 증가했고 부채는 825억원에서 2100억원으로 2.5배 증가했다**"고 말했다.[29] 이재명 시장은 무엇 때문에 모라토리엄을 선언하고 졸업한 뒤 성남시 채무를 13배나 증가시켰을까? 부채도 2.5배나 증가했다. 그 많은 돈은 어디로 흘러 들어갔을까에 대한 의문을 갖지 않을 수 없다. 사이비 언론들 기자들은 진실을 숨기기에 바빴고, 오히려 이들이 만들어준 이재명의 '핵사이다'는 실제로 '독사이다'가 된 것이다.

## 동부연합에 의해 '점령'당한 성남시

### 1. 성남시장 인수위원장에 민노당 대표 김미희 임명

2010년 성남시장 선거 당시 민노당의 김미희 대표는 후보단일화의 명분으로 이재명으로 단일화하는 조건으로 경기동부연합과의 공동정부를 수락한 것으로 보고 있다. 이것은 이재명이 성남시장으로 당선된 후 인수위원장을 갖고 들어간 자가 김미희 민노당 대표이다. 당연 인수위원들은

---

29  월간조선, 위의 기사, '경기 성남시 모라토리엄 공방의 진실'

경기동부연합 사람들로 채워지고 이들이 성남시의 요직을 차지했다.[30] 성남일보가 공개한 인수위에 관련됐던 24명의 인사들은 후에 성남시에 줄줄이 낙하산 인사로 자리를 잡았다. 최근 인수위원으로 활동하다가 성남시에서 자리를 잡은 인사 24명을 '이재명의 사람들 줄줄이 낙하산'이라는 제목으로 '자기 사람 심기' 관행을 고발했다. 인수위 활동 후에 성남청소년육성재단 사무국장직에 있다가 김미희 의원 보좌관으로 자리를 옮긴 김〇〇씨, 시립병원설립대책위 공동집행위원장 출신으로 이재명 시장 비서로 일하고 있는 신〇〇씨(외대 용인캠퍼스 체코·슬로바키아어과 4학년 제적), 경기동부와 특수관계에 있는 사업체로 알려진 시민주주기업 '나눔환경' 한용진 대표 등이 경기동부 출신으로 의심받고 있는 인물이다. 인수위에 참여했던 이용대씨의 부인 윤〇〇씨도 성남시자원봉사센터장을 맡고 있다.[31] 성남산업진흥원장에는 임진이 맡았다. 경기동부연합은 이권에도 개입했다. 경기성남시 청소용역업체이자 사회적 기업인 '주식회사 나눔환경'의 경영진은 전원 통합진보당 구당권파의 핵심인 경기동부연합 출신이었다. 이중 일부는 성남시 인수위원회인 '시민행복위원회'에도 참여했던 것으로 확인됐다.[32]

30  성남일보, 「'이재명의 사람들' 줄줄이 낙하산」,('무려 20여명 산하기관 입성 … 자기사람 심기 관행 '되풀이'), 2011.07.06., https://www.snilbo.co.kr/23120

31  월간조선, 「경기동부연합과 성남시의 수상한 共生 성남시는 경기동부연합의 아지트인가」, 2012년 7월호, https://monthly.chosun.com/client/news/viw.asp?nNewsNumb=201207100013

32  서울신문, 「성남시 청소용역업체 '나눔환경'은」, 2012.05.18.,
    https://www.seoul.co.kr/news/politics/2012/05/18/20120518004015

# 이재명 시장의 사람들

| 번호 | 이름 | 전 직 | 현 직 |
|------|------|-------|-------|
| 1 | 염동준 | 시민행복위원회 고문 | 성남시시설관리공단 이사장 |
| 2 | 이용철 | 시민행복위원회 위원/변호사 | 성남산업진흥재단 대표이사 |
| 3 | 하동근 | 이재명 시장 공동선거대책위원장 | 성남문화재단 문화진흥국장 |
| 4 | 김홍철 | 시민행복위원회 위원 | 성남산업진흥재단 사업본부장 |
| 5 | 유동규 | 시민행복위원회 위원 | 성남시시설관리공단 기획본부장 |
| 6 | 남광우 | 전 성남시민모임 사무국장 | 성남시시설관리공단 사업본부장 |
| 7 | 김현경 | 시민행복위원회 위원 | 성남청소년육성재단 사무국장 |
| 8 | 정정옥 | 시민행복위원회 위원 | 성남청소년육성재단 이사 |
| 9 | 이현용 | 시민행복위원회 위원/변호사 | 성남시고문변호사 |
| 10 | 오명록 | 시민행복위원회 위원 | 성남청소년육성재단 이사 |
| 11 | 최승원 | 시민행복위원회 위원 | 사회적기업지원센터 사무국장 |
| 12 | 김병욱 | 이재명 시장 공동선거대책위원장 | 성남산업진흥재단 이사 |
| 13 | 김시중 | 이재명 시장 공동선거대책위원장 | 성남산업진흥재단 이사 |
| 14 | 김현지 | 시민행복위원회 간사 | 성남의제21 사무국장 |
| 15 | 신건수 | 시민행복위원회 위원 | 성남시 지방전임 계약직 마급 |
| 16 | 이상훈 | 시민행복위원회 위원 | 성남문화재단 문화사업부장 |
| 17 | 이영진 | 시민행복위원회 위원 | 성남문화재단 경영기획부장 |
| 18 | 정진상 | 이재명 시장 선거캠프 홍보팀장 | 비서실 근무 |
| 19 | 한용진 | 시민행복위원회 위원 | 시민주주기업 '나눔환경'대표 |
| 20 | 한희주 | 시민행복위원회 위원 | (사)희망나눔재단 대표 |
| 21 | 고병용 | 이재명 시장 선거캠프 | 성남산업진흥재단 기업육성팀장 |
| 22 | 백종선 | 이재명 시장 선거캠프 | 이재명 시장 수행비서 |
| 23 | 정재영 | 이재명 시장 선거캠프 | 비서실 |
| 24 | 배소현 | 이재명 시장 선거캠프 | 비서실 |

【출처 : 성남일보, 「'이재명의 사람들' 줄줄이 낙하산」(2011.07.06.)】

■ 나눔환경 인물 관계도

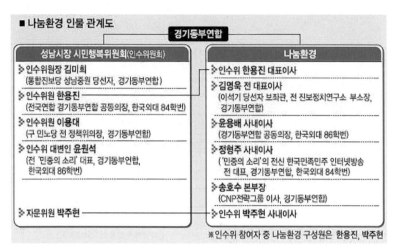

경기동부연합

**성남시장 시민행복위원회**(인수위원회)

▷**인수위원장 김미희**
(통합진보당 성남중원 당선자, 경기동부연합 )

▷**인수위원 한용진**
(전국연합 경기동부연합 공동의장, 한국외대 84학번)

▷**인수위원 이용대**
(구 민노당 전 정책위의장, 경기동부연합)

▷**인수위 대변인 윤원석**
(전 '민중의 소리' 대표, 경기동부연합,
한국외대 86학번)

▷**자문위원 박주현**

**나눔환경**

▷**인수위 한용진 대표이사**

▷**김영욱 전 대표이사**
(이석기 당선자 보좌관, 전 진보정치연구소 부소장,
경기동부연합)

▷**윤용배 사내이사**
(경기동부연합 공동의장, 한국외대 86학번)

▷**정형주 사내이사**
( '민중의 소리'의 전신 한국민족민주 인터넷방송
전 대표, 경기동부연합, 한국외대 84학번)

▷**송호수 본부장**
(CNP전략그룹 이사, 경기동부연합)

▷**인수위 박주현 사내이사**

※인수위 참여자 중 나눔환경 구성원은 한용진, 박주현

【출처 : 서울신문, 「성남시 청소용역업체 '나눔환경'은」】

## 2. 동부연합의 엄청난 이권개입의 시작

### 2012년 임금지급 내역

업체명 : 니코환경

예비사회적기업

| 번호 | 성명 | 임금지급액 (2012년) | 분야 | 비고 (근무년수) |
|---|---|---|---|---|
| 1 | 강•• | 7,875,756 | 운선원 | 1 |
| 2 | 최•• | 8,038,256 | 운선원 | 1 |
| 3 | 김•• | 7,128,431 | 운선원 | 1 |
| 4 | 김•• | 8,032,155 | 운선원 | 1 |
| 5 | 이•• | 7,140,681 | 운전원 | 1 |
| 6 | 임•• | 7,140,681 | 운전원 | 1 |
| 7 | 이•• | 7,140,681 | 운선원 | 1 |
| 8 | 이•• | 7,339,785 | 운전원 | 1 |
| 9 | 김•• | 6,909,310 | 운선원 | 1 |
| 10 | 정•• | 6,909,310 | 운전원 | 1 |
| 11 | 이•• | 7,058,182 | 운전원 | 1 |
| 12 | 이•• | 7,234,310 | 운선원 | 1 |
| 13 | 이•• | 7,140,681 | 운전원 | 1 |
| 14 | 성•• | 7,140,681 | 운전원 | 1 |
| 15 | 김•• | 5,470,833 | 운전원 | 1년미만 |
| 16 | 황•• | 6,966,331 | 미화원 | 1 |
| 17 | 임•• | 6,966,331 | 미화원 | 1 |
| 18 | 정•• | 7,339,795 | 미화원 | 1 |
| 19 | 이•• | 6,803,831 | 미화원 | 1 |
| 20 | 김•• | 6,803,831 | 미화원 | 1 |
| 21 | 이•• | 6,803,831 | 미화원 | 1년미만 |
| 22 | 오•• | 2,052,100 | 미화원 | 1년미만 |

【출처 : 월간 조선 2012년 7월호, '경기동부연합과 성남시의 수상한 共生'】

나눔환경 직원의 연봉은 놀랍게도 7천만원 선이다. 월간조선이 입수한 나눔환경의 운전원과 미화원의 임금명세서로 2012년 1~3월(1/4분기)의 임금지급액이 나타나 있다.[33]

뿐만 아니라 당시 인수위원회에 참여했던 인사가 운영하는 청소 업체가 성남시와 10년 동안 200억 원이 넘는 수의계약을 맺어 온 것으로 확인됐다.[34] 법적으로 수의계약 한도는 5천만 원이다.

A 업체가 수의계약으로 맺은
**생활폐기물 수집·운반 용역**

| 연도 | 금액 |
|---|---|
| 2012년 | ??? |
| 2013년 | 14억 7천만(원) |
| 2014년 | 16억 3천만 |
| 2015년 | 17억 |
| 2016년 | 18억 6천만 |
| 2017년 | 23억 2천만 |
| 2018년 | 26억 8천만 |
| 2019년 | 32억 4천만 |
| 2020년 | 35억 7천만 |
| 2021년 | 37억 4천만 |

*2012년은 서류 보관기한 지나 확인 안 됨

KBS⊙

【출처 : KBS, '이재명 인수위원' 업체에 10년째 부당 수의계약 의혹…성남시, 뒤늦게 "개선"】

**33** 월간조선, 2012년 7월호, 위의 기사

**34** KBS, 「'이재명 인수위원' 업체에 10년째 부당 수의계약 의혹…성남시, 뒤늦게 "개선"」, 2022.01.10., https://news.kbs.co.kr/news/pc/view/view.do?ncd=5367235

또한 각종 행사를 벌여서 성남시 예산을 이재명 관련 인사들에게 퍼주는 방식으로 동부연합 관련 세력을 확산시킨 것으로 보여진다. 그 대표적인 것이 신승은 씨가 운영하는 이벤트 회사 '렛츠고 기획' 명의로 지난 2014년 5월 15일부터 2016년 5월 4일까지 약 2년간 이재명이 시장직을 맡고 있던 성남시, 이재명이 이사장직을 맡고 있던 성남시장상권활성화재단 등으로부터 15회에 걸쳐 1억 8500만 원 규모의 이벤트 용역을 수행했다. 또, 이재명이 성남시장으로 있을 때인 2014년 3월 22일부터 2016년 4월 20일까지 약 2년간 성남FC로부터 홍보이벤트, 마스코트 인력 공급, 게릴라 이벤트 등의 명목으로 8000만 원 규모의 용역도 수주했다. 2년간 성남시 관련 약 2억 6700만원의 홍보 용역을 수행했다.[35] 신씨는 경기도가 코나아이와 지역 화폐 운영 협약을 맺은 직후인 지난 2019년 1월부터는 코나아이의 이사로 옮겨갔다. 지난 2019년 9월 경기도시장상권진흥원(경상원)이 설립돼 경기지역화폐 홍보 업무를 담당하게 되자, 설립 초반엔 경상원의 막후 실세 역할을 했다는 게 경상원 관계자들의 증언이다. 경상원은 이재명이 경기지사 취임 후 설립한 1호 공공기관이다.[36] 코나아이를 통해 발행된 지역 화폐가 2019년 첫해 발행액만 3497억여 원이었고, 2022년에는 4조 6723억여 원에 달했다.[37] 2024년 현재

35 뉴스버스, 「이재명의 '정실·엽관' 인사…'하면 합니다' 스타일 반영」, 2021.08.25.,
https://www.newsverse.kr/news/articleView.html?idxno=387

36 위의 기사

37 조선일보, 「'이재명 경기도' 지역 화폐 대행사, 충전금 빼돌려 26억 투자 수익」, 2024.01.17.,
https://www.chosun.com/politics/goverment/2024/01/17/
BXN3AGWVQ5FGZIIMTX5YN5F2Z4/

코나아이는 현재 연간 10조 규모의 지역화폐를 발행하여 운영하고 있다. 지난 해에는 3천억 원에 가까운 매출(2,802억원)을 냈으며, 올해는 3분기 까지 총 1,763억 원의 매출을 기록했다.[38] 이처럼 코나아이는 황금알을 낳는 거위와 같이 엄청난 수익을 올리고 있다. 인천시가 '인천e음 대행사 업 회계정산 검토용역'을 공개한 결과, 코나아이가 인천시에서만 매출로 챙겨간 결제수수료는 결제액의 1.1% 수준이지만 2018년 3000만 원에 불 과하던 것이 2019년 148억 5300만 원, 2020년 250억 4900만 원, 2021 년 420억 2100만 원 등으로 껑충 뛰었다. 결제수수료 매출에서 카드발 급비를 제외해도 코나아이는 4년간 인천e음으로 327억 7700만 원의 수 익을 낸 셈이다.[39] 그러니 각 시도단위에서 지역화폐 발행으로 벌어들이 는 수익은 가히 천문학적이라 할 수 있다. 이러한 거대한 자금이 전부 종 북좌익세력 양성과 활동자금으로 들어가지 않는다는 보장이 없다.

이 밖에 이재명 전 경기지사 비서관으로 있던 김모 비서관은 지난 2014년 3월부터 2016년 1월까지 이재명 SNS콜센터 구축관리, 이재명 TV 구축관리 용역으로 7700여만 원의 수익을 올린 에스앤에스인사이트 의 대표이사로 근무했다. 에스앤에스인사이트는 지난 2018년 12월 청산 했다.[40] 사실 지역화폐라는 것은 매출 규모에 따라 제한되게 사용하게 하 는 지역상품권에 불과하다. 지역 안에서 발생하는 소득이 지역 안에서 순환되도록 하자는 취지는 대단히 바람직하다. 대자본에 의해 설립된 마

---

38  한국경제, 「조정일 코나아이 대표 "지역화폐 더 커질 것…매출 6,500억원 목표"」, 2024.11.13., https://www.hankyung.com/article/2024111392975

39  경기신문, 「코나아이, 인천e음 운영 4년 만에 수수료 매출만 820억」, 2022.05.11.

40  뉴스버스, 위의 기사

트에서 소비하는 지역주민들의 소득을 대자본이 거둬가는 것을 지역 안에서 순환시켜 경제가 활성화되도록 하는 것은 훌륭한 발상이다. 그러나 일반 카드에 적용하여 지역과 매출규모에 따른 제한 사용을 카드수수료 0으로 전환할 수도 있다. 무엇 때문에 이재명 후보와 관련된 인사들에게 천문학적 수익을 올리는 황금알을 낳게 하는 '땅 짚고 헤엄치는 사업'을 하게 만든다는 말인가. 게다가 이것은 소득분위와 관계없는 무차별적 세금퍼주기라는 모순과 지적도 있다. 또한 자생력을 강화시켜나가야 할 자유시장구조를 왜곡시킨다는 비판도 있다. 과밀화된 자영업의 구조를 업종전환과 변경으로 수익구조를 재편시켜주지 않는 한 세금퍼주기로는 언 발에 오줌누기식이란 지적이다. 이러한 사정을 잘 아는 윤석열 정부는 25조 원 규모의 맞춤형 지원을 통해 저금리 지원과 상환연장, 저금리 대환 등 금융 부담을 덜어주고, 임대료, 전기료 등 고정비 부담을 낮추는 정책자영업자 지원을 통해 경영 부담 완화, 성장 촉진, 재기 지원 등 세 가지 방안을 추진하기로 했다.[41] 이에 따라 2024년도에 3000억 원의 지역화폐(지역사랑상품권) 예산을 2025년도 예산안엔 이재명 더불어민주당 대표의 대표정책이라 할 수 있는 지역화폐 예산에는 반영하지 않았으며, 전국민 25만원 민생회복지원금 지급을 위한 예산도 반영되지 않았다.[42]

41  KBS News, 「윤 대통령 "소상공인 25조 원 규모 맞춤 지원…현금 살포는 '포퓰리즘'"」, 2024.07.03. https://www.youtube.com/watch?v=CT_M38zL7Xw

42  머니투데이, 「내년에도 지역화폐 예산 0원…국회에서 쟁점될 예산은」, 2024.8.27., https://news.mt.co.kr/mtview.php?no=2024082622412510578

**국회 본회의 통과한 2025년 예산안 주요 감액 내역** (단위: 원)

| 구분 | 정부안 | 국회 처리안 | 감액 규모 |
|---|---|---|---|
| **총지출** | **677조4000억** | **673조3000억** | **4조1000억** |
| 대통령비서실·국가안보실 특수활동비 (특활비)·특정업무경비(특경비) | 82억5100만 | | 전액 삭감 |
| 검찰 특활·특경비 | 586억9900만 | | 전액 삭감 |
| 감사원 특활·특경비 | 60억3800만 | | 전액 삭감 |
| 경찰 특활비 | 31억6700만 | | 전액 삭감 |
| 법무부 인사정보관리단 기본 경비 | 3억3300만 | | 전액 삭감 |
| 유전개발사업출자(동해 심해 가스전 개발 프로젝트) | 505억5700만 | 8억3700만 | 497억2000만 |
| 용산 어린이정원 과학기술 체험관 운영 | 42억1500만 | | 전액 삭감 |

〈자료: 국회·기획재정부〉

▲ 민주당은 대통령 검찰 경찰 감사원 등의 특활비, 특경비예산을 0으로 만들어 12월 10일 본회의를 통과했다.[출처 : 국민일보]

    이에 이재명 민주당은 2024년 11월 20일 거대의석수를 앞세워 코나 아이에 이권을 몰아주는 지역사랑상품권(지역화폐) 예산 0을 국회 심사 과정을 통해 2조 원으로 증액했다. 이는 선심성 예산지원의 전형이라 할 수 있다. 그리고 이재명 사법리스크를 방해하기 위해 이재명 방탄용으로 2024년 11월 29일 예산결산특별위원회에서 민주당 단독으로 검찰과 경찰의 특활비를 0으로 만들고, 감사원 특활비와 대통령의 특활비마저 0으로 만들고, 대왕고래 예산도 98%나 삭감하여 본회의까지 통과시킨 헌정사상 최악의 예산 폭거를 저질렀다.[43] 또한 국회에서는 윤석열 정부에서 추진하는 소형모듈원자로(SMR) 연구개발(R&D) 예산도 대폭 줄이고, 우리나라의 현재와 미래의 먹거리인 민관 선진 원자로 수출 사업(SFR)

---

**43** 국민일보, 「대통령실·검·경 특활비 '0원'… '대왕고래' 사업비 98% 깎아」, 2024.12.11., https://www.kmib.co.kr/article/view.asp?arcid=1733821761

R&D 예산 70억 원을 90%나 삭감해 7억 원만 남겨놨다.[44] 국민을 위한 정치가 아니라 국민을 죽이는 정치를 하는 것이다.

## 3. 이재명 캠프·인수위 자녀 '줄줄이' 성남시 산하기관에 합격시켜

경기동부연합의 세력은 여기서 그치는 것이 아니라 이재명 캠프·인수위 자녀들을 '줄줄이' 합격시키는 것은 물론 성남시 산하기관에도 낙하산 채용이나 면접 점수 평가 비율을 70%나 적용하고 심사위원들은 이재명 관련 인사로 채워 자녀들까지 진출시켜 장악했다.[45] '독사이다'의 불공정한 야바위식의 막가파 인사행정의 전형이라 하지 않을 수 없다.

2011년 성남시 산하기관인 성남산업진흥재단의 직원채용 계획은 6급 신입직원을 공개 채용하여 3월 중 업무에 배치하는 것으로 당시 34대 1의 경쟁률을 뚫은 합격자는 김 모 씨와 최 모 씨 단 2명이다.

그런데 김 씨 아버지는 이 후보의 두 차례 시장 선거를 도왔고, 백현동 아파트 인·허가 특혜로 천문학적 돈을 번 김 모 씨이다. 최 씨 아버지 역시 2010년 이 시장 선거를 도운 뒤 인수위원으로 활동한 인물이다. 아들 취업과 인허가 특혜로 돈방석에 앉게 되었으나 일부 자금이 동부연합으로 흘러 들어갔을 것으로 본다. 2011년 특별 채용자 모두 4명 중 한 명은 이 후보 캠프 정책팀장이었고, 다른 한 명은 당시 불과 29살의 지역

---

**44** 매일경제, 「'이재명표' 지역화폐 3천억→2조 늘린 野 … SMR 예산은 90% 싹둑」, 2024.11.20., https://www.mk.co.kr/news/politics/11173712

**45** ①KBS, 「'이재명 캠프·인수위 자녀 '줄줄이' 합격…시 산하기관 '석연찮은 채용'」, 2022.01.10., https://news.kbs.co.kr/news/pc/view/view.do?ncd=5362179
②뉴스타파, 「성남진흥원의 '이재명 캠프·인수위 자녀' 채용 … 면접관 다수 '이재명과 인연'」, 2022.02.22., https://newstapa.org/article/o51gp

방송국 기자였다. 나머지 두 명은 불과 1년 전에 특별 채용된 본부장 2명이 각각 추천한 인사였다. 2년 뒤 공채 때도 35대 1의 경쟁률을 뚫고 합격한 백 모 씨의 아버지는 인수위 자문위원장을 맡았던 인사이다.[46]

## 동부연합의 '아지트'가 된 성남시

성남시가 종북 반국가세력에 의해 장악하게 된 것은 북한의 대남공작기관인 대외연락부가 민노당의 이정훈 중앙위원과 최기영 사무부총장 등을 포섭한 데서 비롯된다. 대외연락부는 이들로부터 민노당 내부 정보(주요 당 간부 300여 명 분석자료)를 확보한 후, 2005년 말 일심회에 민노당 당권 장악 지령을 내렸는데 2006년 초까지 거의 그대로 이루어졌다. 즉 이석기 그룹의 핵심인물인 이용대가 정책의장 자리를 차지했고, 문성현 당시 비대위원장이 당대표 선거에 당선하여 당권을 장악했다.[47] 일심회 사건[48]은 북한 정권이 경기동부연합(이석기그룹)을 민노당 중앙당과 서울

46  KBS, 「이재명 캠프·인수위 자녀 '줄줄이' 합격…시 산하기관 '석연찮은 채용'」, 2022.01.10., https://news.kbs.co.kr/news/pc/view/view.do?ncd=5362179

47  동아일보, 「[통합진보, 종북 –폭력의 그림자] 2005년말 北, "경기동부 이용대 박아넣어라"… 북 지령이 민노당직 좌우했다.」(2012.5.19.), https://www.donga.com/news/Politics/article/all/20120519/46352975/9

48  북한의 지령을 받은 고정간첩 재미동포 사업가 장민호(마이클 장)씨를 주축으로 최기영·이정훈·이진강·손정목 등 86세대의 운동권 출신들이 북한 공작원에게 국가기밀과 민주노동당 내부 당직자정보 등을 누설하다가 2006년에 적발된 간첩단 사건. 당시 민주노동당 대표였던 심상정은 당의 실권을 쥐고 있는 자주파의 "친북노선 청산"을 주장하며 2008년 2월 3일 열린 당대회에서 최기영, 이정훈 등 '일심회 관계자 제명 안건' 등을 담은 당 혁신안을 상정했으나, 자주파 대의원들이 이 안건을 삭제하는 수정동의안을 발의해 출석 대의원 862명 중 553명의 찬성으로 가결시켜 제

시당 등 곳곳에 침투시켜 민노당의 상부와 하부를 완전히 장악하게 된 사건이다. 북한은 이를 통해 민노당을 원격조종할 수 있게 되었다. 경기 동부연합의 민노당 장악 후 다음 단계가 민노당을 중심으로 한 진보대통 합정당을 구성하고 민주당과 야권연대를 통해 선거에 승리하여 정권을 쟁취하라는 것이었다. 이는 두 가지 통일전선전술로 하나는 진보대연합 을 추진하여 제도권 정당인 민노당을 중심으로 좌익·좌경 정당과 합당 하여 진보세력을 하나로 묶으라는 지령이고, 다른 하나는 진보대연합정 당을 만든 후 민주당과의 야권연대를 통해 보수정당을 누르고 정권을 쟁 취하라는 것이다. 소위 자주민주연립정부를 수립하라는 지령이다.[49] 북한 의 지령은 전국적 범위이나 경기동부연합은 우선 성남시에서 2006년 당 시 민주노동당 성남시 위원장으로 취임한 김미희는 2010년 성남시장 선 거에서 민주당의 이재명 후보와 단일화를 이루는 조건으로 공동정부 구 성을 제안하게 된다. 경기동부연합의 세력이 특히 강세인 성남은 이재명 도 김미희의 제안을 받을 수밖에 없었다. 지자체 단위에서의 통일전선전 술이 성공한 케이스이다. 민노당은 비록 2006년 10월 일심회에 의한 민 노당 내에 경기동부연합 인맥을 심는 공작을 하다가 수사기관에 적발된 간첩 사건으로 타격을 입었으나 이에 개의치 않고 민노당이 진보 신당 탈당파와 국민참여당 등이 참여하는 통합진보당으로 확장(2011.12)하고,

---

명안은 결국 무산되었다. 이후 혁신안 가결과 재신임 문제를 연계시켰던 심상정은 사퇴하였고, 심 상정을 지지했던 노회찬 전 의원과 다른 평등파 당원들이 대거 탈당해 진보신당을 창당하였다. 일 심회 논란에서도 알 수 있듯, 진보신당은 민주노동당과 비슷한 정치 성향을 보이면서도 북조선에 대해서는 다른 시각을 보이고 있다.(위키백과, 나무위키, 일심회 사건)

49   이희천, 대한민국은 체제전쟁중, 2022.1.3., 대추나무, pp.18~20

이후 2012년 3월 민주통합당과 야권연대를 성사시켜 4월 총선에서 큰 승리를 거뒀다. 통진당은 220만표를 얻었고, 10.3%의 국민지지율과 국회의원 13명이나 당선되는 놀라운 성과를 올렸다.[50]

위에서 살펴본 바 성남시는 동부연합의 아지트로 변했다. 공동정부라는 상층통일전선전술에 의해 성남시의 진지들인 요직과 공공기관의 요직을 점령하여 지속적인 인사에 관여하여 그들의 세력들을 지속적으로 끌어들여 세를 확장하면서 완전히 장악해 나갔다. 또한 나눔 환경 등과 성남도시개발 공사 등으로부터 나오는 막대한 자금줄을 확보했으며, 이를 이용하여 종북반국가세력을 양성하고 활동을 전개할 것이다. 그리고 그들의 자녀들까지 원하는 일자리에 취업시켜 대를 이어 진지의 기반을 더욱 확고히 장악하는 식으로 성남시의 모든 것을 장악해 나가고 있다. 성남시의 대규모 자금조성은 대장동개발과 백현동개발 등이다. 이에 대해서는 뒤에 다시 서술할 것이다.

50    이희천, 위의 소책자, p.20

# 소위 '핵 사이다 정치'의 허구

## '핵 사이다 정치'의 허구

### 1. 이재명의 '핵 사이다' 화법

이재명이 일을 잘한다고 하는 것은 시정이나 도정을 잘해서가 아니라 그의 현란한 말 정치에 우민화된 국민이 현혹되어 감상적으로 빠져들은 결과이다.

이재명의 연설을 듣고 있으면 '이재명이 하면 이 세상이 다 바뀔 것 같은 환상'을 갖게 한다. 마치 문재인이 '한 번도 경험해 보지 못한 나라를 만들겠다'고 하여 정말 엉망진창으로 망가뜨려서 한 번도 경험하지 못한 나라가 된 것처럼 같은 과라고 보면 된다.

### 2. 상상을 초월하는 거짓 언행

이재명은 '거짓말보다 바른말이 편하다'는 소제목에 "정치인에게 거짓말은 칼과 같다. 그 칼은 국민을 겨누기도 하고 자신의 정치 인생을 겨누기도 한다. 누구를 찌르건 깊은 상처를 낼 수밖에 없는 것이 칼의 운명이듯 거짓말 역시 국민과 정치인 자신에게 언젠가는 씻을 수 없는 상처를 남긴다. 그런데도 수많은 정치인들이 거짓말을 무기로 삼아 선거판을 휘젓는 것이 우리의 정치 현실이다."라며, **"나는 그런 정치인들을 주저 없이 사기꾼이라 부른다. 아예 드러내놓고 거짓말을 일삼는다는 점에서 그들은 일반 사기꾼들보다 훨씬 뻔뻔스럽다."**고 쓰고 있다.(이재명, 『이재명은 합니다』, pp.45~46) 국민들은 이 말에 해당하는 자가 누군지를 너무나 잘 알고 있는데 본인은 전혀 모르는 '망각의 세계에서 나홀로 정직한 자' 처럼 천연덕스럽게 너스레를 떤다. 천연덕스럽기 때문에 개딸들은 이재명 이외의 다른 정치인으로 착각한다.

1) 역대 정치인들 중 최고의 공약이행률 96%라는 거짓말

이재명은 이 책에서 **"나는 공약이행률 96%를 달성했다. 언론에서는 역대 정치인들 중 최고의 공약이행률**이라고 했지만, 엄밀히 말하면 **정치인으로서 약속을 지킨 것뿐**이다."고 매우 겸손한 자세로 자신의 업적을 자랑하고 있다.

그러나 과연 그럴까? 이재명이 주장하는 공약이행률 96%의 수치는 "시민단체인 한국 매니페스토 실천본부(이하 매니페스토본부) 조사결과에 따른 것"이라고 말한다. 그러나 매니페스토본부는 공약이행률 96%를 발표한 바가 없다. 이 단체는 지자체 스스로 공약이행정보를 작성해 홈페이지에 게시하라는 공문을 보낸다. 그 후 전문가와 활동가로 구성된 '매니페스토 평가단'이 공개된 자료를 분석해 **공약이행완료**, **'목표달성'**, **'주민소통'**, **'웹 소통'**, **'공약 일치도'** 등 5개 항목을 기준으로 평가를 내린다. 그러나 매니페스토본부는 평가 결과를 공약이행률과 같은 '수치'가 아닌 '등급'으로 발표하고 있다. 최고부터 최저까지 SA, A, D, F 등 총 4개 등급으로 나뉜다. 그러니까 한마디로 성남시가 홈페이지 셀프조사한 공약이행정보를 분석하여 4개 등급으로 평가·발표한 것을 성남시에서 자체적으로 등급을 공약이행률 96% 이행률로 환산하여 발표해 놓고 매니페

스토 평가단이 조사 발표한 것으로 조작한 것이다.[51] 물론 성남시가 작성한 공약이행정보를 토대로 매니페스토본부가 최고등급인 SA등급으로 평가한 것은 사실이다. 성남시는 이에 대해 이 시장이 민선 5기 재임 시절인 2011~2014년까지 진행해 이미 종료된 공약사업의 달성률이 96%라는 것으로, 구체적으로 중소벤처기업 지원, 사회적 기업 육성 등 총 107개 공약사업 중 102개 사업이 이행됐다고 설명했다.[52] 일부 공약이행률이 높은 사례를 들어 전체 공약이행률도 높은 것으로 믿어달라는 식이다.

그런데 성남시에서 작성한 공약이행정보에는 많은 문제점이 있다. 우선 2014년 5월 25일 신영수 새누리당 성남시장 후보 대변인이 발표한 **'이재명 후보가 지키지 않은 중요한 사업 공약'**을 발표했다. 그 내용은 아래와 같다.

"시청사 매각, 1공단 공원화, 대학 유치, 본시가지 재개발, 판교~월곶 복선전철, 경전철사업, 교통회관 설립, 구미동 보호관찰소 부지 환승주차장 활용, 모란 복합환승센터, 돔형 생활체육시설 확충(야구), 서판교역 조기 착공, 구미동 하수종말처리장 고등학교 유치, 정자동 주택전시관 복합문화센터와 체육공원 조성, 상대원 공단 산성아파트 매입 후 근로자복지시설 전환 등 열거할 수 없을 정도로 많습니다."[53]라고 했다.

---

51  아시아 경제, 「[대선주자 공약검증②]이재명 '공약이행률 96%' 진실은?」, 2022.03.27., https://www.asiae.co.kr/article/2017030710222079327

52  위의 기사

53  성남FM, 「이재명 후보의 진짜 공약이행률은 146위, 공약이행률 63%, 중요한 사업 공약 대부분 미이행」, 2014.05.27., http://www.fmnara.com/news/16644

이러한 사실로 인해 법률전문 시민단체인 법률소비자연맹이 지난 2014년 4월 13일 발표한 민선 5기 공약을 조사분석 평가한 공약이행률 현황을 보면, 성남시는 42개의 공약에 대한 공약이행률 63.81%로 221개 기초지자체 중 146위를 차지한 것으로 발표되었다.

법률소비자연맹은 23년 동안 공명선거 감시 및 국회의정감시활동을 해온 시민단체로 자치단체장 전체를 대상으로 공약이행률을 평가한 자료를 발표했다.

법률소비자연맹에서 실시한 평가절차는 중앙선관위에 올라와 있는 단체장 5대 선거공약을 단체장 홈페이지 자료와 시·군·구정(시정)보고서, 그리고 언론에 보도된 내용을 중심으로 공약이행률을 확인한 다음, 두 차례 기초단체에 평가결과자료를 보내 지방자치단체에서 입증자료를 첨부했으며, 이의신청한 경우에는 법률연맹의 자료와 비교·분석, 평가작업을 거쳐 보완작업을 했다.[54] 공약이행률에 대해 2차례나 보내서 입증자료와 이의신청까지 받아서 성남시의 검증을 거친 공약이행정보를 평가한 것이다. 매니페스토본부는 성남시 셀프조사를 조사도 않고 그 자체로 평가한 것이고, 법률소비자연맹은 입증자료와 이의 신청까지 받아가면서 검증한 자료로 평가한 것이다. 국민들은 어느 자료가 객관적인 자료인지는 물어보나한 내용이다. 이것은 **"나는 그런 정치인들을 주저없이 사기꾼이라 부른다. 아예 드러내놓고 거짓말을 일삼는다는 점에서 그들은 일반 사기꾼들보다 훨씬 뻔뻔스럽다."**고 한 주장이 자신을 두고 한 말

---

54  주간한국, 「지자체장들 4년간 공약 얼마나 이행했나」, 2014.04.14.,
    https://weekly.hankooki.com/news/articleView.html?idxno=5248446

이라는 것을 입증한 사례이다. 비록 검찰은 "이재명 시장 공약 '뻥튀기'" 고발사건에 대해 무혐의처리했지만 성남 경찰이나 검찰이 이재명에 대해 수사해온 관대하기 짝이 없는 수사관행으로 볼 때는 무혐의처리가 아무런 의미도 없다.

2) 성남시의 청렴도

　　이재명의 성남시는 재정자립도 1위이면서도 청렴도는 최하위를 기록하고 있다. 성남시는 2010년 국민권익위원회 주관 공공기관 청렴도 측정 결과 직원 대상의 내부청렴도가 전국 최하위, 시민 대상의 외부청렴도는 경기도 31개 시군중 21위로 밝혀졌다.[55] 2011년도 국민권익위원회에서 측정한 청렴도 평가에서 성남시는 전국 228개 기초자치단체 가운데 중간 정도인 129위를 차지한 것으로 나타났다. 이는 지난 2010년보다는 83계단이 상승한 수준으로 많이 좋아진 것으로 보인다.[56]

　　2013년 12월 9일 국민권익위원회가 실시한 기초의회 청렴도 조사에서 성남시의회는 최하위 등급인 5등급을 받은 것으로 나타났다. 국민권익위원회(이하 권익위)가 발표한 '지방의회 청렴도 측정 결과'에 따르면 전국 인구 50만 이상 지방의회 47개(광역 17개, 기초 30개)를 대상으로 설문조사한 결과, 성남시가 기초의회 30곳 중 5.15점으로 29위를 기록한 것으로 최하위 그룹인 5등급에 이름을 올렸다. 또한 성남시의회는 내부고

---

55　민선5기 성남시장 취임 2주년 기자회견 https://www.seongnam.go.kr/mayor/photoGallView/1407.do?menuIdx=1001307&fbrefresh=CAN_BE_ANYTHING

56　성남N, 「성남시 청렴도 전국 지자체 중간 수준」, 2011.12.19., https://www.sn-n.co.kr/6492

객 평가에서 10점 만점에 6.41점을 받아 4등급에 해당되는 것으로 나타났다.(국민권익위 평가현황표) 기초의회 내부고객 청렴도 평가 평균은 7.13점이다. 지역주민 평가 역시 성남시의회는 4.5점을 받아 5등급 분류 가운데 하위 수준인 4등급을 받는 데 그쳤다. 이 둘을 합하여 성남시의회는 5.15점을 받은 것이다. 권익위는 지방의회와 지자체소속 내부직원 4,404명과 해당 지역 통·이장 등 주민 9,400명을 대상으로 조사한 결과라고 밝혔다.[57] 성남시의회 안광림 시의원은 **"부패방지권익위법에 따라 실시한 2022년도 공공기관 종합청렴도 평가 결과가 올해 1월 26일 국민권익위원회 보도자료로 발표되었습니다. 평가대상 기간은 더불어민주당 출신 은수미 전 시장의 임기 4년 차 기간인 2021년 7월 1일부터 2022년 6월 30일까지입니다. (화면 제시)(참고자료 끝에 실음-참조4) 성남시 종합청렴도가 4등급으로 전국 기초자치단체 중 거의 꼴찌로 발표되었습니다.(화면 제시)(참고자료 끝에 실음-참조5)**

올해 처음 적용된 종합청렴도는 공직자·국민 대상 설문조사 결과인 '청렴 체감도'와 기관의 반부패 노력을 평가한 '청렴 노력도'를 합산한 뒤 기관 부패사건 발생 현황인 '부패실태' 평가를 감점하는 방식으로 진행되었는데 성남시는 공직자·국민 설문조사 결과인 '청렴 체감도'에서는 2등급, 반부패 노력을 평가하는 '청렴 노력도'에서는 3등급으로 결과가 나왔

---

**57** ① 서울일보, 「재정자립 1위 성남시…의회 청렴도는 '최하위'」, 2013.12.10.,
https://www.seoulilbo.com/news/articleView.html?idxno=23269
② 성남N, 「성남시의회 청렴도 최하위 '불명예' 국민권익위, 인구 50만 이상 기초의회 대상 청렴도 조사 결과 발표」, 2013.12.10., https://m.sn-n.co.kr/8160

습니다."**[58]**라고 발표하여 은수미 시장 재임 기간인 2021년 7월 1일부터 2022년 6월 30일까지 성남시 종합청렴도가 4등급으로 전국 기초자치단체 중 거의 꼴찌로 발표되었으며, 2023년도 종합청렴도에서 공직자·국민 설문조사 결과인 '청렴 체감도'에서는 2등급, 반부패 노력을 평가하는 '청렴 노력도'에서는 3등급으로 결과가 나왔다. 경기동부연합에 의해 장악된 성남시는 부정부패의 아수라 도시가 된 것이다.

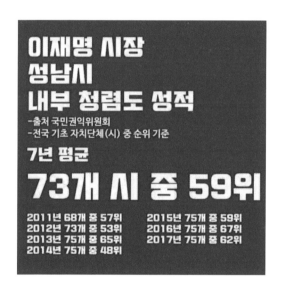

---

58    성남시의회 사무국, 「제279회 성남시의회(임시회) 본회의회의록 제2호」, 2023년 2월 6일(월)

## 이재명의 현란한 '말뻥정치'와 고도의 포플리즘

　　이재명은 말로 정치하는 사람이다. 말로 하는 장밋빛 무지개 정치의 달인, 쇼의 달인, 사실상 말뿐인 말뻥 정치로 국민을 기만해온 정치, 국민을 속이는 데 능란한 정치, 온갖 장밋빛 무지개 정치를 말로 능란하게 현혹시키는 데는 일가견이 있는 인간이다. 그러나 그가 말하는 '국민 모두가 공정하게 정의롭게 행복하게 사는 사회를 만들고야 말겠다'는 다짐은 전부 개뻥이다. 그의 실천은 그의 말과 행동과는 정반대로 온갖 부정의와 불공정과 불행하게 만드는 정치의 연속이기 때문이다. 가난팔이, 장애팔이, 정의팔이, 평화팔이, 공정팔이, 평등팔이로 국민을 기만하는 데 능란하고 파렴치한 "개철판", "개뻔뻔 정치인"이다. 이러한 말의 마술로 '이재명은 다른 것은 몰라도 정치 하나는 잘한다'고 소문이 난 것이다. 정치는 말이 아니라 실천이요, 실적으로 증명하는 것이다.

　　이것도 이재명은 '정치는 말이 아니라 실천'이라고 그대로 말한다. 그러면서 아무것도 없다. 기본소득이란 허황된 정책이란 누구나 20만 원이니 50만 원이니 퍼주는 것만큼 쉬운 일이 없다. 빌딩을 갖고 있는 인간에게 20만 원이 왜 필요한가. 월 500만 원 이상인 자들이 20만 원을 받아서 무엇에 쓴다는 것인가? 그러나 그 돈이 차상위나 기초수급자들이나, 빚더미에 허덕이는 자영업자들에게는 매우 유용하게 쓸 수 있는 돈이다. 그러니까 한 푼이라도 그들에게 더 돌아가도록 해야 하는데 그것을 구분하는데 시간이 걸리고 귀찮으니 그냥 막 퍼주면서 선심쓰는 짓거리나 골라서 하자는 것이 '기본소득 100만 원론'이다. 1년에 100만 원 가지고 기본소득이 되는 인간이 이 세상에 어디 있는가? 기본소득으로 국민을 기만하면서 생색을 내서 표나 긁어 모으자는 심산 밖에 안된다. 일반 국민들은 돈을 주면 좋아한다. 그러니 그런 국민들의 심리를 이용하여 기본소득을 소리높여서 외치는 것이다. 부끄러운 매표팔이 정치인 줄도 모르고 말이다. 이렇게 국민들은 20만 원이나 먹고 떨어지라고 하면서 표와 지지도를 긁어모아 당선하면 대장동 같은 대형 부정부패나 자행하여 천문학적 비자금을 마련해두는 것이다. 지역 화폐 등 엄청난 이익을 위한 것에는 올인하다시피 하면서 정작 일자리 만들기는 아무 관심도 없다. 오로지 퍼주기 복지나 기본소득으로 돈을 뿌려 선심쓰면, 그것으로 '내가 얼마나 정치를 잘하는 거냐'는 식이다. 게다가 그러한 진실은 언론에 퍼주는 예산으로 '입틀막'이 되는 반면, '세금 퍼주기'나 '즉각적 간단한 지시'는 소위 '광속행정'으로 오히려 '핵사이다 정치인'으로 명성(?)을 떨치게 된다. 그것이 '독사이다'로 돌아오는 것을 한 푼이 아쉬운 대부분의 국민들은 알지 못한다.

## 1. 이재명의 '명연설'이란 것들

㉠《보수 텃밭 부산민심 뒤집어버린 이재명의 사자후 연설 "경제 폭망! 윤석열 놔두면 지옥된다!"》

팩트TV에서 지난 2024년 4월 3일 이재명 상임공동선대 위원장의 부산 유세를 보도한 《보수 텃밭 부산민심 뒤집어버린 이재명의 사자후 연설 "경제 폭망! 윤석열 놔두면 지옥된다!"》의 주요 내용은 다음과 같다.

" … 2년도 안된 윤석열 정부는 국민을 업수이 여기고 국민에게 고통을 가했습니다. 외교를 망쳐버렸고, 평화의 위기를 불러왔고, 민주주의는 파괴됐습니다. 먹고 사는 거 해결하는 게 가장 중요한 일 아닙니까 여러분, 다 먹고 살자고 하는 짓 아닙니까? 그런데 그들은 경제를 폭망시켰어요. 세계 5대 무역흑자 국가였던 대한민국이 이 짧은 시간에 지금 이 순간에도 적자를 내면서 북한보다 더 심각한 무역적자 200일을 기록하는 이 어처구니없는 현실에 대해서 우리가 용서해야 되겠습니까?

여러분! 우리가 낸 그 막대한 세금 다 어디다 씁니까? 온 동네가 먹고 살기 어려워서 쓸 돈은 없고 동네는 망하고 동네 골목은 죽어가고 사람으로 치면 신체 일부는 썩어가는데 심장만 튼튼하면 됩니까? 소수 재벌만 잘살면 됩니까? 부자 초자산가들만 돈 더 벌면 이 나라가 건강하고 잘 사는 나라 됩니까? 그런데 왜 13조 원 들여서 1인당 25만 원씩 지역화폐를 주어서 골목도 살고 지역도 살고 우리 국민들도 숨통 좀 틔고 경제순환도 좀 시키고 이 어려운 지경을 넘어가자는데 13조 돈이 없다고 합니다. 여러분! 그런데 부자들 세금은 왜 깎아줍니까? 부자들 세금 깎아주느라고 수십조 원 세수결손 발생했지 않습니까? 돈이 없다고 R&D예산 삭감해서 젊은 과학자들 연구자들 해외로 다 빠져나가게 생겼습니다. 우리가 아무것도 가진 것 없는 그야말로 일제 식민지에서 해방된 나라가 지금 이 자리까지 온 것은 그래도 우리 부모들이 없는 재산, 논밭 팔고 소팔고 정말 죽도록 밤낮 일해서 자식들 공부시킨 것 때문 아닙니까? 지적 재산이 우리의 유일한 재산 아닙니까? 과학기술이 발달되지 않은 나라가 앞서 나가는 것 봤습니까? 과학기술에 대한 투자, R&D 연구개발에 대한 투자를 우리는 IMF 때도 줄이지 않았습니다. 우리 국민들도 자식 공부시킬 때 흉년들었다고 애

학교가지마 땅이나 파러가자고 공부 끊었습니까?…"⁵⁹

이재명의 연설을 듣고 있으면 윤석열정권은 아무것도 안하고 세금만 축내고, 나라 망치는 정권이 되는 것이다. 알고 보면 문재인정권에서 전부 망가뜨린 것을 윤석열정권에게 뒤집어씌워 공격하는 적반하장 연설의 명수라는 것을 알 수 있다. R&D예산 줄였다고 젊은 과학자들이 전부 해외로 다 빠져나가게 생겼다고 극도로 과장을 한다. 그렇다고 해도 2023년도 31조1000억원인 국가 R&D 연구 예산이 2024년 25조9000억원으로 5조2000억원 삭감된 충격파는 크다. 비율로 따지면 16.7% 감소했지만 대학 현장에서는 연구의 어려움은 물론 연구의 지속성과 중단 등 예산 삭감에 대한 파장은 연구현장이 휘청거릴 정도로 만만치 않았다. 해당 예산 감축의 폐해는 고스란히 과학계에 돌아갔다. 이공계열 A 연구교수는 "이탈한 연구자들로 인한 과학계의 피해를 모두 회복하는 데엔 최대 6~7년까지 걸릴 것"이라고 말했다. 정부는 연구비를 나눠먹는 '카르텔' 타파를 위해 예산을 삭감했다고 설명했지만, 이를 위해서는 장기간의 조사를 통해 '핏셋형 삭감'을 통해 이권 카르텔을 도려냈어야 되는데 일괄적 무차별 삭감은 오히려 이권 카르텔만 살아남게 했다는 지적이다.⁶⁰

윤석열 대통령이 나눠먹고 갈라먹는 R&D예산을 제로베이스에서 전

---

59　팩트TV NEWS, 「보수 텃밭 부산민심 뒤집어버린 이재명의 사자후 연설 "경제 폭망! 윤석열 놔두면 지옥된다!"」, 2024. 4. 3., https://www.youtube.com/watch?v=TyA34cgU1P8&t=118s

60　①시사IN, 「그것이 알고 싶다 'R&D 예산 삭감 미스터리'」(호수 844), 2023.11.23., https://www.sisain.co.kr/news/articleView.html?idxno=51593
②고대신문, 「R&D 예산 삭감 1년, "이 나라선 과학 못 해"」, 2024.12.02., https://www.kunews.ac.kr/news/articleView.html?idxno=43161

면 검토하라는 지시는 2022년 11월30일 과학계 원로들과의 오찬간담회에서 'R&D 과제 배분 시 선택과 집중을 하기보다 나눠먹기식으로 진행되는 경우가 있다'는 지적에 따라 나왔다. 그 자리에 이종호 과기부 장관도 배석했으나 그 지시가 과기부의 혁신본부에 제대로 전달되지 않아 그동안 넋놓고 있다가 2023년 6월 28일 국가재정전략회의에서 '과기처장관이 국정 기조를 제대로 파악하지 못하고 있는 것 아니냐'는 질타를 받았다고 한다. 그 후 8월까지 국회에 예산안을 제출해야 하다보니 허겁지겁 예산을 졸속으로 만들었다는 것이다. 그것도 과기처 예산 과기부 연구예산총괄과는 6월 29일 각 부처의 R&D 예산담당 부서에 재투자안을 7월 3일까지 주말 포함 4일만에 제출하라고 요구했다.[61] 기가 찬 일이다. 그러한 예산안이 국회로 넘어가 여야간 질타가 이어졌으나 국회에서조차 의결권을 거부하여 예산을 바로 잡았어야 했는데 16.7%를 삭감한 채 통과시켰다. 국회도 이에 대한 책임을 벗어날 수 없다. 그럼에도 불구하고 책임의 한 축인 다수당인 민주당 이재명 위원장이 그 책임을 고스란히 윤석열정권에게만 떠넘기는 것은 책임 면피밖에 안된다. 물론 윤정권의 책임이 가장 크지만 우리 정치가 성숙되려면 공동책임의식이 있어야 된다. 상대방에게 책임을 전가하여 정권을 빼앗아오는 데만 혈안이 된 정치는 애초에 국민이 존재하지 않는다. 싸움의 정치, 대결의 정치 속에서 국민과 민생은 찾아볼 수 없다.

또한 이재명은 '25만 원씩 지역 화폐(지역상품권을 화폐로 호도)[62]를 주

---

61  시사IN, 위의 기사

62  지역상품권은 화폐가 될 수 없다. 화폐는 화폐의 3대 기능은 가치 교환의 수단, 가치 척도의 기준,

어서 골목도 살고 지역도 살고 국민의 숨통을 틔어서 경제순환도 시키고 이 어려운 고비를 넘어가자는데 13조가 없어서 못하겠다 말이 됩니까?'라고 고함을 친다. 25만 원 지역 화폐를 이재명이가 주구장창 외치는 이유가 무엇인지 아는가? 지역 화폐를 만드는 데가 이재명 친위세력이다. 돈벌이 수단이 되니까 외치는 것이다. 그리고 그것으로 잠시는 소비진작으로 경제가 순환되는 듯 하지만 경제순환이 돈을 푼다고 해결되는가? 안된다. 생산적인 일자리가 없이는 아무리 돈을 많이 푼다고 해도 언발에 오줌눕기다. 소비적인 경제만 돌아갈 뿐 생산적인 경제는 돌아가지 않는다. 소비상품 공장은 경기가 좋아지겠지만 생산기반이 되고 산업기반이 되는 기계산업, 에너지산업, 토목건설, 교통통신 등 기간 산업은 돌아가지 않는다. 꿈쩍도 안한다. 마치 당뇨환자가 당이 떨어지지 않게 사탕을 주는 것과 같은 것이지 당뇨병을 근본적으로 치유하는 정책은 아니다. 이렇게 선심성 정책으로 어리석은 국민들의 마음을 선거철에 휘어잡아 표나 긁어 모으려는 얄팍한 수단에 불과한 것이다. 공짜 좋아하는 국민들은 좋아하지만 오히려 그런 무차별적 살포정책은 경제적으로 어려운 서민들이나 자영업자들에게 돌아오는 몫마저 다른 데로 빼앗기게 되는 것이다. 노동으로 봉사하는 서민들이나 자영업자들도 당당하게 자기 몫을 달라고 주장할 필요가 있다. 한번 생각해 보라. 우리 사

---

가치 저장의 수단이다. 화폐는 무한한 교환기능이 있다. 상품권은 1회성 교환이다. 또 상품권은 저축기능이 없다. 사용기간이 있어서 은행이나 마을금고에 저축할 수 없다. 상품권은 가치 척도의 기준이 될 수 없다. 화폐의 가치척도에 따라 종속적으로 따라갈 뿐이다. 이런 것을 지역화폐로 호도하여 지역상품권 장사를 코나아이에 몰아주는 정치적 주장이 지역화폐론이다. 교육급여처럼 기존 은행 카드를 사용하게 하여 0수수료를 정책적으로 시행하게 하면 특정업체 배불리는 일을 하지 않아도 된다.

회가 일용직 노동자(노가다)없이 유지될 수 있는가. 아파트, 도로, 교량, 공장, 토목건설 어디든 온갖 허드렛일들은 일용직 노동자 없이 되는 일이 없다. 산업역군이요, 애국자들이다. 그들에게 도움받지 않은 국민들은 하나도 없다. 그러나 그런 그들에게 돌아오는 것은 하루살이 인생이다. 지금은 근로장려금도 나오지만 노동권 사각지대에 놓인 분들이다. 이런 분들에게 휴한기인 여름과 겨울철에만이라도 최저기초수급자(기초수급자의 30~50%)라도 인정해서 일거리가 없을 때도 생존 걱정하지 않도록 해주는 것이 필요하다. 또 사채근절시키고, 고금리에 시달리는 자영업자들은 선별해서 시군구 단위로 '국영대출은행'을 개설해서 기준금리로 대환해주면 거의 대부분 살아날 수 있다. 새로운 일자리를 만들어 '과밀업종 분산책'도 마련해야 된다. 억강부약은 말로만 하는 것이 아니다. 무엇 때문에 시중은행들만 앉아서 살찌게 만드는가. 뼈만 남은 영세 자영업자들도 살찌게는 못해도 살 빠지게는 하지 말아야 할 것 아닌가. 국민들은 '공생, 공생하는 '주둥이 정치'에 신물난다'는 것이다. 무위도식하지 않고 살려고 노력하는 국민들은 도와줘야 한다는 것이다.

## 2. 이재명, "억강부약 실천하는 최고 개혁대통령 되겠다"

지난 2017년 3월 31일 오마이TV에서 '2017 대선, 오장박이 간다' 대선 특집 현장 생방송을 보도한 [민주당 영남경선] 이재명 "억강부약 실천하는 최고 개혁대통령 되겠다'"는 이재명의 연설을 보면 구구절절이 옳은 말들도 있고, 소름끼치는 내용도 있다. 다음은 핵심되는 연설내용을

살펴본다.[63]

　"··· 우리가 국가를 만들고 대통령을 선출하여 엄청난 권력과 예산을 맡기고 우리 모두의 약속인 법과 질서를 맡기고 우리의 재산과 자유는 물론 목숨까지 맡겨가면서 복종하는 이유는 그것이 우리가 공정한 질서 속에서 공평한 기회를 누리고 우리가 기여한 만큼의 몫을 차지할 수 있는 공정한 세상을 바라기 때문입니다. ··· ①모든 국민은 평등하고 자유로우며, 인권과 복지가 보장되고, 안전하고 평화롭게 살아갈 권리가 있습니다. 정치의 역할은 바로 강자에 의한 일탈과 횡포, 기회의 독점, 불공정한 구조를 통한 부당한 이익을 억제하고 힘없고 가난한 모든 이들에게 평등한 기회와 공정한 경쟁, 정당한 몫을 보장하기 위한 것입니다. ··· ②저에게 정치란 억강부약, 강자의 횡포를 억제하고 약자들을 부양해서 함께 사는 공동체를 만드는 것입니다. 억강부약의 길, 이재명과 함께 가 주시겠습니까? 여러분! 역사 속에서도 억강부약이 작동하지 않고 불평등이 극단화된 그 체제는 무너졌습니다. 공정한 시스템이 작동하는 시대는 흥했습니다. 우리 정치는 민생서민을 부르짖으면서도 강자의 횡포를 방치하고 심지어 장막 뒤에서 강자와 결탁해서 약자들의 기회와 몫을 빼앗았습니다. ③소모품인 자동차에는 차 값의 2%를 보유세로 내게 합니다. 연 350조 원의 불로소득을 만들어주는 6500조 원의 토지에는 달랑 9조 원, 0.13%의 세금만 부과합니다. 노동자와 자영업자의 세율은 최대 38%인데 중소기업은 16%의 세금을

---

63　오마이TV, 「[민주당 영남경선] 이재명 "억강부약 실천하는 최고 개혁대통령 되겠다"」, 2017. 3. 31., https://www.youtube.com/watch?v=U3ZAsGkQdrA

내는데 10대 재벌은 겨우 12.1%의 세금을 냅니다. 대기업의 세금은 깎아주면서 서민의 담뱃세는 올리고 서민에게 전기세 바가지 폭탄을 씌우면서 산업용 전기는 원가 이하로 공급합니다. 이게 나라입니까? … 재벌 가문들이 편법 상속을 위해 기업을 범죄수단으로 악용하고 내부거래 일감 몰아주기 범죄를 저질러도 단가 후려치기, 기술탈취로 중소기업의 경영성과를 탈취해도 묵인되거나 소액의 과태료만 내면 그만입니다. … ④기업 살리기에 공적 자금 170조를 쏟아부은 정부가 개인 채무자들을 살리기 위해서 1조 원이라도 썼다는 말을 들어본 바가 없습니다. 재벌 대기업에는 예산을 마구 퍼주면서 투자라고 주장합니다. 서민복지 지출은 낭비라고 주장하면서 공짜니 표플리즘이니 변명합니다. 이런 나라, 이 불공정한 나라, 공정한 나라로 바꿀 수 있는 사람 누구입니까? 여러분! … ⑤상위 10%가 연소득의 절반을 차지합니다. 국민의 50%는 겨우 5%를 나눠갖기 위해서 아등바등 싸웁니다. 상위 10%가 대한민국 자산의 66%를 갖고 있습니다. 하위 50%는 2%, 2%, 겨우 2%를 가지고 나누고 다투고 있습니다. 미국조차 100대 부자의 80%이상이 자수성가했습니다. 대한민국은 100대부자의 80%가 다 상속받은 자들입니다. 누가 이런 나라 고칠 수 있습니까? 여러분! … 자살자가 세계 최고입니다. 젊은이들이 죽고 노인이 생을 포기합니다. ⑥국민 여러분! 재벌황제경영해체와 중소기업 보호, 공정한 경제질서의 회복, 노동권을 강화하고 노동권을 보호해서 노동자들의 소득, 즉 가계소득을 늘려야 합니다. 이것이야말로 복지를 늘리는 것이고 증세를 늘리는 것이야말로 대한민국 경제활성화와 대한민국의 경제가 사는 길입니다. … 어제 죄악을 벌하지 않는 것은 내일의 죄악의 용기를 주는 것이다. 저는 오늘 박근혜가 구속되는 영장이 발부되었다는 그 말을 듣고 새벽에야 경우 잠이 들었습니다. ⑦박근혜가 사면없이 제대로 처벌받은 것만이 적폐청산이자 공정국가 출발입니다. 그렇지 않습니까? 여러분! … 훔치고 빼앗는 도둑을 잡아야 마을에 평화가 오고 평화롭게 함께 살 수 있습니다. 청산이 있어야 비로소 진정한 통합, 진정한 출발이 가능하지 않겠습니까? 여러분! 누구도 범죄로 돈을 벌고 부자가 되어서는 안됩니다. 재벌과 최순실, 박근혜 어느 누구든지 범죄행위로 얻은 불법 수익은 몰수해야 합니다. … ⑧증세는 서민이 대상이 아니라 영업이익을 500억 이상을 내는 대기업들 440분, 10억 이상의 초고소득을 하는 우리나라 6000명밖에 안되는 이 초고소득자들을 상대로 증세해야 됩니다. 그렇지 않습니까? ⑨노동자를 보호하고 노동법을 강화해서 임금을 늘리고 일자리를 늘려서 가계소득이 증가해야 할 것입니다. ⑩어차피 쓰는 국가예산 400조 원 7% 28조원 아껴서 농민 농어민 학생, 아동 청년들에게 연 100만 원씩 기본소득을 지역화폐로 지급하면 가계소득도 늘어나고 지역경제도 살아나고, 골목경제도 살아나고 지역경제도 살아나고, 지방경제도 살아나고 대한민국의 경제가 살아납니다. 이런 것 우리 한번 해보지 않겠습니까? 청산할 기득권과 손을 잡지 말아야 ⑪달라붙는 기득권 세력을 독한 마음을 먹고 떼어내야 기득권의 손아귀에서 죽어가고 있는 정의와 평등, 그리고 희망의 새싹들이 죽지 않습니다. 억강부약이 바로 정치의 역할이며, 사명입니다. 일체의 기득권으로부터 자유로운 이재명이 끊임없는 도전으로 위기를 이겨 한계를 넘어온 실력으로 국민과 손잡고 공정사회 건설, 적폐청산에 역사적 책임을 다하겠습니다. 여러분! 태산을 옮기는 경우도 빗방울에서 출발했던 것처럼 ⑫우리의 열망과 작은 헌신들이 모여 꿈과 희망이 넘치는 공정한 새나라 만들어낼 것으로 믿습니다. 지금 이 자리에 이재명이 서 있는 것도 이미 기적입니다. ⑬기적은 시작과 끝을 알 수 없는 것입니다. 공정사회, 홍익인간, 대동세상을 향한 우리의 기적은 여기에서 멈추지 않을 것으로 확신합니다. 여러분! ⑭사랑하는 국민 여러분! 이재명을 찾기 위해서 저 높은 곳을 쳐다보지 마십시오, 거기에는 이재명이 없습니다. 이재명은 바로 여러분들의 옆에 있기 때문입니다. 정치인은 높은 곳에서 국민을 지배하는 것이 아니라 그저 국민에게 고용돼서 국민이 맡긴 권한으로 국민을 위해 일할 의무를 가진 국민의 공복, 즉 머슴일 뿐이기 때문입니다. 여러분!"

이재명은 '국민이 국가권력에 복종하는 이유는 기여한 만큼의 몫을 차지할 수 있는 공정한 세상을 바라기 때문'이라며, "모든 국민은 평등하고 자유로우며, 인권과 복지가 보장되고, 안전하고 평화롭게 살아갈 권리가 있습니다. 정치의 역할은 바로 강자에 의한 일탈과 횡포, 기회의 독점, 불공정한 구조를 통한 부당한 이익을 억제하고 힘없고 가난한 모든 이들에게 평등한 기회와 공정한 경쟁, 정당한 몫을 보장하기 위한 것"이라 했다. 이재명은 '강자의 일탈과 횡포, 기회의 독점, 불공정한 구조를 통한 부당한 이익을 억제한다'고 했지만 세금에 관한한 근로소득에 대한 세금은 별로 안되고 대기업이 부담하는 세금이 대부분을 차지한다. 즉 800조 원에 이르는 근로소득에 부과하는 세금은 15.5조 원이다. 실효세율이 2%에 미치지 못한다. 근로자 총 1514만 명 중에서 593만 명이 과세 미달자다. 39.16%가 근로세를 한 푼도 안 낸다는 말이다. 자영업자는 41%가 직접세를 한 푼도 안 낸다. 반면에 200조 원에 대해서 법인세는

37.3조 원을 거둬들였다. 실효세율이 18.2%이다.[64] 근로세도 상위 10%가 12.1조 원을 내어 77.6%를 부담했다. 고소득자 외에는 사실상 세금을 거의 안 내는 것이다. 기업도 마찬가지다. 5천억 원 이상의 순이익을 달성한 기업은 42개밖에 안 되는데, 그들은 전체의 0.01%밖에 안 되지만, 법인세는 33.1%나 냈다. 삼성전자가 1조 7900억 원을 냈다. 상위 1%도 아닌 0.64%가 79.6%를 납부했다.[65] 세금은 이미 억강부약이 된 셈이다.

그러나 정치에 있어서 억강부약의 길은 요원하다. 강자가 횡포를 부리는 지경이다. 그는 강자가 된 현 민주당 다수의석을 이용, 자신들의 정치적 이익에만 몰두하여 입법독재와 횡포, 예산 폭거는 물론 이재명 후보 방탄 줄탄핵과 탄핵 협박을 일삼아 공정은커녕 불공정의 대명사가 됐다. 또한 억강부약으로 힘없고 가난한 모든 이들에게 평등한 기회와 공정한 경쟁, 정당한 몫을 보장하는 것이 정치의 역할이라고 했지만 실제로 그는 장애인단체에 허위봉사활동서를 발급받아 당선에 이용하였으며, 2014년 6월 1일 이것을 폭로한 정기영성남시의원 소속 장애인단체(장애인부모회)의 지원을 2015년부터 2019년까지 5년간 연간 4~5천만원에 상당하는 지원금을 전면 중지시키고, 성남시장애인연합회에 압력을 넣어 장애인부모회를 제명시키도록 했다. 2016년 11월 1일부터 장애인콜택시 요금을 대폭 인상시킨다는 통보를 받고 경기장애인차별철폐연대(아래 경기장차연)가 항의 방문했으나 전부 시공무원들에 의해 끌려서 쫓겨났다. 성남시 거주 장애

---

64  뉴데일리, 「3류 정치가 1류 경제 뺨을 때리니!」, 2012.02.02.,
    https://www.newdaily.co.kr/site/data/html/2012/02/02/2012020200168.html
65  뉴데일리, 위의 기사

인들이 서울로 이동할 경우 최대 10배의 비용을 지불하게 된 것때문이다. 이것도 이재명의 장애인들에 대한 보복이 아닌가 의심스럽다.

게다가 양심선언한 정기영 의원을 고발하기까지 했다. 억강부약을 입에 달고 사는 이재명이 할 짓은 아닌 것 같다. 원래 그런 인간이지만 말이다.

| 성남시장 후보 | | | |
|---|---|---|---|
| 이름 | 황준기<br>(기호 1번) | 이재명<br>(기호 2번) | 이대엽<br>(기호 7번) |
| 나이 | 54 | 45 | 75 |
| 정당 | 한나라당 | 민주당 | 무소속 |
| 직업 | 정당인 | 변호사 | 성남시장 |
| 학력 | 서울대<br>국사학과 | 경원대 대학원<br>(행정학 석사) | 해인대학(현 경남<br>대) 법률학과 |
| 경력 | 전 여성부 차관 | 민주당 부대변인 | 민선 3·4기 성남시장 |
| 재산 | 15억1591만원 | 24억7125만원 | 21억2313만원 |
| 전과 | 없음 | 없음 | 없음 |
| 병역 | 면제(근시) | 면제(관절 이상) | 공군사병 만기 제대 |

이재명은 위에서 "일체의 기득권으로부터 자유로운 이재명이 끊임없는 도전으로 위기를 이겨 한계를 넘어온 실력으로 국민과 손잡고 공정사회 건설, 적폐청산에 역사적 책임을 다하겠습니다."라고 공언했다.

그런 취지로 설립된 공공기관인 경기도시장상권진흥원(이하 경상원)은 소상공인과 전통시장 등 골목상권을 활성화가 목적이다. 그래서 경상원의 주요 기능 중 하나가 경기지역화폐의 홍보·유통 확대와 가맹점 통합관리를 담당하는 일을 한다. 이에 따라 경상원이 선정한 지역화폐 발행기업이 코나아이다. 이재명은 일체의 기득권으로부터 자유롭다고 했으나 경상원에도 자신의 인맥을 심고, 코나아이에도 자신의 최측근 중 한 사람인 신승은을 홍보이사로 집어넣고 관리하고 있는 자체가 기득권을 행사하는 것이다. "이재명의 제2의 저수지로 불리우는 경기도 지역화폐 코나아이는 2021년 한해 수수료만 785억원을 챙겼으며 낙전수익도 독식한다. 이재명의 제2의 저수지로 불리우는 경기도 지역화폐 코나아이는 2021년 한 해 수수료만 758억 원을 챙겼으며 낙전수익도 코나아이가 독식하는 것으로 논란이 일었다."고 한다.[66] 경기상권활성화라는 목적에 무색하게도 코나아이는 소상공인으로부터 2021년 8월 결제기준, 카드 수수료만 약822억원이나 벌어들인 것으로 나타났다.[67] 이밖에 미결제 잔금인 낙전수익까지 고려하면 실제 수익은 더 많아진다. 이는 인천시 지역화폐 '인천e음'의 운영 대행사 코나아이가 인천시에서만 4년간 누적 820

---

66 · 나의 패랭이역, 「황운하 박병국 신현택, 경찰쿠데타와 검수완박 밀어붙인 이재명 지역화폐 경상원 코나아이 KH배상윤」, 2022. 12. 21., https://m.blog.naver.com/egeyouri/222961540041

67 쿠키뉴스, 「코나아이, 경기 상권 활성화라더니…소상공인 수수료만 700억」, 2021.10.14., https://www.kukinews.com/article/view/kuk202110130266

억 원에 달하는 결제수수료매출을 올린 것으로 확인됐으며, 결제수수료 매출에서 카드발급비를 제외해도 코나아이가 가져가는 수익은 무려 4년간 인천e음으로부터 327억 7700만 원이나 된다.[68] 그야말로 별로 하는 일없이 기득권을 가지고 황금알을 낳는 사업이다. 자신이 도지사의 권력을 행사하여 기득권을 행사하는 것은 기득권이 아니고, 재벌들이 피땀 흘려 형성한 기득권만 서민들의 적대적 기득권으로 매도하는 것은 재벌을 해체하여 국유화하겠다는 저의가 있다는 의심을 지울 수가 없다. "재벌황제경영해체와 중소기업 보호, 공정한 경제질서의 회복, 노동권을 강화하고 노동권을 보호해서 노동자들의 소득, 즉 가계소득을 늘려야 합니다. 이것이야말로 복지를 늘리는 것이고 증세를 늘리는 것이야말로 대한민국 경제활성화와 대한민국의 경제가 사는 길"이라고 한 것을 보면 재벌 해체로 인한 공정한 경제질서 회복과 노동권 강화, 노동자, 농민, 서민, 청년 학생을 하나의 계급적 연합세력(인민의 개념임)으로 놓고 재벌 등 대자본가들을 대척점에 놓아 대립적, 적대적 관계로 설정하는 것은 결국 인민민주주의 정권을 수립하겠다는 의도로도 읽혀진다. 재벌들의 천문학적 소득을 적대시할 문제가 아니다. 재벌들로 인해 중소기업들이 먹고 사는 것이고, 중소기업들이 먹고 사는 것으로 인해 소상공인, 서민들이 먹고 사는 것이다. 물론 단가후려치기나 중소기술탈취 등 재벌들의 횡포도 해결해야 되겠지만, 여러 가지 이유로 발생한 극심한 양극화를 극복하는 순리적인 정책을 추구하는 것은 바람직하나 소위 '재벌해체

---

68  경기신문, 「코나아이, 인천e음 운영 4년 만에 수수료 매출만 820억」, 2022.05.11.

법'을 만들어 재벌해체라는 극단적 방법을 통한 강제적 방법을 추구한다면 기존의 경제질서를 무너뜨리게 되며, 만일 국가가 국민연금과 국가예산으로 대주주의 주식을 헐값으로 강제매수하여 국유화하여 공사합동기업화한다면 국제경쟁력을 극도로 떨어뜨리게 될 우려가 있다고 본다. 더욱이 이재명은 "달라붙는 기득권 세력을 독한 마음을 먹고 떼어내야 기득권의 손아귀에서 죽어가고 있는 정의와 평등, 그리고 희망의 새싹들이 죽지 않습니다. 억강부약이 바로 정치의 역할이며, 사명"이라고 하면서, "저에게 정치란 억강부약, 강자의 횡포를 억제하고 약자들을 부양해서 함께 사는 공동체를 만드는 것"이라며, "홍익인간, 대동세상을 향한 우리의 기적은 여기에서 멈추지않을 것으로 확신"한다고 하는 주장은 '위장된 신공산주의 사회'를 지향하는 듯하며, 현재 국회에서 자행하는 입법독재의 폭거와 패악질을 보면 소름이 끼칠 지경이다. 그 과도기로서 인민민주정치는 민주적 중앙집권주의 실현에 이은 사회주의다.

이러한 생각은 이재명이 대선후보 때 '부동산 투기에서 소수가 버는 것을 원칙적으로 봉쇄하는 방법은 전 국민에게 부동산 개발이익을 가질 기회를 주는 것'이라고 하여 그 구체적인 방법이 무엇인지가 의문스럽기 때문이다.

그런데 노동일보에 의하면 "이재명 후보는 대장동 개발사업과 관련해서도 "제가 70%를 빼앗으니 왜 30%를 못 빼앗았느냐 욕하고 있더라"며 "그래서 이를 원천봉쇄하는 방법을 생각했다. 전 국민에게 부동산 개발이익을 가질 기회를 주는 것"이라고 강조했다. 이재명 후보는 "(부동산 개발에) 투자할 기회를 가상자산으로 만들어 거래할 수 있게 해서 가상자산 시장을 육성하고 온 국민에게 가상자산으로 재산을 만들 기회를 드리겠다"며 "아무런 기초자산이 없는 비트코인도 수천만 원을 하는데, 전 국민이 가지고 있는 가상자산 플랫폼이 만들어지면 어느 정도의 경제효과가 생길지 학자들에게 물어보라. 이게 바로 새로운 경제""라고 주장했다.[69]

이재명은 2021년 11월 8일 선대위 회의에서 "전 국민 부동산 개발이익 공유시스템을 검토하고 있다"고 했다. 그러면서 "대규모 택지 개발, 부동산 개발에서 발생하는 이익을 기초자산으로 해서 전 국민에게 가상자산을 지급하고 전 국민이 이것을 가지고 거래를 하는 일종의 가상자산 시장을 형성하는 방안을 내부에서 심도깊게 내부 논의를 하고 있다"고 설명했다. 즉, **대규모 개발이 결정되면 개발이익에 대한 지분을 담은 가상자산을 발행**하고, **국민 누구나 이것에 투자할 수 있게 하겠단 아이디어다.** 이는 부동산 개발 '국민주'를 가상자산으로 발행한 것 같은 개념으로도 볼 수 있다. 정부는 1980년대 후반 포항제철과 한국전력을 민영화하면서, 정부가 가진 지분을 국민에 배정해 1인당 10~20주씩 가질 수 있게 했다. 이 후보는 "모든 국민들에게 10주~50주를 똑같이 주고, 시장에서 현금을 주고 사든지 자기 권리를 팔든지 할 수 있게 하면 하나의 시장이 형성될 수 있다"며 "개발이익은 개발이익대로 국민에게 배분이 되고, 부수적이지만 더 본질적인 가상자산·코인 시장이 생겨나는 것이다"고 설명했다.[70] 이것은 대장동 개발 방식으로 전국을 대장동처럼 개발하여 그 개발이익을 가상자산에 담아 모든 국민들에게 균등하게 분배

---

69  노동일보, 「이재명 "전 국민에게 부동산 개발이익 가질 기회 주는 것"」, 2022.02.20., https://www.nodongilbo.com/news/articleView.html?idxno=807845

70  ZDNETKorea, 「이재명 "부동산 개발이익, 가상자산에 담아 국민에 돌려줄 것"가상자산 청년 간담회에서 구상 소개」, 2021.11.11., https://zdnet.co.kr/view/?no=20211111160233

하겠다는 구상이다. 그러나 이것은 예를 들면 대장동개발이 '성남의 뜰' 속의 화천대유라는 민간기업과 성남도시개발 공사의 특수법인으로 만들어진 개발양식으로 공공지분과 민간투자지분에 의한 개발이익배당금을 가상자산을 통해 전국민에게 판매하는 것이므로 외형적으로는 개발이익에 대한 국민균등매입이 되지만 실상은 화천대유와 같은 기업에 천문학적인 개발이익을 국민의 돈으로 몰아주는 방식이 될 것이다. 다만 여기서 청년들에게는 기본자산형성이란 명목으로 30~40%를 지원하겠다고 한다면 청년 표를 싹쓰리하는 효과를 거둘 것이며, 전국을 대장동화하여 엄청난 자금 저수지를 형성하여 그 자금으로 보수궤멸을 위한 공공정신병동을 전국 시군구 단위에 세워 행정입원시키거나 조폭들을 비밀경찰화하여 대량의 의문사가 발생할지도 모를 일이다. 기우이기를 바라지만 이재명의 인성이나 그가 해온 짓을 보면 능히 그렇게 하고도 남을 사람으로 판단하지 않을 수 없다.

게다가 가상자산 생산과 플랫폼 운영은 이재명의 측근들이 도맡아 천문학적 수수료를 챙길 것이다. 그렇다면 그 가상자산을 받고 부동산 개발회사가 가상자산만큼 개발이익금을 내주면 그 개발회사가 받은 가상자산을 어디가서 교환하냐면 가상자산거래소이다. 부동산 개발이익금 전국민 균등분배라는 명분으로 가상자산플랫폼을 활성화시켜 전국 대장동화를 관철시킬 것이다. 절대권력은 이런 식으로 형성될 것으로 보인다.

이재명은 기존의 지역화폐를 국가 예산으로 25만 원씩 공짜로 나눠줘서 골목상권이나 지역경제를 일시적으로 활성화시키는 데 기여한다고 주장한다. 그러나 정부가 개개인의 카드에 직접 집어넣어주는 금액에 대해서는 카드수수료를 면제시킨다면 굳이 지역 화폐라는 명목으로 카드

수수료 1.1%를 소상공인들에게 갈취할 이유가 없으며, 지역 화폐를 만드는 비용도 들일 필요가 없다. 또한 카드사용기간을 정하여 그 안에 사용하고 남은 금액을 낙전수익으로 가져갈 이유도 없다. 그러나 이재명은 지역 화폐라는 명목으로 코나아이에게 천문학적 규모의 막대한 수익을 올리게 하고, 그의 측근들을 심어 이재명의 제2의 저수지를 만들었다는 합리적 의심을 갖게 했다. 그의 측근들을 심는 자체가 코나아이의 실소유주는 이재명이라고 생각하지 않을 국민들은 없을 것이다.

이재명은 "국가를 만들고 함께 사는 것이 생존이지 우리가 개인의 각자의 이기심만 충족하려면 뭐하러 국가를 만들고 같이 사는가. 생존투쟁하고 밀림처럼 약육강식하면서 살아야 되겠지 않나"라고 되묻기도 했다. 그러면 자신의 친형과 형수에게 온갖 쌍욕을 퍼붓고, 수행비서 백종선을 시켜서 이재명의 셋째 형인 이재선에게 "똘선아, 개망나니야, 베트남에서 노상강도 만나 총맞아 뒈져버려라"라고 한 것은 무엇인가? 이것이 함께 살려는 자의 행동인가?

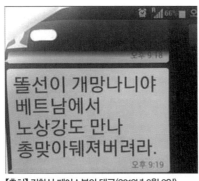
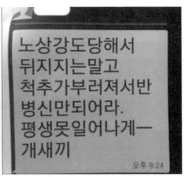

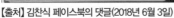
【출처】 김찬식 페이스북의 댓글(2018년 6월 3일)

그래도 명색이 이재선 씨는 성남시장의 친형인데 아무리 무도하기로서니 시장의 수행비서인 백종선이 이시장의 형 이재선 씨에게 "노상강도 당해서 뒈지는 말고 척추가 부러져서 반병신만 되어라. 평생 못일어나게─ 개새끼"라는 악담을 퍼부울 수 있는가? 게다가 이재명은 자신의 친형에게 온갖 개쌍욕을 퍼붓고, 형수에게 입에 담지 못할 욕설을 퍼붓는 개망나니에 불과한 양아치 쓰레기같은 인간이다. 뿐만 아니라 친형을 정신병원에 집어넣으려고 온갖 방법을 동원하는 데 혈안이 됐던 무자비한 인간이다. 이런 인간이 집권하면 목적을 위해서는 수단 방법을 가리지 않을 것이란 것은 세살먹은 어린애도 알 수 있다.

이재명은 코로나19 추경편성으로 재난지원금을 당장 지원해야 한다고 주장한다. "지원이 필요하면 지금 되는 대로 빨리하고 필요하면 더 하면 된다"고 주장하고 "지금 하지 말고 나중에 합쳐서 한꺼번에 하자. 그것도 내가 당선되면 하겠다. (이것은) 당선하는 대로 하겠다는 말 아닌가? 이런 정치 하지 말아야 한다"고 비판했다. 아울러 그는 "일단 굶어 죽게 생겼으니 300만 원이라도 빨리 지급하고 이재명이 당선되면 곧바로 특별추경 아니면 긴급 재정 행정명령권으로 환수해서라도 50조 원 확보해 보전하겠다"라고 소상공인과 자영업자들의 마음을 공략했다. 뿐만 아니라 이 후보는 "불필요한 과잉방역을 중단하고 백신 맞으신 분들 상대로 밤 12시까지 자유롭게 영업할 수 있도록 하겠다"고 약속했다. 또 그는 "너무 가난해서 시장에서 썩기 직전 또는 썩어서 버린 과일만 먹고 살았다"라며 자신의 불우했던 과거를 언급하고 청년 기본소득과 어린이집 국산 유기농 과일 공급 사업도 제안했다.[71] 그러나 집사부일체에 출연해서는 상하기 직전 먹을 만한 과일이라 했다.

### 3. 극도로 가난하게 살았다는 말

이재명이 극도로 가난하게 살았다는 말은 어느 누구도 믿지 않는다. 그가 어렸을 때 살던 집은 대단히 부유한 이층집 양옥으로 그 시대 그런 집은 그 지방의 유지들만이 살 수 있는 집이기 때문이다.

이재명은 2022년 대선후보 때 어려서 성남을 찾아 "아버지는 썩기 직전, 또는 썩어서 버린 과일을 주워 우리 식구들을 먹여 살려 주셨다"며 "너무 어려워서, 공장에서 다쳐서 팔이 이렇게 장애가 돼서 앞날이 너무 캄캄해서 저도 다른 (극단적) 선택을 생각해 보고 실행해 본 것이 바로 이 뒤에 있는 반지하집이었다"며 당시 생활이 너무나 곤궁했음을 전했다.[72] 당시 이재명 선거홍보물에는 윤석열 후보와 비교하여 불우했던 어린 시절을 부각시키는 홍보물을 만들었다. 그 홍보물의 사진은 다음과 같다.

---

71  일간경기, 「이재명 "전 국민에 부동산 개발 이익을"」, 2022.02.21., https://www.1gan.co.kr/news/articleView.html?idxno=212985

72  CBS노컷뉴스, 「[영상]성남 찾은 이재명…'가난·형 욕설' 회상하며 '눈물'로 지지호소」, 2022.01.24., https://www.nocutnews.co.kr/news/5695507, 집사부일체에서는 썩은 사과는 아니라 상하기 직전으로, 먹을 만한 데 보관할 수 없어서 빨리 먹어야 하는 과일이라 했다.

▲ 어린 시절의 이재명 후보(왼쪽)와 윤석열 전 검찰총장 /사진=이재명 대선 캠프 이경 대변인
페이스북【출처 : 머니투데이(2021.10.14.)】

　　이재명은 홍보물에 자신의 어린 시절은 흑백사진으로 처리하고 윤석
열은 컬러사진으로 대조를 이뤄 자신이 훨씬 가난하고 불우한 어린 시절
임을 부각했다. 소위 가난팔이, 노동팔이로 서민들의 표를 공략하기 위
한 것이다. 그러나 당시 이재명의 2017년 인스타그램에 올린 사진은 아래
의 컬러사진이다. 컬러사진을 흑백사진으로 조작하여 어둠침침한 모습으
로 윤석열보다 훨씬 불우했던 시절을 부각시켜 서민들의 표를 노린 것으
로 판단된다.

▲ 이재명 후보 인스타그램 캡처[2017년 인스타그램. 소년공이던 더불어민주당 이재명 대선후보(사진 오른쪽)가 동생과 함께 찍은 사진.【출처 : 머니투데이(2021.10.14.)】

    위의 사진에서 이재명이 설명하듯 16세 때 산재장애인이 되었다고 한다. 그러나 프레스로 손목뼈를 다치기는 15세로 그의 저서《이재명의 굽은 손》에 나온다. 16세 때 갑자기 키가 크는 바람에 성장판이 다친 왼쪽 손목으로 내려오는 바깥쪽은 자라지 않고 안쪽 뼈만 자라서 손목이 뒤틀리기 시작하여 왼쪽 팔이 굽었다고 한다. 그의 표현은 "관절이 으스러진 부분은 성장판이 깨지고 말았던 것이다."고 했다(《이재명의 굽은 손》(2017.2.3.), pp.56~60). 이재명은 한쪽 손목뼈가 없어서 한 손으로 넥타이를 맨다고 적어놓고 있지만 위에서 전혀 거짓임을 사진으로 보여주었다. 관절이 으스러졌으면 당시도 손목을 움직일 수 없기 때문에 손목을 전혀 사용할 수 없었을 것이다. 그가 굽은 팔이라고 하지만 이상하게도 정상적으로 사용할 때는 굽은 팔의 모습은 온데 간데 없어지고 일부러 굽어보일 때만 굽은 팔로 보인다.

▲ 손목뼈가 없어 넥타이도 한손으로밖에 못맨다는 이재명. 그 손으로 넥타이도 매고 함마도 휘두르고 윈드 서핑도 한다.【출처 : 굽은 팔 출판기념회, sbs, 너는 내 운명】

　　이재명은 열다섯 살 때 프레스로 손목뼈를 다쳤는데 당시 프레스를 잡을 수 있어서 월 1만 3천 원을 받았다고 한다(《이재명의 굽은 손》 (2017.2.3.), pp.56~60). 그때가 1978년이다. 1978년 라면 1개 100원이던 것이 2023년 기준 2,790원(27.9배), 고추장(500g) 200원은 5,490원(27배),

배추(2.5kg)는 267원하던 것이 3,980원(현15배), 휘발유 리터(L)당 1974년 206원에서 2023년 1,710원으로 8배, 소주(360㎖) 가격은 1974년 95원에서 2023년 1,370원으로 14배나 올랐다.[73] 1978년 정미(80kg) 중품가격은 27,431원이다.[74] 1978년에서 1980년까지는 흉작으로 쌀값이 폭등했다. 1978년 37,555원, 1979년 47,663원, 1981년 59,384원으로 80kg 한 가마의 쌀가격이다.[75]

서민들이 먹고살기 힘든 쌀값이다. 특히 이재명의 9식구가 먹고 살려면 어려웠을 수도 있으나 이재명의 월급이 월 1만 3천 원이며, 모든 식구가 일을 하여서 먹고 사는 데는 넉넉했을 것으로 보인다. 그런데도 썩은 사과를 먹었다는 것은 어쩌다 아버지가 주어온 사과를 먹은 것을 가지고 일상적으로 썩은 사과를 먹고 사는 것처럼 가난 포퓰리즘을 위한 정치 선동에 불과하다. 더욱이 그러한 쌀값 폭등으로 이재명이 1976년 2월 삼계국민학교를 졸업한 뒤에 성남으로 이사온 지 4년 만에 2층집을 매입했다는 것은 이해할 수 없는 대목이다.

---

**73** 뉴스플러스, 「최대 27배 뛰었다…50년간 물가 얼마나 올랐을까」, 2023.10.17., https://www.newswhoplus.com/news/articleView.html?idxno=5220

**74** 쌀 가격 년 도별 조사규격 현재가격기준(80KG), https://blog.naver.com/kwon3348/220510346759

**75** [출처] 연도별 쌀값, 작성자 계룡산, 자료 : 연도별 쌀값, 한국은행, 농림축산식품부(쌀 가격 연도 별 추이), https://blog.naver.com/kwon3348/221678171310

1980

소년 노동자 시절 집 앞에서 사진을 찍었다.
부모와 일곱 형제가 공장에 다니거나 청소를 하거나
배달원으로 일하며 모은 돈으로 산 집이다.

▲ 1980년에 2층집에 살면서 나팔바지를
입고 다닐 정도면 상당히 부유층에 속하는
옷차림이다.

### 4. "학교 문턱에도 못가봤다"는 이재명의 거짓말

이재명과 함께 당시 성남 상대원동에 있던 성남서고등학교에 다녔던
박모씨(1963)는 "이재명과 저는 같은 학년인데 이재명은 서고 야간을 다
니고 저는 주간을 다녔어요. 그런데 워낙 머리가 좋아서 모의고사를 보
면 점수가 좋아서 선생님들한테 야간 다니는 학생보다 점수가 못하냐고
야단맞은 적이 있었다."고 털어났다. 이재명은 중학교도 1학년, 2학년을
다니고 3학년 올라가기 직전에 자퇴하여 검정고시를 보고 성남서고등학
교 야간에 입학해서 거기서도 1, 2학년 야간을 다니다가 1981년 3학년
올라가기 직전에 자퇴하여 검정고시를 보고 박모씨와 같은 학번인 82학
번으로 대학을 들어갔다고 증언한다.

그러나 이재명은 《이재명의 굽은 팔》에서 이재명은 1976년 초등학

교를 졸업한 이후 성남으로 이사와서 한국나이로 14살부터 19살까지 공장에서 공돌이로 일만 죽어라고 한 내용만 나온다. 그러다 이재명이 "공부를 다짐해야 했던 건, 중·고등학교를 다니지 못한 좌절도 있었지만 팔이 비틀어져서 몸을 쓰는 일로만은 살아가기 어렵다는 판단이 든 탓이었다."(p.84)고 쓰고 있다. 중학교 야간 1, 2학년을 다니다 검정고시로 상대원동에 있던 성남서고등학교 야간에 입학하고, 또 서고 1, 2학년을 다니다 대입 검정고시에 합격하여 1982년 중앙대학교에 입학했던 사실과는 전혀 다른 내용이다. 이재명이 시장 선거에 나왔을 때 성남서고등학교 동창회 모임에 와서 '자신도 서고를 다닌 동창이라고 밀어달라'고 호소한 적이 있었다고 한다. 그러나 다른 곳에 가서는 '학교 문 앞에도 간 적이 없다'고 유세하여 서고 동문들이 '1, 2학년을 다니다 3학년 올라가기 전에 자퇴하여 검정고시를 봤으면 공부할 것은 다 한 것인데 학교 문 앞에도 간적이 없다는 거짓말을 할 수 있냐'고 항의하는 글들을 쓴 이후에는 두 번 다시 동창회에 나오지 않았다고 한다. 박 모 씨는 시장이 된 이후에도 공무원들이 동창회 모임에 가는 것을 매우 싫어했다는 소리를 들었다고 한다. 박 모 씨는 '이재명은 거짓말이 습성화된 사람이라며, 성남시는 공산화되었다'고 개탄하기도 한다. 1969년 11월에 성남으로 아버지와 함께 들어온 박 씨는 주거용 땅 20평을 무상으로 받았으며, 다른 이주자들도 똑같이 20평씩 무상으로 받았다고 한다. 당시 상대원동은 판자촌으로 먹고 살 수 있는 기반이 전혀 없고 교통도 열악한 황량한 곳이며, 그 일대가 전부 박정희 정권의 비서실장이었던 차지철의 종중 땅이라는 말을 들었다고 한다. 아무런 삶의 터전이 없어서 노인들과 여성들이 많이 굶어죽었다고 한다. 성남시의 개발은 서울시의 청계천 등 하천고

수부지, 철로변, 산꼭대기, 한강주변 등의 무허가 건물에 사는 서울시 인구 해소정책 차원에서 시작되었다. 그런데 서울시의 무허가 판자촌 철거민들을 강제 이주시키기 위해 철거 이주 과정은 대단히 흉포(凶暴)하고 비인간적인 것이었다. 한밤중에 군용트럭을 동원하여 철거민들을 토끼몰이하듯 트럭에 실었고, 그마저도 가재도구조차 변변히 챙겨 나가지 못한 판잣집들이 불도저에 의해 맥없이 쓰러지는 것을 지켜보면서 청계천민들은 낯선 어딘가로 실려 갔다.[76] 집과 일자리에 대한 약속과는 달리 군용천막만이 그들을 기다리고 있었다. 무지막지한 행정이었다. 사람과 이주할 땅만 있으면 뭐하냐는 것이다. 당장 먹고 살 수 있는 터전이 없어서 전부 먹고 살기 위해 서울로 출퇴근을 해야 했는데 그나마 교통도 열악했다고 한다. 그러한 문제가 폭발하여 '광주대단지사건'인 8.10성남민권운동이 발생했다. 이 사건은 서울시 무허가 판자촌 철거계획에 따라 경기 광주군 중부면(현 성남시 수정·중원구. 1973년 성남시로 분리) 일대에 조성한 광주대단지로 강제로 이주당한 철거민 10만여 명이 1971년 8월 10일 생존권 대책을 요구하며 벌인 집단 저항이었다. 수도, 전기, 도로, 화장실 등 기본적인 생활기반시설은 물론 생계수단조차 없는 곳으로 내몰린 상황에서 토지대금 일시 납부와 세금 징수를 독촉받자 성남출장소를 습격해 일시 무정부 상태가 됐다.[77]

이 사건 이후 박정희 정권은 이 사건을 보고받고 일자리를 위해 광

---

**76** 미래한국, 「[포커스] 광주대단지 사건을 아십니까」, 2021.10.19.,
https://www.futurekorea.co.kr/news/articleView.html?idxno=146261

**77** 연합뉴스, 「45년 전 성남시 철거민 사건 '실태 파악' 추진」, 2016.09.13.,
https://www.yna.co.kr/view/AKR20160913164700061

주대단지 주변에 공단을 조성하였다고 한다. 그렇게 성남이 자리잡은 이후에 이사온 것이 이재명 가족들이라고 한다.

당시 이재명의 집은 상대원동에서 가장 좋은 이층 양옥집이었으며, 자신의 집과는 천지차이라고 박 모 씨는 털어났다. 그는 또 이재명 수행 비서였던 백종선과는 중학교, 고등학교 같은 반이었다고 회고하였다. 필자는 "'똘선아, 개망나니야, 베트남에서 노상강도 만나 뒈져버려라"는 등 이재명 시장의 친형인 이재선 씨에게 온갖 욕설을 퍼붓는 문자를 오랫동안 보냈는데 아무리 그래도 시장의 친형인데 어떻게 그럴 수 있는지 모르겠다면서 그 사람 성격이 그렇게 포악(?)했는지'를 물었다. 그러자 박 씨는 "학교 다닐 때 완전히 '호ㄱ'예요. 키도 작고 … 그런 짓을 걔가 하고 싶어서 했겠어요? 다 시켜서 한 것이지.."라는 의외의 답변을 들었다.

당시 이재명의 아버지는 환경미화원으로, 어머니는 화장실 앞에서 10원, 20원씩 받고 휴지판매로 연명하고 있을 정도의 최저소득층인데 어떻게 당시 엄청난 고가의 이층집을 구입할 수 있었을까 하는 의문이다. 7남매의 월 소득도 이재명의 프레스공만한 월급을 받을 수 없었을 것이다. 당시 공무원 급여가 1972년 3월 21일자에 공무원 봉급표에 따르면, 지금의 9급 공무원에 해당하는 5급을 1호봉의 봉급이 본봉 4,180원과 직책수당 1만 3120원을 더해 1만 7,300원이었다.(현재 5급 1호봉은 295만원)[78] 이재명의 월급이 결코 적은 월급이 아니다. 7식구가 당시 평균 1

---

[78] 서울신문, 「[그때의 사회면] 봉급과 물가」, 2017.02.13., https://m.seoul.co.kr/news/editOpinion/opinion/generalnewspage/2017/02/13/20170213030008?cp=seoul

만 2천원 정도의 수입을 가정할 경우 월 108,000원이다. 당시 이재명의 용돈은 월 5천원이라고 했다. 그렇다면 이중 생활비로 최소 월 5만원 정도를 사용한다고 가정했을 때 월 58,000원씩 저금을 할 수 있다. 월 58,000원씩 4년을 모으면 2,784,000원이 된다. 이자까지 합해도 360만원을 넘을 수 없을 것이다. 그 이상의 돈을 모았을 수도 있지만 80년대 당시 이재명 가족이 살던 정도의 상대원동에 있는 2층 양옥집의 경우는 최소한 3천만 원에서 5천만 원 정도라고 한다.[79] 그러니까 아무리 싸도 2천만원 이하로 매입하기는 거의 불가능한 가격이다. 이렇게 볼 때 사진에 보이는 2층 양옥집은 당시 상대원동에서 가장 좋은 집이라는 박 씨의 말에 따르면 이재명 가족이 빈곤하게 살았다는 데는 의문이 크며, 이재명의 가난팔이는 허구일 가능성이 농후하다.

## 5. '가짜 인권변호사'

이재명의 연설내용 중에 '사법고시 합격 후 판·검사의 길 대신 인권변호사의 길을 선택한 것도 "좌절하고 고통받고 절망하는 사람들에게 공정한 세상을 만들어주기 위해서였다"며, '현 정치권의 무능과 더불어 자신의 정치 행보가 성실하고 깨끗했다'고 강조했다.

이재명은 사법고시 합격 후 판·검사의 길 대신 인권변호사의 길을 택했다고 했으나 이미 앞에서 언급했듯이 그의 인권변호사 자격은 가짜

---

[79] 필자가 성남의 오래된 공인중개사 강대표와의 전화문의로 알아낸 집값이다. 1980년대 당시 상대원동의 집값이 대단히 쌌으며, 오히려 양지동의 같은 규모의 집값은 1억에서 1억2천만원 정도라고 한다.

이다. 2014년 6월 1일 정기영 성남시의원은 그가 회장으로 있던 장애인 단체인 장애인부모회에 이재명이 "인권변호사가 되겠다"며 전화를 했고, 민변에 제출하기 위한 허위 봉사활동서를 발급해 주었다고 양심선언했다. 이재명의 요청에 의해 장애인단체를 위해 무료변론한 것으로 조작한 허위봉사서를 민변에 제출하여 인권변호사 행세를 하게 된 것이다. 이를 증명해 주는 것이 '2001~2009년' 성남시장 되기 전까지 수임한 형사사건 30건을 분석한 결과이다. 이재명은 30건의 형사사건 중 20건 이상이 살인, 강간, 폭행, 횡령, 사기, 음주운전, 문서 위조, 성매매 알선 등이었으며, 이중 단 한 건도 노동·시국 사건과 같은 인권 관련 변호가 없었다는 사실이 드러났다.

특히 2006~2007년 사이에는 흉악한 '조카 살인', '동거녀 살인', '국제마피아파 조폭' 변호도 했으며, 명예훼손 2건 외엔 부도덕 사건임에도 불구하고 선거 공보물엔 버젓이 "이재명 인권변호사"로 적시했다.[80] 이처럼 이재명은 인권변호사를 입에 달고 살지만 가짜 인권변호사라는 사실이 드러났음에도 불구하고 이에 전혀 아랑곳하지 않고 인권변호사임을 자처하고 다니고 있다.

## 6. 이재명의 논문표절

이재명은 논문표절과 관련하여 "제가 중앙대 졸업했고 사법고시까지 친 사람인데 이름없는 대학 석사가 왜 필요하냐"는 막말을 쏟아내면

---

80    뉴데일리, 「인권변호사 이재명?…형사사건 30건 중 '인권 변론' 하나도 없었다」, 2022.01.26., https://www.newdaily.co.kr/site/data/html/2022/01/26/2022012600195.html

서 '그냥 인용 표시 빼먹어서 실수했다'는 식으로 얼버무렸다. 그러나 그의 석사학위 논문 표절은 실수 정도의 선을 훨씬 넘어섰다. 그냥 전체의 80%를 논문에 복사해 넣은 것처럼 표절이 심각했다.[81] 그런데도 언론들은 이재명의 80%의 논문 표절에는 거의 침묵하고 김건희의 40%의 논문 표절만 가지고 공격을 집중하고 있다. 어느 누가 하든 표절은 자기 양심을 속이는 잘못된 행위이다.

## 7. 가난·가족팔이로 여동생까지 정치적 목적에 이용한 이재명

이재명의 거짓말 시리즈는 한도 끝도 없다. 이재명은 그의 여동생의 죽음을 놓고도 너무나 많은 거짓말을 했다.

이재명은 상황에 따라 거짓말제조기처럼 다양하게 거짓말을 자동으로 제조해내는 능력을 가지고 있다. 그중에 여동생 관련, 자신의 정치적인 수단으로 다양한 거짓말을 하며, 여동생의 죽음까지 이용해왔다. '야쿠르트배달하고 미싱사하다 화장실에서 죽었다', '자신이 시장에 당선되니 시장 덕에 직장을 옮겼다는 말을 들을까봐 걱정돼서 야쿠르트배달을 계속했다.' 이재명은 자신의 SNS를 통해 자신의 여동생은 환경미화원으로 일하다가 2014년 8월 새벽 청소 중 화장실에서 과로에 의한 뇌출혈로 사망했다고 밝히고, 경기도지사 취임 이후 경비원·청소노동자 등의 삶을 개선하는 정책을 특히 공들여 추진해왔다고 했다.[82] 이재명은 득표를

---

**81** 뉴데일리, 「논문 표절 80%, 대선 후보는 '잠잠'… '떠들썩한' 김건희 논문 표절률은 40%」, 2021.12.29., https://www.newdaily.co.kr/site/data/html/2021/12/29/2021122900143.html

**82** 오마이뉴스, 「이재명의 여동생과 서울대의 역겨움」, 2021.07.13.,

위해 가난팔이와 가족팔이를 통해 득표에 활용하는 용이주도함을 보였다. 특히 여동생을 야쿠르트 배달원, 청소부, 과로사 등 사실에 덧댄 날조로, 그리고 오빠를 위하는 끔찍한 가족애를 통한 유세활동과 득표활동을 극대화시키는 데 활용한 것으로 보여진다. 또한 여동생의 죽음을 '형이 피투성이가 되도록 때린 후유증으로 뇌출혈로 죽었다'고 하여 형을 때려잡는 파렴치한 수단으로 이용하는 거짓말을 해댔다. 어떻게 여동생 한 명 가지고 상황에 따라 각기 다른 거짓말을 이렇게 많이 할 수 있는지 의문이다. 가족을 자신의 출세를 위해 수단과 방법을 가리지 않고 이용해먹는다는 의심을 갖지 않을 수 없다.

이재명 더불어민주당 대통령 후보가 지난 2022년 1월 24일 경기 성남 연설에서 세상을 떠난 여동생에 대해 언급한 가운데 '오마이TV'가 유튜브에 올린 영상에 따르면,

"우리 성남에 계신 시민 여러분은 아시겠지만 야쿠르트 배달하던 제 여동생 기억하십니까? 제가 시장에 당선됐는데 야쿠르트 배달 그만하고 싶어서, 장사가 안돼 너무 힘들어서 그만두고 싶었지만 혹시 다른 직장 구하면 '오빠가 도와줘서 그런다'는 소리 들을까봐 제가 재선(再選)한 후까지 야쿠르트 배달 계속했고, 그러다가 제가 재선된 후에 청소부로 직업을 바꿨다가 과로로 새벽에 화장실에서 죽었습니다. 제가 도와준 게 없어서 가슴이 너무 아픕니다."

---

https://www.ohmynews.com/NWS_Web/View/at_pg.aspx?CNTN_CD=A0002758832

이재명의 《이재명의 굽은 팔》에도 "내 선거를 위해 야쿠르트 배달을 하며 고객을 설득했고, 내가 당선된 뒤에는 야쿠르트 배달이 힘들어 하기 싫었지만 "오빠가 시장되더니 좋은 데 가는 거냐?"하는 오해를 받기 싫어 그 일을 계속하였다. 2014년 청소회사 미화원으로 일하다 새벽 화장실 청소 중 내출혈로 죽었다. 자식은 아들 딸 하나씩이다."라고 썼다.[83]

이에 대해 월간조선은 이재명의 여동생은 새벽에 화장실 청소하다 사망한 것이 아니란 점을 지적했다. 여동생 이재옥(향년 47)은 화장실 청소미화원이 아니라 안양시청 청사관리원으로 근무하다 2014년 8월 14일 오후 3시에 사망한 것으로 그녀의 부고에 나왔다.[84]

▲ 모(某) 인터넷 매체가 보도한 이재명 후보 여동생 부고 기사.
부고 기사엔 사망 시각이 '14일 오후 3시'라고 기재돼 있다.(출처: 월간조선 2022.01.25.)

이재명이 "오빠가 시장되더니 좋은 데 가는 거냐?"하는 오해를 받기 싫어 야쿠르트 배달을 계속하다 청소부가 되었다는 말도 거짓이다. 우

83  월간조선, 「[단독] 이재명 후보 여동생은 언제, 무슨 일을 하다가 세상을 떴나?」, 2022.01.25., https://monthly.chosun.com/client/Mdaily/daily_view.asp?Idx=14510&Newsnumb=20220114510

84  위의 기사

선 '오빠를 위한 갸륵한 마음이 득표에 커다란 영향을 줄 것'이며, 그것도 '오빠를 위해 사회적으로 인기가 없는 청소부가 되었다니 얼마나 청렴한 집안인가'를 밝혀주는 한편 '얼마나 오빠를 존경하고 위해주면 그렇게 할 수 있을까 하는 감동', 그리고 '그런 이재명이 거짓말을 할 리가 있겠느냐'는 '진실의 화신'으로 믿게 하려는 의도가 아닌가 하는 판단이다. 이는 이재명이 지금까지 대중적 기만술에 능란한 정치인임을 보여줬기 때문이다. 그러나 실상은 여동생의 그런 갸륵한 마음이나, 오빠를 위하는 감동이 있는지는 알 수 없으나 오히려 이재명 자신의 말에 반하여 자신이 알선해준 안양시청 공무원으로 근무하다 내출혈로 사망한 것으로 의심을 받고 있다. 이는 2018년 4월 4일, 당시 손영태 전국공무원노조 정책연구소장이 안양시청 로비에서 기자회견을 열고 이재명 전 성남시장 여동생과 그 남편 곽모씨가 안양시청과 안양시설관리공단에 부당 채용된 의혹이 있다는 주장에서 비롯된다.

손영태 소장에 따르면, 2012년 2월 이재명 전 시장 여동생 남편인 곽모씨는 무기계약직으로 안양시청 청사관리원직으로 근무하게 됐는데, 당시 자격조건이 안양시가 통상적 거주자로 제한했다는 것이다. 그러나 곽씨는 채용공고가 나기 2개월 전인 2011년 11월 안양시로 전입한 것이 수상하다고 손 소장이 지적했다. 게다가 곽씨가 채용공고 3일 전에 택시운전 자격증을 취득한 후 서류전형과 면접시험만으로 2014년 3월에 안양시설관리공단 상근 운전직으로 입사했다. 그후 곽씨의 자리를 여동생이 이어받아 근무했다고 한다. 월간 조선은 '청사관리직은 공무직으로 공무원이 아닌 일반 근로자로 승진 제도가 없어 별도의 수당은 받을 수 없으나 공무원처럼 급식비, 직무관리수당, 행정업무수당이 월급과 함께 지급된다. 그 외에 명절휴가비, 정기상여금, 가족수당도 별도로 지급된다.[85] 이런 식의 인사가 드물기 때문에 이재명이 간여한 것이 아닌가 하는 의심을 하는 것이다. 아무튼 이재명의 말은 사실과 전혀 다르며, 여동생에 대한 그의 말은 정치적 목적을 위한 수단으로 이용되고 있다는 점을 의심하지 않을 수 없게 한다.

## 무능한 이 후보, 성남시와 경기도에 남긴 빚더미

### 성남시에 남긴 빚더미

이재명 후보는 성남시장 시절 빚을 완전히 탕감하고 은수미 시장에게 넘겼다고 했다. 이재명 지지자들은 열광했다. 모라트리엄을 선언한 후 착실하게 7천억 원의 빚을 갚아 "기어코 해내셨습니다"는 '이비어천가'가 울려 퍼졌다.

그런데 어느 날 은수미 시장이 페이북에 "부채를 4천억 넘게 내는 상황인지라..."는 게시글이 올라왔다. 일 잘하는 이재명, 빚을 다 갚았다는 이재명을 지지하는 사람들중에는 '개빡쳤다'는 소리가 들렸다.

장신중이란 페부커도 "성남시 부채 4,000억 원 문제에 대한 진위를 확인하기 위해 은수미 시장 페북에 가봤더니 사실이더군요."[86]라는 게시

---

85  위의 기사
86  장신중, 2018년 11월 11일 페이스북 게시글,

물을 올렸다. 신문방송에 당연히 기사화되었을 텐데 검색이 안 된다. 기사를 삭제한다고 숨겨질 일이 아니다. 오히려 일파만파로 퍼져나가는 것이다.

그래서 "이재명 씨 해명해 봐 어찌 된거냐, 너 부채 다 해결하고 남은 돈으로 청년지원 한거라더니 이건 뭐냐 은수미가 그러더라, 성남시 체불임금이 24억 8천만 원으로 가장 많다잖아, 어찌된 겨? 이 개XX꾼아!"[87] 하고 아래와 같은 사진까지 게시했다. 숨기면 일이 더 커지는 것이다.

▲ 성남시 체불임금 124억 8천만 원으로 가장 많다. 【출처 : 김재흥 페이스북】

https://www.facebook.com/share/p/1XnK57dq1J/

87  김재흥, 2018년 11월 11일에 올린 페이스북 게시글(주소는 생략)

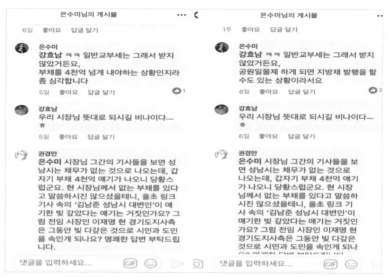

▲ 은수미 성남시장, 부채를 4천억 넘게 내야하는 상황인지라... 【출처 : 온라인 커뮤니티】

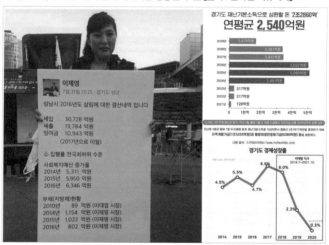

▲ 이명명 저격수로 알려진 김사랑이 이제영 성남시의원의 결산 내용을 들고 1인 시위하는 모습. 우측은 폭망한 경기도 경제성장률 그래프. 【출처 : 온라인 커뮤니티】

월간조선 2014년 4월호는 "이 시장의 모라토리엄 졸업 선언에 대해 '정치적 쇼에 불과하다'는 것"이 성남시의회의 입장이라며, "오히려 빚이 늘었다는 주장"을 보도했다. 장대훈 성남시 의원(前 시의회의장)은 "이재명 시장은 허리띠를 졸라매서 빚을 갚았다고 주장하는데 사실은 정반대"라며 "민선5기(이재명 시장)에 성남시의 부채와 채무가 눈덩이처럼 늘어나, 채무는 2010년 90억원에서 1,193억원으로 13배 증가했고 부채는 825억원에서 2,100억원으로 2.5배 증가했다."[88] 일을 너무나 잘해서 이대엽 전임시장 때 90억의 채무는 13배, 부채는 2.5배나 늘리는 능력을 발휘했다. 실상이 이러함에도 불구하고 '명빠개딸'들은 이재명의 능력으로 모라토리엄을 조기 졸업했다고 감읍한다.

성남시의회 새누리당 이상호 대표는 대표 연설에서 2010년 7월 이재명 시장이 선언한 모라토리엄(지불유예) 선언을 거론하며, "그동안 이어진 채무 증가 추이를 살펴보면 모라토리엄 선언 당시였던 2010년 89억 원에서 5년이 지난 현재 약 13배를 훨씬 웃도는 1천 180억 원으로 증가했다"고 직격했다.[89] 이재명 후보는 지자체를 가는 곳마다 빚더미에 올려놓는 비상한 재주를 가진 정치인이다.

국민일보는 2021년 2월 3일자 신문에 "경기도가 이른바 '비상금 통장'까지 총동원해 마련한 1, 2차 재난 기본소득 재원 총액 2조 7000억 원의 상당 부분은 경기도민들이 결국 앞으로 고스란히 갚아야 할 돈"이라고 보도했다. 그런데 이 가운데 지역개발기금과 통합재정안정화기금에서 빌린 돈이 총 2조원으로 1, 2차 재난 기본소득 전체 재원의 75%가량

---

**88** 월간조선, 「경기 성남시 모라토리엄 공방의 진실」, 2014년 4월호,
http://monthly.chosun.com/client/news/viw.asp?nNewsNumb=201404100013

**89** 분당신문, 「"지난 5년간 성남시 채무 13배 증가"」, 2015.02.07.,
https://www.bundangnews.co.kr/9095

을 차지한다.

## 경기도에 남긴 빚더미

경기도는 심사 당일인 지난 2021년 1월 25일 오전에 2029년까지 "7년 내 상환"한다고 했다가 오후에 상환 종료 시점을 2035년으로 14년에 걸쳐 상환하겠다"고 번복했다.[90] 세금 퍼주기 신공으로 부채를 산더미 같이 쌓았다. 일자리 창출도 전국 평균에도 못 미칠 정도로 무능하다.

남경필 전 지사 시절 경기도 고용률은 4년(2013~ 2017년) 동안 60.2%에서 62.1%로 3.16% 늘었다(전국 평균 증가율은 1.67%). 이 후보의 지사직 재직 시는 62.1%에서 61.1%로 1.61%나 감소했다(전국 평균 감소율 0.5%).[91]

문재인 정권 때부터 일자리를 만들 줄은 모르고 때려 부수는 일은 잘한다. 대표적인 것이 탈원전과 계곡 정비사업이다. 둘 다 세금 뿌려대는 일만 잘한다. 그것은 아무나 할 수 있는 일이다.

---

**90** 국민일보, 「1·2차 2조7000억 결국 '빚' 경기도민 14년 동안 갚아야」, 2021.02.03., https://www.kmib.co.kr/article/view.asp?arcid=0924176850

**91** 월간조선, 「'유능'한 이재명 지사 시절 경기도의 '고용률'은 왜 감소했나? 남경필 때는 고용률 순위 5위, 이재명 때는 9위」, 2022.02.14., https://m.monthly.chosun.com/client/mdaily/daily_view.asp?idx=14636&Newsnumb=20220214636

# 3.
# 피도 눈물도 없는 형제간의 '골육상잔'의 비극

## 상대원시장 유세와 형제간 '골육상잔'

여기서 주목해야 할 대목이 이재명이 여동생의 죽음을 '형이 피투성이가 되도록 때린 후유증으로 뇌출혈로 죽었다.'고 하는 것이다. 이러한 피도 눈물도 없는 잔혹한 거짓말에 이르게 된 경위와 배경은 이재명에 의해 시작된 형제간 골육상잔(骨肉相殘)의 비극의 결과이다. 이재명은 지난 2022년 1월 24일 성남시 상대원 시장 유세연설에서 "이 자리까지 왔지만 상처가 너무 많다"고 했다. 이어 "(형이) 어머니 집에 불을 지른다고 협박하니 어머니가 저한테 먼저 전화했다. 그게 시작이었다"며 "(형님 내외가) 어머니의 어디를 어떻게 하겠다, 인간으로서 할 수 없는 참혹한 얘기를 했다"고 주장했다. 그러면서 "제가 욕한 거는 잘못했다. 인덕이 부족했다"며 "이런 문제로 우리 가족의 아픈 상처를 그만 좀 헤집으시라"고

했다.[92] 이렇게 말하는 그 순간에도 이재명은 자신의 잘못을 뉘우치지 않고 거짓말로 형 이재선에게 뒤집어 씌웠다. 이재선의 당시의 말은 어머니집에 불을 지른다는 협박도 아니고, 협박으로 인해 그의 어머니가 이재명에게 전화한 것도 아니다. 또 형님 내외가 어머니 어디를 어떻게 하겠다는 의미도 다르다. 인간으로서 할 수 없는 참혹한 이야기를 했다는 식은 상당한 오해를 불러일으키는 곡해시키는 능란한 재줏꾼만이 할 수 있는 어법이다. 그 진실의 강을 건너가 보기로 한다.

　이재선과 이재명의 악연의 시작은 이재명이 무모하게 선언한 성남시 모라토리엄 선언에 대한 공인회계사로서의 비판 글이다. 이재명은 시장이 되어서 성남 모라토리엄 선언을 통해 성남시를 완전히 장악하려는 목적이 있었다. 그것을 친형 이재선이 찬물을 끼얹고 나선 것에 대한 악감정이 생겼고, 한번 착수하면 끝장을 봐야 하는 집요한 성격이 두 형제 사이를 건널 수 없는 강을 건너게 된 계기가 되었다. 그리고 이재선과 이재명 시장의 수행비서인 백종선과의 악연은 그의 딸 백아연의 공개오디션 프로그램에 성남시가 지나치게 예산을 들여 홍보해주는 것을 비판한 민원의 글을 이재선이 올린 데서 시작된다. 당시 백종선은 이재명을 위한 일이라면 물불을 가리지 않고 갖은 악역을 도맡아 한 사람으로 알려졌다. 《굿바이 이재명》에 의하면 백종선은 협박과 폭언을 일삼고 알선수재 혐의 사건 전에 폭행사건에 연루되어 2014년 2월에 해임했다고 했

92　조선비즈,「"역사적 명연설" "눈물은 가슴이 흘린다" 與 '이재명의 눈물' 감성 공세」, 2022.01.25., https://biz.chosun.com/policy/politics/election2022/2022/01/25/XXZOUJ36PFC27L5F6MFOTUGC7M/

다. 그런데 그 자리에 백종선의 친동생을 앉히고, 동생의 부인을 임용시험도 없이 성남시 공보관실에 채용했다. 이러니 백종선이 시장 빽을 믿고 시키는 대로 모든 일을 다 한 모양이다. 백종선은 이재선에게 "그 아가리를 닫게 해주지"라는 문자 메시지를 보냈다. 그 후로 백종선은 이재선의 휴대전화, 문자메시지, 집전화, 이재선 부인 박인복의 휴대전화, 문자메시지를 통해 온갖 개쌍욕을 해대고 문자메시지를 날리면서 협박과 폭언을 해댔다. 백종선은 5월 20일에만 전화와 음섬메시지, 그리고 문자메시지를 무려 107건이나 날렸다. "… **내가 어떤 놈인지 잘 모를거야. 열불나서 당신 집사람하고 지금 막 통화끝냈지. 협박이라… 진짜 협박이 어떤 건지 아직 모르는 구만. …**", "**당신 뼛속까지 들어가서 그 나쁜 근성 뽑아낼 거야. 기대해봐. 당신이 다른 사람들에게 한 것보다 백 배쯤은 될 거야.**", "**그 아가리를 닫게 해주지**" 등등의 입에 담지 못할 막말을 퍼부었다. 그것도 모자라 이재선의 사무실까지 찾아와서 폭언을 하고 불량배로 보이는 두 사람까지 사무실로 보내서 "육두문자를 사용한 사람이 누군지 보러 왔다. 앞으로 만날 날이 많을 테니 지켜보겠다"고 겁박했다. 이 말을 전해 들은 이재선의 부인 박인복은 이재명의 아내 김혜경에게 전화를 해서 협박을 말려줄 것을 요청하려 했으나 여러 번 전화를 해도 받지 않고, 문자메시지를 남겨놔도 반응이 없었다. 이재명과 김혜경이 백종선을 조종하여 온갖 욕설과 협박, 폭언을 하는 것을 즐기고 있는 모양이다. 이런 식으로 백종선에게 관리를 맡긴 것은 이재명이다. 2012년 5월 19일부터 시작된 협박과 폭언은 5월 28일까지 계속됐다. 이재선은 시달리다 못해 세 번씩이나 사과한다고 했고, 백종선은 사과를 받지 않겠다고 하여 무릎끓고 사과하면 되느냐고 해도 사과받지 않겠다고 막무가내 버텼다. 그들의 목적은 이재선을 돌게 만들어 정신병원에 쳐넣는 데 있었다.

이는 분당 서울대학교 병원 정신건강의학과 전문의 장재승이 2012년 4월 4일에 작성하여 동년 4월 5일 분당보건소 구성수 소장에게 보낸 〈이재선씨의 문건에 대한 평가의견〉을 만들어 내기 위한 목적으로 극심한 도발을 자행하여 이재선을 정신병자로 몰아가려 했던 것이다.[93]

이재선으로선 백종선의 언어폭력을 중단시킬 아무런 방법이 없었디. 그래서 2012년 5월 28일 이재선은 혼자서 그의 어머니 구호명을 찾아가 이재명에게 통화한 다음 전화를 바꾸어 자신이 이재명과 통화할 생각이었다. 이재선의 부탁으로 어머니가 이재명에게 전화를 하자 이재명이 전화를 받았다.

**〈이재명의 어머니와 이재명과의 전화 통화녹취록〉**

**어머니**　응~ 나야~ 근데, 협박하지 말라고

**이재명**　아니, 협박 안 한다니까 무슨 협박을 해요? 정신 나간. 남들 욕들하고 다니니까 그런 거지.

**어머니**　난~ 아무것도 모르니까.

**이재명**　응?

**어머니**　난~ 아무것도 모르니까.

**이재명**　거 말같지 않은 소리 한다네. 거~ 누가 협박을 해요? 본인이 온동

---

93　장영하, 『굿바이 이재명』, 지우출판, 2022년 1월 12일., pp.81~90

네방네 욕하고 다니니까 그러지. 좀 바꿔줘봐요.

**어머니** (이재선을 보며) 바꿔 달래~

**이재선** (전화를 받아들고) 여보세요.

**이재명** 예. 온 동네방네 욕하고 다니니까 그런 거 아닙니까? 뭘~

**이재선** 그래서 수행비서를 보내서 협박하냐?

**이재명** 뭘~ 보내? 보내기를~

**이재선** 반말하냐? 지금?

**이재명** 뭐라고요?

**이재선** 내가 정신병자라는 거지? 아까 정신병자라고 그랬지? 내보고~

**이재명** 지금(청취불능) 지금 그게~

**이재선** 그럼~ 정신병자지? 내가 미친놈이지? 그래서 보건소장을 가지고
나를 죽일려고 그랬지?

**이재명** 아니, 쓸데없는 소리 하지도 마십시오. 허튼 소리하고 있어~

(중간 생략)

**이재선** 야~ 대단하다. 권력이~

**이재명** 권력이~ 무슨 권력이요?

**이재선** 너~ 1년 반밖에 안 남았어~

**이재명** (청취불능)

**이재선** 칼로 쑤셔라! 아예 칼로 쑤셔라!

**이재명** 뭐라고요?

**이재선** 나 오늘 너희 집하고 우리 집하고 한우리 교회하고 엄마네 불 싸지
른다. 당장 안 오면~

**이재명** 불 싸질러?(청취불능) (이하 생략)[94]

위의 대화를 보면 이재명이 수행비서 백종선의 지겹도록 행한 언어폭력행각을 모르는 척하고 있다. 이재선은 어떻게 하든 이재명을 어머니의 집으로 오게 하여 시시비비를 따져 볼 생각이었다. 이재선이 불을 싸지른다는 말은 이재명을 오게 하도록 하기 위한 엄포와 같은 말이다. 그런데 이 말이 두고 두고 이재명이 이재선을 괴롭히는 근거로 활용된다. 이재명은 유세장 연설이나 그의 지지자들에게 수시로 "어머니 집에 불을 지른다고 협박했다", '어머니가 협박당해 자신에게 전화를 했다'는 식으로 자기 친형을 매도했다. 또한 이재선이 이재명을 어머니의 집으로 오도록 하게 한 말을 이재명은 다른 의도로 둔갑시켜 경찰에 이재선이 어머니를 협박하고 어머니의 집을 불싸지른다고 하여 고발한 것이다. 이재선은 이 고발사건이 다른 사건과 병합되어 벌금 500만 원의 약식명령을 받게 된다. 그리고 그날 밤 10시경 박인복은 이재명으로부터 전화를 받았다. 이재명은 다짜고짜,

"요즈음 형이 미친 사람처럼 하면서 다니고 있는데, 형수님은 이 사실을 모르십니까? 내 생각에 형이 조울증, 관계망상증, 과대망상증, 피해망상증 등이 겹쳐 있는 중증상태예요. 치료받고 약 먹어야 합니다."[95]

---

94  장영하, 위의 책, pp.95~97

95  장영하, 위의 책, p.98

그렇지 않다는 박인복의 말을 막으며 30여 분간 형을 정신병자로 몰아가면서 "병원 치료와 약을 먹어야 합니다." 그러던 중 이재선이 퇴근하여 전화를 끊자 다시 전화가 와서 이재선이 전화를 받았다. 이재명은 10년 전, 30년 전의 과거의 일을 왜곡하여 형 이재선에게 생떼를 부리며 억지를 부렸다. 일종의 언어도발을 통한 이재선의 성질을 돋구어 정신병자로 몰아가려는 근거를 마련하기 위한 책략이란 것을 이재선은 전혀 눈치를 채지 못했다.[96]

이재명은 '이재선이 실력도 안되면서 서울대에 보내주지 않는다며 아버지에게 '땡깡(생떼)'를 부리지 않았냐'고 했다. 1983년 당시 이재선은 72만 명의 수험생 중 12,805등을 했다. 서울대 정원이 몇 명인 줄을 이재선이 더 잘알고 있는데도 말도 안 되는 억지를 부리는 것이다. 학생운동을 했던 이재선에게 이재명은 하지도 않은 학생운동을 했다며 빈정거리는가 하면 시민운동을 했던 이재선에게 시민운동을 한 게 뭐가 있느냐고 억지를 부렸다. 이에 대한 진실은 《굿바이 이재명》(100~101쪽)에 자세히 나온다.

이재명은 '인수위원을 청탁했다, 인사청탁을 했다, 교수청탁을 했다, 은행지점에 VIP 대우를 하지 않는다고 행패를 부려 성남시청으로 전화가 와서 자신이 대신 사과를 했다'는 등의 거짓말로 이재선의 말과 행동이 정상이 아니라고 몰아붙였다. 심지어 이재선이 알지도 못하는 '20대 초반의 직원의 뺨따귀를 때렸다'고 억지를 부렸다. 이 모두가 형을 도발

---

96  위의 책, pp.98~99

하여 정신병자로 유도하려고 했던 것으로 보인다.[97] 또한 이재명이 말한 이 모든 말은 이재선이 행한 것으로 둔갑시켜 가는 곳곳마다 이재선이 이런 인간이라고 해서 자신이 어쩔 수 없이 욕을 하게 되었다는 식으로 해명을 하고 다녔다. 가히 악마를 방불케 하는 수준이다.

이 사건을 놓고 이재명은 어떤 식으로 떠벌이고 다니느냐면, "근 10년 만에 어머니 집에 쳐들어가 '이재명에게 전화를 해서 바꿔달라'고 했는데 어머니가 거절하자 팔순의 늙은 홀어머니에게 'X할년 개X같은 년'이라며 '집에 불을 질러 죽인다' '다니는 교회에 불 지른다'고 협박했습니다. 겁에 질린 어머니가 내게 전화를 연결해 줘 말다툼이 벌어졌습니다. 내 아내에게 형님은 '내가 나온 어머니 XX구멍을 칼로 쑤셔죽인다'고 하였고 동석한 형수는 이걸 '고도의 철학적 표현'이라 극찬하며 시집식구들을 능욕했습니다. 형님부부를 피하시던 어머니가 주일에 교회에 가자 형님은 교회에 불지르겠다고 해 경찰이 어머니를 집에 모셔 보호하다 저녁에 잠시 자리를 비운 사이 어머니 집에 난입해 기물을 때려 부수고 어머니를 폭행해 입원시키는 사태가 벌어졌습니다."(이재명의 페이지, 2016년 10월 30일, 〈나의 슬픈 가족사.'이재명 형수욕설 '의 진실〉)

위의 〈이재명의 어머니와 이재명과의 전화 통화녹취록〉을 보면 이재선 부부가 어머니 집을 쳐들어간 것도 아니며, 어머니를 통해 '개차반'같은 이재명의 폭거를 멈출 수 있게 하기 위해 어머니의 도움을 요청하려

---

97    위의 책, pp.95~102

고 방문한 것이다. 더욱이 이재선이 어머니에게 전화를 바꿔달라고 했는데 거절하자 **"팔순의 늙은 홀어머니에게 'X할년 개X같은 년'이라며 '집에 불을 질러 죽인다' '다니는 교회에 불 지른다'고 협박했습니다."**고 하는 이재명의 말은 완전 거짓이고 날조된 내용임이 드러났다. 전화를 바꿔달라고 한 것은 이재명이고, 그의 어머니는 곧바로 (이재선을 보며) **"바꿔 달래~"**하고 이재선에게 전화를 바꿔줬던 것이다. 어머니에게 욕한 것이 아무것도 없다. 또한 **"겁에 질린 어머니가 내게 전화를 연결해 줘 말다툼이 벌어졌습니다."**는 말도 거짓이며, **"내 아내에게 형님은 '내가 나온 어머니 XX구멍을 칼로 쑤셔죽인다'고 하였고 동석한 형수는 이걸 '고도의 철학적 표현'이라 극찬하며 시집식구들을 능욕했습니다."**는 말도 2012년 5월 28일 이재명과 어머니와의 통화현장이라면 완전 거짓이다. 그날 그 현장에서는 그런 말 자체가 나온 적이 없기 때문이다. 그러나 말하는 워딩만으로 보면 누구나 그날 그 자리에서 말하고 행한 것으로 오해할 수밖에 없다. 이것이 이재명의 아무 사건이나 닥치는 대로 갖다 붙여서 악마로 둔갑시키는 적반하장이나 날조의 집중화법이다. 또한 이재명의 **"형님 부부를 피하시던 어머니가 주일에 교회에 가자 형님은 교회에 불지르겠다고 해 경찰이 어머니를 집에 모셔 보호하다 저녁에 잠시 자리를 비운 사이 어머니 집에 난입해 기물을 때려 부수고 어머니를 폭행해 입원시키는 사태가 벌어졌습니다."**는 말도 완전 거짓이다. 2012년 5월 28일 당시 이재선이 **"나 오늘 너희 집하고 우리 집하고 한우리 교회하고 엄마네 불 싸지른다. 당장 안 오면~"**하고 이재명에게 말한 것은 이재명과 만나서 대화로 해결하려고 이재명을 향해 엄포를 놓은 것임을 알 수 있다. 이 말은 어머니에게 말한 것도 아니고 협박도 아니다. 이재명에게 엄포를 놓기 위해 말한 것임을 누구나 녹취록을 보면 알 수 있다. 그 후 이재선이 어머니의 집을 찾은 것은 2012년 7월 15일 일요일 저녁이었다. 당시 어머니 구호명은 집에 있었다.[98] 그러니 입만 벌렸다 하면 거짓말이 자동으로 나오는 이재명에게는 무엇 하나 진실인 것이 없다.

5월 28일 사건 이후 2012년 6월 5일 이재명의 부인 김혜경으로부터 이재선에게 만나자는 전화가 왔다. 이재선은 거절했으나 김혜경이 예전 일을 사과하면서 만날 것을 간곡히 요청해서 박인복이 '동서를 만나서 들어보는 게 좋겠다'하여 그날 저녁 7시경에 용인시 수지구 신봉동 소재 '문향'이란 찻집에서 이재선, 박인복, 김혜경 세 사람이 만났다. 김혜경은 이재선에게 "김부선에 대한 댓글을 아주버님이 쓰셨습니까?"하고 묻자 이재선은 쓴 적이 없다고 했고, 김혜경은 "그럼 그렇지요. 아주버님이 그런 글을 쓰실 분이 아니라는 걸 알고 있었습니다. 그러니 성남시 홈페이지에 비판 글을 안 쓰시면 안 되겠습니까?"하니 이재선은 "요즘 글 안쓰고 있습니다. 제발 백종선이 우리를 괴롭히지 않게나 해주세요. 이재명이 엉뚱한 전화로 사람 화나게도 하지 말게 하고요."라고 대답했다. 이에 박인복이 그동안 겪었던 일을 소상히 소개하고 얼마 전 어떤 기자가 주영 아빠(이재선)를 찾아와서 '이재명 시장이 당신을 정신병원에 강제 입원시키려한다'는 말을 전해줬다며, 혹시나 싶어 구성수 보건소장에게 확인해보고 새로 부임한 이형선 보건소장은 전화가 와서 확인할 게 있으니 만나자고 한다는 말을 동서인 김혜경에게 전하면서 "동호 아빠(이

98  위의책, p.136

재명)가 생전에 안하던 전화로 밤낮 우리를 힘들게 해. 그걸 알고 있어?"
라고 묻자 김혜경은 "동호 아빠가 하는 일은 잘 모릅니다. 말도 안 되는
얘깁니다."고 일축했다. 그러나 김혜경의 말은 모두 거짓말이었다. 아무
것도 모른다던 김혜경은 불과 며칠 전에 이주영에게 전화를 걸어 이재선
을 정신병원에 입원시켜야 한다고 했던 장본인이다. 그러나 서로 기분 좋
게 대화를 하면서 박인복은 김혜경에게 "동호 엄마는 동호 아빠 시장일
잘 도와줘. 나는 우리 신랑이 절대 비판 글 안 쓰게 할 게. 예전처럼 각
자 위치에서 맡은 일을 잘하면서 살자"고 했고, 김혜경도 "그렇게 합시
다"고 동의했다. 그렇게 모든 일이 순조롭게 마무리되어 갈 무렵 이재선
이 화장실을 간다고 일어서면서 그동안 극심하게 시달렸던 생각이 떠올
라 살아가는 게 한심했던지 자신의 처지를 비판하고 낙담하다 속상해서
푸념처럼 혼잣말로 내뱉은 말이 **"내가 나온 구멍을 칼로 쑤시고 싶은 기
분~~~"**이라는 독백이다. 누구를 향해서 한 말도 아닌 자신에게 한 말
이었다. 그 말에 깜짝 놀란 박인복이 이재선을 툭 치며 "말로 안 되는 소
리하지 말라"고 다그치고 화장실로 보내고 돌아온 후 3시간 동안 대화를
마치고 웃으면서 김혜경과 헤어졌다.⁹⁹ 그러나 그 자리에서 김혜경이 이들
의 모든 말을 몰래 녹음하고 있었을 줄은 아무도 몰랐다. 이재선의 **"내
가 나온 구멍을 칼로 쑤시고 싶은 기분~~~"**이란 혼잣말이 그 후 얼마
나 이재명이 이재선과 박인복을 괴롭히고 협박과 온갖 욕설을 퍼붓게 하
는 빌미를 주어 끝내는 이 말을 악독하게 악용한 야차같은 동생에 의해

---

99   장영하, 같은 책, pp.115~119

정신병원 입원은 물론 사망에 이르게 한 원인으로까지 됐던 것으로 보인다. 사실 이재선의 이 말은 혼잣말로 푸념처럼 한 말이었으며, 그의 어머니가 면전에 있었던 것도 아니다. 물론 혼잣말이라도 해서는 안 될 말이었지만 이재명은 이 말을 최대한 부풀려서 그날 밤에 득달같이 전화를 해서 "니가 인간이냐? 너는 정신병자다. 정신병자가 아니면 어떻게 그런 말을 하지?"하면서 온갖 욕설을 다 퍼부었다. 이재명은 나중에 형수에게 입에 담지 못할 개쌍욕을 퍼부은 것을 성남유세 때 사과하면서도 2012년 6월 5일 용인 '문향'이란 찻집에서 세 사람이 만나서 대화한 내용을 놓고 **"내 아내에게 형님은 '내가 나온 어머니 XX구멍을 칼로 쑤셔죽인다'고 하였고 동석한 형수는 이걸 '고도의 철학적 표현'이라 극찬하며 시집 식구들을 능욕했습니다."**고 하였는데 《굿바이 이재명》(119쪽)의 워딩이 완전히 맞는다면 이재명은 이재선을 완전히 날조하여 매도한 것이 된다. 그러나 이재명 측에서 이에 대한 증거를 제시하지 못하는 것으로 보아 이재선이 동생으로부터 '인간이면 할 수 없는 짓거리'로 시달리다 그런 자신의 처지를 비관하고 낙담하다 속상해서 혼잣말로 자기도 모르게 "내가 나온 구멍을 칼로 쑤시고 싶은 기분~~~"이라고 터져나온 말이라는 것에 신뢰가 간다. 우선 이재선은 혼잣말로 했으며, 어머니가 현장에는 없었고, 어머니를 지칭하지도 않았다. 더욱이 칼로 쑤셔 죽인다는 말을 한 바 없다. 게다가 동석한 형수도 고도의 철학적 표현이라고 극찬한 적도 없다. 정신병자가 아닌 이상 누가 이런 말을 극찬하고 시집 식구들을 능욕한단 말인가? 이 모두가 이재명이 자신이 정치적으로 살기 위해 '개쌍욕을 어쩔 수 없이 할 수밖에 없었다'는 정당성을 보여주기 위해 날조하여 매도해댄 말들로 보인다. 아래의 녹취록을 보더라도 이재명은 "그 옆에서 빙글빙글 웃고 자빠졌었지?", "남편이 지 어머니 지가 나온 구멍 칼로 쑤신단 이딴 소리 할 때, 당신은 옆에서 빙글빙글 웃고 자빠졌었지?" 하고 '어머니'나 '구멍을 칼로 쑤신다'는 말을 한 적도 없는 형의 말을 악담으로 과장 날조하여 형수를 '빙글빙글 웃고 자빠졌었지?'하는 허위사실로 조롱하고 있는 것을 볼 수 있다. '문향'이란 찻집에서 세 사람이 말한 대화의 취지로 볼 때 있을 수 없는 내용이었으며, 당시 이재명의 부인은 그렇게까지 말할 때 뭘 했다는 것인가. 아무런 증거가 없다. 몰래 녹음했으면 그 증거를 제시하면 될 일이다. 또한 박인복은 이재명에게 "그걸 직설적으로 받아들이는 그 없는 철학적인 사상이 없는 동호 아빠랑 말하고 싶지 않아요."라고 말했을 뿐 고도의 철학적 표현으로 극찬하거나 시집 식구들을 능욕한 적이 없다. 그럼에도 이재명은 '철학적인 사상이 없는'이라는 말을 과장하고 날조하여 일반국민들에게 사악한 형수로 매도하여 자신이 어쩔 수 없이 개쌍욕을 하지 않을 수 없었다는 점을 양지해달라는 식이었다. 형과 형수를 짓밟아서라도 자신이 살기만 하면 무슨 짓이든 다 하겠다는 의지가 담겨있다. 이것은 사과가 아니고 또 다른 의미의 국민 기만이다. 게다가 이재명과 백종선의 개쌍욕은 2012년 6월 5일 이전인 5월 중순 이후부터였다. 형 이재선이 2012년 5월 28일 어머니집을 방문했던 때도 어머니를 욕한 적이 없었으며, 6월 5일 이재선 부부와 제수인 김혜경을 만난 자리에서도 어머니를 욕한 적이 없다. 그런데도 이재명은 형 이재선이 어머니를 욕해서 어쩔 수 없이 욕을 했다고 주장하나 그 자체가 전부 거짓이다. 오히려 형을 정신병자로 만들기 위해 자극적인 개쌍욕으로 도발하여 미친 듯이 날뛰게 만들기 위한 작전의 일환으로 한도 끝도 없이 온갖 욕설과 협박을 일삼았던 것이다. 아무리 인간의 탈을 썼다고 해도 수행비서인 백종선을 시켜 자신의 친형에게 욕설과 폭언, 협박을 사주할 수 있을 수 있겠는가? 이재선이 그 일로 단 한 번이라도 백종선을 고소하고, 직위해제시킨 바가 있는가? 정상적인 인간이라면 격분하여 백종선을 두들겨 팼을 것이다. 이재명의 정의로운 성질대로라면, 잘 아는 조폭들을 시켜 반쯤 죽여놨어야 정상이다. 그런데도 이재명은 그 어떤 조치도 취하지 않았다. 이는 이재명 자신이 백종선에게 형 이재선에게 개쌍욕을 하라고 사주했다고 볼 수밖에 없는 대목이다.

〈2012년 6월 7일, 이재명과 박인복의 통화녹취록 일부〉

(앞부분 생략)

**이재명** 박인복 씨.

**박인복** 이름.. 아니 이름 부르지 마시고. 이름 부르지 마시고 얘기해 봐.

**이재명** 그 옆에서 빙글빙글 웃고 자빠졌었지?

**박인복** 뭐라고요?

**이재명** 남편이 지 어머니 지가 나온 구멍 칼로 쑤신단 이딴 소리 할 때, 당신은 옆에서 빙글빙글 웃고 자빠졌었지.

**박인복** 누가 그럽디까? 난 그런 적 없어요.

**이재명** ??이 들어왔어 씨발년아.

**박인복** 누가 그런 소릴 했냐고요.

**이재명** 야, 이 씨발년아

**박인복** 아니 세 시간 동안 울면서 아우 네 우리 잘 해보도록 해요. 아휴 정말 아주버님만 믿어요. 했던 사람이 누군데. 부인 단속이나 잘하세요.

**이재명** 이 씨발년아. 야.

**박인복** 아니 근데 무슨 목적으로 이러시는 건지 얘기나 들어봅시다. 우리 애기아빠가 글 썼다고 그러는 거죠 지금.

**이재명** 씨발년아 내가 얘기할라니까.

**박인복** 네?

**이재명** 너 20년 동안 나한테 피해봤다는 게 뭔지 얘기해 봐.

**박인복** 얼마나 동호 아빠가 하는 행실이 다른 사람한테 상처를 줬는지 모르죠? 본인은 모르지. 본인은 뭐 내가 하는 말, 내가 하는 행실이 뭐든지 다 옳다고 생각했겠죠? 그걸로 인해서 다른 형제들이 눈치 본 적도 많고. 솔직히 말을 안 해서 그렇지.

**이재명** 시끄러워. 녹음해서 공개해 봐.

**박인복** 아니 뭐 녹음 안 해요. 아유 치사스럽게, 설사 녹음을 한다 그래도 공개 안 해요.

**이재명** 칼로 니, 니 친정엄마, 씨발년아, 니, 씹구멍 찢으면 좋겠니?[100]

**박인복** 그걸 직설적으로 받아들이는 그 없는 철학적인 사상이 없는 동호 아빠랑 말 하고 싶지 않아요. 어? 그렇게 몰아가지고 우리 신랑 미친놈이라 만들려는 게 작전 아닌가요?[101]

---

100   나무위키에서는 이부분을 판독불가라고 했지만 판독이 가능하다.

101   ①장영하, 같은 책, pp.184~185, ②나무위키, '이재명 형수 욕설 논란', https://youtu.be/7ivYfrOlLSs, 이에 대한 이재명 해명 동영상, https://youtu.be/ib0rbDOBY_k, https://news.sbs.co.kr/news/endPage.do?news_id=N1004044377&plink=COPYPASTE &cooper=SBSNEWSEND

# 정신병원에 형을 강제 입원시키려는 이재명의 마각 드러나다

김혜경은 2012년 6월 5일 아침 7시 30분경에 이주영에게 전화하여 이주영이 댓글을 단 내용을 불쾌하게 생각하면서 아침부터 따졌다. 이주영은 평소에 자신의 부모가 이재명이나 백종선으로부터 온갖 욕설과 협박을 받은 사실을 알고 있었던 터라 이러한 어른답지 않은 행동으로 인해 대화 중에 김혜경을 어른이 아니라고 말하자 화가 치밀은 김혜경이 "내가 여태까지 니네 아빠 강제입원, 내가 말렸거든. 니네 작은 아빠 하는 거. 너, 너 때문인 줄 알아라. 알았어?"라고 '이재명이 이재선을 정신병원에 강제입원시키려는 것을 더 이상 안 말리겠다'는 사실을 실토한 것이다. 이주영은 곧바로 이 녹음파일을 이재선 박인복 부부에게 보냈다. 이를 들어본 이재선 부부는 이재명의 음모를 확신하고 이러한 사실을 귀띔해준 김 모 기자에게 전화를 걸어 이러한 사실을 알리자 이재선 사무실로 달려왔다. 이를 확인한 김 모 기자는 이재선에게 몸조심하라면서 사무실에 CCTV를 설치하라는 권고를 받아들여 설치했다. 또 안에서 신원을 확인한 후 문을 열 수 있게 출입문에도 자동잠금장치를 설치했다. 그리고 이재명의 악행을 세상에 알리기 위해 2012년 6월 7일 이재명과 박인복의 대화 녹취록을 공개했다. 정신병원에 강제로 입원되지 않기 위해 방어차원에서 녹음도 하고 그간의 문자 메시지도 수집했다.[102] 이재명은 친형인 이재선을 정신병원에 강제로 감금시키기 위해 혈안이 되었다.
〈이재명이 이재선에게 보낸 '언폭 살인문자'1〉

---

102  장영하, 위의 책, pp.121~123

"자유인? 기인이라고? 패륜, 탈세, 명예훼손, 공갈, 협박, 폭행 밥먹듯이 하면서?"(2012.6.5.화. 아침 7:44)

"형님. 딴 사람한테 내가 욕하더라며 녹음들려주셨군요.^^ 잘 하셨어요. 덕분에 해명한다고 저도 형님이 욕한 거, 이상한 소리 한 거 들려주고, 어머니에게 한 패륜 행위, 지금까지 일어난 탈세, 폭언, 협박, 특혜 불륜 등등 다 얘기해 줄 수 있었네요^^ 아예 기자회견 하든지 인터넷에 시장이 욕하더라고 공개 좀 하셔요. 저도 해명 겸 해서 할 말 좀 공개적으로 하고 칼 운운, 뒈져라. 불질러 어쩌고 한 형님 녹음 공개 좀 하게요. 제가 먼저 할 수는 없잖아요?"(2012.6.13.수, 오후 2:30)

"돈에 미쳐 부모도 몰라보고 죽인다고 협박하는 천하의 몹쓸… 이런 인간이 미치지 않았다고?"(2012.6.20.수, 저녁 8:15)

"미치광이에게 뭘 빌어?"(2012.6.20.수 저녁9:32)

"개가 사람보고 짖는 이유는 사람이 무서워서지. 그냥 물어 짖지 말고. 칼로 어딜 쑤셔? 개잡년놈들"(2012.6.21.목, 오전 9:17)

"그냥 해 이 정신병자야 경고만 하지 말고…"(2012.6.21.목, 9:18)

〈김혜경이 박인복에게 보낸 '문자'1〉

"그렇게 과대망상과 피해망상으로 아까운 인생 허비하지 마세요. 남의 인생에도 끼어들지 마시고요."(2012.6.22.금, 오전 7:51)

"참지 마세요~ 뭐든지! 조울에서 정신분열로 넘어간 것 같아요. 아무래도"(2012.6.22.금, 오전 8:51)

"이것 보세요~ 또 발작이 시작되었네요."(2012.6.22.금, 오전 8:57)

"사는 게 사는 게 아니라 하소연하셨다면서요? 이 정도면 감추신다고 증상이 감춰지지 않아요! 성남에서 아주버님 증세가 연구 대상인 거 아세요? 치료 받으세요"(2012.6.22.금, 오후 12:01)[103]

전화 내용이나 문자 메시지를 아침 댓바람부터 밤늦게까지 하루종일 이어지고 있었다. 그러나 이재선 박인복 부부는 이재명과의 통화내용이 세상에 알려지면서 2012년 7월 15일까지 이재명의 전화를 수신 거부하고 일체 받지 않은 채 남해 쪽으로 여행을 떠났다.

## 어머니 구호명에게 도움 요청하다 떨어진 날벼락

2012년 7월 15일 일요일 저녁 7시경에 이재선 박인복 부부는 어머니 구호명의 집을 다시 찾아갔다. 2012년 5월 중순경부터 시작된 이재명, 백종선의 일방적인 폭언 전화와 문자, 그리고 이재선을 정신병원에

---

103　장영하, 위의 책, pp.124~128, 대표적인 문자 메시지를 선별함.

강제 입원시키려는 음모를 어머니에게 알리고 도움을 받기 위해서였다. 어머니의 집에 도착하니 어머니 구호명과 여동생 이재옥부부, 그리고 막내동생 이재문 4명이 앉아서 수박을 먹고 있었다. 이재선은 구호명에게 다가가 앉으며 최근 몇 달 사이에 자신에게 일어난 일을 정리한 종이를 꺼내서 어머니에게 설명한 뒤 도움을 받고자 했다. 그런데 그 옆에 막내동생 이재문에게 이재선은 "네가 인터넷에 올린 글. 내가 정신병이 있어서 치료할 필요성이 있어 둘째 형과 네가 가족회의를 하고 그 글을 썼다는 게 맞냐? 다른 사람이 써준 글 아니고? 너는 무슨 근거로 그런 글을 써 올렸지?"하는 말이 끝나기가 무섭게 감정적으로 이재문은 "그래요. 제가 썼어요."하면서 자리에서 벌떡 일어났다. 그러고는 다짜고짜 이재선에게 덤벼들었다. 순식간에 일어난 일이어서 깜짝 놀란 박인복은 이재선을 끌어안으며, 이재문을 막아섰다. 이재옥도 놀라 일어서서 이재문을 붙잡았다. 하지만 둘을 말릴 힘이 없어 이내 이재선과 이재문의 몸싸움이 시작되어 이재옥의 남편 곽판주는 구호명을 모시고 현관 쪽으로 피했다. 그 사이 이재문은 형 이재선에게 달려들어 이재선을 안방 침대로 넘어뜨린 후 이재선의 몸 위를 올라타고 이재선의 엄지손가락을 힘껏 깨물더니 "다시는 형님 안 본다"며 현관 밖으로 나가버렸다. 그 뒤를 따라 이재옥과 구호명도 현관 밖으로 나가버렸다. 이재선 박인복 부부는 더 이상 상대할 사람이 없어서 아무런 도움도 못받고 집안싸움이나 한 뒤 너무나 속이 상했지만 할 수 없이 승용차를 타고 집으로 돌아올 수밖에 없었다.[104] 정말 미친 가족들이었다. 이재선이 정신 이상이 있으면 가장 많이 걱정을 해야될 사람이 부인인 박인복이며, 그의 자녀들이었다. 또한 가장 잘 알 수 있는 사람도 역시 함께 사는 부인과 자녀들이다. 그런데 둘째 형이나 이재문이란 자가 뭘 안다고 당사자와 당사자 가족을 배제한 뒤 무슨 근거로 형 이재선에 대한 정신병 치료의 필요성에 대한 가족회의를 당사자나 당사자의 가족에게는 알리지도 않은 채 갖는다는 말인가? 미쳐도 단단히 미친 콩가루 집안이 아닐 수 없었다. 이것은 인권 유린이고 만행이다. 가족을 위한다면 가장 잘 아는 가족에게 맡겨야지 그들이 무슨 권리로 정신병원 입원을 논한다는 말인가? 이재명이나 김혜경도 자신들의 일이나 똑바로 하고 살지 무엇 때문에 형을 괴롭히면서 미치광이 짓들을 하고 사는지 모를 일이다.

그날은 그 일이 전부로 그 외의 아무 일도 발생하지 않았다.[105]

이재명이 주장하듯이 '어머니를 폭행했느니 "살면서 신경정신과 가본 적이 없는 사람을 매일 밤낮으로 전화하고, 문자하고, 약 먹으라고 그러고…"하며, 그동안 이재명 시장으로부터 시달렸던 일들을 박인복이 넌더리를 내듯 털어놓았다.

이재선 부부와 이재명과의 골육상잔의 시초는 성남시 홈페이지에 올린 소위 "성남시 모라토리엄 선언"에 대한 이재선의 비판 글이다. 공인회계사인 이재선의 "성남시 모라토리엄 선언은 한마디로 사기라는 것이며, 공인으로서 해서는 안될 일"이라고 박인복씨는 이북오도 신문과의 인터

---

104  위의 책, pp.121~137
105  위의 책, p.138

뷰에서 털어났다. 당시 이재명 시장이 글을 내려달라고 해서 내려줬는데도 시도 때도 없이 전화와 문자로 욕설을 퍼붓고 괴롭혔다는 것. 나중에 안 사실이지만 이재명 당시 성남시장은 이재선을 정신병자로 낙인찍었으며, 그의 모친이 가족회의를 열어 이재선의 치료가 필요하다는 의견을 모았다며, 이재선 가족 중 단 한 사람도 알지 못하는 사이에 2012년 4월경 정신병원 치료의뢰서를 작성해놓고[106], 5월부터 이재명은 전화로 언어폭력과 정신병자라는 문자를 보내면서 이재선부부는 정신적 충격에 빠져들게 됐다는 것이 이재선 부인 박인복씨의 설명이다. 얼마나 끔찍하게 시달렸으면 이재명의 형수 박인복은 "우리는 이재명 시장을 위해서 미쳐 있어야만 했다"는 처절한 절규를 했을까 싶다. 2012년 7월 15일 동생 이재문과의 몸싸움 직후 그들 부부는 더 이상 대화가 안된다고 판단하여 귀가하던 중 이재선은 이재명으로부터 전화를 받았다. 이재명은 "이재선이 집안을 다 때려부수고 어머니를 폭행했으니 고소하겠다"는 것이다. 그때는 대수롭지 않게 흘려들었다는 것이다.

당시 박인복은 "설마 어머니는 그 자리를 피해 있었던 상태에서 시동생과 몸 다툼한 것 가지고 고소까지 하겠느냐고 대수롭지 않게 생각했다"고 한다.[107] 그날 밤 집에 도착한 시간은 밤 9시 30분 경이었다.

그런데 그날 밤 그들 부부의 집 현관에서 그들 부부를 기다리고 있던 것은 사복 경찰관 3명이었다. 그들은 이재선에게 다가와 "존속 폭행범

---

106  수원지방법원 성남지원, 2018고합266, 267(병합) 판결(2019.5.16.선고), 1. 직권남용권리행사방해의 공소사실에 대한 판단, 마. 3) 나) 참조

107  필자가 2018.6.1. 박인복씨와 전화통화로 취재하여 페이스북에 올린 "이재명시장을 위해서 우리는 미쳐 있어야만 했다" -1

으로 신고가 들어왔다"면서 성남 중원경찰서로 동행을 요구했다. 이재선은 "누가 신고했습니까? 왜, 이 밤에 바로 체포하듯이 데리고 갑니까?" 하고 물었지만 경찰관들은 "경찰서에 가서 얘기합시다."를 반복하여 할 수 없이 가게 되었다. 이재선 부부와 딸 이주영도 동행했다. 조사는 새벽 1시가 되도록 계속되었다. 그날 막내동생 이재문이 이재선에게 먼저 달려들어 침대로 넘겨뜨리고 깔고 앉았으며, 여동생 이재옥은 말리기는 했어도 아무도 다친 사람이 없었다. 오히려 이재선의 엄지손가락을 물어뜯은 것은 이재문이었다. 어머니 구호명은 이재옥의 남편 곽판주가 모시고 현관으로 나갔다. 몸싸움하는 중에 접촉할 수도 없었다. 그런데 놀라운 사실은 이재문, 이재옥, 구호명이 상해진단서를 발급받아 경찰에 제출하여 중원경찰서에 고발할 수가 있었던 것이다. 게다가 구호명은 상해내용이 '경추부 염좌상'이었다. 아무런 상해를 입지 않았음에도 불구하고 병원에 가서 목을 삐끗하여 아프다면 진찰 후 주사를 맞거나 약을 처방받을 수 있다. 의사는 예외없이 '경추부 염좌'로 2주 진단을 하고 진단서를 끊어준다. 수사기관은 이를 무시할 수 없어 조사를 하게 된다. 결국 이 사건으로 이재선은 약식명령을 받았다. 그 과정에서 이재선도 안경태가 부러지고 이재문보다 더 많이 다쳐 치료를 받았지만 진단서를 끊거나 고소하지 않았다. 또한 이재선은 당시 여러 가지 일로 너무나 지쳐 있어서 이에 대해 적극적으로 대응하지 못하여 정식재판을 청구하지 못했다.

2012년 7월 16일 새벽 1시가 넘어서야 경찰 조사를 마치고 4사람[108]

---

108 이재선 부부와 딸 이주영, 그리고 경찰서로 가면서 이재선이 전화로 자초지종을 듣고 경찰서로 온 이종사촌 형인 서병철이다.

은 근처 치킨집에 들어갔다. 막 자리를 잡고 앉는 순간 박인복의 휴대폰으로 이재명이 연락을 해왔다. 첫마디가 **"조사받고 가냐, 이 나쁜 년아!"** 로 시작된 개쌍욕이었다. 녹취에 따르면, 당시 이재명 성남시장은 형수가 전화를 받자 다짜고짜 **"조사받고 가냐, 이 나쁜 년아?"**라고 하자 박인복은 **"지금 형수한테 뭐 하는 소리냐"**며 따지자, 이재명은 **"아이고 형수님"** 이라고 비아냥댔다.

박인복은 너무나 어이가 없어서 **"거기는 위 아래도 없느냐"**고 항의하자, 이재명은 **"니네 어머니 칼로 쑤셔 죽인다는 얘기잖아"**라고 응대했다. 박인복은 **"말도 안 되는 소설 쓰시네"**라고 반박에 대해 이재명은 개쌍욕을 날렸다. **"병신 같은 년. 아이 쯧쯧쯧⋯ 이것도 공개해라. 녹음해 가지고. 칼로 쑤시니까 좋더냐?"**라고 말했다. 욕설을 들은 박씨는 **"아이고⋯ 약 좀 잡수셔야겠네"**라고 하자, 이재명은 격앙된 목소리로 **"씨발 년아"**라고 더 쏘아붙였습니다. 박씨가 **"이제 저한테 전화하지 마세요. 끊을래요"** 라며 통화를 마치려 하자, 이재명은 **"너한테 안 해, 이년아. 형님 바꿔봐, 미친 새끼"**라고 했다.[109]

형수한테 이런 개쌍욕을 하는 인간은 세상 처음 본다는 반응이 많았다. 형수가 어머니를 폭행하기라도 했다는 것인지, 형수가 무슨 잘못이 있다고 '씨발년이니 나쁜 년이니' 한다는 말인가. 경찰서에서 전화로 알려줬는지 이재명이 조사가 끝난 것을 알고 형도 아닌 형수에게 전화를 한 것이다.

109  뽐뿌커뮤니티, 이재명 : 조사받고 가냐 이X아?(새로운 욕설 음성 파일)

그런데 더 황당하고 끔찍한 일은 그 이튿날인 7월 16일 올라온 기사다. "80대 노모 폭행한 이모 회계사 경찰연행"이란 내용이 인터넷신문에 기사화됐다. 이어 이틀 뒤 오후 분당구 수내1동 소재 원복집 앞 가로수에 성사모(성남을 사랑하는 모임)의 이름으로 "홀로된 팔순 노모에게 폭행을 자행한 공인회계사 이재선의 패륜인 행동을 규탄한다"는 플래카드가 내용까지 바꿔가면서 무려 한 달 동안 걸렸다고 한다.

▲ 성사모의 이름으로 이재선 사무실 근처에 걸었던 현수막. 7월 18일 경부터 7월 말 경까지 내걸었다. (출처 : 뽐뿌 커뮤니티)

위의 현수막의 내용을 바꿔 "팔순 노모에게 욕설과 폭행을 자행하는 이재선의 패륜적인 행동에 시민들은 분노한다!"는 현수막을 성사모의 이름으로 7월 말경부터 8월 13일까지 이재선 사무실 근처에 걸었다.[110] 이 단체는 그 이전인 2012년 6월, '이재선 회계사의 실체를 알립니다!!'라는 제목의 전단을 만들어 배포하기도 했다. "현재 이재선 회계사는 중증의 조울증, 과대망상, 관계망상, 피해망상증 등이 의심되어 빠른 치료가 필요해 보입니다."는 내용이다.[111]

이에 이재선은 "확인도 안된 가족 간의 일에 대해 플래카드로 명예를 훼손한 일"에 대해 성사모를 고소했다. 성사모는 이 사건에 패소하여 벌금 100만 원을 물었다. 성사모는 여기에 그치지 않고 공인회계사협회를 찾아가 이재선 규탄시위를 했다. 박인복은 "이재명의 사주가 아니고서는 이 같은 가족 간의 일을 어떻게 알겠느냐"는 의혹을 제기한다.

그러면서 박인복은 이들의 행태에 대해 "이재선 씨에게 데미지를 입혀 사업 자체를 못하도록 아예 밥줄을 끊어놓을 판"이라고 했다. 이 일로 한동안 어려웠다고 한다. 형제간 다툼을 당일 저녁에 존속폭행 사건으로 고소하여 경찰서에 연행하게 하고, 다음날 인터넷 기사에 나게 하고, 성사모를 통해 프래카드와 규탄시위를 하는 것은 살부지 원수에게나 가능한 일이 아닐까 하는 의심이 들게 할 정도다.

물론 이재명은 어머니를 폭행하고 욕설을 퍼부어서 그렇게 조치했다고 하나 형 이재선은 어머니를 폭행하고 욕설을 한 적도 없다. 게다가 "형수 개쌍욕" 사건은 그 이전인 6월에 발생한 사건이고, 이 사건은 7월 중순에 일어난 사건이므로 이재명의 거짓말로 드러났다. 고소 건도 이재

---

110  장영하의 위의 책, p.143

111  위의 책, p.144

명이 강조하는 존속상해와 존속폭행에 대해서는 검찰에서 무혐의 처리됐다. 다만 다른 사건이 약식 명령에 의해 대응할 수가 없었던 상황이라 벌금 500만 원이 나왔다. 이것을 근거로 이재명은 존속폭행을 주장하나 전혀 사실이 아니다.

## 피의사건 처분결과 통지서

이재선에 대한 상해 같이 처분하였으므로 통지함

피의사건에 관하여 아래와

20년 04월 09일

수원지방검찰청 성남지청

검사 백▩ ㉑

| 사 건 번 호 | 2013년 제 983 호 | |
|---|---|---|
| 처 분 일 자 | 2013년 0월 0일 | |
| 처 분 죄 명 | | 처 분 결 과 |
| 상해 | | 구약식 |
| 존속상해 | | 혐의없음(증거불충분) |
| 건조물침입 | | 구약식 |
| 폭행 | | 구약식 |
| 존속협박 | | 구약식 |
| 존속협박 | | 혐의없음(증거불충분) |
| 업무방해 | | 구약식 |

▲ 이재선 씨에 대한 피의사건 처분결과 통지서.

이 일로 박인복은 너무 괴로워 스트레스를 받아 체중이 급격히 줄었으며, 남편 이재선은 3달 가까이 불면에 시달리는 고통 속에서 살았다고 했다.

그렇게 정신적, 육체적으로 힘들어 세무 업무를 못 볼 지경이 된 이재선은 엎친 데 덮친 격으로 교통사고를 크게 당하여 2번의 수술과 1년 넘는 치료 생활을 하는 등 최악의 삶을 살아야 했다. 그런데도 그런 형 이재선에게 이재명은 "그때 형이 죽었어야 돼"라고 악담을 퍼부었다고 한다. 형제간 철 천지 원수라 해도 이렇게까지 할 수 있을까 싶다.[112]

장영하 변호사는 당시 중원경찰서장으로 있던 박형준과 식사를 하면서 이재명을 화제로 올렸다. 그때 박형준은 "이재명이가 형을 정신병원에 강제로 입원시켜 달라고 했는데 그걸 내가 어찌 돕습니까?"라는 부탁이 있었지만 거절했다는 것을 말하려는 듯했다고 한다.[113]

그런데 이재선은 수원지방검찰청 성남지원에서 존속협박, 상해, 건조물 침입, 업무방해 등으로 500만원 형사처벌을 받은 전력이 있으며, 또한 이재선이 법원으로부터 모친에 대한 접근금지 명령을 받았다는 이재명의 주장은 사실이나, 이재명 측이 강조하는 '재선 씨가 모친을 폭행했다'느니, "남편이 지 어머니 지가 나온 구멍 칼로 쑤신단 이딴 소리 할 때, 당신은 옆에서 빙글빙글 웃고 자빠졌었지?"하는 것은 전혀 사실이 아니다. 이에 대해 이재명이 내놓는 유일한 증거가 이재선의 독백이며, 그것도 칼로 구멍을 쑤신다는 말은 전혀 없었다. 말을 만들고 날조하여 왜곡하는데 익숙한 이재명의 일방적 주장일 뿐이다. 어쨌든 법적으로는 검찰로부터 '존속상해', '존속협박'은 증거불충분으로 '혐의 없음' 처분이 내려졌다.

이는 재선 씨가 모친에게 직접적인 폭력 등을 행사해 신체를 상하게 한 행위는 없었고, '이재명 시장에게 전화해 백종선 비서가 우리 가족을 협박하지 못하게 말려 달라. 그렇지 않으면 집과 교회에 불을 질러 버

---

112  위의 필자 페북 기사, 장영하의 위의 책 참조.

113  위의 책, pp.138~142

리겠다고 한 것은 이재명이 어머니 집으로 오지 않으면 그렇게 하겠다는 엄포를 이재명을 상대로 한 것이기 때문에 어머니와는 관계가 없다. 그런데도 직접적인 협박이 아닌 간접적인 협박으로 존속협박이 성립된 것으로 보인다.

사건의 경위를 살펴보면, 2012년 7월 15일 어머니 구호명의 집에서 있었던 사건은 중원경찰서에서 이재선과 이재문을 형사입건하여 수사한 뒤 동년 9월 5일 수원지방 검찰청 성남지청으로 사건 송치되었다. 사건번호는 2012형제222935로 이재선은 중원경찰서에서 1회 조사를 받은 후 동년 9월경 성남지청 이종혁검사로부터 연락을 받고 조사받고, 박인복도 참고인 조사를 받았다. 박인복 조사담당자는 "별일도 아닌데요."라며, "성남시장 가족들이 별것도 아닌 것을 문제삼아 사건화하였다."라며 의아해했다. 그 무렵 인터넷 '굿타임즈'가 사실관계를 확인도 않고 과장보도하여 이재선은 그 기자를 고소했다.

그런데 검찰 조사받은 지 한참이 지나도 결과가 나오지 않아 초조해진 이재선은 이종혁 검사를 찾아갔다. 이종혁 검사는 "사건은 별게 아닌데, 죄명이 여러 건이다 보니 이게 문제가 된 것 같다."며, 상대방은 책처럼 두툼한 자료를 제출한 데다 변호사출신의 현직 성남시장과 관련된 일이어서 주위에 관심갖는 사건으로 이재선이 낚인 것 같다는 설명을 듣는다. 이재선은 아내 박인복과 심각하게 의논한 끝에 변호사를 선임하되 선임계를 제출하지 않고 사건을 처리했다. 그만큼 성남시에 있어서 이재명의 정치적 영향력은 막강했던 것이다.

2012년 12월 14일 이종혁 검사는 위 건의 조사결과 시한부 기소중지를 결정했다. 이재선의 어머니 구호명과 그 형제들이 "이재선의 정신병적 증세로 인해 본건이 발생한 것이고, 매년 봄 무렵이면 이상증세가 나타나 재범의 우려가 있다."고 주장하여 검찰로부터 정신감정을 권유받아 감정결과가 도착할 때까지 시한부 기소중지를 결정한 것이다.[114]

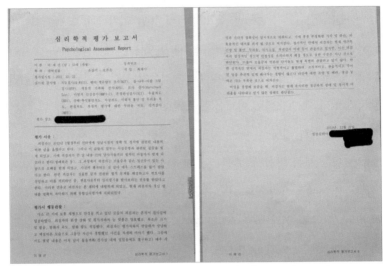

▲ 맑은샘심리상담연구소에서 발급한 이재선에 대한 정신감정결과서(2012.12.27.)

114  위의 책, pp.161~163

에 성남시장 비판 글을 게시하는 등 여러 사회 활동을 해 오고 있었고, 특히 이OO
은 2013. 초순경 교통사고로 인한 후유증으로 우울증 등 정신병을 앓기 전까지 정
신질환으로 진단이나 치료를 받은 사실이 없었으며, 2012. 5.경 이전까지 타인에게
협박이나 폭력을 행사한 사실이 없었고, 2012. 5.경부터 같은 해 7.경까지 발생한 협
박, 폭행 및 건조물침입 등 사건은 피고인의 수행비서인 백OO이 자신을 계속 협박
하고 있는데 어머니 등에게 피고인에게 연락하여 이를 중단시켜 달라는 과정 또는
피고인이 자신을 정신병원에 강제입원시키려 하는 것을 알게 된 이후 어머니 등에
게 피고인을 설득해달라고 하는 과정에서 벌어진 일이며, 위 사건 이후에는 아무런
폭력 범죄전력이 없고, 2012.경 당시 거의 매일 회계사무소에 출근하여 정상적으로
회계업무를 수행하였으며, 2012. 12. 22.경 OOOOOOO연구소에서 실시된 이OO에
대한 심리학적 평가에 의하면 이OO은 조울증과 연관된 단서들이 특별히 관찰되지
않고, 유의미한 정신과적 장애 및 정서적 어려움을 나타내고 있지 않은 상태로 판
단되기도 하였다.

▲ 수원지검 성남지청이 2018년 12월 이재명 경기도지사를 직권남용권리행사방해 및 공직선거법
위반으로 재판에 넘긴 공소장에 첨부된 이재선의 정신감정결과 내용.

이재선은 "유의미한 정신과적 장애 및 정서적 어려움을 나타내고
있지 않은 상태로 판단된다."(2012.12.27., 맑은샘심리상담연구소)라는 감정
결과를 성남지청에 제출, 기소중지되었던 위 사건을 2013년 1월 4일에
2013형제983호로 수사를 재개하여 '어머니 구호명의 처벌을 원하지 않
는다'는 서류를 받아오면 좋겠다는 연락을 받았다.[115]

이재선은 그 전에 2012년 7월 25일 법원으로부터 어머니 구호명에게
서 100m이내 접근금지 통보를 받았다. 신청인은 어머니 구호명이었으며,

---

115  위의 책, pp.163~164

존속 협박을 느꼈다고 신청했다. 너무나 황당했다. 이재명이 어떻게 어머니 구호명을 구워삶았는지는 모르나 접근금지가 무엇인지, 어떻게 신청하는지도 전혀 모르는 팔순 노모 구호명이 직접 자의로 신청했을 리는 만무하다.

신청 접수일은 2012년 5월 28일 이재선이 구호명의 집을 다녀온 직후로 추정된다. 어머니 구호명은 승강기 앞까지 따라와 아들을 배웅하고는 "아들아 잘가거라"라는 인사까지 했었다. 이재명은 이처럼 무섭도록 집요하게 형 이재선을 어떻게 하든 정신병원에 강제입원시키기 위한 증거들을 하나씩 만들어가고 있었던 것이다.[116]

이재선부부는 법원으로부터 어머니 구호명에 대한 접근금지 처분을 받아서 접근할 수가 없게 되었다. 그러한 사실을 알게 된 딸 이주영이 자신이 다녀오겠다고 했다. 2013년 1월 9일 이주영은 처벌 불원서를 준비하여 이재선의 이종사촌형인 서병일과 함께 구호명의 집을 방문했다. 이주영은 할머니에게 처벌불원서 양식을 내밀며, "검사가 아버지 처벌을 원하지 않는다는 할머니 각서를 받아오라고 했다. 제발 할머니께서 중재해 이 일을 해결하는 방향으로 해달라"고 서병일과 함께 설득했다. 하지만 구호명은 "못해준다."고 단호하게 몇 번이고 거절했다. 급기야 이재명에게 전화하여 상황을 전달했다. 그러자 이재명은 서병일에게 전화하여 "왜 남의 일에 나서느냐? 그러지 말라"며 한참을 설득한 뒤 이주영을 데리고 가라고 버럭 화를 냈다. 구호명은 "이재선이 정신질환 치료만 받으면 된

---

116    위의 책, pp.159~160

다."는 말을 반복했다. 이재명으로부터 '어머니 구멍을 칼로 쑤신다'는 말을 들어 충격을 받았는지 요지부동이었다. 그때였다. 성남시 공무원 2명이 들이닥쳐 구호명을 보호하게 했다. 공무가 아닌 사적인 일로 업무에 동원했다. 이재명은 구호명이 이주영에게 처벌 불원서를 써줄까봐 초조했기 때문이다. 이재명으로선 형 이재선을 타도하기 위해 그렇게까지 형 이재선의 처벌이 절실했던 것이다. 결국 이주영은 쫓겨나다시피 할머니 구호명 집을 나와야 했다. 아버지의 처벌불원서를 자기 아들인 이재선에게조차 써주지 않는 할머니가 원망스러워 기가 막힌 상황에서 속울음을 삼키면서 할머니집을 떠나야 했다.[117]

이재명이 이렇게까지 하는 것은 어떻게든 형을 정신병원에 처넣어야 마음이 놓이기 때문일 것이다. 정신병원에 강제 입원될 경우 반항하면 의식을 잃게 하는 아티반을 다량으로 주사하여 의식을 잃게 만든다. 정신병자를 간호하여 보호하고 치유하여 완화시키는 곳도 정신병원이지만, 법의 사각지대에서 운영을 어떻게 하느냐에 따라 인권을 말살하고 자살하게도 만드는 잔혹한 곳이 정신병원이다. 이재명은 형을 정신병원에 강제로 처넣기 위해 광분했다.

당시 연합뉴스는 법정서 이재명과 공방을 벌인 구성수 전 분당구보건소장에게 이재명은 '형 이재선 정신병원 강제입원이 안되는 이유를 1천 가지 이상을 가져오라'고 다그쳤다고 보도했다. 다음은 연합뉴스 기사 일부이다.

---

117  위의 책, pp.164~165

검찰은 이지사가 성남시장 시절인 2012년 친형인 고 이재선씨를 정신병원에 강제입원시키기 위해 분당보건소장으로 하여금 보건소 관할인 성남시 정신건강센터의 센터장에게 조울병 평가문건을 작성토록 한 것으로 보고 있다. 증인으로 나온 전직 분당구보건소장 구모씨는 검찰 측 핵심증인이다. 구씨는 수원지법 성남지원 제1형사부(부장판사 최창훈) 심리로 이날 오후 열린 제12차 공판에서 "이 지사가 성남시 정신건강센터를 통한 강제입원을 지시했지만, 센터장과 다른 정신과 전문의가 모두 '대면진단이나 보호의무자 동의 없이 어렵다'고 해 이 지사에게 불가능하다고 보고했다"고 진술했다. 구씨는 이 지사가 센터장에게 친형 이씨의 조울병 소견서(평가문건)를 받아오라고 해 보호 의무자인 친형 가족의 설득을 위한 것으로 알고 센터장에게 '미안하다'고 양해를 구한 뒤 소견서를 받아 이 지사에게 넘겼다고도 했다.

친형 이씨의 입원이 어렵다고 계속해 거부하자 이 지사 측은 20여 일간 거의 매일 시장 비서실로 불러 협의를 했고, 이 지사는 마지막에 "안되는 이유를 1천 가지 이상 가져오라"고 질책했다고 구씨는 강조했다. 이날 공판에서는 검찰과 변호인의 증인신문이 끝난 뒤 이 지사의 신문 과정에서 이 지사와 구씨가 거친 설전을 벌이기도 했다

이 지사는 "(형님 입원과 관련해) 증인에게 '하라'고 지시한 것이 아니고 '가능하냐, 대상이 되느냐'고 했는데 '불법이라도 하라'는 뜻으로 안 것이냐"고 물었다. 이에 구씨는 "최고 수장이 시장이다. '불법이라도 합법적으로 했으며 좋겠다'고 이해했다"며 "합법적으로 못해서 '노' 한 것이고 해법을 찾지 못했다"고 답했다. 이 지사는 "(구씨가 지시를 거부한 뒤) 형님이 결국 정신병원 입원치료를 했다. 그걸 막기 위해서 지시한 것"이라고 하자

구씨는 "그러면 여기 있는 사람 50%는 다 입원해야 한다"고 맞받았다. 구씨는 자신이 친형 강제입원 사건 몇년 뒤 성남지역을 벗어나 하남보건소장으로 발령 난 데 대해 이 지사의 지시를 따르지 않은 데 따른 뒤늦은 보복성 인사라고 주장하기도 했다.[118]

구 보건소장은 친형 이재선의 입원이 어렵다고 계속해 거부하자 이재명은 그소장을 20여 일간 거의 매일 시장 비서실로 불러 강제입원을 협의를 했다. 그럼에도 불구하고 불가능하다는 의견을 피력하자 이재명은 "안되는 이유를 1천 가지 이상 가져오라"고 질책했다. 이재명은 그동안 2012년 4월 5일 분당서울대학교 병원 정신건강의학과 전문의 장재승이 평가한 '이재선씨의 문건에 대한 평가의견'에 "기분장애 중 '조울증(양극성 장애)'의 가능성이 높다고 판단됨"이라는 평가 의견서를 분당보건소장에게 보냈다.[119] 또 2012년 8월에 분당차병원이 분당보건소장에 '이재선씨가 자신 및 타인을 해할 위험이 있다'는 진단서를 보냈다. 두 진단서모두 이재명 시장이 관할하는 분당보건소 요청에 따라 작성된 것이다. 그러나 구 소장은 이재명의 지시를 따를 수 없다고 거부하자 3일만인 2012년 5월 2일자로 분당구에서 수정구 보건시장으로 전보조치되었다. 이때도 이재선은 이재명이 자신을 정신병원에 강제 입원시키려는 의도를 전혀 눈치채지 못했다.

---

118  연합뉴스, 「이재명-전직 보건소장, 법정서 '친형 입원' 놓고 거친 설전」, 2019.03.21.,
     https://www.yna.co.kr/view/AKR20190321186700061

119  ①장영하, 같은 책, p.89, ②TV조선, 「이재명 시장, '셋째 형 정신병원 강제 입원 시도' 의혹 [단독]」, 2017.1.2., https://www.youtube.com/watch?v=Xmqr6lQciGl

대법원 판결문에도 나와있듯이 이재명은 자신의 지휘와 감독을 받고 있는 분당구 보건시장 등에게 이재선에 대한 정신병원 강제입원을 지시하고 독촉하였다.

2) 원심판결 이유와 적법하게 채택된 증거들에 의하여 인정되는 다음과 같은 사실에 따르면, 피고인은 자신의 지휘와 감독을 받고 있는 N구보건소장 등에게 Y에 대한 정신병원 강제입원을 지시하고 독촉하였다.

가) 피고인은 2012. 4. 초순경 직접 또는 비서실장 M을 통하여 N구보건소장 AN에게 Y에 대한 구 정신보건법 제25조에 따른 강제입원이 가능한지 검토해 보라고 지시하였다. AN는 검토 결과 피고인에게 여러 차례에 걸쳐 위 강제입원 절차 진행이 불가능하다는 취지로 보고하였는데, 피고인은 그때마다 구 정신보건법 제25조의 해석상 강제입원 절차가 가능하다는 견해를 개진하면서 AN에게 재검토를 지시하거나 위 강제입원 절차를 진행하라는 취지로 지시하였다.

▲ 이재명 경기도지사의 직권남용 및 공직선거법 위반 대법원 판결문.(2020년 7월 16일)(출처 : 더퍼블릭, 2022.01.21.)

이재명의 형 이재선 정신병원 강제입원에 대한 집념은 대단했다. 하늘이 무너져도 형 이재선을 정신병원에 처넣고야 말리라는 분기탱천한 사람처럼 끈질기게 형 이재선을 괴롭혔다.

동년 5월 중순 이후 하루에 최고 107통까지 하던 백종선의 협박이 5월 28일까지 계속되더니 백종선의 협박이 중단된 이후 이재명이 수면 위로 올라서 진두지휘하기 시작했다. 아래는 이재선이 2012.06.16. 성남시의회 게시판에 쓴 글의 일부이다.

"… 그 후로 이재명은 몇 년 동안 전화 한 통 없던 이재명(취임 시 제가

축하한다, 한 번 할 각오로 열심히 해라, 참모를 잘 써라, 참모는 똑똑하고 아니오 라고 할 줄 알고 안 챙기는 사람을 쓰라고 문자를 했을 때도 아무런 연락이 없었음) 이 제가 정신병자라는 증거를 잡기 위해 항상 밤 12시부터 2시까지 전화를 하고, 새벽 6시 반이면 문자를 보내고 7시 반 정도는 전화질을 함. 백모는 하루에 최고 107통 하더니 이재명은 하루 45통을 하고 10일 이상을 평균 30통 이상 해댐. 나중에 알고 보니 정신병자라는 증거를 확보하기 위한 것이었음. 모든 전화내용이 공적인 것이 아니라 개인적인 것도 일부러 도발하고 거짓정보로 약을 올려서 미친 사람으로 만들기 위한 것이었음을 나중에야 알게 됨. 특히 이재명 본인이 전화하는 이유가 증거부족이라고 했음. 이재명은 저를 정신병자로 몰아서 강제입원을 시키기 위해 집사람이 미친 남자에게 약을 먹이지 않는다고 하고, 말끝마다 약 먹으라고 했음. ...ʺ[120]

이재선이 확고하게 믿게 된 것은 2012년 6월 7일 그의 딸이 이재명의 부인 김혜경과의 대화에서 드러난 "내가 여태까지 니네 아빠 강제입원, 내가 말렸거든, 니네 작은 아빠가 하는 거. 너, 너 때문인 줄 알아라. 알았어?"고 발언에서 비롯된다.

그 후 이재선은 그동안 이재명이 집요하고도 잔혹하게 추진해온 모든 일이 자신을 정신병원에 강제입원시키려는 것이라는 것을 확신한 후

---

120  이재선, 「성남시장이 친형 정신병원강제입원시키는 음모를 실행하고 있습니다. 의원님들 도와주세요.」, 2012.06.16., (성남시의회 자유게시판에는 위의 글은 현재 삭제되었음. 인스터즈에 올린 글임) http://www.sncouncil.go.kr/source2013/korean/open/free.html?tblName=bbs_council_request&CMD=VIEW&fidx=6972

온몸에 소름이 돋을 정도로 불안감을 가진 것 같다. 그래서 2012년 6월 16일 성남시의회 자유게시판에 오죽하면 〈성남시장이 친형 정신병원강제 입원시키는 음모를 실행하고 있습니다. 의원님들 도와주세요.〉라는 글을 올려서 시의원들이 이러한 사실을 알고 도와줄 것을 호소한 것이다. 그러는 가운데도 이재명과 백종선, 그리고 이재명의 개떼들로부터 문자폭탄, 폭언, 협박 등이 줄기차게 지속되었다. 이재선을 미치게 만들어 정신병원에 집어넣으려고 광분하고 있었다. 이재선은 그런 상황에서 점점 심신이 지쳐갔다. 좀체로 잠을 이루지 못했다. 2012년 12월 말경부터는 더욱 증세가 심해졌다. "죽고 싶다"는 말을 입에 달고 살았다. "어떻게 내 동생이 나한테 이럴 수 있느냐? 어머니도 어떻게 이럴 수 있느냐? 세상으로부터 버림받은 느낌이다"는 절망감에 비관적인 말만 되풀이 하였다. 삶의 의욕이 완전히 상실한 사람처럼 괴로운 나날을 보내야 했다. 그런 와중에도 인터넷을 보면 자신과 이재명과 관련된 글에서 마음에 커다란 상처를 받았다. '이재선과 박인복이 이재명을 음해하여 성남시장을 못하게 하려고 난리친다.', '어머니를 죽이려 했고, 비리를 저질렀으며, 교수청탁을 하고 이재명은 입만 벌리면 "대학에서 받는 공장노동자 월급의 몇 배에 이르는 생활보조비로 집에 생활비를 보태면서 정비공으로 일하던 셋째 이재선형님에게 공부를 권유"하여 "직장을 그만두고 내 장학금으로 공부한 형님도 좋은 성적으로 생활비를 받으며 대학을 갔고 공인회계사도 합격"했다고 한다.[121] 우선 이재명이 받은 장학금과 생활보조금으로

121 이재명의 페이지, 〈나의 슬픈 가족사..'이재명 형수욕설 '의 진실〉, 2016년 10월 30일, 이재명 페이스북, https://www.facebook.com/jaemyunglee1/posts/1257039664338118

이재선을 공부시켰다는 말은 과장이 많다. "내 장학금으로 공부한 형님"이라고 했는데 장학금은 전액 학교에 납부해야 자신이 학교에 다닐 수 있다. 따라서 장학금 외에 받은 생계비보조금으로 집의 생활비 일부와 이재선 학원비 일부를 보탠 것으로 보인다. 당시 중앙대는 서울대 갈 정도의 성적 우수학생을 유치하기 위해 장학금은 물론 생활보조비를 지원했는데 생활보조비는 학생으로서 식비와 용돈 등 생활에 풍족한 정도의 금액이지 공장노동자 월급의 몇 배를 받았다는 것도 과장된 것으로 보인다고 당시 중앙대를 다닌 김 모 씨는 말한다.

이재명은 2006년 3월 22일 본인이 직접 작성한 "내가 살아 온 이야기"에서 당시 중앙대에서 생활보조금으로 받은 금액은 월 20만 원으로 밝혔다. 그는 그 돈으로 집의 생활비 일부와 "당시 공장생활을 하시던 셋째 형님(이재선)의 학원비를 조금 보태 드렸다."고 했다. 이어 이재명은 "1년간 대성학원을 다닌 결과 형님은 우수한 성적을 얻어 건국대학교 회계학과에 4년 생활보조금을 지급받는 장학생으로 입학하여 대학 2학년 때 공인회계사 시험에 합격한 후 현재는 성남에서 공인회계사로 개업중이다. 이후 내가 대학 4학년 때 사법시험에 떨어지고 재수를 할 때는 형님이 경제적으로 많은 도움을 주셨다."고 밝혔다. 또한 위암에 걸려 "… 3개월밖에 못산다던 아버지는 정말 나뭇잎이 피어나는 것과 함께 어느 정도 기력을 차리기 시작했고, 셋째 형님은 병중의 아버지를 모시고 여행을 시켜드리는 나는 결코 하지 못할 효도를 다 했다."

위의 글을 보더라도 이재선의 학원비 일부를 보태준 것이지 자신이 받은 장학금으로 형을 공부시켰다는 것은 어불성설이다. 게다가 자신도 셋째 형님인 이재선으로부터 많은 도움을 받고 사법시험에 합격하게 된 내용이나 아버지에 대한 셋째 형님인 이재선의 효도 내용에 대해서는 무엇 때문에 쏙 빼놓고 자신의 도움만 강조하는 것인가. 이재명의 페이스북에는 전혀 그 내용이 없다. 그것은 이재선의 인품이 좋은 점을 말해서는 다음의 셋째 형 이재선을 매도하다시피 한 내용전개가 어렵기 때문이다.

이재명은 그의 페이스북에 "어처구니없게도 성남시장후보직 양보를 바라던 이 형님은 불법문자메시지를 대량 발송하는 등 내 선거를 방해하다 2010년 내가 시장선거에 당선되자 취임식장에 청바지에 잠바를 입고 나타나 '가족특별석'을 만들지 않았다고 불만을 토로하더니 취임 직후부터 이권에 개입한다는 소문이 돌기 시작했다"고 비방한다.[122] 이것은 이재명이 불법문자메시지를 증거로 제시하면 된다. 공인회계사인 이재선은 정치인이 되려는 마음이 전혀 없었던 것 같다. 그러한 활동실적도 없고, 다만 시정에 문제점을 지적하는 글을 수시로 쓴 것은 사실이나 이는 민주시민으로서의 책무로 한 것이다. 이재명은 입만 열면 '슬픈 가족사'를 언급하며, 마치 오래전부터 정치에 관심이 많았던 이재선 회계사가 성남시장이 된 동생 이재명에 대한 열등감과 질투심에서 빚어진 갈등인양 비난을 쏟아냈다. 그러나 이에 대해 이재선의 딸 이주영은 아버지 이재선은 성남시에 비판만 할 뿐 정치에는 관심을 두지 않았다고 증언했다.[123] 그의 부인 박인복도 남편 이재선은 전혀 정치인에 관심이 없었기 때문에 저런 어처구니 없는 짓은 전부 이재명이 이재선을 매도하기 위해 꾸며댄 소설에 불과하다는 입장이다.

---

122   위의 이재명 페북 글.

123   장영하, 같은 책, p.77

이재명은 자신의 페북에 "녹지를 훼손해 노인요양시설을 짓는 이권 사업에 셋째 형님이 돈을 받고 밀어준다는 소문이 퍼지면서 사업신청이 네 곳이나 들어왔습니다. 큰일이다 싶어 이를 모두 불허하고 규정을 정비해 원천봉쇄했습니다. 그러자 이번에는 그 형님이 '시장친형'을 내세우며 공무원들에게 직접 업무지시를 하고 불응하면 폭언을 퍼붓고 직접 백화점 불법영업 단속에 나서는가 하면, 감사관과 비서실장을 통해 공무원 승진과 징계 등 인사청탁을 하고, 관내 대학에 교수자리를 마련해 달라는 이권청탁을 했습니다. 있을 수 없는 일이라 이를 모두 묵살하고 공무원들에겐 통화와 접촉을 하지 말도록 지시했습니다."[124]고 형 이재선을 비방했으나 박인복은 전혀 사실무근이라고 했다. 이재선도 2012년 6월 16일 성남시의회에 올린 「성남시장이 친형 정신병원강제입원시키는 음모를 실행하고 있습니다. 의원님들 도와주세요.」에도 이재명의 주장은 전혀 사실무근임을 알 수 있다.

이에 대해 더퍼블릭은 박인복에게 해명을 요구했다. 이재선 씨가 공무원 인사를 요구하고, 관내 대학교수 자리 알선 요구하고, 공무원들에게 직접 업무지시 등 인사개입 및 이권청탁을 했다는 이 후보 측 주장에 대해, 박인복 씨는 지난 2022년 1월 20일 〈본지〉에 "사실무근"이라며 "전혀 알지 못하는 내용이다. 소설급이지요"라고 전해왔다.[125] 그럼에도 불구하고 상식적으로 말도 안되는 내용으로 친형인 이재선부부를 매도하

---

124   이재명의 위의 페이스북 글.

125   ①더퍼블릭, 「[팩트체크]이재명 욕설 녹음파일 사건의 전말…'판단은 유권자인 국민의 몫'」, 2022.01.21., https://www.thepublic.kr/news/articleView.html?idxno=70007, ②장영하의 「굿바이 이재명」(99쪽에서 102쪽)에도 이에 대한 해명이 나온다.

는데 혈안이 되었다. 즉, "이 형님부부는 저에 대한 시기질투심, 열등감을 나타내기 시작했고, 이게 지나쳐 병적증상으로 변하더니 '내가 부처 예수보다 위대하다'며 이상행동을 시작했고, 형수는 이를 제지하지 않은 채 오히려 시댁과 형님 간의 갈등을 부추기기에 바빴습니다."[126]는 것이다. 이재명의 주장이 옳다면 그 주장을 입증할 수 있는 증거를 제시하면 된다. 그것도 이재명 주변의 날조된 증언이 아닌 증거능력이 있는 증거물이나 이재선 주변인들의 증언을 통해서 말이다. 이재명은 입만 벌리면 친형 이재선이 정신질환이 있다고 주장한다.

한편 이주영이 할머니 구호명에게 가서 처벌불원서를 받아내는 것을 실패하자 백상준 검사는 더 이상 아무런 조사를 하지 않았다. 그렇게 사건을 끌다가 2013년 4월 8일에 이재선에게 상해, 건조물 침입, 폭행, 존속협박(당시 이재선은 전화로 이재명이 어머니 집으로 오지 않으면 집에 불싸지르겠다고 한 엄포는 이재명을 상대로 한 것이다.), 업무방해 등 6가지 죄명으로 벌금 500만 원의 약식명령을 청구했고, 법원에서는 청구대로 약식명령을 내렸다.[127]

이와 관련해 박인복은 "2013년 5월 27일 법원으로부터 약식명령을 받았지만 남편이 교통사고 치료받느라 저희 가족이 정신없을 때인지라 법적 대응도 못하고 덮어버렸다"면서 "그랬더니 이 후보가 이걸로 뒤집어씌운다"고 했다. 당시 이재선은 2013년 초에 교통사고를 크게 당하는 바람에 치료를 받느라고 정신이 없어서 정식재판 청구 등의 대응을 못했다는 것이다. 벌금형 처분이 내려진 6건은 남동생과 여동생에 대한 상해,

---

126  이재명의 위의 페이스북 글.

127  장영하, 위의 책, p.165

모친 집에 가 집과 교회에 불을 질러 버리겠다고 한 존속협박, 새누리당 시의원들의 시의회 의장 후보 선출에 대한 업무방해 및 건조물침입, 롯데백화점 의류매장 난동에 따른 업무방해 및 폭행 등이다.[128] 폭행이라는 것은 백화점 직원의 명찰을 잡아당겼다는 것이고, 시의회 의장선출에 대한 업무방해 역시 일요일에 시의회 의장 후보선출을 하는 것은 전례 없는 일로 성남시민으로서 충분히 반대의견을 표명할 수 있는 사건이며, 시의회는 공공건물로 성남시민에게 제한되어서는 안됨에도 불구하고 업무방해와 건조물침입으로 벌금형이 떨어진 것은 다툼의 여지가 있는 내용이다. 이런 것을 부풀리고 과장해서 친형을 정신병자로 만들려고 혈안이 된 자가 이재명이다. 심지어 '이재선이 2002년경부터 경기도 용인 모 병원에서 정신과 관련 약을 처방받은 적이 있었다'식의 이야기를 언론에 흘렸지만 재판과정에서 해당병원 전문의가 출석해 '이재선 씨에게 처방한 건 정신과 약(조증약)이 아닌 수면제였다'고 증언했다.[129] 또한 이재명은 분당보건소장을 20여 일 동안 닦달하여 강제입원이 안되는 1천 가지 이상의 이유를 가져오라고 질책을 하는가 하면, 공무원들이 이재명의 압력에 의해 작성한 서류와 이재선의 왜곡된 행태보고 등을 통해 2012년 4월 5일 분당서울대학교 병원 정신건강의학과 전문의 장재승이 평가한 정신평가의견서와 2012년 8월에 분당차병원이 분당보건소장이 작성한 진단서 모두 친형 이재선을 강제입원시키기 위해 이재명의 지시에 의해 분

---

128  더퍼블릭, 「이재명 욕설 녹음파일 사건의 전말…'판단은 유권자인 국민의 몫'」, 2022.01.21., https://www.thepublic.kr/news/articleView.html?idxno=70007

129  장영하, 같은 책, pp.123~124

당보건소 요청에 따라 작성된 것이다. 뿐만 아니라 노모 등 가족들이 친형 이재선을 강제입원에 동의한 것도 공무원들의 허위 진술서와 이를 바탕으로 작성된 분당 서울대병원과 차병원의 정신의학 평가 의견서가 크게 영향을 준 것으로 판단된다.

TV조선에서 최진녕 변호사는 "민법상 형제·자매는 직계혈족이 아니므로 정신보건법상 보호 의무자가 될 수 없고, 입원치료를 요청할 법적 근거가 없다."며, 직계혈족이 아무런 이상이 없다는 데도 모친을 제외한 제3자인 이재명 등 형제·자매들이 친형 이재선을 강제입원시키려고 하는 모든 의도와 행태는 명백한 불법행위임을 밝혔다.[130]

▲ "민법상 형제자매, 입원치료요청할 법적 근거없다"【출처 : TV조선에서 캡처사진】

특히 직계가족을 배제시킨 가운데 모친과 방계가족들로 하여금 이

---

130    TV조선, 「이재명 시장, '셋째 형 정신병원 강제 입원 시도' 의혹 [단독]」, 2017. 1. 2.,
       https://www.youtube.com/watch?v=Xmqr6lQciGI

재선을 정신병원에 입원시키려 한 행위나 이를 주도적으로 강제입원에 혈안이 된 이재명은 명백한 불법행위이다. 모친 구호명도 전문의와 대면 진단을 받은 것도 아님에도 불구하고 "1.심한 조울증으로 대인관계 원만하지 못함. 2.어려운 환경에서 자란 원인으로 형제간의 강한 감정 집착을 가지고 있음. 3.우울증 환자의 누군가 1명을 집착하여 괴롭히는 증상이 있음."이라는 엉터리 진단을 한 것은 이재명의 사주가 아니고서는 가능하지 않다고 판단된다.

80대 노모가 이러한 자신의 아들인 이재선에 대한 정신건강치료 의뢰서를 작성하기까지는 이재명에 의한 수많은 거짓된 설득이 아니고서는 불가능하다고 본다. 그것은 어머니 구호명 앞에서 구체적인 조울증 증세를 보인 사례가 없기 때문이다.

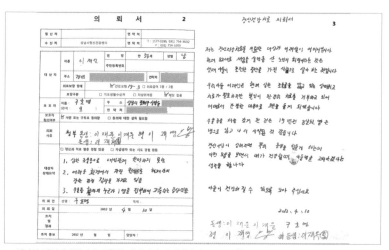

▲ 성남시 정신건강센터에 제출한 이재선의 정신건강치료 의뢰서[출처 : 이재명 페이스북 캡처사진][131]

---

131   이재명의 페이지님의 게시물, 〈이재선씨 정신병원 강제입원..진실은?〉, 2018년 8월 7일.(이재명

노모 구호명의 정신건강치료 의뢰서에도 불구하고 강제입원이 어려 웠던 것은 2012년 분당서울대병원장이던 정진엽(63) 전 보건복지부 장관 이 "당시 성남시장이던 이 지사가 '형을 입원시켜달라'고 전화로 요청했지 만 '전문의의 대면진단 없는 강제 입원은 어렵다'는 입장을 전달"한 데서 비롯된다. 정 전 장관은 "정신과 전문의에게 자문을 구하니 환자가 직접 병원에 오거나 위험한 행동을 할 때 의사가 현장 진단을 하지 않는 이상 입원은 불가능하다는 답변을 들었기 때문"이라고 설명했다.[132]

## '정신병원 강제입원'에 대한 이주영의 반격

이재선의 딸 이주영은 2018년 8월 8일, 이재명이 8월 7일 게시한 〈이 재선씨 정신병원 강제입원... 사실은?〉이라는 게시물 중 "어머니 요청으 로 진단보호절차(구 정신보건법 25조) 진행 법적 요건과 절차를 갖춰 '강제 진단'이 가능했지만 시행하지 않았다"(이재명이 강제입원 시킨 사실 없음)는 주장에 대해 반박했다.

이주영은 자신의 SNS에 "저희가족의 일관된 주장은 이재명이 아버 지를 강제입원을 시켰다라는 것이 아니라, 그가 조직적으로 공무원을 움 직여 강제입원을 시도한 정황을 직권남용죄를 묻는 것"이라고 직격했다.

페이스북)

132  중앙일보, 「[단독] 이재명 '兄강제입원' 요청에…정진엽 병원장 전화로 거절」, 2018.12.05., https://www.joongang.co.kr/article/23182269

다음은 이주영이 올린 반박문 전문이다.

Jooyoung Lee, 2018년 8월 8일

이재명 〈이재선씨 정신병원 강제입원..사실은? (이재명 입장)〉 1. 핵심팩트 중 (3) 어머니 요청으로 진단보호절차(구 정신보건법 25조) 진행 법적요건과 절차를 갖춰 '강제진단'이 가능했지만 이재명 시장은 시행 안함(이재명이 강제입원시킨 사실 없음)에 대해 반박합니다.

저희가족의 일관된 주장은 이재명이 아버지를 강제입원을 시켰다라는 것이 아니라, 그가 조직적으로 공무원을 움직여 강제입원을 시도한 정황을 직권남용죄를 묻는 것입니다.

아래의 '팩트체크'와 같이 8명의 공무원들의 서류가 6~8일이나 먼저 작성되었고, 그 후 어머님(구호명)의 서류가 작성되었습니다. 이재명은 분당 서울대병원 정신과의사 의견서(2012/4/5)보다 늦게 쓰여진 어머니의 서류(4월10일, 필자 주)만을 강조하며 조직적으로 움직인 공무원들의 진술서와 그를 토대로 한 의사의견서에 대해서는 어떠한 이야기도 하지 않으며, 김혜경의 전화녹취로 사실이 드러났음에도 불구하고 '정신질환 진단'의미라 변명하고 있습니다. 또한 2년 7개월 후에 일어난 2014년의 입원사실을 끌어다 쓰면서 물타기를 하고 있습니다.

〈팩트 체크〉

1) 2012년 6월 7일 : 김혜경 강제입원모의 하는 것 조카와의 전화에서 실토한 것이 팩트

2) 2012년 4월 2일~4일 : 공무원 7~8명이 이재선과의 전화통화 내용 가지고 정신이상이 있는 것 같다는 진술서를 작성한 날짜가 팩트

3) 2012년 4월 5일 : 분당서울대병원 정신과의사 장재승이 작성한 '이
   재선은 정신치료 받아야 한다'는 의견서와 분당보건소 구성수 소장
   이 이 문건을 프린트한 날짜가 팩트
4) 2012년 4월 10일 : 어머니 구호명이 작성한 '아들 치료 해달라'는
   진료의뢰서 날짜가 팩트

도지사후보 경선 토론회 당시 김영환후보가 강제입원건에 대해 추궁
했을 때, '어머님이 하신 일이다'라고 말했지만 서류상 날짜 확인해보면,

(1) 공무원들이 미리 서류 작성하고 (2) 이를 토대로 분당서울대병원
   정신과 의견서가 쓰여졌고 (3) 후에 어머님이 서류 작성한 것이 들
   통난 이재명의 명백한 거짓말이 팩트

+++ 추가로, 차병원에 분당보건소장과 백종선이 공무원들의 진술서
와 이재선의 민원글들을 직접 들고서 의견서소견을 받으러 갔다고 전해들
었음

끝으로, 공무원 진술서 및 민원접수목록 문서는 양식도 없고 업무도
아닌 일인데 공무원 7~8명이 한꺼번에 작성했다는 것은 저항할 수 없는
압박에 굴복한 증거라고 볼 수밖에 없습니다.

– 이에 관한 한국경제 기사 중 일부 발췌 내용 (2018/8/5)
진술서를 작성한 공무원 중 한명으로부터도 이같은 정황을 뒷받침
할 말을 들을 수 있었다. 그는 기자와 통화에서 다음과 같이 말했다. "처

음에는 진술서를 쓰는 것이 부담스러워 거절했지만 성남시 내부에서 계속 요구해 써줬다. 처음엔 '악성 민원을 중단시키기 위해서'라는 말에 그런 줄 만 알았다. 하지만 민원인을 정신병원에 입원시키는데 사용될 줄은 꿈에 도 생각하지 못했다. 그래서 지금도 무척 불쾌하고 당황스럽다." 이에 대 해 성남시측은 기자에게 "당시 진술서를 작성한 경위를 확인해 줄 수 없 다"고 했다."[133]

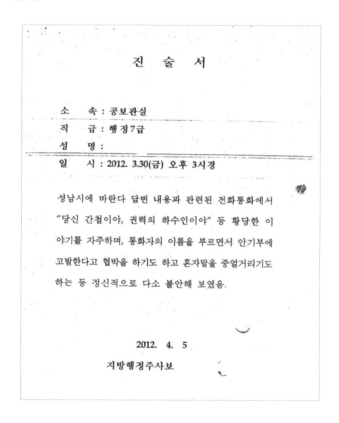

133 ①Jooyoung Lee, 2018년 8월 8일, 페이스북 게시글, ②법률방송뉴스, 「이재명 해명에 이재 선 딸 재반박 "명백한 거짓말… 공무원 진술서로 정신병 소견서 먼저 만들어"」, 2018.08.08., https://www.ltn.kr/news/articleView.html?idxno=10926

이주영은 반박문에서 "이재명은 분당서울대병원 정신과의사 의견서보다 늦게 쓰여진 어머니의 서류만을 강조하며 조직적으로 움직인 공무원들의 진술서와 그를 토대로 한 의사의견서에 대해서는 어떠한 이야기도 하지 않고 있다"고 지적하면서, "김혜경의 전화녹취로 사실이 드러났음에도 불구하고 '정신질환 진단'의미라 변명하고 있다"며 "2년 7개월 후에 일어난 2014년의 입원 사실을 끌어다 쓰면서 물타기를 하고 있다"고 재차 밝혔다.

이는 공무원들의 진술서와 분당서울대병원 정신과의사 의견서 등으로 할머니를 설득하여 강제입원을 위한 서류를 작성케 했다고 볼 수 있으나 이재명이 이재선의 강제입원과 관계없이 어머니(할머니)의 의견서만을 강조하는 것은 자신의 행위를 숨기려는 의도로 보인다는 판단이다.

또한 이재선은 이재명과 그 일당으로부터 2년 7개월 동안 무수히 많은 협박과 폭언, 형사소송에 시달렸으며, 법원으로부터 모친에 대한 100m 접근금지란 통보까지 받았다. 또한 이재선은 동생 이재명으로부터 수시로 집을 불지르겠다고 어머니를 협박했다느니 어머니의 구멍을 칼로 쑤시겠다는 것이 인간이냐는 등 형언할 수 없는 모욕과 멸시를 받으면서 점점 삶의 의욕을 잃고 불면의 밤을 지새우며 살아야 했다. 2012년 12월 말경부터 "죽고 싶다"는 말을 입에 달고 살 정도로 그의 삶은 피폐해졌다. 이재선은 2013년 3월 16일 토요일 오후 3시 20분경 심신이 지칠대로 지친 상태에서 깜빡하는 졸음운전으로 중앙선을 침범, 마주오던 5톤 트럭과 충돌하는 대형교통사고를 냈다. 이 사고로 이재선은 무릎의 열린 상처, 볼과 볼 사이의 열린 상처, 안와내벽골절, 갑상연골골절, 외상성 혈흉, 좌측 슬부 후방십자인대 파열 등으로 전치 12주 이상의 중상을 입

었다.[134]

그런데 가족들의 걱정때문인지 교통사고 직전인 2013년 3월 11일 이재선은 마음과 마음 정신과의원을 찾아 진료를 받았다. 물론 그 이전인 2012년 12월 27일 받은 이재선에 대한 정신감정결과서도 정상이었다.

그러나 점점 상태가 심각해짐에 따라 진료를 받게 된 그 병원 임상소견서에는 "상기 환자분은 2013년 3월 11일과 2013년 3월 13일 2차례에 외래진료를 받은 분으로 진료상 당시에 스트레스를 심하게 받아 우울, 불면 등의 증상으로 내원하여 약물치료하였으며, 진료 당시에 조증 등의 심각한 정신증적 소견은 보이지 않았음."이라는 소견이 나왔다.

따라서 이재명이 주장하듯 정신질환에 의해 자살하려고 교통사고를 냈다는 사실과는 전혀 다르다. 다만 2014년 11월 21일 자로 박인복과 그의 딸 이주영이 입원동의서를 제출하여 입원했다.[135]

오마이뉴스는 "지난 2014년 남편을 정신병원에 입원시키면서 작성한 입원기록에는 당시 교통사고에 대해 "자살 시도를 했다", "고의로 교통사고를 냈다"라고 진술한 것으로 기록돼 있다."고 보도했다.[136] 이것이 설사 사실이라고 해도 "자살 시도를 했다", "고의로 교통사고를 냈다."는 진술에도 정신질환에 의한 자살시도나 교통사고를 냈다는 의미가 아니다.

---

134  장영하, 같은 책, p.166

135  2018년 8월 7일자 이재명 페이스북의 이재명의 페이지님의 게시물, 〈이재선씨 정신병원 강제입원..진실은?〉

136  오마이뉴스, 「[단독] 이재명 친형 "자살기도 했다" 생전 카톡 입수」, 2019.01.02.(수정 2019.01.06.), https://www.ohmynews.com/NWS_Web/View/at_pg.aspx?CNTN_CD=A0002500770

이재명 일당들에 의한 정신병원 강제입원에 대한 시달림, 일련의 형사소송 등과 가족들의 배신감 등에 의해 이재선이 삶에 대한 의욕을 잃어서 자살충동을 일으킬 수는 있다. 그러나 이미 그 직전의 정신의학 전문의 소견에도 정신질환에 대한 증세가 없음이 확인됐다. 따라서 졸음운전도 있을 수 있고, 자포자기하는 마음에 자살 충동이 일어날 수도 있으나 정신질환에 의한 것이 아니란 점은 분명하다. 따라서 이재명이 주장하는 2014년 이재선의 정신병원 입원은 2012년 이재명에 의한 강제입원 시도와 전혀 관계없으며, 강제입원 시도는 이재명의 어머니인 구호명이 한 것이 아니라 이재명이 한 것이며, 그것도 정신질환에 대한 진단이 아니라 이재명에 의한 여러 차례에 걸친 이재선의 정신병원 강제입원 시도로 밝혀졌다. 이에 대해 이재명은 "이재선의 비정상적인 행동에 대해 어머니와 형제자매들이 정신질환으로 생각하여 보건소에 진단 요청을 했었다."며, "강제입원 시도 의혹은 사실이 아니다"고 했다.[137] 그러나 이미 그의 부인 김혜경이 이재명에 의한 이재선의 강제입원을 조카인 이주영에게 밝혔으며, 당시 구분당보건소장에게도 강제입원이 안되는 이유 1000가지 이상을 가져오라는 등 강하게 압박했다는 증언 등은 물론 대법원의 판결에도 이를 인정하고 있기 때문에 이재명의 이러한 해명은 완전한 거짓말로 드러난 셈이다.

게다가 이주영의 지적대로 "서류상 날짜 확인해보면 (이재명의 지시에 의해)공무원들이 미리 서류를 작성하고, 이를 토대로 분당서울대병원 정신

---

137  TV조선, 위의 보도

과 의견서가 쓰여진 후에 어머님이 서류를 작성한 것"이기 때문에 어머니나 형제·자매들의 요청에 의한 것이 아니라는 사실이 드러난 것이다. 따라서 2014년의 입원사실을 끌어다가 2012년의 강제입원 시도라는 파렴치한 행위가 정당화될 수도 없고, 무마될 수도 없다는 것을 지적한 것이다.

앞서 이재명 지사는 친형인 이재선씨 정신병원 강제입원 시도 의혹에 대해 "2012년 이재선씨 스스로 검찰에 정신감정 기회를 요청했고 어머니와 가족들이 성남시 정신보건센터에 '정신감정'을 의뢰했다"며 "시장은 지역보건법 지방자치법에 따라 정신질환자의 발견과 조치 의무가 있지만 정치적 부담으로 집행하지 않았다"고 주장한 바 있다. 그러나 이재명은 당시 직접 형 이재선과 정신과전문의의 대면 진단 없이 의사 소견서가 작성된 점, 2012년 이주영씨가 공개한 정신감정서에서 정상 소견으로 나온 이재선 씨를 강제 입원시키려 한 이유, 성남시청 공무원 7~8명이 동시에 이재선씨 상태에 대한 진술서를 작성해 제출한 점 등에 대해선 전혀 해명이 제시되지 않았다.

지난 2018년 8월 5일 한국일보의 보도에 따르면 당시 진술서를 작성한 성남시 공무원은 "진술서를 쓰는 것이 부담스러워 거절했지만 성남시 내부에서 계속 요구해 써줬다"며 "민원인을 정신병원에 입원시키는 데 사용될 줄은 꿈에도 생각하지 못했고 무척 불쾌하고 당황스럽다"는 입장을 밝힌 바 있다.[138]

뿐만 아니라 이재명에 의한 이재선 강제입원은 전 이모(모 분당보건

---

138  법률방송뉴스, 「이재명 해명에 이재선 딸 재반박 "명백한 거짓말… 공무원 진술서로 정신병 소견서 먼저 만들어"」, 2018.08.08., https://www.ltn.kr/news/articleView.html?idxno=10926

소장의 증언에 의해서도 입증된다. 다음은 경향신문 보도내용이다.

"직권남용·공직선거법 위반 혐의로 기소된 이재명 경기지사의 2019년 3월 25일 '친형 강제입원' 사건 공판에서 전직 분당구보건소장은 이 지사의 지시로 어쩔 수 없이 정신병원 입원을 추진했고 "사표를 내라"는 이 지사의 압박도 있었다고 진술했다.[139] 이모씨는 "(사건 당시인 2012년 6월 성남시장이던) 이 지사가 브라질 출장 전날 '(친형인 고 이재선씨의)정신병원 입원절차를 진행했으면 좋겠다'고 지시했다"고 말했다.

이씨는 "브라질에서도 이 지사가 격앙된 채 3차례 전화해 '지시한 것 검토했냐', '이 양반아, 당신 보건소장 맞나'고 독촉해 황당하고 불안했다"며 "하도 화가 나서 3번째 통화는 녹음하려 했는데 이뤄지지 않았다"고 증언했다. 녹음 시도는 강제입원과 관련한 수사·재판이 발생할 시 이 지사에게 맞대응하기 위한 것이었다고 이씨는 설명했다.

그는 특히 "(입원절차가 더디게 진행되자) 이 지사가 직무유기라며 '일 처리 못하는 이유가 뭐냐', '사표를 내라'고도 했다"며 "그런 압박이 너무 힘들었다"고 털어놓기도 했다. 이씨는 "이 지사측이 지시한 입원절차 진행은 대면진단과 가족 동의가 없어 위법이라고 생각했다"며 "이 지사나 (이 지사의 성남시장 시절 비서실장인) 윤모씨의 지시가 없었다면 하지 않았을 것"이라고 말했다.[140]

---

139    경향신문, 「전 분당보건소장 "이재명의 친형 강제입원 압박 너무 힘들었다"」, 2019.03.25., https://www.khan.co.kr/article/201903251503001

140    경향신문, 위의 기사

이처럼 직권남용·공직선거법 위반 혐의로 2심에서 300만 원의 벌금형이 나온 것을 대법원에서 50억 클럽 권순일 대법관이 이재명의 손을 들어주는 바람에 무죄로 판결되었다. 당시 대법원장은 김명수로 이례적인 어불성설의 판결을 내렸다. "후보자 등이 토론회에 참여해 질문·답변하거나 주장·반론하는 것은 그것이 토론회의 주제나 맥락과 관련 없이 일방적으로 허위의 사실을 드러내 알리려는 의도에서 적극적으로 허위사실을 표명한 것이라는 등의 특별한 사정이 없는 한 허위사실공표죄로 처벌할 수 없다"는 것이다.[141] 게다가 파기환송의 결정적 역할은 김명수 포함, 대법관 11명이 파기환송과 상고기각을 놓고 6대 5로 팽팽히 맞선 상황에서 무죄를 이끈 '캐스팅보트'를 쥔 권순일이 파기환송 쪽에 손을 들어주는 바람에 대법원 전원합의체(전합)는 2020년 7대 5 의견으로 유죄를 선고한 원심을 깨고 무죄 취지로 판결했다. 이로 인해 기사회생한 이 대표는 지난 대선에도 출마할 수 있었다. 대법 선고 전후로 김만배가 여러 차례 권 전 대법관 사무실을 방문했고 권 전 대법관이 퇴임 후 화천대유 고문으로 위촉돼 월 1500만 원의 보수를 받은 사실이 드러나면서 '재판 거래 의혹'이 불거졌다.[142]

---

141  법률신문, 「[판결] 이재명 지사 대법원서 기사회생… 무죄 취지 파기환송」, 2020.07.16., https://www.lawtimes.co.kr/news/163004

142  서울신문, 「[단독] 檢, 권순일 압수수색… "권이 이재명 무죄로 뒤집어" 진술 확보」, 2024.03.22., https://www.seoul.co.kr/news/society/law/2024/03/22/20240322009009

## '야차'같은 동생에 의해 잔혹한 최후를 맞게 된 형 이재선

이재선은 대형교통사고로 온몸이 만신창이가 된 상태에서 안중병원에서 1차 응급처치를 하고 분당서울병원에서 2차 응급처치를 거쳐 성남정병원 등에서 2014년 8월 초까지 1년 반 동안 치료를 받았다. 여러 차례의 수술을 받았던 터라 치료와 재활에만 전념할 수밖에 없었다. 이재선 가족들은 이 상황을 이재명이 악용할 것을 염려하여 아무에게도 알리지 않고 지냈다.

치료가 완료된 이후 박인복의 권유로 충남 태안군의 천리포 수목원 등으로 가족여행을 떠났다. 당시는 이재선 형제나 모친과도 일체 연락을 끊고 지냈다. 그런데 2014년 8월 16일 토요일 저녁, 한없이 모욕적이고 저주를 퍼붓는 이재명의 문자가 날아들었다.[143]

"이재선 박인복 개차반 망나니… 니 친동생 재옥이가 저 세상으로 갔는데도 장례식조차 안나타나는 패륜아들… 너는 나한테 친형님 그렇게 강조하더니 친여동생이 억울하게 죽었는데 콧배기도 안 보이는 구나. 너희 부부는 나 만나지 않게 조심해라. 너희들만 독하고 똑똑한 게 아니다. 나도 니들 부부만큼 독하다는 거, 최소한 니들만큼은 지능이 된다는 거 알아둬라. 니들 부부가 어머니를 때리던 날 재옥이 두들겨 패서 피투성이가 되게 한 그 날부터 재옥이가 머리가 아프다고 하더니 결국 피투성이가 되었는데

---

143  장영하, 위의 책, p.168

도 '때린 일 없는데 동생들이 거짓말했다"고 억지 글 써서 얼마나 상처 입었는지 아느냐? 증거 없으면 뭐든지 오리발 내고 거짓말하는 너같은 것들이 이런 일로 꿈쩍이나 하겠냐만… 재옥이가 살았을 때 그러더구나. 니들이 정말 죽도록 밉다고… 어머니 아래 구멍을 칼로 쑤셔 죽인다고 하는 개만도 못한 놈아. 그런 표현을 철학적 표현이라는 돼지만도 못한 인복이년 데리고 잘 살아봐라. 천벌은 곧 받게 될 거야. 저승에서 재옥이가 너흴 기다리고 있을 거다. 그리고 너와 인복이년 둘이서 더 열심히 해봐라. 내가 인복이 인터뷰 영상 왜 삭제를 하지 않고 있는지, 너희 인터뷰 기사를 왜 안 지우는지는 너희들 돌대가리로는 죽을 때나 돼서 알게 될 거다. 아니 그래도 모를 거다. 단세포 명충이 머리로는.."(이재명, 2014.8.16. 토요일 저녁 9:35)

"어머니가 어떤 상태인지 패륜부부에겐 관심도 아니겠지. 어머니가 집을 미리 조치 안하면 본인 사후에 돈에 눈먼 니들 행패부릴까봐 권리주장 못하게 미리 조치하시더라. 글구 약좀 먹어라. 요새 다시 증세가 시작되더군. 가급적 인복이도 같이."(이재명, 2014.8.16. 토요일 저녁 9:35)

"재옥이 장례식 사진이다. 니년놈들이 나중에 재옥이 장례식에 갔었다고 거짓말할 때 이용해라. 살아있을 때보다 더 예쁜 입관 때 사진도 있다만 너희 짐승같은 것들은 그런 것까지 볼 건 없다. 냉장고에서 나와 염을 하고 있는 차디찬 재옥이 시신 뺨에 입술을 대고 눈물로 약속했다. 니놈이 재옥이한테 한 짓. 사죄도 하지 않고 장례식에도 안 온 일. 어머니와 내게 한 짓. 다른 형제자매들에게 한 짓을 그 열배 백배로 돌려주겠다고

… 너와 국정원과 손잡은 패륜 국정원과 새누리당에도 반드시 그 빚을 갚아주겠다고… 재옥이 시신이 연기와 한줌의 재로 변한 오늘 밤. 원래 그랬던 것처럼 발뺏고 잘 쳐자거라. 짐승들아. 조만간 사무실로 한번 가겠다. 니눔과 인복이년 표정 한번 봐야겠다."(이재명, 저녁 9:46)

"이재선 박인복 두 연놈은 전화 받아라. 여동생이 죽었는데도 콧배기도 안보이는 개차반 인간들.. 그러고도 니들이 개보다 나은 인간들이라고 할 수 있느냐? 국정원 새누리당과 놀아나는 집단 싸이코패스들"(이재명, 2014.8.17. 월요일 아침 8:35)**144**

　　동생의 사망소식을 받지 못한 이재선부부로서는 동생의 죽음이 황당한 내용이다. 게다가 어머니를 때리지도 않았고 여동생을 피투성이가 되도록 때려서 머리가 아프다고 하여 나중에 미화원으로 청소하다 새벽에 화장실에서 뇌출혈로 사망했다고 하는 이재명의 거짓말을 듣고 이재선은 충격을 받게 된다. 여동생은 미화원도 아니고 화장실에서 새벽에 사망한 것도 아니다. 거짓말자동제조기처럼 여동생을 불쌍하게 만들어 동정표나 긁어모으려고 하고, 또한 친형을 모함하는 일에 귀신같이 머리가 도는 사람이다. 당연히 어머니 구멍을 칼로 쑤신다는 말을 한 적이 없음에도 그 비슷한 말을 부풀리고 과장하고 덧붙여서 거짓 괴담을 만드는 데 능란한 솜씨를 발휘하는 사람이다. 그리고 그 거짓말을 토대로 온

---

144　위의 책, pp.169~171

갖 개쌍욕을 해대면서 어떤 사람이 그런 소리를 듣고 참을 수 있겠느냐고 선동하면서 합리화한다. 자신은 그런 슬픈 가족사를 극복하면서 이 자리까지 왔노라고 자랑스럽게 말하거나 분노하거나 슬퍼하면서 눈물짓는 쌩쇼를 떤다. 그러면 지지자들은 "울지마, 울지마"를 연호한다. "달라붙는 기득권 세력을 독한 마음을 먹고 떼어내야 기득권의 손아귀에서 죽어가고 있는 정의와 평등, 그리고 희망의 새싹들이 죽지 않습니다. 억강부약이 바로 정치의 역할이며, 사명"이라면서 '달라붙는 기득권 세력에 대한 독한 복수'를 다짐하면서 '국민 모두가 꿈과 희망이 넘치는 공정한 새나라를 만들어 내겠다'며, '공정한 사회, 홍익인간, 대동세상을 향한 우리의 기적은 멈추지 않을 것'이라고 외친다.[145] 그러면 지지자들은 감동한다. 일을 개떡같이 해도 단군이래 최고로 일 잘하는 분으로 칭송받는다. 참으로 개콘이 따로없는 진풍경이 아닐 수 없다. 이재명의 세치 혓바닥에 놀아나는 진풍경은 전국 곳곳에서도 연출된다. 자신의 힘없는 친형을 짓밟은 것이 억강부약인가? 억강부약을 입에 달고 사는 이재명의 친형에 대한 만행은 완전 이중인간 그 자체를 보는 듯하다. 그런 이재명의 속을 훤히 들여다 보는 이재선으로서는 이재명의 행태에 대해 도저히 용납할 수가 없어서 자신이 진실을 밝혀야 한다는 정신적 고통을 짊어지면서 외로운 싸움을 해야 했다.

---

145  오마이TV, 「[민주당 영남경선] 이재명 "억강부약 실천하는 최고 개혁대통령 되겠다"」, 2017. 3. 31., https://www.youtube.com/watch?v=U3ZAsGkQdrA, "우리의 열망과 작은 헌신들이 모여 꿈과 희망이 넘치는 공정한 새나라 만들어낼 것으로 믿습니다. 지금 이 자리에 이재명이 서 있는 것도 이미 기적입니다. 기적은 시작과 끝을 알 수 없는 것입니다. 공정사회, 홍익인간, 대동세상을 향한 우리의 기적은 여기에서 멈추지 않을 것으로 확신합니다."

이재선은 교통사고의 후유증으로 외상후 스트레스가 극심한 상태에서 이재명이 모욕적인 내용으로 '여동생 사망 소식'을 문자로 보내온 이후 날로 증세가 심해졌다. 쉽게 흥분하고 제대로 잠도 못자고, 이재명의 거짓에 대해 "사실을 밝혀야 한다'는 강박관념에 사로잡혔다. 자신이 거짓의 산으로 묻혀지는 것을 두려워했다. 자신의 진실을 밝혀서 이재명의 거짓으로부터 벗어나고 싶었던 것이다. 이재선은 그때부터 자신을 정신병원에 강제 입원시키려 했던 구성수·이형선 보건시장 등 관계자를 만나거나 전화로 알아봤다. 현수막을 걸고 유인물을 뿌렸던 성사모도 분당경찰서에 명예훼손으로 고소하는 등 적극적인 반격에 나섰다. 이재선은 인터넷에 자신을 비방하는 글과 이재명에 대한 자료를 찾아서 댓글 쓰는 일로 날밤을 새는 일이 잦아졌다. 그럴수록 심신은 지쳐갔고 만신창이가 되어갔다. 충동적인 행동과 낭비벽이 심해지고 교통사고의 후유증으로 술에 취해 전화하는 날에는 발음도 안 좋아졌다. 이재선은 자신의 말을 못 알아들으면 알아듣지 못한다고 짜증 내기 일쑤였다. 교통사고 이전과 이후의 이재선은 완전히 다른 사람으로 변해 있었다.

이재선의 가족들은 그러한 그를 더 이상 방치할 수 없어서 걱정과 고민 끝에 경남 창녕군에 있는 국립부곡병원 전문의를 찾아 상담과 진료를 받게 했다. 그 결과 '양극성 정동 장애, 현존 정신병적 증상이 없는 조증' 진단을 받고 입원치료를 받게 됐다. 그때가 2014년 11월 21일부터 12월 20일까지 약 40여 일의 기간이었다. 시기적으로 이재명이 친형 이재선을 강제입원시키려던 2012년 4~5월에서 2년 6개월 후 그는 살기 위한 몸부림으로 부곡정신병원에 입원 치료받게 된 것이다. 그 후 2015년 말까지 2~3주에 한 번씩 서울의 강남구 소재 을지병원의 정신과에서 통원치료를 받았다. 그 후에는 한 달에 한 번씩 노원구 소재 백병원에서 통원치료를 받았다. 퇴원 후부터 2016년 10월 중순까지는 이재명은 SNS에 거의 글을 올리지 않았고, 이재선 부부에게 전화나 문자를 보내지 않았다. 이재선도 부인의 강력한 권유로 SNS에 관심을 두지 않았다. 그러다가 몸이 좀 나아지고, 컨디션이 좋아지자 사람들과 소통하기 시작했고, 자연히 이재명이 쓴 자신을 비난하는 글들을 보게 되었다. 특히 이재명이 이재선의 국립부곡병원의 입원확인서와 입원동의서를 공개된 자료라면서 자신이 형님을 위해 정신병원에 진단을 받게 해서 치료해주려 했는데 가족들이 강제입원시킨 증거라고 강변하면서 떠벌이고 다녔다. 이런 거짓으로 점철된 기자회견 내용을 보고 이재선은 참을 수가 없었던 것이다. 진실을 밝히려 했지만 현실적으로 어렵다는 것을 느낄 때마다 입원치료를 받게 한 아내 박인복과 딸을 원망하곤 했다. 이재명에게 악용될 빌미를 주게 된 것에 대해 참으로 수 없는 고통으로 여겼다.[146] 그러나 이재명은 가족들이 권유하고 설득하여 입원하게 한 것을 강제입원시킨 것으로 날조하기를 즐거워했다. 자신이 강제입원시키려고 혈안이 되었단 사실을 숨기고 자신은 형님의 정신질환을 진단받게 하게 위한 것이라고 거짓말을 하고, 오히려 가족들이 강제입원시킨 것이라고 날조하고 다니면서 자신의 말이 맞지 않느냐는 것이다. 진실을 아는 사람이 들으면 복창터질 일이다. 그러나 이재명은 이재선가족들의 고통은 아랑곳 않고 자신의 정치적 입지를 다지는 데 즐겁게 노래부르듯이 거짓말을 술술 해댔다. 이재명의 두뇌에는 고

---

146  위의 책, pp.171~176

도로 발달된 거짓말제조 뇌세포가 따로 있는지도 모른다. 어떻게 순간순간 거짓말이 자동으로 튀어나오는지 놀랄 일이다.

이때부터 아버지의 고통을 지켜보고만 있을 수 없었던 딸 이주영은 자신의 페이스북에 이재명이 유포한 허위사실들을 논리적으로 명쾌하게 반박했다. 이재명은 즉시 박인복과 딸 이주영의 페이스북 글에 대한 유포금지 가처분 신청을 하여 입을 봉하고자 했다. 반민주적이고 반인권적인 처사를 밥먹듯하는 인권변호사 이재명이다. 박인복도 더는 참을 수 없어 변호사를 선임하여 대응했다. 그러자 이재명은 스스로 가처분신청을 취하했다.[147] 이는 한겨레가 "종편 TV조선은 민주사회의 독극물"이라고 폭언한 TV조선에서 2017년 1월 1일 보도한 '이재명 시장, 셋째 형 정신병원 강제입원 시도 의혹'보도에 대한 반박기자회견을 위해서였다. 이재명은 2017년 1월 3일 국회정론관에서 기자회견을 가졌다. 그의 손에는 확대 인쇄된 이재선의 입원확인서와 입원동의서 사본이 들려 있었다. 이재명은 "... 동생이 시장이 된 것을 기화로 이익을 노리다가 저한테 차단된 분"이라고 하면서 "어머니를 폭행하고 어머니한테 차마 인간으로서 할 수 없는 폭언을 하고, 살해 협박을 하고 했기 때문에, 정신적으로 문제가 있는 걸로 확인이 됐고, 나중에 결국…" 부인과 딸의 동의하에 강제입원시켰다는 것이다. 이재명은 "강제입원을 어머나나 제가 시킨 게 아니라, 그 부인과 딸이 했고, 이건 이미 공개된 자료입니다. 이 부인이 자기들이 강제입원을 시켜놓고 마치 이재명 시장이 강제입원을 시킬려고 시도

---

147  장영하, 위의 책, p.174

했다 이런 허위주장을 하고 있는데,··· TV조선은 이거 다 완전히 무시하고 강제입원을 시도한 의혹이 있다 이렇게 거짓보도를 했습니다."[148] 어머니의 폭행, 폭언, 살해협박은 검찰 조사에서 무혐의처리된 것을 입만 벌리면 계속 거짓말을 하는 것이며, 여기서는 왜 어머니 구멍을 칼로 쑤셔 죽인다는 거짓말을 안 하는지 모르겠다. 친형 이재선을 패륜아로 만들기 위해 혈안이 된 이재명이 왜 그런 진실(?)을 밝히지 못하는 것일까? 칼로 구멍을 쑤신다는 거짓말의 백미를 떠벌이고 다니는 이재명 자신도 거짓인줄 자신이 알기 때문에 도저히 말을 못한 것일까? 양심의 잔재가 조금이나마 남아서인지 그런 노골적인 거짓말을 하지 않았다.

그러나 이재명과 결이 다른 이재선 가족들은 남편과 아빠의 건강을 진심으로 걱정하여 권유와 설득으로 입원시킨 것이다. 이를 강제입원으로 둔갑시키고, 친형 이재선을 정신병원에 강제 입원시키려고 발악을 하던 이재명이 "강제입원을 어머니나 제가 시킨 게 아니라, 그 부인과 딸이 했고, 이건 이미 공개된 자료"라고 입원확인서와 입원동의서를 흔들어댔던 것이다.

차명진 전의원과 이재명이 자기 형을 정신병원에 입원시켰다는 말로 인해 벌어진 소송사건에서 법원의 명령으로 병원이 보낸 자료인데 이를 병원 측이나 법원에서 공개하라고 한 것이 아님에도 불구하고 사인의 명예는 아랑곳 않고 정신병원 입원확인서와 동의서를 공개하는 무법적인 무례를 저질렀다.

---

148    장영하, 같은 책, pp.174~176

게다가 이재명은 가족을 동원하여 셋째 형인 이재선을 끔찍하게 괴롭게 만들었다. 계속되는 욕설과 협박, 거짓으로 점철된 매도 등으로 인격살인을 서슴없이 해댔다. 어머니도, 형제들도 전부 이재명의 거짓에 속던지, 아니면 얻어먹을 것에 대한 미련 때문인지 이재명의 권력의 편에 섰다. 이재선은 이렇게 어머니와 형제자매로부터 버림받은 슬픔과 괴로움으로 심신이 멍들고 지쳐갔다. 그렇게 이재명의 강제입원 시도에 가슴 졸이며 살아온 탓일까, 아니면 분노와 극도의 심적 스트레스로 인해 술 담배도 않는 그에게 폐암 4기라는 진단이 떨어졌다. 이재선은 약 3개월 간 투병생활을 하였다. 그러는 동안 강원도에 살던 큰형수와 성남의 누나가 병문안을 왔다. 그 누나는 병들어 죽을 날짜를 기다리는 이재선에게,

**"착한 내 동생이 생으로 죽는다."**고 슬퍼하며, 자신의 가슴을 마구 쳤다. 그러면서 **"내가 없이 살아서 재명이한테 뭐라도 얻어먹을 것이 있을까 싶어 재명이가 거짓말하는 걸 알고서도 밝히지 못했어. 미안해. 용서해줘!"**

잘못을 비는 누나의 손을 잡고 이재선은 누나와 함께 하염없이 울며 누나를 용서하고 세상과의 화해를 서둘렀다. 그렇지만 그렇게 만든 이재명은 전화 한통도 없었다. 교통사고를 알았을 때도 "형님은 그때 죽었어야 한다"고 악담을 한 사람이다. 오히려 그런 상황에서도 이재명은 이재선과 박인복을 고소하여 용인 서부경찰서에서 조사를 받게 하는 만행을 저질렀다. 이재선은 움직일 수 없는 위중한 몸이라 입원확인서를 제출하고 조사를 받지 않았다.

이재선은 끝내 이재명으로부터 "미안했다"는 그 흔한 사과 한마디

받지 못하고 가슴에 한을 간직한 채 먼길을 떠났다. 고해와 같은 생을 뒤로 하고 하염없이 슬프고 고통스런 생을 마감했던 것이다. 2017년 11월 2일이었다.[149]

이재명은 자신의 정치적 입지를 생각하여 보기도 싫은 이재선의 빈소를 찾았다. 참으로 뻔뻔스런 인사다. 박인복과 가족들이 빈소를 준비하던 오전 9시 30분경에 이재명이 먼저 보낸 여성 일행이 들어섰다. 박인복은 이재선과 어떤 관계임을 묻자 그중 한 명이 이름을 밝히지 않고 "회계사님이 평소에 예뻐하셨고 친했다"고 하면서 함께 온 일행과 자리를 잡고 앉았다. 그 후 이재명의 수행비서 백종선이 장례식장에 나타났다. 이재선과 박인복에게 온갖 협박과 입에 담지 못할 욕설을 한 위인이다. 박인복은 당연히 그의 조문을 거절했다. 백종선이 나가자 여성 일행도 따라나갔다. 방명록에는 이재명의 최측근인 김현지라고 적혀 있었다. 잠시 후 백종선이 윤기천과 함께 나타났다. "지금 밖에 시장님이 기다리고 계십니다. 조문하실 수 있게 해주십시오"라고 했다. 박인복으로서는 치를 떠는 인사들이다. "조용하게 장례를 치르고 싶으니 돌아가시지요." 하자 그들이 돌아가는 줄 알았더니 잠시 후 장례식장 관리소장이 박인복과 유가족을 밖으로 불러냈다. 백종선의 작당같다. 그러는 사이 갑자기 기자 20여 명을 대동하고 이재명이 장례식 안으로 들이닥치듯 들어섰다. 당황한 박인복이 격한 감정을 쏟아냈다. "용서를 빌 작정이면 생전에 왔어야지. 말못하는 영정사진 앞에서 이제 와 무슨 소용이 있냐"고

---

149  장영하, 같은 책, pp.189~191

돌아갈 것을 종용했다. 그러자 이재명은 박인복을 잠시 노려보다가 뒤도 안 돌아 보고 함께 온 기자들과 장례식장을 썰물처럼 빠져나갔다. 잠시 후 네이버 검색 1순위로 온갖 기사가 쏟아졌다.[150]


## 이재명, 형 빈소서 '문전박대'[151]

이재명은 형과 화해하고 싶었는데 문전박대 당했다고 할 바를 다 한 것처럼 보도되었다. 그러나 이재명은 화해할 생각은 눈꼽만큼도 없었던 듯하다. 여전히 죽은 형 이재선에 대한 거짓말과 왜곡 날조, 매도를 밥먹 듯 하니 말이다.

2021년 9월 26일 일요일 오후 6시 30분에 SBS에서 방송된 '집사부 일체'에 출연했다. 이재명은 그 방송에서,

"공정할 것으로 기대되는 후보라는 평가에서 제가 (윤석열후보에게)밀리 더라고요.. 저는 일생을 공정하려 노력했다고 자부하는데! …(중략).. 형님 은 제가 간첩이라고 믿었어요. .. 지금도 돌아다니는 얘기 중에 제가 북한 공작금 만 달러를 받았다는 얘기는 형님이 하신 얘깁니다. 저희 형님(이재 선)이 시정에 관여하려 했고 제가 그것을 차단했고 그것을 어머니를 통해

150  장영하, 같은 책, pp.192~194

151  ①한국경제, 「이재명 "형 이재선과 화해하고 싶다" 바람 못 이뤄…빈소서 '문전박대'」, 2017.11.2., https://www.hankyung.com/article/2017110333017, ②장영하, 같은 책, p.194

서 형님이 해결하려고 하다가 어머니를 협박하고 어머니가, 집에 불을 지른 다니까 어머니가 집을 나오시고 교회 뭐 집에 불을 지른다고 해가지고 집을 나오셔가지고 이제 저희 집 뭐 이런 데를 떠돌아다니시고 그런 상황에 서 다툼이 벌어진 거예요. 어떻게 어머니한테 그럴 수 있냐? 그때 당시엔 제가 시장을 안 할 생각이었어요. 시장을 그만둘 생각이었고… 그래도 언젠가는 화해해야죠. (화해할 생각은 있는데) 형님은 영원히 가셔버렸고… 그것을 지우고 싶은데 지울 수도 없고 물릴 수도 없는게 현실이니까.. 사회생활하다보니까 감수하는 거죠. 책임지고 비난을 감수하는 게 책임이죠. 뭐 공직자로서 품격을 유지했으면 좋은데 여전히 뭐 후회되죠. 그때는 정말 그만 둘 생각이었어요. 어머니가 이런 상황인데 … 잔인한 얘기였죠. …"[152]

이재선에 대한 이재명의 만행을 알지 못하는 사람이 들었을 때는 이재선이 정말 나쁜 사람이구나라고 생각할 것이다. 그리고 이재명이 욕을한 것은 어쩔 수 없는 상황에서 폭발한 욕으로 이해할 것이다. 아니 어떻게 어머니에게 그럴 수 있을까 하는 생각들을 갖게 될 것이다.

이재명은 이렇게 자신으로 인해 형 이재선이 죽었다 해도 과언이 아니었을 정도로 고통스럽게 했음에도 불구하고 낯빛 하나 변하지 않고 오히려 모든 잘못을 형 이재선에게 뒤집어씌운다. 그것도 사실을 왜곡 날조하면서. 그러면서 자신의 잔혹한 행위로부터 벗어나 오히려 동정을 받게 만드는 교활하고 가증스런 능력이 탁월함을 보여주고 있다.

---

152  SBS, 「♡대선주자 빅3 특집 2탄♡ 이재명 사부와의 하루~!」, 188회 집사부일체, 2021.09.26.
     (일), https://programs.sbs.co.kr/enter/2018house/vod/51353/22000427286

이재선 생전에 이재명에게 만 달러 받았다는 말을 한 적은 있다. 그렇다고 동생 이재명을 간첩이라고 한 적은 없는 것으로 알고 있다. 또한 이재선은 잘못된 시정이나 인사에 대한 비판을 하기는 했어도 시정에 관여하려 한 적도 없었으며, 시정관여를 차단한 것을 어머니를 통해 해결하려고 한 것도 완전 거짓이다. 사실은 이재명이 형 이재선을 수행비서 백종선을 통해 "그 아가리를 닫게 해주지"라며, 2012년 5월 19일부터 5월 28일까지 열흘 동안 밤낮으로 많게는 하루에 107통에서 수십 통의 협박, 욕설, 폭언 등의 전화, 문자, 음성메시지 등을 퍼부었다. 또한 이재선의 사무실에 불량배를 보내 협박을 했다.[153] 이때는 이재명의 수행비서 백종선에게 너무나 시달려서 괴로워서 이를 해결하려고 해도 이재명이나 김혜경이 일체 전화도 문자도 안 받고 있던 때라 이재선은 어머니 구호명을 찾아가서 자초지종을 알리고 이재명과 통화로 해결할 생각이었다.[154] 그 당시의 사건에 대해 이재명은 집사부일체에서 '형 이재선이 시정을 관여하려는 것을 차단하자' "그것을 어머니를 통해서 형님이 해결하려다 어머니를 협박하고 집에 불을 지른다느니, 집을 나와 떠돌아 다닌다느니" 하는 말도 안되는 거짓말을 해댄 것이다. 당시 이재선에 의한 녹취록에 따르면 백종선의 협박, 폭언 등을 해결하려고 하여 어머니 구호명도 이재명에게 전화해 "응~ 나야~ 근대, 협박하지 말라고"가 첫말이었다. 시정에 관여와는 전혀 관계없는 일임에도 이재명은 뻔뻔스럽게 소설차원의 거짓말을 해댄 것이다. 그리고 이재명이 전화를 바꿔달라고 해서 이재선

---

153  장영하, 같은 책, pp.84~87
154  장영하, 위의 책, pp.87~95

이 그렇게 전화해도 안받던 이재명과 통화하면서 "그래서 수행비서를 보내서 협박하냐?"고 따진 것이다. 그리고 당장 어머니 집으로 오라고 뜻으로 "나 오늘 너희 집하고 우리 집하고 한우리교회하고 엄마네 불 싸지른다. 당장 안오면"하고 엄포를 놓은 것이다. 이것은 이재명에게 한 말이지 어머니에게 한 말이 아니다. 그런데 이것을 가지고 이재명은 마음대로 생각나는대로 소설을 써대듯이 어머니를 협박하고 불을 싸지른다 집을 나와 떠돌아 다닌다는 거짓말을 한 것이다.

게다가 시장을 안 할 생각이면 그렇게 미쳐서 백종선을 통해 자기 친형에게 온갖 협박과 폭언을 일삼게 하고, 형을 정신병원에 강제입원시키려고 혈안이 돼서 분당보건소장에게 강제입원이 안되는 1천가지 이상의 이유를 가져오라고까지 닦달하고 온갖 수단과 방법을 가리지 않고 동원했겠는가? 그런 그가 시장을 그만둘 생각도 있었다고? 그것은 형을 악마화시키고 자신은 정의와 선의 화신으로 분장시키기 위해 시장을 그만 둘려고까지 했다는 말을 던진 것으로 보인다. 그것이 사실이고 시장을 그만두려면, '형이 어머니를 협박하고 어머니가 길거리를 떠돌아다니는 불미스런 일이 발생하여 도저히 시장으로서 자리를 보전할 수 없어서 그만두게 됐다'는 사퇴의 변을 하고 사퇴하면 되는 것이다.

그런데 권력의 화신인 이재명이 시장을 그만두려고 했다니 아무것도 모르는 사람이 들으면 '얼마나 형 때문에 괴로웠으면 시장직을 포기할 정도로 그랬겠느냐'는 동정심리를 끌어내기 위해 말하는 것이라는 것을 꿈에도 간파하지 못할 것이다. 그러니 이재명의 말을 듣는 이승기나 김동현, 양세형 등의 표정을 보면 이재명 시장이 형 이재선의 일로 얼마나 괴로웠겠는가 하는 표정이 역력하고, '어떻게 어머니에게 그렇게 할 수 있을까' 의아해하는 표정도 역력하다. 그런 이미지가 전국민에게 전달되어 이재명은 '착한 천사'로, 이재선은 '패륜적 악마'로 대중적 이미지가 조작되는 것이다. 이재명은 가는 곳곳마다 슬픈 가족사를 말할 때는 이런 식으로 말하여 언론매체를 통해 국민들에게 전달된다. 이재명은 정의의 화신이고, 사이다고, 일 잘하는 유능한 정치인으로 거듭나게 된다. 반면에 이재선은 동생의 앞길을 막고, 어머니를 협박하고 칼로 거기를 쑤시겠다는 '패륜적 개망나니'로 변신한다. 어느새 국민은 괴벨스의 거짓말에 춤추면서 놀아나는 광대가 되어있다. 무지한 국민을 개돼지로 만드는 것은 순간이다. 이것이 우리 정치사회의 현주소다. "그래도 언젠가는 화해해야죠."라는 말이 진심이라면 먼저 형수 박인복과 그의 딸 이주영과 아들에게 가서 무릎꿇고 사죄하면 된다. 그러나 이재명의 사죄는 거짓의 산을 만든 위에 사죄이기 때문에 '이재선 악마', '이재명 천사'라는 거짓된 이미지 조작 속에서의 사죄일 뿐이다. 사죄도 정치적으로 이용하는 악랄한 사람으로 비춰지는 것이다.

2012년 5월 29일 당시 이재명의 발악은 극에 달했다. 이재선에게 문자로 새벽 1시 19분 "(시장이 되고) 싶으면 직접 출마하셔요. 당선돼서 가족들 취임식에 소개하고 인수위원 시키고 가족 뜻대로 인사하고 대학교수 같은 자리도 챙겨주고 식당 매장 같은 이권도 많이 챙겨주시오"하는 말도 안 되는 문자를 시작으로 새벽 6시 35분, 36분, 아침 8시18분, 19분, 23분, 26분 연이어 문자폭탄을 쏟아냈다. "내가 형님 죽이려 하는 것 같죠? 그런 게 바로 피해망상이요."(8시23분), "행동이었음은 무의식

속에서나마 인정되는 모양이죠? 여하간 병원갑시다."(8시 26분)[155] 그즈음 모 기자의 이재명이 형 이재선을 정신병원에 강제입원시키려고 한다는 제보를 받고 이재선은 이러한 사실을 확인해보려고 구성수 전분당보건소장(당시 수정구보건소장으로 전보됨)과 당시 이형선 분당보건소장에게 전화를 걸자 구성수소장은 화들짝 놀라면서 전화를 끊어버리고, 이형선 소장에게는 만에 하나 강제입원시키는 날에는 보건소장 자리를 잃게되고 구속될 수 있다는 경고를 하자 이형선은 "씨팔, 관리의사 하나면 쳐넣을 수 있어"라고 했다가 다시 물으니 그런 말 한 적 없다고 했다는 것이다.

이재명이 보건소장과의 통화 사실을 안 뒤에는 열흘 넘게 밤 12시부터 새벽 2시 사이에 이재선에게 약을 올리고 흥분하게 만들어 욕설과 실언을 유도하게 하는 전화와 문자를 하루에 45통이나 보냈다.[156]

이재선 부부는 생전에 이재명이 너무나 많은 거짓말로 명예훼손을 하여 2017년 2월 23일 변호사를 선임하여 이재명을 명예훼손죄로 고소한 적이 있다.[157] 그 주요 내용은 첫째, 이재명이 형수 박인복에게 개쌍욕을 한 경위와 시점인데, 이는 이재명이 형수에게 개쌍욕을 한 것은 2012년 6월 7일이며, 이재선부부가 어머니 구호명의 집을 방문, 이재명에 의해 어머니 폭행사건이 만들어진 날짜는 2012년 7월 15일임에도 불구하고, 어머니 폭행 사건으로 인해 개쌍욕을 했다고 거짓을 유포하고 다닌다는 점이다. 어머니에 대한 존속상해, 존속협박은 검찰에 의해

---

155   장영하, 위의 책, pp.104~105

156   장영하, 위의 책, pp.101~109

157   장영하, 위의 책, pp.181~189 참조

무혐의처리됐으며, 존속폭행은 고소대상에도 없었다. 그러니 존속폭행도 명예훼손이고, 그 사건으로 인해 개쌍욕했다는 거짓유포도 명예훼손이다. 그런데도 이재명은 2012년 7월 16일 새벽에 "조사받고 가냐 이 나쁜 년아"[158]하고 "니네 어머니 칼로 쑤셔죽인다고 했잖아"라는 말 자체가 없었는데도 그렇게 욕을 했다고 형수에게 "병신같은 년, 이년아, 씨발년아" 등 입에 담지 못할 욕으로 언어폭력과 모욕죄를 저지른 것이다. 게다가 그 이전인 2012년 6월 7일에 엄청난 개쌍욕에 대해서는 꾸며댈 아무런 명분이 없으니까 아예 거론도 하지 않는다. 둘째, 이재명은 형수 개쌍욕에 대해 앞 뒤 다 빼고 "이재명이 형수에게 욕설을 했다"며, 뒤집어 씌웠다고 주장하나 녹음한 전체를 보면 이재명이 형수에게 욕설을 한 것이 명백하게 드러난다.(앞의 2012.6.7. 녹취록 참조) 셋째, 이재선부부가 어머니 구호명 집을 방문하여 어머니에게 이재명과의 통화연결을 요청하다 거절당해 살해 협박을 했다는 이재명의 주장도 완전히 거짓이다. 2012년 5월 28일은 이재선 혼자 어머니 집을 방문했으며, 박인복은 그 자리에 없었다. 그럼에도 불구하고 이재명은 그 자리에서 어머니가 전화 연결을 안 해주려니까 어머니를 죽인다, 불질러 죽인다는 주장을 하고 그 과정에서 어머니 xx를 찢는다고 했다고 주장하지만 전혀 그런 사실이 없다. 오히려 어머니가 이재명에게 전화해서 '협박하지 말'고 하자 이재명이 '어머니에게 형에게 전화를 바꿔달라'고 했으며, 이 자리에서 어머니를 살해 협박한 바도 없고 '어머니 xx를 찢는다'는 말도 없었다. 그리고 그 자리

---

158  ①이재명 지사의 형수님과의 전화통화 녹취록, 2021.7.24., https://ivylee.tistory.com/948, ② 조사받고 가냐 이년아, https://youtu.be/BYO1Lj7HpKE

에는 형수 박인복도 없었다. 그런데도 이재명은 2012년 6월 7일 형수에게 아무런 이유도 없이 개쌍욕을 한 것까지 2012년 7월 15일과 16일 새벽 1시까지 경찰조사 받고 치킨집에 둘렀을 때 이재명이 형수에게 개쌍욕을 한 것으로 기만하고 호도했다. 즉, "그 녹음된 그 통화(형수에게 개쌍욕을 한 것)는 어머니를 패서… 어머니가 입원한 그 날 밤에 경찰서 조사 받고 나오면서 통화한 거예요. … 욕한 것은 사실이지만 어쩔 수 없었던 측면도 있었다"고 새빨간 거짓말로 해명했다.[159] 넷째, 이재선이 2012년 7월 15일 여동생을 피투성이가 되도록 패서 여동생이 뇌출혈로 사망했다고 주장하여 명예훼손시켰다. 이재선이 여동생을 팬 적도 없고, 말리다가 약간 다친 것이 있는지는 모르나 이재명이 주장하듯 피투성이나도록 팬 일은 없다. 그렇게 했다면 그런 사실이 병원 진단과 치료기록에 전부 나와야 된다. 고소까지 했으니 말이다. 그리고 그 사건도 2012년 7월 15일 발생한 사건이고 막내동생 이재문이 형 이재선한테 달려들어 밀어서 침대로 넘어뜨리면서 생긴 일이다. 이를 부인 박인복과 여동생 이재옥이 서로 말리고 어머니는 밖으로 나가서 그 자리에 있지도 않은 일이다. 그 당시 피투성이가 되도록 맞아서 뇌출혈이 있었다면 병원진단서에 나왔을 것이다. 전혀 거짓말이다. 게다가 여동생은 그 사건 이후 2년 뒤에 사망했다. 이재옥의 뇌출혈로 인한 사망이 그 사건과는 아무런 연관성이 없다. 그것을 가지고 온갖 조작과 뒤집어씌우기 달인인 이재명이 만들어낸 허구에 불과하다. 그러나 아무것도 모르는 국민대중은 선두 순위를 다

---

159  ①장영하, 같은 책, pp.95~97, ②이재명TV,「형수쌍욕 사건에 대한 전말 "진실은 이렇습니다" 성남시장 이재명」, 2016. 11. 30., https://www.youtube.com/watch?v=ib0rbDOBY_k&t=97s

투는 대통령 후보 이재명의 말을 믿을 수밖에 없을 것이다. 설마 그렇게까지 거짓말을 했을까 하고 말이다. 그렇게 국민들을 기만하고도 이재명은 결과적으로 '이재선 악마화'와 그런 잔혹한 가족 속에서도 우뚝 솟은 '억강부약의 정의의 화신 이재명'이라는 이미지 각인에는 성공했다. 세상에 우리나라 국민들처럼 바보멍청이들도 없다.

다섯째, 이재명은 이재선이 정신병원에 입원하게 된 이유가 박인복을 폭행하고 가산을 탕진했기 때문이라는 것이다.

2018년 8월 7일 이재명의 페이스북에 〈이재선씨 정신병원 강제입원..진실은?〉의 "1. 핵심 팩트, (2) 조울증으로 자살기도, 고의교통사고, 가산탕진, 가족폭행, 기행 등을 견디다 못한 배우자와 딸이 강제입원 시킴."이라고 나온다. 그리고 "형님은 어머니를 때려 입원시키는 패륜을 저질렀으며, 이후 형수를 폭행하고 가산을 탕진하는 등에 이르자 그 가족 본인들이 스스로 정신병원에 강제입원시킨 것입니다."[160]

그러나 이재선의 소득은 연봉 기준 1억 4천만 원에서 9천만 원이다. 그의 소득은 2013년 3월 교통사고 이후 건강이 좋지 않고 경제가 전반적으로 둔화되어 조금씩 줄어들기는 했지만 일반 직장인들 소득보다 훨씬 많았다. 그는 폐암 4기를 선고받아 투병생활하기 직전까지 일을 했기 때문에 가산을 탕진했다고 볼 근거는 전혀 없다. 그러나 교통사고 후 건강이 회복되면서 이재명 지지자들이 올린 글이나 그 글에 댓글을 달면

---

160  ①이재명의 2018년 8월 7일 페이스북의 〈이재선씨 정신병원 강제입원..진실은?〉로 검색. ②이재명의 2017년 1월 1일 페이스북, 〈TV조선에 전면전을 시작합니다..TV조선을 반드시 폐간시키고 말겠습니다〉, http://www.facebook.com/jaemyunglee/posts/1352793304762495

서 몹시 억울해했다. 그로 인해 불면의 밤을 지내고 감정을 다스리지 못해 부인 박인복과 딸이 이재선의 건강을 걱정하여 정신병원 입원치료를 받게 한 것이다. 가산탕진과 가족 폭행이란 이재명의 주장은 허위사실이며, 강제입원도 허위사실이다. 이재명이 박인복과 딸 이주영이 이재선을 강제입원시킨 나쁜 사람으로 매도해야 자신의 행위가 정당했음을 증명하는 것이 되며, 자신이 이재선을 강제입원시키려 했던 의혹에서 벗어날 수 있기 때문이다. 참으로 인간으로서 할 수 없는 후안무치하고도 가증스럽기 짝이 없는 거짓말이다.

여섯째, 이재선 부부가 어머니에게 돈 5,000만 원을 요구했다가 거절당하자 어머니와 인연을 끊었다는 주장도 허위사실이다. 그 돈은 원래 가족들이 어머니와 살던 성남시 상대원동 집을 이재선이 주도해서 매각한 돈이다. 형제들에게 분배하고 나머지 남은 5,000만 원은 어머니 몫이었다. 이재선은 어머니와 공동명의로 하여 이자율이 높은 한국투자신탁에 신탁해 둔 돈으로 2006년 경 사무실 매입자금이 필요해서 빌려달라고 한 것이다. 모두 가족회의에서 결정한 일이었다. 그러다 2006년경 박인복이 분당소재 사무실 1칸을 분양받게 되어 분양대금 중도금을 치를 때 턱없이 부족하여 그 돈을 어머니에게 잠시 빌려달라고 어머니 구호명에게 전화로 문의한 것이다. 그러나 그 돈은 자기(어머니)에게 없고 이재명이 가져갔다고 하여 이재명에게 연락하여 급히 쓰고 돌려주겠다고 하니 이재명도 자신도 돈이 하나도 없다고 하다가 그 다음날 아침에 돈이 하나도 없다던 이재명이 5천만 원을 부쳤다는 말을 어머니로부터 들었던 것이다. 이재선은 "어머니가 재명이에게 그 돈을 보내라고 했습니까?" 라고 물으니 어머니는 "그런 적이 없다"고 했다. 순간 4살이나 어린 동생이 자신을 무시하고 거짓말을 했다는 생각에 몹시 서운했으며, 공동명의자의 승낙도 없이 신탁을 해지한 것도 의아했지만 어머니의 "그게 무슨 서운할 일이냐?"는 말에 눈물이 왈칵 쏟아져 나왔다고 한다. 동생이 형에게 아무렇지도 않게 거짓말을 한 것이 어떻게 서운하지 않을 수 있겠는가. 그런 상황에서도 어머니는 "재명이가 돈을 보내왔으니 필요하면 가져다 써라"는 말도 했을 법한데 전혀 그런 말이 없어서 서운한 나머지, 또 성질이 보통이 아닌 이재선이 홧김에 "어머니가 저의 어머니가 이럴 수가 있습니까? 그 돈 가지고 죽으세요"라고 한 뒤 전화를 끊었다. 동생한테 농락당한 느낌과 어머니가 동생을 두둔하는 듯한 말에 화가 폭발한 것이다.[161]

이재선이 2012년 6월 16일에 성남시의회 자유게시판에 올린 〈성남시장이 친형 정신병원 강제입원 시키는 음모를 실행하고 있습니다〉의 글을 보면, "약 7년 전 쯤 사무실을 분양받아 중도금이 필요해서 이재명이 가지고 있다는 정보를 듣고 이재명에게 전화를 하니 돈이 없다고 하다가 다음 날 아침에 어머니에게 부쳤다고 함. 이건 어머니에게 부쳤다는 것은 저를 형 이전에 인간 이하로 무시한 것이고 당시 돈이 없었는데 은행문도 열기 전에 부친 것은, 돈이 없다는 것은 거짓말일 것이므로 너무나 저를 무시한 것임. 그래서 어머니에게 전화를 드려서 어머니가 그 돈을 이재명에게 어머니한테 보내라고 했느냐고 물으니 어머니는 그런 적이 없다고 하셨음. 그래서 제가 눈물을 펑펑 쏟으면서 어머니가, 저의 어머니가 이럴 수가 있느냐고 하면서 마지막에 그 돈 가지고 죽으세요 하고 전

161    장영하, 같은 책, pp.102~103

화를 끊은 다음에는 명절이 되어도 집사람만 가고 저는 가지 않았음."이
라고 했다.[162] 이것으로 볼 때 이재명의 권유로 어머니 구호명이 5천만 원
을 갖고 있으면서도 이재명이 가지고 있다고 하라고 한 것이 아닌가 하는
추측을 낳게 한다.

아무튼 이 사건으로 이재명은 이재선이 그때부터 어머니와 인연을
끊었다고 주장하나 전혀 그렇지 않았다. 이후로도 어머니에게 매달 20
만원씩 생활비를 보냈다. 이재명이 사건을 날조하고 왜곡한 2012년 3월
까지 계속 송금했다. 그 후 2012년 5월 28일 어머니집을 이재선 혼자 방
문한 적이 있으며, 2012년 7월 15일 이재선 부부와 함께 어머니 집을 방
문한 바 있었다. 그때마다 사건이 벌어졌다. 이재명은 허위사실을 진실로
둔갑시켜 친형 이재선을 악마화하고 자신은 어머니 때문에 어쩔 수 없이
욕을 하지 않을 수 없었다는 변명을 했다. 그러면 그를 지지하는 다수의
힘을 이용하여 그런 거짓말이 진실이 되어 국민대중에게 퍼진 것이다. 설
사 그것이 사실이라고 해도 가족사의 일을 한두 번도 아니고 매번 거짓
말로 매도하는 것이 정의이고 공정이고 당당한 일인가. 이재명의 거짓말
을 아는 사람들보다 모르는 사람들이 수천 배나 더 많고, 그들을 향해
거짓말을 하면 진실로 둔갑되어 이재명을 동정하게 만든다는 사실을 악
용하여 노래부르듯 거짓을 전파했다.

이재선 부부에 의한 이재명을 상대로 한 고소 건은 이재선 사망과
함께 박인복에 의해 취하되었다. 물론 박인복은 이재명 측에다가 먼저

---

162  혜경궁닷컴, 「〈이재명의 글만 읽을것이 아니라, 이재선씨의 글도 읽어봐야겠죠.〉」, 2018.05.23.,
    https://archive.li/YvnjB#selection-551.0-551.10

연락하여 고소를 취하하겠다고 전했고, 이재명도 "형님이 취하하면 저도 취하하지요"라는 문자를 보내왔다. 박인복은 남편이 없는 마당에 고소가 무슨 소용일까 싶어 취하했다. 그러나 이재명은 즉시 고소를 취하하지 않고 미루다가 2019년 9월에 가서야 취하했다. 이재명이 고소를 취하하게 된 배경은 항소심에서 허위공표죄로 300만 원을 선고받은 후 대법원에 상고하면서였다.[163] 그동안 이재명의 수많은 거짓말이 드러나서 죽은 형에 대한 고소 건이 문제될 것 같아 취하한 것으로 보인다. 그러나 박인복의 고소취하는 이재명이란 인간을 잘 모르고 한 행위다. 그때 이재명이 한 짓에 대해 명예훼손 판결을 받아냈어야 거짓말로 작동하는 입을 그나마 봉쇄할 수 있었을 것이다. 그러나 고소를 취하하니 죽은 형을 정치적으로 이용하기 위해서 브레이크 없는 거짓말로 더욱 많은 거짓말을 대거 양산했다. 세상에 악종도 그런 악종이 없을 듯싶다.

이재명의 거짓말 양상을 봐도 그러한 사실을 알 수 있다. 2012년 6월 7일 "형수개쌍욕"사건도 2012년도에는 해명도 하지 않다가 처음에는 조작된 것이라고 하더니 2014년도 지방선거 때는 "형님이 어머니를 폭행해서 욕을 한 것"이라고 해명하다가, 2017년 대선 예비후보 경선 때는 아예 "형님 부부가 어머니를 폭행해서 욕을 하지 않을 수가 없었다"고 전국을 돌아다니면서 허위사실을 유포했다. 이에 대해 가족들이 이재명의 거짓말을 사실대로 해명하면 그것을 가짜뉴스라고 방송에서 매도했다. 당사자는 기가 막혀 환장할 일일 것이다.

---

**163**   장영하, 같은 책, pp.194~195

# 우리나라 역사상 가장 불행했던 형제간의 싸움

생전의 이재선은 동생의 행위에 대해 "저는 제 동생이지만 이재명을 용서할 수가 없습니다. 제 집사람에게 쌍욕을 한 것도 모자라 백종선 수행비서를 시켜 "묻어버리겠다", "조용히 살아라"라는 폭언을 한, 인간으로서는 도저히 할 수 없는 패륜을 저지른 저 이재명을 절대 용서하지 않을 겁니다."고 원한에 사무쳐 토로했다.

이재선은 폐암으로 사망하기 전 폐암 4기로 병원에 입원한 사실을 동생 이재명에게 알렸으나 그때는 아무 연락도 않고 찾아보지도 않았다.

그러다가 이재선의 장례식장에 비서들이 1시간 먼저 와서 유족들이 조문을 거절한다고 밝힌 뒤 이재명은 기자를 대동하고 기습적으로 들이닥치자 박인복은 "형님 영정보고 대화할 거냐? 올거면 병문안 와서 형님하고 이야기해야 할 거 아니냐?"면서 조문을 거부했다.

그런데도 이재명은 "미안하다, 죄송하다"는 말 한마디 않고 휭하니 가버렸다. 그런 그에 대해서 조문거절만 대서특필됐다고 언론보도에 서운한 감정을 드러냈다. 이재선은 끝내 동생 이재명과 화해하지 못한 채 이 세상을 하직했다. 가족들은 시동생 이재명이 형수에게 막말과 거짓말로 파렴치범으로 만든 것에 대해 절대 용서할 수 없다는 입장이다. 이재선 이재명 형제는 아마도 이 같은 사건으로 인해 우리나라 역사상 가장 불행했던 형제 사이가 아닐까 한다. 권력이 뭐고 정치가 도대체 뭐라고 이렇게까지 형제간을 갈갈이 찢어놓는단 말인가.[164]

---

164 필자의 2018년 6월 1일 페북 기사

**4.**

# 경찰의 불법납치로 정신병원에 불법 감금된 김사랑 사건

## '소통왕'으로부터 불통과 '고소폭탄'

　이재명의 저격수로 알려진 김은진(필명 김사랑, 당시 49)씨가 성남경찰에 의해 강제납치되어 정신병원에 감금된 사건은 명백한 불법행위이다. 당시 김사랑은 시장상인들을 위해 봉사활동을 하는 시인이었다. 그런데 그녀는 "'당시 성남시장 '이재명 시장이 중앙시장에 공영주차장을 만들어준다', '중앙시장을 현대식 건물로 만들어 준다'"고 한 말이 하나도 지켜지지 않는 거예요. 그래서 (시장)페이스북하는 것을 좋아하니까 "공영주차장 만들어주기로 한 것 어찌된 일인지요", "이재명 시장님 중앙시장 전소로 경기도에서 지원한 18억4천7백만 원에 대한 집행이 전혀 되지 않았다는 시장상인들 불만인데 챙겨보셨는지. .", "남경필 지사께서 성남시중앙공설시장 건립사업으로 지원된 467억 원에 대해 아십니까? 467억원에 대한 집행 내역을 챙겨보신 적이 있나요?" 하고 정중하게 물었는데 답이 없는 거예요. 그래서 계속 올렸지요. 그러더니 어느 날 내가 올린 내용을 삭제하는 거예요. 실수로 직원이 삭제했나보다 하고 계속 올렸는데 계속 삭제하는 거예요. 그래서 답을 할 때까지 올리니까 고소 고발을 하더라고요. 뭐 그런 인간이 다 있는지 모르겠어요. 말로는 광속행정이니 시민과의 소통이니 번지르르하게 떠들면서..."하고 말하는 김사랑씨의 목소리가 아직도 귓가에 쟁쟁하다.

필자는 김사랑으로 인해 이재명의 실체를 알게되는 계기가 됐다. 이 내용은 '김문수 TV'에서, 당시 김문수 전 경기도지사와 함께 필자가 방송한 내용을 글로 옮겼다.

## '실명을 거론않고도 명예훼손으로 300만 원 벌금'

그런 김사랑이 "납치당했다"고 하는 시점은 지난 2017년 11월 14일이다. 이날은 김사랑이 당시 이재명 시장 측으로부터 명예훼손, 허위사실 유포 등으로 고소당한 상태로 성남 분당경찰서에 출석을 요구받은 날이었다. 당시 분당서 사이버팀이 김씨에게 전화를 걸어 출석을 요구하자 김씨는 이를 강하게 거부했다. 당시 김사랑은 그동안의 분당경찰서의 편파 수사와 재판 결과 김 씨가 이재명 시장 페이스북에 '신00이라고 실명도 거론하지 않고 일감을 몰아주었느냐'고 한 질문에 대해 명예훼손으로 300만 원의 벌금을 판결받은 상태였다. 격앙된 김씨는 죽으면 죽었지 조사받지 않겠다는 입장이었다. "차라리 내 눈깔을 파가라, 내 시체를 파가라"고 SNS에 올렸다.

김 씨는 격앙된 상태에서 여성경찰에 보낸 문자메시지에 "엉터리 조

사를 한 분당경찰서 경감 박OO, 경장 김OO, 그리고 검사 박OO, 판사 김
OO의 이재명이란 정치권력에 더는 견딜 수 없어서 죽기로 결심한 것이니
그들의 시민죽이기 엉터리 조사를 올려놨으니 그거나마 내 죽음의 한을
풀어주기 바랍니다."는 내용을 올렸다.

　이것을 지난 2018년 8월 5일 이재명 지사의 페이스북에 비서실 명의
로 게재하고 해당 게시물을 통해 "김씨는 허위사실 유포로 유죄판결을
받고도 허위주장을 유포하다 명예훼손 혐의로 고발됐다"고 하면서 "이후
출석통지에도 불구하고 자살 암시글을 게재하며 출석을 거부했고, 경찰
은 김사랑 신병확보 후 정신병원에 보호조치했다"며 "지자체인 성남시장
과는 무관하다"고 했다.

▲ 젊었을 때의 김사랑의 참한 모습. 욕을 전혀 할 줄 모르고 살다 이재명을 만나서 욕이 자동으로
나온다고 한다. 이재명과 엮이면서 벌금 300만 원 맞고 투사가 됐다.【출처 : 온라인 커뮤니티】

　여기서 쟁점이 되는 것은 ①성남 경찰이 불법 강제 납치가 맞느냐
②과연 김씨가 자살기도나 정신질환 등에 의한 긴급조치의 대상자냐 ③

경찰에 의한 김씨 강제연행 및 정신병원 강제 입원 사건에 지자체장의 개입이 없었느냐는 점이다.

## 경찰이 불법 강제납치 입원시켰다.

(가)우선 성남경찰이 불법 강제 납치가 맞느냐는 것이다.

당시 김 씨에게 출석을 요구한 경찰 관계자는 "김 씨가 (전화통화에서) '경찰에 출석하지 않겠다' '억울해서 죽겠다'는 말을 반복했다"며 "또 '내가 자살해야만 (문제가) 해결되겠느냐'며 소리쳤다"고 밝힌 바 있다. 당시 경찰은 김 씨를 자살 위험군으로 판단하고 김 씨를 조사한 경찰이 직접 112에 실종신고를 냈다. 신고를 접수한 경찰은 범행혐의와 관련해서는 법원에 영장을 청구하여 위치추적을 할 수 있으나 김 씨는 이에 해당이 없어 실종신고를 통해 소방서에 휴대전화 위치추적을 한 것으로 알려졌다. 경찰이 실종신고를 하는 자체가 불법(아동실종법6조1항에 해당되지 않음)이며, 그것도 18세 이상의 성인의 경우는 실종이 아닌 가출인에 해당한다(아동실종법 2조 1항 가.). 가출인은 보호자나 법적 신고 의무자가 신고하게 되어있다. 그런데도 경찰이 실종신고를 하고 실종신고를 불법접수하여 김 씨의 위치를 불법추적하여 성남시 수정구 주택가에서 오후 7시쯤 성수초등학교 부근을 걸어가던 김 씨를 만났다.

김 씨는 당시 상황에 대해 구체적으로 자세히 털어났다. "박정수씨와 치킨집에서 치킨 먹자는 약속 때문에 걸어가고 있는 사람한테 갑자기 경찰 백차 3대와 검정 스타렉스차가 들이닥쳐서 가로막더니 잠깐 얘기를 하자는 거예요. 이형구 팀장이 '실종신고가 들어왔으니까 주소를 대라'는 거예요. 그러면서 실종신고가 들어와서 집으로 같이 가야 되겠다는 거예요. 어머니 집에 가야겠다고 하니까 내가 '내가 어린애냐? 왜 니들에게 주소를 대냐? 니들은 니들 갈 길을 가고 나는 내가 알아서 내 갈 길을 가면 된다'고 하니까 갑자기 5~6명의 경찰들이 달려들어 경찰차에 강제로 태워가지고 어디로 가더니 도착해 보니까 정신병원인 거예요. 저는 그 건물이 정신병원인 줄도 몰랐어요."라고 했다. "그런데 병원에 도착하여 72시간 감금시킨다고 하니까 내가 '주소를 댈 테니까 풀어줘라'고 하니까 이형구 팀장이 '진작 얘기하지. 지금은 안된다'는 거예요. 기가 막혀서... 주소를 안대면 정신병원에 가두는 겁니까?"하고 당시 김 씨는 불안과 공포로 치를 떨었다고 한다. 경찰은 '김사랑 씨가 죽겠다고 하는데 그냥 내버려둘 수 있냐'고 하여 '정신병원에 강제입원시킨 것'이라고 했다.

이에 김 씨는 "박정수 씨와 치킨 먹으러 가던 중인데 죽겠다는 말을 왜 하냐?"며, "그런 말을 한 적이 없다"는 것이다. 다만 경찰과 실랑이를 벌이면서 억울하고 분해서 홧김에 '경찰들 편파 수사 때문에 억울해서 죽어버리겠다'고 한 것이라 했다. 자살기도도 않고 지인과의 약속 때문에 치킨 먹으러 가는 사람을 강제 납치한 것은 사실로 보인다.

### 김사랑, '자살징후 전혀 없었다.'

(나)과연 김씨가 자살 기도나 정신질환 등에 의한 긴급조치의 대상자냐는 것이다.

2017년 2월 8일 일부 개정된 자살예방법에 따르면, '긴급구조대상자에 대한 규정'은 없다. 그것도 경찰에 의한 현장출동이 아닌 자살예방법 제13조 ①항 2에 지자체장이 운영하는 자살예방센터에서 자살예방전문 인력이 "자살위기 상시현장출동 및 대응"하게 되어있다. 그러므로 경찰에 의한 응급입원은 정신건강복지법 제 50조에 해당하는 응급대상자여야 한다.

정신건강복지법 제 50조 1항에 따라 첫째 "정신질환자로 추정되는 사람"이라야 되고, 둘째, "자신의 건강 또는 안전이나 다른 사람에게 해를 끼칠 위험이 큰 사람"이어야 되며, 셋째, "(이러한 사람을) 발견한 사람은 그 상황이 매우 급박하여 제41조부터 제44조까지의 규정에 따른 입원 등을 시킬 시간적 여유가 없을 때에는 의사와 경찰관의 동의를 받아 정신의료기관에 그 사람에 대한 응급입원을 의뢰할 수 있다."고 나와있다.

## 불법으로 일관된 성남경찰의 김사랑 강제 입원

이러한 법률에 근거하여 과연 김사랑 씨에 대한 경찰에 의한 강제응급입원 절차가 정당했는지를 검토해야 한다.

우선 첫째, 김 씨는 정신질환자가 아니며, 정신질환자로 추정되는 자도 아니다. 정상인 사람이다. 그동안 경찰 조사과정에서 정신질환에 대한 특이점을 발견되었다면 그에 대한 조치를 취했을 것이며, 그에 대한 의견이 나왔을 것이다. 경찰은 처음부터 김 씨를 수색한 한 이유가 정신질환자가 아닌 자살위험이 있을 것으로 보고 실종자로 자가 처리하고 자가 접수하여 119에 위치추적을 부탁하여 수색하다 발견한 것이다. 그런데 이 모든 행위가 불법이다. 실종신고는 18세 미만의 청소년에 대해 법적으로 가족이나 신고의무자가 하는 것으로 경찰은 법적 신고자가 아니다. 그런데도 불구하고 경찰이 만 18세미만의 미성년자에게만 해당하는 실종신고를 18세 이상의 성인에 대해 불법적으로 신고한 것은 아동실종법(2조 1항 가.) 위반이다. 만18세 이상은 가출인(실종 아동등 및 가출인 업무처리 규칙 제2조 6항)에 해당하며, 그것도 가족이 신고하는 것이다. 위치추적 대상도 아니다. 그런데 경찰은 불법 실종신고와 불법 접수로 119에 위치추적을 의뢰하여 불법적으로 위치추적을 하는 등 김 씨를 발견하기까지의 일련의 과정이 전부 불법이라는 점이다.

경찰이 김사랑 씨를 자살위험군으로 특정하여 발견했다면 경찰이 김 씨를 발견했을 때 그 현장에서 자살을 기도하기 위해 건물 옥상이나 다리에서 뛰어내려거나 독극물이나 수면제를 다량으로 보유하고 있거나 칼 등의 '위해물건'을 소지하여 자살을 시도하려거나 자살시도에 대한 구체적인 계획을 세웠다는 증거나, 또는 타인을 위해하려는 위험이 있다는 신고나 증거가 있어야 응급입원 대상자에 포함된다. 그러나 경찰의 진술도 '죽어버리겠다'는 말을 반복했다는 정도밖에 없다.

경찰에 의한 "자살기도자에 대한 조치요령"에 따르면 "자살 동기 또는 요구사항 등 파악", "침착한 대화 유도로 지인 확인, 수배"를 해야 한다고 나와있다. 경찰은 김 씨를 발견한 후 자살의 동기나 요구사항을 물어본 적이 없다. 오히려 김 씨가 '내버려 두고 니들 갈 길이나 가라'고 요구한 것을 경찰이 거부한 것이다. 더욱이 김 씨는 자살기도자로 볼 수도 없다. 경찰의 기록에도 그런 내용 자체가 없다. 우선 ①김 씨는 저녁 7시경에 치킨집에서 치킨 먹기로 한 약속을 지키기 위해 치킨집을 향하여 걸어가고 있었다는 것은 자살 의도나 기도 자체가 없었다는 것을 말해주며, ②경찰이 현장에 도착했을 때 김 씨가 자살 기도를 한 적이 없었다. 자살을 기도하려 한다는 신고도 없고, 이를 본 증인도 없다. 단지 SNS상에 죽어버리겠다는 것이 전부다. 고생하면서 사는 일반 시민들도 죽어버리겠다는 말을 습관적으로 입에 달고 사는 사람들이 많다. 간혹 SNS에도 올린다. 그렇다고 그 사람이 자살위험군에 속하냐 하는 문제와는 전혀 별개이다. ③ 당시 현장 상황이 자살 기도에 따른 위급한 상황이 전혀 아니었기 때문에 응급입원 대상자가 아니라는 것이다. 경찰의 의견서에 모순이 있는 것은 ㉠김 씨가 자살의 위험이 있다면 발견 당시 ▲목멤, 투신, 약물 등 자살을 실행하려고 하였거나 자해를 시도하려고 했어야 하며, ▲ 또 번개탄, 약물, 칼, 매듭지어진 끈 등의 자살수단이 발견되어야 한다. ▲경찰에 대한 반감이나 분노가 아닌 다른 동기로 반복적으로 죽는다는 말을 계속하거나 심한 분노와 적개심을 가지고 폭력을 행사해야 한다. ▲그리고 만취 상태로 대화와 행동이 불가하거나 고도의 우울증이나 정신질환이 매우 의심되어야 하는데 김 씨는 경우 이 모든 내용에 전혀 부합하지 않는다.

의견서에는 김 씨를 40분 동안 자살방지를 위해 설득했다고 하면서도 김씨가 자살을 시도하려는 구체적인 내용에 대한 진술 자체가 없다는 것은 자살하려는 시도 자체가 없었다는 것을 반증한다.

따라서 김 씨는 치킨 먹으러 가는 도중에 그렇지 않아도 편파 수사로 인하여 300만 원의 벌금을 판결받아 억울함과 경찰에 대한 분노심을 갖고 있던 상태에서 경찰과 맞딱뜨려 가는 길을 방해하고 강제로 연행하려 하자 흥분상태에서 홧김에 "너희들 편파 수사 때문에 죽어버리겠다는 말을 한 것 외에는 없다"는 것이다. ㉡긴급구조 대상자로 특정하기 위해서는 김 씨가 수면제나 농약과 같은 약물에 의해 자살을 시도하다가 생긴 신체손상이 있어야 하나 의견서에는 그런 내용이 전혀 없다. ⓒ정신상태가 불안정적이어야 하는데 김 씨는 치킨 먹으러 걸어갈 때는 안정적이었으나 경찰이 강제로 연행하려 할 때는 이에 저항하면서 옥신각신 다투게 되는 바람에 흥분하게 되어 편파 수사 때문에 죽어버리겠다는 말을 했다고 한다. ⓓ만일 경찰이 나타나지만 않았더라면 김 씨는 치킨집에서 박정수 씨와 치킨을 먹으면서 향후 대책을 논의했을 것이었는데 경찰이 나타나서 이를 방해한 격이 된 것이다. 이에 대해 김 씨는 "만일 경찰이 나타나지 않았다면 '죽겠다'는 말도 하지 않았을 것'이며, 약속대로 치킨집에서 박정수 씨와 치킨을 먹으면서 '향후 대책을 논의했을 것'"이라고 했다. 김 씨는 "자살을 기도한 적도 없고, 치킨 먹으러 가는 사람을 붙들고 경찰이 시비를 거니까 다투는 과정에서 나온 말"이라며, "그렇지 않아도 억울하게 벌금을 300만원을 받았는데 경찰에 대한 불신과 거부감이 극에 달해 화가 나서 분당경찰서의 편파 수사 때문에 죽어버리겠다, 어머니에게 알리면 죽어버리겠다고 한 말을 가지고 자살이니 뭐니 웃기지도 않는다."며,"자기들 범행을 덮기 위한 편파 수사 때문에 죽어버리겠다는 말은 쏙 빼버리고 죽어버리겠다는 말만 했다는 것이 말이 되냐"고 항변한다. 이처럼 김 씨는 단지 SNS상에 자살을 암시하는 글을 여러 차례 게시했다는 것 외에는 자살시도에 해당하는 특이한 내용이 전혀 없다는 점이다.

당시 성남경찰에서 성남지청에 제출한 성남 수정경찰서 여성청소년과 수사 3팀에 소속된 이택근과 장희진을 조사한 '의견서'에 의하면 '당일(11월14일) 오전 10시경에 분당경찰서 사이버수사팀 경위 서석훈은 김 씨와 통화하던 중 벌금이 많이 나와 자살하겠다고 수차례를 반복하여 자살을 암시하자 김 씨의 위치를 추적, 수정경찰서와 공조수사를 의뢰했다. 수정경찰서 여성청소년팀, 분당경찰서 사이버 수사팀 2명, 성남 수정경찰서 타격대원, 관할지구대 직원 등 약 20여명은 위치값 주변의 빌라를 가가호호 방문하는 등 수색하던 중 수정구 수진동 4611-19번지 앞 노상에서 김 씨를 발견하였다고 의견서에서 밝히고 있다. 의견서에는 "현장에서 약 40여 분 동안 자살방지를 위하여 설득(약 20여분 가량의 설득과정 녹음파일 첨부됨)하였으나 고소인은 '개같이 죽어버리겠다, 죽는 것밖에 방법이 없다.'고 계속하여 말하는 등 흥분상태였고, 가족인 "친정어머니에게 가겠느냐"고 묻자 "내가 어머니와 사이가 안좋은 것을 알고 지랄하느냐, 어머니한테 연락하면 죽어버리겠다."는 등 흥분된 상태에서 "계속 죽어버리겠다는 말을 되풀이하여 고소인을 경찰 차량에 강제로 태워 정신의료기관인 휴엔병원에 입원시켰다"고 나와있다. 이 "의견서"에도 자살 기도에 대한 구체적인 행위 등에 관한 내용도 없이 자살방지를 설명했다는 것도 앞뒤가 안맞는 내용이며, '죽어버리겠다'는 말만 반복한 것으로 나와있어 자살 기도 자체가 없었다는 것을 말해준다. 그런데도 불구하고 응급입원의뢰서의 "증상 및 행동개요"란에 "자살을 기도하는 등 자살 가능성 농후함"으로 기재되어 있다. 이는 경찰서에서 작성한 의견서의 자살을 기도했다는 내용이 없다는 것과 정면으로 배치된다. 김 씨는 이에 대해 "자살할 생각도 기도한 적도 없는데 경찰이 자살방지를 설득했다는 것은 완전 거짓말이예요."라고 한다.

둘째, 그렇다면 김사랑 씨가 만일 정신질환 이상이라면 자신의 건강 또는 안전이나 다른 사람에게 해를 끼칠 위험이 큰 사람으로 판명되어야 한다. 김사랑은 그러한 경우에 전혀 해당되지 않는다. 이것은 일반시민이 김 씨의 자타해의 행위로 인한 위협이 된다고 판단되어 신고하는 경우에 해당하는 내용이다. 실제로 아무런 자타해위협이 되는 행위가 없었는데도 불구하고 김 씨를 수색하러 다닌다는 것은 경찰의 월권행위에 불과하다. 이것은 정신질환으로 추정되는 자로서 일반시민들의 신고가 들어와야 한다. 김 씨는 당시 박정수 씨와 치킨 먹기로 약속한 그 시간에 치킨집을 향해 걸어가고 있었던 사람이다. 따라서 정신건강복지법 50조 1항의 위배이다.

### 박정수, "자살할 사람이 치킨 먹으러 옵니까?"

자살이나 정신질환 등과는 전혀 관계가 없다는 김 씨의 말에 신빙성이 있는 것은 당시 치킨을 먹기로 약속하여 치킨집에서 기다리던 박정수 씨의 증언이다. 당시 모란 쪽에 있는 치킨집에서 만나기로 한 박정수 씨(트럭운전수, 당시 57)는 "김사랑 씨를 치킨집에서 기다리는데 시간이 지났는데도 안오는 거예요. 기다리다 안 와서 전화를 해도 안 되다가 전화통화가 돼서 보니까 굉장히 소란스러운 거예요. 경찰과 심하게 다투는 소리 때문에 .. 그래서 '어떻게 된 거냐?'고 하니까 김사랑 씨가 많이 흥분해서 '나 정신병원에 끌려왔다. 나 좀 빨리 구출 좀 해줘라. 내가 미쳤다고 정신병원에 갔겠냐? 정신병원에서 나를 끄집어내 줘라'고 다급하게 요청하는 거예요. 그래서 제가 '어떤 새끼가 당신을 정신병원에 끌고 가?'고 하니까 '경찰'이라고 하는 거예요. 그래서 '경찰을 바꿔 줘라'하니까 이형구 팀장을 바꿔줬어요. '당신이 뭔데 정신병원에 김사랑 씨를 끌고 갔냐? 빨리 내보내라!'고 항의하니까 자살 충동 때문에 그렇다고 하더라구요. 그래서

'자살은 무슨 자살이냐? 자살할 사람이 치킨 먹자고 약속하고 치킨 먹으러 오려고 걸어 다니냐?'고 항의하니까 그 경찰이 '흥분한 상태기 때문에 병원에 입원해 있는 것이다.'는 거예요. '아니 흥분했다고 정신병원에 가두냐'고 항의하면서 '가족들한테 동의를 받았느냐?' 하니까 얼버무리더라고요. '그럼 지금 가면 나올 수 있냐?'고 하니까 '보호자가 아니면 안된다'는 거예요. 그래서 '내일 아침에 어머니와 가면 김사랑 씨를 데리고 나올 수 있냐?'고 하니까 경찰이 '데리고 갈 수 있다'고 한 거예요. 그래서 김사랑 씨를 바꿔 달라고 해서 김사랑 씨에게 경찰이 보호자가 아니면 안된다고 하는데 어떻게 하겠느냐? 내일 갈 테니까 절대로 침착하고 거기서 반항하지 마라. 반항하면 못나올 수도 있다. 순순히 병원에서 하자는 대로 따라라. 안그러면 큰일난다. 왜 내가 이런 말을 하냐 하면 우리 ○○진이가 우울증에 걸려 정신병원에 입원한 적이 있었는데 발작이 나니까 남자 조무사들이 팔다리를 묶는 것을 내 눈으로 봤다. 그래서 정신병원 안에서 일어나는 일들에 대해 잘 안다. 순순히 따라라. 내가 전부 알릴테니까 걱정하지 마라'고 했어요. 그리고 나서 김사랑 씨로부터 페북에 "살려줘"라는 문자가 떠서 페북친구인 박장군을 비롯해서 20여 명의 페친들에게 "김사랑 씨가 납치됐다"는 내용을 문자나 전화, 페이스북 등에 퍼뜨려서 페이스북 친구들에게 김사랑 씨의 위험을 알리고 구조를 요청했다'고 털어놨다. 박정수 씨는 "김사랑 씨는 자살이니 뭐니 하는 기미도 없었어요. 그냥 화가 나 있는 상태이고 너무 억울해서 페북에도 '시체를 파가라, 눈깔을 파가라'고 한 것이지 실제로 자살하려고 한 적도 없고, 남을 위해 한 적도 없이 저하고 기분도 풀고 고민도 함께 털어놓기 위해서 치킨 먹으러 오던 중이었어요. 자살하려는 징후나 기미도 전혀 없었다"고 덧붙였다.

박 씨는 그 사건 후에 김사랑 씨와 만나 자초지종을 듣는 가운데 약속시간인 저녁 7시경에 치킨집에서 기다리는 중에 성수초등학교 부근에서 납치된 것을 알았다고 털어놨다. 거기서 치킨집까지는 3분 거리로 횡단보도 하나만 건너면 된다는 것이다. 거기서 그 사건을 목격한 그곳 주민에게 들으니 경찰과 여자 한분이 옥신각신하며 싸우고 있는 모습을 봤다고 박 씨는 전한다.

## 박정수의 연락받고 달려온 페이스북 친구들에 의해 구조된 김사랑

당시 박 씨는 강민구 턴라이트 대표와 김상진 단장, 그리고 박창호 예비역장군과 한상석 씨 등에게 전화로 김 씨가 경찰에 의해 정신병원에 납치되었다는 사실을 알렸다. 당시 강민구 대표는 "저녁 8시쯤인가 박정수 씨로부터 전화가 와서 '김사랑 씨가 약속시간이 지나도 연락도 안되고 어디 납치된 게 아니냐'고 한 뒤 한참 후에 다시 전화가 오더니 '김사랑 씨가 휴엔정신병원에 납치되었다'고 다급하게 연락이 왔어요. 그래서 김상진 한테 전화해서 우리는 아침 일찍 7시쯤에 휴엔정신병원에 가서 8시부터 김은진(김사랑의 본명) 씨가 여기 입원해 있는데 확인해달라니까 실랑이를 벌이는데 그런 사람 없다는 거에요. 그래서 카메라를 들이대면서 만일 거짓말이 드러나면 전부 고발하겠다고 하니까 그제서야 시인했어요. 병원관계자와 한참 실랑이를 벌였어요."하고 당시 상황을 털어놨다. 한상석 씨는 박 씨로부터 연락을 받기 전에 밤늦게 김사랑이 정신병원에 경찰에 의해 갇혔다는 전화 연락을 받았다고 했다. 그 전에 이미 한 씨는 다른 지인들에게서 연락을 받은 후에 여러사람들에게 이 사실을 알렸다고 했다. 박 씨로부터 연락을 받은 페친들은 기겁을 하여 경찰에 연락을 하고 즉시 김사랑이 감금되어 있는 정신병원을 찾아가려 했으나 경찰 측이 보호자가 아니면 안된다고 거부했다. 그러던 중 박창호 예비역 장군이 경찰에 연락을 하여 김 씨의 어머니 김정림 씨의 전화번호를 알아낸 뒤 다음날 오전 11시에 김 씨의 어머니와 함께 김상진 단장, 강민구, 한상석 등 페친들이 휴엔정신병원으로 몰려가서 김사랑 씨를 구출한 것이다. 그 시각이 11월 15일 오전 11시경이다.

## 경찰의 불법 위치추적, 강제입원 등 "지자체장 협조없이 불가능"

(다)경찰에 의한 김 씨 강제연행 및 정신병원 강제입원 사건에 지자체장의 개입이 없었느냐는 점이다.

위에서 살펴본 바와 같이 수정경찰서에서 무리하게 김 씨를 강제납치하여 응급입원이란 수단을 동원하여 강제입원시킨 이유가 석연치 않은 것은 무엇일까? 김 씨는 이를 대장동 게이트가 드러날까 두려워서 이재명 측에서 입을 막기 위해 경찰과 소방서, 정신병원을 동원하여 강제입원시킨 것으로 판단하고 있다. 게다가 멀쩡한 사람을 '죽어버리겠다'는 반복적인 말을 핑계로 당사자의 의사에 반함에도 불구하고 강제로 연행하여 경찰이 동의하여 응급입원을 시킨 것이다. 자살 기도도 하지 않고 경찰에 대한 억울함 때문에 '너무 억울해서 죽어버리겠다'고 말했다고 하여 그것을 자살 기도로 인한 매우 급박한 상황으로 보기는 어렵다는 것이다. 또한 경찰이 자살위험자로 인지했다고 해도 아동 실종자가 아님에도 불구하고 자살기도에 대한 신고가 접수되지 않는 상황에서 119에 불법으로 위치추적을 의뢰한 뒤 김 씨를 수색하기 위해 20여 명씩이나 되는 경찰을 동원하여 출동하는 것은 정상적이지 않다는 것이다. 게다가 김 씨가 대장동 사건을 언급한 이후 이 사건이 터졌다는 것이 결코 우연이 아니라는 것이다. 뿐만아니라 경찰이 불법을 자행한 것은 김 씨를 찾는 과정만이 아니라 응급입원절차에서도 적나라하게 드러나고 있다.

우선 ①응급입원의뢰서가 조작됐다.

보호자인 김 씨의 어머니인 "김정림" 씨의 동의없이 입원신청서를 신청인 이택근 순경이 임의로 조작하여 자신의 필적으로 신청했다. 사문서 위조이다. 신청인은 이택근 주소는 성남 수정경찰서의 주소지가 아닌 사택 주소를 기입한 것으로 보이며, 응급입원을 동의한 경찰관에는 수정경찰서 여청수사팀의 장희진으로 나와 있고, 의사는 휴엔병원 고영주로 나와있다. 또한 김 씨의 고소에 의해 성남경찰서에서 이택근과 장희진을 조사하여 성남지청에 보낸 "의견서"에는 김 씨가 죽어버리겠다는 말만 반복한 것으로 기재되어 있는데 반해 응급입원의뢰서에는 "자살을 기도하는 등 자살 가능성이 농후함"으로 기록, 전혀 사실과 다르다는 것을 알 수 있다.

②응급입원 절차상 서류가 미비한 상태에서도 경찰에 의한 불법감금이 성립됐다는 점이다.

당시 최성환(57. 정신과 전문의) 씨는 "응급입원을 하려면 합당한 이유가 있어야 하는데 환자의 증세에 관계없이 입원절차에 대한 서류가 미비하기 때문에 경찰이 불법 감금했다."고 단언했다. 이어 그는 "반드시 응급입원을 위해서는 환자에게 강제입원통지서를 보여주어야 한다. 환자가 동의할 경우는 그 통지서에 자필로 서명 사인을 하지만 거부할 경우는 그 환자와 함께 강제입원통지서를 잘 보일 수 있도록 사진을 찍어서 남겨야만 된다. 그런데 김은진 씨의 경우 이러한 응급입원 절차가 전혀 없기 때문에 불법감금에 해당한다."고 말한다.

## 보호자 동의없는 응급입원 신청은 명백한 불법

또한 그는 "휴엔병원 의무기록지(10년 보관)에 입원할 때 강제입원통지서와 퇴원할 때 퇴원통지서가 있어야 하는데 그것이 없고, 응급입원신청서도 보호자 동의없이 수정경찰서 여청수사팀 이○○의 이름과 필적으로 조작된 것은 명백한 불법감금에 해당한다."며, "이것 만으로도 5년 이하의 징역과 5천만 원 이하의 벌금에 처할 수 있는 중대한 범죄행위"라고 했다.

③신고자가 아닌 이택근 경찰이 개인적인 입장에서 응급입원서를 보호자 동의도 없이 보호자 김정림 씨가 병원에 와서 동의하여 서명한 것으로 조작하여 신청했다는 것도 특이한 일이다.

응급입원대상자는 "정신질환으로 추정되는 사람으로서 자신의 건강 또는 안전이나 다른 사람에게 해를 끼칠 위험이 큰 사람을 발견한 사람"이 신청하게 되어 있다. 그것도 "상황이 매우 급박할 경우"에만 해당되는 것이다. 이택근은 김 씨가 정신질환으로 추정되는 사람인지도 모르고, 자타해를 끼칠 위험이 큰 사람이라는 행위를 직접 목격한 사람도 아니다. 경찰들끼리 실종신고하고 접수하여 자살기도자로 만들어 김 씨의 팔을 비틀어 강제납치하여 소리를 못지르게 주먹으로 입을 틀어막는 등 엄청난 인권유린과 불법을 저지르면서까지 김 씨를 강제납치, 강제입원시키는 짜고치는 고스톱처럼 김 씨를 자살기도자로 조작하여 강제납치하여 정신병원에 강제 입원신청을 한 전대미문의 집단공범들이라는 사실이다. 조폭들의 유괴납치와 하등 다를 것이 없다.

이렇게까지 경찰이 집단으로 엄청난 불법과 인권유린을 자행하면서까지 하는 것은 대장동게이트가 드러난 것을 막기 위해 당시 성남시장이었던 이재명 측에서 강력한 지시에 의해 사전에 모의하여 계획적으로 강제납치해서 응급입원을 실행한 것으로 의심되는 대목이다. 그렇지 않고서는 누구보다 법을 준수해야할 경찰이 그러한 엄청난 범행을 무리하게 감행할 이유가 성립되지 않기 때문이다. 이 부분은 통신조회 등을 통한 수사를 통하여 밝혀질 부분이다.

④게다가 휴엔정신병원 원무과나 의사인 고영주는 입원신청서에 보호자의 동의가 없었음에도 불구하고 불법으로 응급입원에 동의했다는 사실이다.

고용주는 김 씨가 정신질환이 전혀 없는 멀쩡한 사람임에도 불구하고 보호자의 동의를 구하지 않고 강제입원을 시킨 장본인이 된 것이다. 경찰이 작성한 "자살을 기도하는 등 자살 가능성이 농후함"에 대해 어떻게 자살을 기도했는지 등에 대해 자세한 상담이나 진단없이 응급입원을 받아드린 것은 그도 역시 병원 원장이나 그 어떤 압력 앞에 굴복한 공범이라는 사실이다. 휴엔정신병원 차트에 나오는 입원 동기는 "매우 흥분한 상태로 이재명시장에 대한 탓을 지속하며, 입원 이유에 대해 "긴얘기라 지금은 말 못해요"라며 협조되지 않음. 휴대폰 사용하여 페이스북에 "살려달라"는 글을 적는 등 불안정한 모습 관찰됨. 휴대폰 어렵게 수거함." 등등으로 되어있으며, "어차피 나는 전과자 되기 싫다. 전과 3범인 이재명이 왜 나를 전과자 만드나. 수정상권 살리기 위해서 공약 몇백억 하고서는 누구 한 사람한테 혜택만을 주고 이재명 페이스북에 부당하다고 건의한 것뿐이다. 그런데 명예훼손 허위사실 유포죄로 고소하더라. 분당경찰서 첫 조사부터 잘못되었다."고 하여 이재명 성남시장과 경찰과의 적대적 관계에 놓여 있다는 사실이 드러났다. 이것은 응급입원 대상자로서의 요건이 불충분한데도 불구하고 이해관계가 충돌하는 당사자가 강제입원을 강행한 것은 이재명 시장과 경찰의 보복적 차원으로 보는 측면이 많다. 김은진 씨가 성남시장 이재명과의 적대적 관계라는 것은 사실이다. 게다가 응급입원환자로서 병원에서 갖추어야 할 서류는 응급입원의뢰서, 진단 및 보호신청서, 응급입원통지서, 권리고지 등 4가지는 반드시 갖춰야되는 서류인데 그중에 조작된 응급입원의뢰서 밖에 없다는 것은 불법 강제 입원됐다고 볼 수 있다.

## 불법 응급입원 받아준 휴엔정신병원

　응급입원의뢰서의 문제는 보호자가 없는 상태에서 경찰이 조작하여 강제입원을 의뢰했음에도 불구하고 원무과나 담당의사가 아무런 제지도 하지 않았다는 것은 경찰과 함께 사전 공모나 병원장으로부터 지시를 받았을 가능성을 배제할 수 없다. 게다가 아무 이상이 없는 사람을 강제로 납치하여 정신병원에 감금하려고 하여 죽음의 공포를 느끼는 상태에서는 일시적으로 매우 흥분한 상태로 될 수밖에 없으며, 이재명 시장과 경찰에 대한 비판을 하는 것은 당연한 것이다. 그러나 박정수 씨와의 전화 통화 후 김 씨는 침착하게 대처했음에도 불구하고 정신의학전문의가 흥분을 가라앉히고 차분하게 상담을 먼저 해야 함에도 불구하고 할로페리돌주주사 0.5mg으로 1회 처방한 뒤 아티반 주사를 무려 수술 마취용의 2.4배에 달하는 6mg을 처방했다. 이는 급성불안의 경우 투약지침의 기준치보다 4.8배나 많은 엄청난 량이다. 김은진은 저항하기도 힘든 고압적인 분위기 속에서 의사와의 간단한 면담을 거친 후 72시간 강제입원과 약물 처방을 받고 독방에 갇히게 되었다. 이어 정신병원에서 남자 간호조무사로부터 "주사를 맞지 않으면 포승줄로 묶는다"고 협박당하면서 강제로 옷을 벗기려고 하여 김은진 씨는 자신이 옷을 벗을 테니 나가 있으라고 한 뒤 휴대폰으로 페북에 "살려줘"라는 문자를 띄운 뒤 휴대폰을 빼앗겼다. 김은진은 급박한 상황에서도 정신병원 위치와 함께 "살려줘"라는 다급한 구조요청문자를 보냈다. 그후 김은진은 과다 약물 투약으로 13시간 동안 정신을 잃고 쓰러졌다.

▲ 이재명 저격수로 투사가 된 김사랑. '탈원전 집집마다 촛불켜게 하려는 수작'이란 커다란 피켓을 들고 시위하고 있는 김사랑과 동료들의 모습.【출처 : 온라인 커뮤니티】

김사랑 씨가 정신병원에 강제감금되기 전부터 이재명은 자신의 친형 이재선 씨를 정신병원에 강제로 입원시키려고 인간으로서는 해서는 안될 짓을 했다. 경기 성남시 정신건강복지센터는 "이재명 후보의 친형 '이재선 사건'에서 친형을 강제입원시키기 직전에 실패했던 사건으로 세상에 널리 알려졌던 곳"이다.

이재명 후보는 친형 이재선을 정신병원에 강제입원시키기 위해 온갖 못된 짓을 다 했다. 당시 구성수 분당보건소장은 강제입원시키라는 이재명 성남시장의 지시에 따르지 않자 이 시장은 분당보건소장에게 친형 이재선 씨 강제입원이 안되는 이유 1,000가지 이상을 가지고 오라고 할 정도로 친형 강제입원시키기에 광적이었다. 결국 구 보건소장은 경질되고 그 후임으로 새로 들어온 두 번째 보건소장은 절차를 진행하다가 마지막 순간에 포기했기 때문에 이 후보가 그 뜻을 이루지 못했다.

국민의힘 이재명 비리 국민검증특별위원회 김진태 위원장은 2010~2018년 이 후보가 성남시장으로 재직할 때 행정입원, 즉 사실상 강제입원 당한 환자는 당초 25명으로 알려졌으나 실은 그 66명 이상으로 보인다고 밝혔다.[165]

---

**165** 뉴시스, 「국민의힘 "이재명 성남시장 때 정신병원 강제입원 66명 이상"」, 2021.11.25.,
https://www.newsis.com/view/NISX20211125_0001664538

# 목적을 위해서는 수단 방법을 가리지 않는다

## 이재명 '피습사건'

2024년 1월 2일 10시 29분경 이재명 더불어민주당 대표가 부산광역시 강서구 대항동 대항전망대에서 가덕도 신공항 건설부지 시찰 후 이동하면서 기자들과의 질의응답을 하던 도중 피습당했다는 사건이다. 언론에는 과장된 보도로 살해 의도를 품고 접근한 김진성이 준비하고 개조한 양날형 검에 목을 찔린 정치테러 살인미수 사건이라고 호들갑을 떨었다.

이 사건에 대해 이재명은 '백주 대낮에 야당 대표를 죽이겠다고 1년 동안 연습을 해서 칼로 목을 찌르냐'고 유세현장에서 정부의 미흡한 진상규명과 증거인멸을 위해 물청소까지 했다고 정부를 맹비난했다. OBS 뉴스에 따르면,

"어떻게 대낮에 야당 대표를 죽이겠다고 연습을 1년 동안 해가지고 칼로 목을 찌릅니까? 그러면 이런 일이 생기지 않도록 국가 정부 차원에서 총력을 다해서 더 이상 이런 일이 재발하지 않도록 진상규명 제대로 해야 하지 않겠습니까? 그런데 물청소해버리잖아요. 물청소해서 흔적을 없애버리잖아요. 채증도 아니한 상태에서 수사도 제대로 했는지 잘 모르겠어요. 권장하다시피 하는 것 아닙니까? 적대감이 온 사회를 지배하고

있어요. 이렇게 만든 게 누구입니까?"[166]

위의 이재명의 주장이 사실이라면 경찰이 이재명 테러의 배후가 될 수도 있는 발언이다. 경찰과 국민의 힘이 이재명을 살해하기 위한 테러사건을 만들어 냈다고 하는 믿음을 갖게 하는 발언이다. 이재명 지지자들로 하여금 자연스럽게 판단을 유도하게 만드는 이재명 특유의 논법이다. 과연 실상도 그러한가?

## 이재명 피습사건에서 보여주는 수많은 의혹

### 1. 수많은 의문점

과연 그 사건이 이재명을 죽이려고 칼로 목을 찌른 사건일까 하는 데는 너무나 많은 의문을 낳고 있다. 당시 유튜버들이 촬영한 영상캡처 사진을 보면 칼로 찔렸다고 할 수 있는 장면은 하나도 없다. 아래 〈사진1〉은 범인의 오른손 엄지손가락이 이재명의 왼쪽 목을 누를 정도로 깊숙이 흉기를 찌른 장면이다. 〈사진2〉는 〈사진1〉의 칼로 찔린 부위를 확대한 사진으로 흉기를 든 범인의 오른손 엄지손가락이 이재명의 목을 눌러 13cm의 칼이 이재명의 목을 관통하다시피 깊숙이 들어갔음을 알 수 있는 모습이다. 〈사진3〉은 경찰이 범행 현장에서 수거한 범인이 사용한 18cm 등산용 칼로 칼날만 13cm이다.

---

166　OBS뉴스, [현장영상] 돌아온 이재명의 '사이다 화법'… "국힘과.." 불쑥 말 꺼내더니, 2024. 3. 12. https://www.youtube.com/watch?v=vCMxp3WmKx0

〈사진 1〉 이재명이 범인에 의해 칼로 왼쪽 목을 찌르는 모습.

▲ 당시 범인이 오른손 흉기로 이재명 대표의 목을 깊숙이 찌른 모습.
【출처 : 온라인 커뮤니티, 서울신문(정양일TV캡처), 서울시정일보(위), 하이뉴스(아래) 조선일보와 같은 사진인데 일부 블랭크처리해서 보도함】

〈사진 2〉는 다른 각도에서 바른 소리TV에서 촬영된 동영상 캡처사진이다.

▲ 범인이 흉기로 이재명의 목을 순식간에 깊숙이 찌르는 모습을 보여준다.【출처 : 열린 공감TV】[167]

〈사진 3〉 칼에 찔린 평범한 이재명의 표정과 과 범인이 사용한 날카로운 칼의 모습.

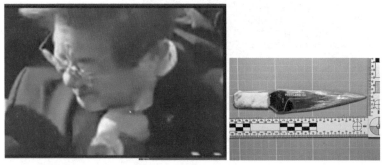

▲ 〈사진 3〉 이재명 대표의 목이 찔린 부위를 확대한 사진. 〈사진 1〉(위)와 〈사진 2〉는 이재명대표가 칼에 찔려 고통스러워서 비명을 지르는 모습인데 비해 〈사진 1〉(아래)와 〈사진 3〉은 더 깊숙이 칼이 들어간 모습임에도 고통스런 표정이 아닌 평범한 표정이어서 의아스럽다. 〈사진 3〉의 우측의 칼은 범인이 현장에서 사용했던 칼로, 길이 18cm, 칼날만 13cm, 너비 약 2.5cm로 앞부분의 너비는 약1.6cm, 뒷부분의 너비는 약3cm이다.【출처 : 헤럴드경제(우)】

---

167    열린공감TV, 「[속보] 이재명 괴한에게 목에 흉기로 찔려!」, 2024.1.2.,
       https://www.youtube.com/watch?v=BAQcaTMlPlO

〈사진1〉은 범인이 든 18cm 칼로 13cm나 깊숙이 찔러서 엄지손가락이 이재명 목을 누르고 있는 모습이다. 〈사진3〉의 칼의 길이와 폭을 볼 때, 폭은 3cm이다. 범인의 엄지손가락이 이재명의 목에 닿을 정도로 깊숙이 들어갔다면 찔린 상처 크기는 2.5~3cm이상이어야 한다. 그런데 서울대 의대는 1.4cm의 칼로 찔린 자상으로 속목정맥(내경정맥) 앞부분이 60%정도가 예리하게 잘려있었다고 발표했다.[168] 전문의 소견에 따르면 경정맥이 손상되면 다량 출혈로 인한 저혈량성 쇼크나 이로 인한 장기부전이 발생해 사망에 이를 수 있어 신속한 조치가 무엇보다 중요하다.[169] 18cm 칼로 내경정맥 60% 손상이 사실이라면, 〈사진3〉처럼 13cm나 되는 범인의 칼이 이재명의 목을 거의 관통할 정도로 깊숙이 찔려 자상의 크기도 최소한 2.5~3cm 이상이 되어야 하고, 근육과 복잡한 신경을 자르고 피가 분수처럼 솟구쳐 이재명의 와이셔츠는 피범벅이 되었을 것이다. 또한 범인의 손에도 피범벅이 됐을 것이며, 손으로 압박지혈도 불가능한 위급 상황이다. 부산대 도착 전에 생명이 위독할 수 있는 상황이다. 그러나 〈사진5〉를 보면 범인이 습격한 하얀 종이에 덮힌 칼에는 피 한방울도 묻은 흔적이 없다. 칼로 깊숙이 찌르면서 밀고 들어간 후 제압되어 칼을 뺏겼기 때문에 칼에도 피가 묻었을 것이며, 당연히 종이에도 피가 묻어야 정상이다. 그런데 사진이나 영상을 보면 찔렀다는 범인의 흉

168  KBS, 「[오늘 이슈] 집도의 발표 전문 "수술 성공 장담하기 어려워…전원요청 받아들였다"」, 2024.01.04., https://news.kbs.co.kr/news/pc/view/view.do?ncd=7858176

169  양지병원 종양외과센터, 「경정맥 손상/ 관악구 외과」, 2024.1.8., https://m.blog.naver.com/PostView.naver?blogId=new_yjh&logNo=223315739553&proxyReferer=https:%2F%2Fwww.google.com%2F&trackingCode=external

기는 칼도 아닌 종이로 덮인 젓가락 같은 모양을 하고 있으며, 피한방울도 묻지 않았다. 이것을 어떻게 생각해야 하는가? 경찰은 이러한 사실을 확인했음에도 불구하고 이에 대한 해명이 전혀 없다.

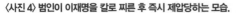

〈사진 4〉 범인이 이재명을 칼로 찌른 후 즉시 제압당하는 모습.

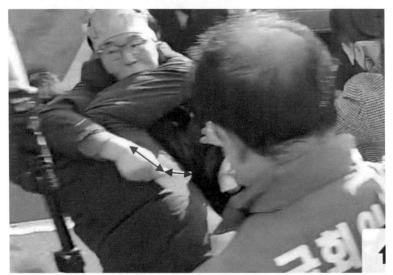

▲ 경호원으로 보이는 사람이 범인의 목을 어깨와 팔로 감싸서 밀어내는 모습.
범인의 오른손에 들려 있는 가늘고 뾰죽한 모양의 흉기(?)가 종이로 싸여 있는 모습이 보이는데 종이에도 피 한 방울이 묻혀 있지 않다는 점이 의문이다.[출처 : 온라인 커뮤니티, 이와 똑같은 사진은 최보식의 언론에도 나온다.]

검찰 발표는 "특별수사팀은 피해자의 착용 의복에 대한 정밀 감정, DNA감정 및 영상분석, 피해자 주치의의 자문 등을 통해 피고인 2의 가. 위와 같이 개조한 칼로 범행하였음을 명확히 확인하였습니다. 또한 칼이 피해자의 와이셔츠 깃을 관통하여 왼쪽 목 부위를 찔렀고, 이로인해 피해자가 길이 1.4cm, 깊이 2~2.5cm의 자상을 입었으며, 목 안의 경정맥 손상을 입은 사실까지를 확인하였습니다."[170]고 발표했으나 영상자료에는 13cm칼이 전부 들어간 모습이 확인되었다. 게다가 철저하게 수사했다는 검찰 발표에는 범행에 사용된 칼에 대한 혈흔 검사가 없었다. 물론 이에 앞서 부산경찰청이 2014년 1월 10일 오후 브리핑에서 피의자 김모(67)씨가 범행에 사용한 것으로 알려진 흉기를 공개했다. 〈사진5〉와 같이 범인이 현장에서 흉기를 감싼 종이에서는 혈흔도 발견됐다며, 흉기에 묻은 혈흔과 이 대표가 흘린 혈흔이 일치한다고도 했다.[171] 서울의대의 '목안의 경정맥이 60%나 손상된 심각한 상처'라는 발표에 비해 경찰이 밝힌 범인이 범행에 사용된 흉기를 종이로 감싼 그 종이에 묻은 혈흔은 면도하다 스친 상처의 혈흔 정도의 모습을 보여주고 있다.

170  KBS, 「[현장] 이재명 대표 피습사건 최종 수사결과 발표/"습격범, 등산용 칼 개조해 연습" "추가 공범·배후 없어"」, 2024.01.29.(월)., https://youtu.be/QDIENpIpVcI

171  헤럴드경제, 「이재명 습격에 사용된 흉기 정체… "칼등 연마, 양날검 변형"」, 2024.01.10., https://biz.heraldcorp.com/article/3300470

〈사진 5〉 부산경찰청이 발표한 수사자료에 칼을 감싼 종이와 칼.

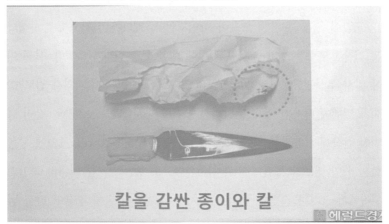

칼을 감싼 종이와 칼

▲ 부산경찰청이 2024년 1월 10일 오후 브리핑에서 공개한 피의자 김모(67)씨가 범행에 사용한 것으로 알려진 흉기와 흉기를 감싼 종이에 살짝 묻은 혈흔 모습.【출처 : 헤럴드경제 기사】

〈사진 6〉 범행 현장에서 발견된 범인의 칼에는 전혀 혈흔을 찾아볼 수 없다.

▲ 범행 당시의 찾았다는 칼에는 혈흔이 보이지 않는다【출처 : 서울시정일보】

## 2. 범인이 들고 있는 흉기(?)는 칼이 아닌 7~8cm의 막대기로 추정

필자가 〈사진4〉의 캡처 사진에서 보이는 비슷한 굵기의 막대기를 쥐고 검지 끝에서 손목까지의 길이를 측정하니 10cm가 나왔다. 필자의 손은 다른 사람에 비해 비교적 작은 편이다. 그런데도 10cm가 나왔는데 범인이 쥐고 있는 흉기의 길이는 캡처 사진에 나오는 길이를 자로 재보니 범인의 검지에서 손목까지의 길이(빨간색 화살표)는 약 2cm이고, 흉기의 길이(파란색 화살표)는 약 1.3cm로 나왔다. 만일 흉기가 13cm라면 범인의 검지에서 손목까지의 길이는 20cm라는 거대한 손을 가진 것으로 인간의 손으로 볼 수 없는 크기의 소유자라는 결론이다.

**〈사진 7〉 이재명이 피습당한 직후 손가락 하나와 휴지로 지혈하는 모습.**

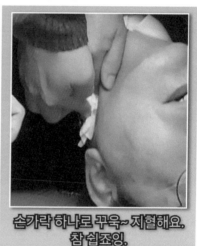

손가락 하나로 꾸욱~ 지혈해요. 참 쉽죠잉.

▲ 이재명대표가 피습당한 직후 휴지(?)로 응급지혈하고 있는 모습. 손가락 하나로 누른 모습으로 볼 때 상처부위가 크지 않은 것으로 보이나 서울대 의대의 발표에 따르면 목 안의 경정맥이 60%나 손상된 심각한 부상이라고 발표했다. 전문가들은 60%정도의 손상이라면 다량의 출혈로 지혈이 거의 불가능하다고 말한다. 우선 피가 솟구치면 지혈하는 사람의 손과 지혈하는 휴지가 피범벅이 되는 것이 상식이다. 보시다시피 모든 장면의 사진은 깨끗하다. 그런데도 〈사진7〉오른쪽 사진은 한 손가락과 휴지로 지혈할 정도의 모습이고, 〈사진8〉의 사진은 이대표의 뒷목의 좌측에서 우측으로 혈액이 흘러나와 굳은 모습이 카메라에 포착되었다. 이는 이대표의 목 뒤에서 좌측에서 우측으로 흘러나오는 혈액의 동선을 의미한다. 정상적이라면 피가 솟구쳐서 얼굴과 양복, 와이셔츠를 적시면서 바로 바닥으로 떨어져서 사방으로 튀어야 하는데 얼굴과 와이셔츠 등이 깨끗한 상태인 모습이 몹시 의문스럽다. 이는 이대표가 칼에 찔렸다고 하는 반대쪽 목 뒤로 누군가가 피주머니로 피를 부었다고 하는 세간의 소문의 진위가 사실일 가능성이 높아졌다는 것을 의미한다.(출처 : 인사이트, 파이낸스뉴스(좌), 온라인커뮤니티(우))

필자보다 손목이 크다고 볼 때 12~13cm로 추정할 경우 범인의 흉기의 길이는 7.8~8.45cm로 나온다. 경찰 수사에서 밝힌 칼 길이 13cm의 절반에 가까운 길이다. 캡처 사진의 오차가 있다 해도 이것은 너무나 차이가 심하다고 볼 수 있다. 따라서 범인이 쥐고 있는 흉기가 경찰이 현장에서 수거한 흉기와 동일하다고 볼 수 있을 것인지에 대한 의문이 생긴다.

## 3. 부산대병원, 1.5cm의 열상으로 진단

경찰에 따르면 이재명 더불어민주당 대표가 2024년 1월 2일 부산 현장 일정 중 피습을 당해 목 부위 출혈이 발생했다. 목 부위에 1cm의 상처가 나 상당량의 출혈이 발생했다.[172] 육안으로는 피부 손상 정도의 열상으로 보이나 서울대 병원측 주치의가 아닌 흉부외과 전문의이자 민주당 총선 영입 인재 5호인 강청희 전 대한의사협회 부회장은 열상이 아닌 내경정맥이 9mm이상 깊은 상처가 확인됐다고 발표했다.[173] 사건이 발생한 시각이 오전 10시 27분이며, 경찰당국과 소방당국의 공동대응으로 10시 59분 인근 명지 신호 축구장에서 빠르게 소방헬기로 갈아타 11시 14분 부산대병원에 도착했다.[174] 이재명은 피습당한 지 47분 만에 부산

---

**172** 파이낸셜뉴스, 「[4보] 이재명 목 부위 1cm 상처, 상당량 출혈… 경찰 "생명엔 지장 없어"」, 2024.01.02., https://www.fnnews.com/news/202401021121550090

**173** YTN, 「"이재명, 1cm 열상 아냐"…흉부외과 전문의, 서울대병원에 던진 의문」, 2024.1.4., https://youtu.be/ComGGdkHzao

**174** ①나무위키, 「이재명 피습사건」, ②이데일리, 「이재명, 부산서 괴한 피습으로 병원 후송…"의식 명료"(종합)」, 2024.01.02., https://www.edaily.co.kr/news/read?newsId=02292726638753784&
③동아일보, 「피습 46분만에 부산대병원 헬기 이송… 응급처치뒤 서울대병원으로 다시 옮겨」, 2024.01.03., https://www.donga.com/news/Society/article/all/20240103/122876662/1

대병원에 도착하여 진단받은 바, 피습으로 목 부위에 1.5cm 정도 열상을 입었으며, '경정맥 손상 우려'가 있는 것으로 진단됐다. 부산대병원에서 상처 치료와 파상풍 주사 접종 등의 응급치료를 받았다.[175] 이것은 전문의의 진단이다. 만일 이때 경정맥이 아닌 내경정맥의 손상이 있었다면 지혈이 가능했겠느냐는 의문이 들며, 병원에 도착해서도 다량의 출혈이 발생할 수 있음에도 불구하고 이에 대한 진단이 없는 것으로 볼 때 열상과 가벼운 경정맥 손상으로 볼 수 있다. 만일 서울대 의대 주장대로 내경정맥이 9mm정도 손상된 상태라면 다량의 출혈로 사건 현장에서 부산대병원까지 오는데도 생명에 지장이 있을지 모를 위험한 자상이다. 왜냐하면 경정맥은 면적이 큰 혈관이기 때문에 외부 손상시 심각한 출혈이 발생할 수 있다. 다량 출혈을 즉시 해결하지 않으면 저혈량성 쇼크나 이로 인한 장기부전이 발생해 사망에 이를 수 있다. 신속한 응급조치가 무엇보다 중요한 이유다.[176]

---

**175** MBC, 「의료진 "李, 경동맥 찔렸다면 사망··경정맥 다쳐 그나마 다행"」, 2024.01.02., https://imnews.imbc.com/news/2024/society/article/6558647_36438.html

**176** 매일경제, 「이재명 흉기피습 '경정맥 손상' 얼마나 위험?···출혈 못막으면 쇼크사도」, 2024.01.03., https://www.mk.co.kr/news/it/10912288

## 4. 지혈한 손가락과 얼굴 부위 혈흔없이 이재명 뒷목서 흘러나온 모습

⟨사진 8⟩ 피습당한 부위를 휴지로 지혈하고 있는 모습.

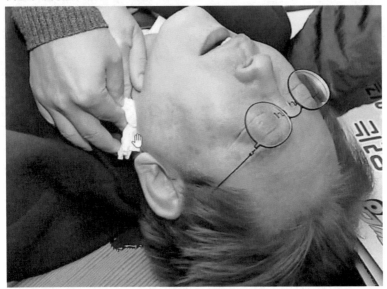

▲ 위 사진은 아주경제, 「이재명, 부산서 흉기피습…尹대통령 등 '쾌유'기원」 기사의 연합뉴스 사진과 같으나 ⟨사진8⟩이 더 선명하며, 지혈부분을 확대 편집한 모습임.

서울대병원의 발표대로 내경정맥이 9mm정도의 자상이면 피가 위로 솟구치면서 콸콸 쏟아져 나온다는 것이 전문의 소견이다. 적어도 이재명의 목 주변은 피범벅이 되어야 하고 지압하는 휴지와 손이 피범벅이 되어야 하며, 그 바닥도 피가 떨어지면서 피범벅이 되어야 한다. 그러나 전혀 그런 모습이 보이지 않은 채로 이재명의 목 뒤에서 반응고된 피가 흘러나오는 모습이 보일 뿐이다. 지압하는 휴지가 피범벅이 되어 줄줄 흐를 정도가 되어야 바닥에 피가 떨어지게 된다.【출처 : 온라인 커뮤니티】

〈사진 9〉 피습당한 부위를 휴지로 지혈하고 있는 모습.

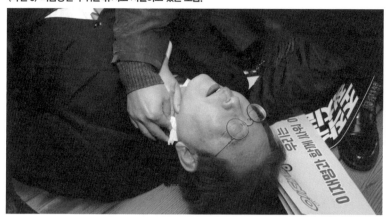

▲ 연합뉴스 사진을 AFP통신에서 받아 엘파이스에서 보도한 사진으로 위의 사진과 같으나 전체적으로 사진을 살짝 어둡게 처리한 것으로 보인다.【출처 : 엘 파이스 신문, AFP통신】

〈사진 10〉 테러당했다는 이재명을 지혈하는 모습을 정면에서 촬영한 사진.

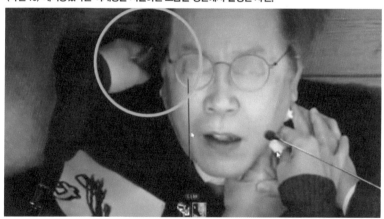

▲ 〈사진8, 9, 10〉의 모습을 보면 내경정맥 9mm정도의 자상이면 피가 솟구쳐서 지혈하는 사람의 휴지는 물론 손까지 벌겋게 물들고 피가 바닥으로 떨어져 흩어지는 혈흔이 보여야 함에도 불구하고 휴지는 물론 와이셔츠도 깨끗하고, 지혈하는 사람의 손도 피한방울 묻지 않았다. 그럼에도 〈사진8〉의 이재명 목뒤로 좌측에서 우측으로 피가 흘러나와 피가 응고되는 모습이 보인다. 피가 솟구치면 자상 부위에서 얼굴과 와이셔츠, 지혈하는 손 등에 피범벅이 되면서, 곧바로 아래로 떨어져 피가 사방으로 튀어야 정상이나 그러한 혈흔이 전혀 보이지 않는다. 이러한 의문은 〈사진10〉을 보면 비로소 그 의문이 풀린다. 원안의 모습을 보면 누군가 피주머니같은 것을 짜는 모습이 포착되었다. 〈사진10〉을 조작된 사진이라 하나, 만일 이것이 팩트사진으로서 피주머니라고 한다면 〈사진8〉은 이대표 뒷목쪽 바닥의 좌측에서 우측으로 혈액이 흘러나온 모습에 대한 의문의 해답이 될 수 있다.【출처 : 온라인 커뮤니티】

## 5. 열상으로 추정되는 증거들

　　자상이 아닌 열상으로 추정되는 증거들은 위의 사진과 전문의 소견
에서도 충분히 알 수 있는 사실이다. 그것은 첫째, 현장에서 휴지로도 지
혈이 가능했으며, 둘째, 첫 번째 지혈한 종이에 묻은 혈흔은 약간의 피
가 묻어 있을 정도로 경미한 모습을 보여 주고 있으며, 셋째, 범인이 범
행한 칼을 감싼 종이에는 약간의 혈흔이 보일 정도이며, 칼은 피가 묻
었는지조차 알 수 없다는 점이다. 넷째, 경찰이나 부산대병원에서 진단
한 결과가 1.5cm정도의 열상이란 점이다. 다섯째, 다량의 출혈이 없었으
며, 그러한 증거도 없다. 그런데도 여전한 의문은 범인이 찌른 칼의 길이
는 13cm이며, 이 칼이 이재명의 목부위를 완전히 들어가 범인의 손이 이
재명의 목에 닿을 정도로 깊숙이 찔렀다는 것을 보여준다. 그러나 실제
로는 거의 피를 흘린 흔적이 없음에도 불구하고 테크바닥에는 혈흔이 번
져있다는 것이 의문이다. 더 이상한 일은 사건이 발생한 지 24분이 지난
10시 51분에 이재명이 병원에 후송된 직후 15분 후에 형사기동대 봉고차
와 순찰차가 현장에 추가로 도착하여 봉고차에서 생수병 묶음을 내려
물을 뿌려 혈흔을 지우기 시작했다는 점이다. 이어 11시 7분 순찰차로 도
착한 경찰이 순찰차에서 청소도구와 양동이 두 개를 꺼내 이 대표 피습
현장으로 가져와서 11시 9분, 경찰이 범행 현장의 나무 테크에 남아있던
이대표의 출혈 자국을 생수를 뿌려가며 물청소하기 시작해 출혈 현장 혈
흔을 제거하였다. 혈흔 현장 물청소 전에는 검은 우산 여러 개로 혈흔을
가려 놓았고 폴리스라인은 설치하지 않았다. 현장에 도착한 부산경찰서
소속 경찰은 출혈 흔적이 있는 현장 사진을 촬영하지 않은 채 모든 현장

혈흔을 식수용 생수병 물을 이용해 물청소로 제거했다.[177] 무엇 때문에 경찰에서 이토록 서둘러서 현장 촬영이나 혈흔의 DNA검사도 없이 황급하게 지워버렸는지가 의문이다. 이러한 의문은 〈사진8〉등 피습 당시의 모든 사진을 봐도 피가 사방으로 튀거나 이대표의 얼굴, 목, 와이셔츠, 지혈자의 손 등에 다량의 출혈로 인한 피범벅 흔적이 없고, 휴지로 지혈한 부분도 약간의 피가 묻어있을 정도로 경미했기 때문이다. 또한 혈흔 제거 후, 대테러 종합 상황실에서 다음과 같은 문자를 배포하였다.

　〈부산 강서, 이재명 대표 부산 방문 중 피습사건 발생(2보) / 의식 있음〉 ● 10:27 경 가덕도를 방문 후 차량으로 이동중인 이재명 대표의 목 부위를 과도로 찌른 불상자(6~70대 노인)를 현장에서 검거 - 현장에서 지혈 중(의식 있으며, 출혈양 적은 상태) - 소방, 목 부위 1cm 열상으로 경상 추정[178]

---

**177**　나무위키, 「이재명 피습사건」 참조. 증거인멸 자체가 판결에 영향을 끼치려는 행위인데, 증거 영상과 흉기를 확보했으며 범인도 범행을 인정했기에 법정에서 다툼의 여지가 없다. 현장 보존을 강조하는 이유는 범인에 대한 단서를 확보할 수 있고 범행을 입증할 수 있는 증거로 활용할 수 있기 때문인데 이미 범인이 현장에서 잡히고 결정적인 증거를 확보했으며, 그곳이 행사장인지라 피를 닦았다고 해명했다. 어차피 이재명의 피인데 아이들도 많이 다니는 행사장에 피를 방치해 둘 순 없다는 논리였다.

**178**　나무위키, 위의글

〈사진 11〉 이재명대표가 피습 직후 쓰러진 상태에서 휴지로 압박 지혈하는 모습.

이재명 더불어민주당 대표가 2일 오전 부산 가덕도에서 신원미상인에게 피습을 당한 뒤 쓰러져 있다. (유튜브 정일영 TV 캡쳐) 2024.1.2/뉴스1

【출처】①아시아경제, 「광주 총선 예비후보들 "이재명피습, 민주주의에 대한 테러" 한 목소리」②아주경제, 「이재명, 부산서 흉기피습…尹대통령 등 '쾌유'기원」, 기사

〈사진 12〉 피습 직후 휴지로 지혈하던 것을 손수건으로 교체하여 지혈하는 모습.

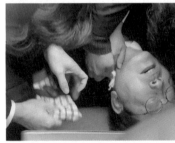

▲ 그늘진 모습이 출혈자국을 가리고 있으나 〈사진8〉을 보면 혈액이 이재명을 바라보고 좌측 뒷목에서 우측 뒷목으로 흘러왔음을 알 수 있다. 혈흔을 어둡게 처리함.【출처 : 조선일보, 「경찰 "이대표, 목부위 1cm 열상… 경상 추정"」(2024.01.02.)」】

위의 사진 〈사진8, 9, 10, 11, 12〉에 따르면, 이재명이 피습당한 지 수분이 지나도록 피 한방울도 나오지 않았으며, 압박을 한 휴지나 손수 건에도 피 한방울도 묻은 흔적이 보이지 않고 있다. 특히 〈사진11〉의 오 른쪽 사진은 피습당한 즉시 쓰러진 이재명에 대해 1차 지혈을 하고 버린 조그만 휴지로 약간의 혈흔만이 보일 뿐이다. 이는 서울대병원이 발표한 내경정맥 60%인 9mm가 손상됐다는 발표는 거짓임을 입증하는 증거이다. 서울대병원의 발표가 사실이라면 피가 분수처럼 솟구쳐 사방 30~40cm는 피범벅이 되었을 것이다.

## 6. 전문가의 진단, "상식에 맞지 않는 내경정맥 60% 손상"

심혈관 수술 분야에서 명의로 꼽히는 한 대학병원 교수는 "비정상적인 혈관을 정상적으로 만들어주는 걸 혈관 재건술이라고 하는데 사실 혈관 재건이라고 하면 찢어진 걸 꿰매는 것"이라며 "관을 넣었다는 건 일종의 인조혈관을 덧대 꿰맸다는 것"이라고 설명했다.

그러면서 이 교수는 "브리핑 내용을 보면 내경정맥 60%가 손상이 됐다고 하는데 만약 그 정도로 찢어진 거라면 손으로 눌러서 피가 멎는 건 쉽지 않다"며 "가끔 영화를 보면 목에 총을 맞으면 피가 콸콸콸 쏟아지는데 내경정맥 60% 손상이라면 피가 그렇게 쏟아졌을 것인데 이런 상태의 환자를 혈관을 누른 채로 헬기를 타고 서울까지 올라왔다면 이런 결정을 내린 사람들은 살인미수인 셈"이라고 목소리를 높였다.

실제로 이 대표가 피습을 당한 후 도착한 부산대병원에서 수술을 받지 않고 서울대병원까지 몇 시간에 걸쳐 이동한 뒤 수술을 받은 데 대해서는 논란이 끊이지 않고 있다. 심장뇌혈관 전문의들도 하나같이 이 부분을 이해할 수 없다고 입을 모은다.

익명을 요구한 한 대학병원 교수는 "경정맥이 60% 손상된 환자를 부산에서 서울까지 데리고 간 건 미친 짓"이라며 "정치적인 관점을 떠나 의학적 관점에서 경정맥은 진짜 위험한 부위인데 손상 환자가 발생한 후 조치 절차를 생각해보면 조금도 이해가 되지 않는다"고 했다.

그러면서 "수술 후 찍은 사진을 보면 피가 솟구치는 것 같지 않고 목 근처에 근육이나 피부 근육, 신경 손상 등이 있는 것 같다"고 덧붙였다.

〈사진13〉 심혈관 수술분야에서 명의로 꼽히는 한 대학병원 교수의 증언 내용 캡처[179]
▲ "내경정맥 60%가 손상됐다면 목에서 피가 콸콸콸 쏟아졌을 것인데 이런 상태의 환자의 혈관을 누른 채 헬기로 서울까지 이송했다면 그런 결정을 내린 사람들은 미친 짓이요, 살인미수인 셈"일 정도로 극히 위험한 상태임을 밝혔다.

---

179   MoneyS, 「'서울 이송 왜? 자작극?' 이재명 피습 논란에 심혈관 명의 '일침'」, 2024.01.03.,
      https://www.moneys.co.kr/article/2024010318238031878

서울대의대의 발표대로라면, 이재명 대표의 목부위는 물론 얼굴이나 옷, 바닥이 피가 솟구쳐서 사방으로 튄 혈흔이 낭자해야 정상이다. 아무리 신속히 지혈을 했다 해도 피가 일부 튀는 것을 막을 수는 없으며, 지혈하는 자의 손과 휴지가 피범벅이 되어야 맞다. 그러나 그러한 일은 전혀 발생하지 않았다. 따라서 자상이 아닌 경미한 열상에 불과하다는 경찰이나 부산대병원의 진단이 맞다고 본다. 이는 사건 발생 후 47분 만에 부산대 병원에 도착한 이후에도 열상으로 파악했으며, 응급조치 후 경정맥 손상이 있을지도 모른다는 우려를 표명한 점으로 미루어볼 때 출혈이 거의 없었다는 것을 말해주는 대목이다. 만일 출혈이 심하면 생명이 위독할 수 있기 때문에 즉시 응급수술로 들어가서 서울대병원 이송은 엄두도 못냈을 것이다. 그렇다면 그 간단한 치료를 왜 부산대병원에서 치료를 하지 않고 2천만 원씩이나 들여가면서 서울대병원으로 이송했는가 하는 점이다. 이것은 위의 사진을 근거로 추정하건대 서울대병원으로 이송해야 거기서 거래의 합을 맞춘 커넥션과 공작하여 '기획된 이재명 피습사건'을 심각한 테러 사건로 조작하여 야당 총선승리에 커다란 영향을 줄 수 있기 때문으로 분석된다. 또한 위의 사진을 근거로 테크 바닥으로 정체불명의 혈흔이 있었으나 이는 〈사진10〉에서 보여주는 바와 같이 인공혈액이나 동물피로 추정되는 피주머니로 혈액을 뿌린 것이 아닌가 하는 추정이 가능하다.

## '총선승리 위한 기획된 피습사건'으로 볼 수 있는 증거들

**〈사진 14〉 범인이 이대표를 피습할 때 사용한 흉기**
범인이 이대표를 피습한 흉기는 칼이 아닌 막대기 모양을 하고 있다. 길이도 상당히 짧다.
【출처 : 더퍼블릭, 2024.1.3.】

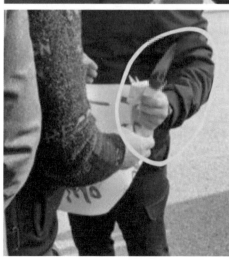

**〈사진 15〉 현장에서 범인의 왼손에 쥐고 있던 흉기를 수거한 칼 모습.**
범인의 왼손에서 빼앗은 칼에는 피가 묻은 흔적이 없다고 현장에서 소리치는 소리가 들릴 정도로 혈흔 흔적이 없었다.【출처:더퍼블릭, 2024.1.3.】

〈사진 16〉 테러현장의 혈흔을 황급히 지우고 있는 경찰 모습. 【출처 : 온라인 커뮤니티】

더욱이 〈사진16〉처럼 현장을 지우는 모습을 촬영하여 혈흔 사진증거만을 남긴 뒤 황급히 증거를 인멸, 조작에 대한 화근을 없앴다는 의혹을 갖게 했다. 수사에는 혈흔을 촬영하는 사진은 필요해도 증거를 인멸하는 사진은 필요가 없다. 이 사진은 현장 청소했는지를 확인하기 위한 보고용 사진이나 영상같다. 그런데도 이재명 대표가 병원으로 이송되자마자 그 혈흔이 이재명과의 혈액과 일치하는 지의 여부도 확인하지 않은 채 하급 경찰관들에게 현장의 증거를 인멸하라고 지시한 점은 이러한 합리적 의심을 사기에 충분하다 할 것이다. 따라서 이재명 피습사건은 위와 같은 내용으로 볼 때 차기 총선을 위한 기획된 피습사건이라고 잠정적으로 결론을 내려도 무방하지 않을까 하는 판단이다. 이러한 결론은 이재명이 자신의 친형을 정신병원에 집어넣으려고 혈안이 되어 광기를 부린 점이나 형이나 형수에게 온갖 개쌍욕을 하는 것이나 김부선과 수없이 관계를 갖고도 온갖 욕설을 다 하는 악질적 인성은 물론 굽은 팔로 국민을 기만하거나 철거민과 몸싸움으로 다치지도 않은 팔과 손목에 기부스한 손으로 국민을 떡먹듯 기만하고 속이는 일을 능수능란하게 해온 전력에 비추어 목적을 위해서는 수단과 방법을 가리지 않고 무슨 짓이라도 할 수 있는 인사라는 인식 때문이다.

〈사진〉3,6,7,8,9,10,11,12,15를 보면 이재명의 와이셔츠 좌측 칼라(피습당한 반대쪽)는 매우 깨끗하게 보인다. 게다가 최초로 지혈하고 버린 휴지에 묻은 혈흔도 경미한 모습이다. 특히 〈사진〉1,2,3은 범인의 손가락이 이재명의 목에 닿았던 점으로 미뤄 13cm의 칼날이 완전히 이재명의 목을 깊숙이 찔러서 들어간 모습이다. 피가 콸콸 솟구칠 정도로 쏟아져 나와야 정상임에도 그렇지 않았다. 위의 사진들은 이러한 사실을 완전히 뒤집는 모습만 보여줄 뿐이다.

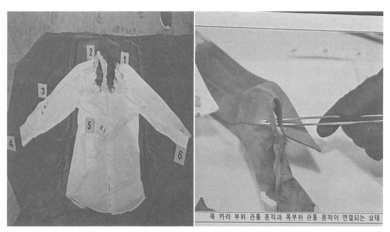

목 카라 부위 관통 흔적과 목부위 관통 흔적이 연결되는 상태

▲ 이재명 더불어민주당 대표가 지난 2일 피습 당시 입었던 와이셔츠. 옷깃에 흉기가 관통한 흔적. 2024.1.12 부산경찰청 제공(미디어저널, 2024.01.12.)

위의 와이셔츠의 피자욱도 현장에서는 볼 수 없었던 모습들이다. 만일 와이셔츠 깃 때문이라면 칼날만 13cm인 범인의 칼이 이 대표의 목을 관통할 정도로 찌른 모습은 나올 수 없었을 것이다. 경찰이 증거물을 챙기지 않고 민주당 측의 제보에 의해서 의료용 쓰레기봉투에 버려진 것을 겨우 찾아냈다는 것도 만화같은 일이다.[180]

**〈사진 17〉 이대표 피습초기 압박 지혈장면**

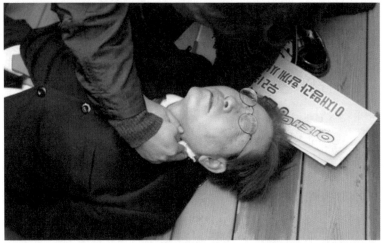

▲ 와이셔츠칼라에 전혀 피가 묻은 흔적이 보이지 않는다. 그런데도 피가 이대표 뒷목 우측에서 좌측으로 피가 흘러나오는 모습을 볼 수 있다. 피가 솟구쳤다면 피습당한 부위 전방으로 피범벅이 되었을 것이다.
【출처 : 한국일보(부산 뉴시스)】

---

180  국민일보, 「"경찰이 초동수사로 李셔츠 찾았다? 우리가 알려준 것" 野주장」, 2024.01.12.,
     https://news.nate.com/view/20240112n21534?mid=n0100

〈사진 18〉 이 대표의 피습 부위를 초기 지혈 후 손수건으로 압박지혈 하는 모습.

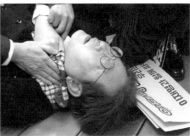

▲ 이 대표의 피습 초기 조그만 휴지나 거즈로 압박지혈하다 그 위에 손수건으로 덮어 함께 지혈하는 모습. 그후에 거다란 거즈로 교체하여 압박지혈할 때 초기 압박지혈한 휴지(거즈)에는 혈흔이 심하지 않은 모습임.【출처 : 조선일보, 한국일보】

〈사진 19〉 이대표의 피습부위를 초기 지혈후 커다란 거즈로 압박지혈하는 모습.

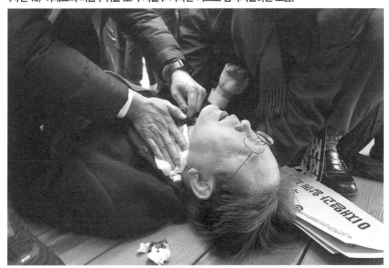

▲ 이 대표 피습 초기 압박 지혈한 휴지(거즈)에 묻은 혈흔은 경미하다. 그런데 더 큰 거즈로 압박지혈할 때는 넥타이 앞 쪽의 와이셔츠가 피에 물들어 있다. 피가 역으로 흘러갔다는 의미가 된다. 다량의 출혈도 아닌데 어떻게 저런 일이 발생할 수 있는지 의문이다. 이 사진은 중국 차이나타임즈가 신화사통신으로부터 받은 사진을 보도한 사진이다. 인디뉴스에서도 보도한 바 사진 출처를 온라인 커뮤니티로 밝히고 있다.【출처 : 차이나타임즈, 인디뉴스】

〈사진〉17,18,19를 보더라도 출혈이 경미함에도 불구하고 압박하고 있는 상태에서 피가 위로 올라가 와이셔츠를 적시는 괴이한 현상이 일어났음을 보여주고 있다. 이것은 앞의 〈사진 10〉의 피주머니의 피를 짜서 뿌렸다는 의문을 가지지 않을 수 없다.

게다가 이대표는 서울대의대에서 중환자실에서 응급수술을 받을 정도로 큰 수술을 받았음에도 불구하고 자신이 어디를 다쳤는지, 어디가 아픈 부위인지도 모르고 아무데나 밴드를 붙인 모습이 드러났다. 도대체 수술한 환자가 맞는지도 의문이라는 것이다.

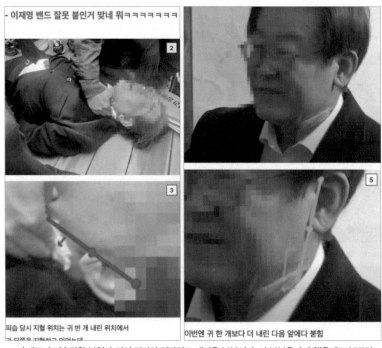

- 이재명 밴드 잘못 붙인거 맞네 뭐ㅋㅋㅋㅋㅋㅋㅋㅋ

피습 당시 지혈 위치는 귀 반 개 내린 위치에서

이번엔 귀 한 개보다 더 내린 다음 앞에다 붙힘

▲ 이 대표가 피습당한 부위가 귀의 길이의 절반정도 내려온 부분이며, 이 부분을 수술했음에도 불구하고 귀의 길이와 같은 길이, 피습과 전혀 관계없는 부위에 커다란 밴드를 붙인 사진을 보도했다.【출처 : 서울시정일보】

서울시정일보는 고려대 서지문 교수의 칼럼 전문을 게재하였는데 서 교수는 지금까지 유튜버들이 제기한 의문을 모두 제기했다. 서 교수는 "(이대표 피습 직후 흘린) 피는 범행 직후 지지자들이 상처를 누른 손수건에도, 상처와 닿은 와이셔츠에도 거의 흔적이 없고 쓰러져 누운 이재명의 목 아래에 뜬금없이 피가 고여 있었다."면서, 이는 "물리학적으로 설명할 길이 없는 현상이다."고 지적했다. 그러면서 "그 피는 사건 현장이 말끔히 청소되면서 사라져서, 누구의 혈액인지 진짜 혈액이었는지 확인할 길이 없다."고 했다. 따라서 이러한 여러 가지 의문점을 해결하고, 다수의 국민들이 제기하는 음모론이나 자작극이란 의문을 해소하기 위해서는 "이 대표의 상처의 모습과 수술광경이 담긴 영상은 반드시 공개되어야 한다. (상처를 즉시 촬영하지 않았다면 지금이라도 촬영, 공개해서 사건 당시의 상해 정도를 유추할 수 있게 해야 한다.)"고 주장했다.[181]

물론 이재명 당시 대표의 피습범은 대법원에서 15년 징역형을 받았다. 그럼에도 불구하고 심리과정에서 이러한 모든 의혹이 해소된 재판인지는 의문이다. 설사 범인이 칼로 찔렀다고 자백을 했다 해도 칼로 찔렀다는 증거가 확고해야 한다. 동영상에 나타난 13cm의 칼날이 이재명 대표의 목을 깊숙이 들어간 모습은 여러 각도에서도 볼 수 있기 때문이다. 와이셔츠깃에 의해 들어가지 않았다면 적어도 범인의 손은 이재명 대표의 목으로부터 7~10cm정도 이격된 모습을 보여야 정상이다. 또한 서울

---

181 서울시정일보, 「[이슈] 이재명 피격. 진실의 문을 열어…서지문 교수의 교차로에서 탐정의 눈으로 파헤치는 국민들」(서지문교수 칼럼), 2024.01.12.,
https://www.msnews.co.kr/news/articleView.html?idxno=661289

의대의 발표에 의해서도 피범벅이 되어야 의학 상식에 맞는다. 뿐만아니라 공식적으로 언론사에서 촬영한 현장 사진에서조차 지혈한 거즈(휴지)에 묻은 피자국은 매우 경미한 수준인데 시간이 갈수록 물리학의 이치를 역행하여 턱밑의 와이셔츠가 피에 젖는 기이한 현상을 보여주고 있다. 게다가 이 대표의 피습 초기에 경찰이나 소방당국의 진단은 가벼운 열상으로 진단했다. 그들이 출혈이 심한데도 그렇게 판단했다는 것인가? 이 모두가 의문으로 남는 사건이다. 필자가 너무 과민한 탓일까. 그렇기 때문에 서지문 교수도 이 대표의 수술과정을 담은 영상을 모두 공개할 것을 주장하는 것이다.

## 남의 업적 '가로채기'로 업적 부각

### '성남시립병원 설립 조례제정 성과'에 숟가락 얹은 이재명

#### 1. 성남시립병원 설립 조례제정 운동 배경과 투쟁

'성남시립병원설립 조례제정 운동'은 2003년 6월 9일 성남병원부지에 아파트사업승인이 이루어지고 6월 20일 인하병원이 폐업을 공고하면서 시작되었다. 인하·성남병원은 성남 구시가지(수정구·중원구)에서 가장 큰 종합병원이었다.[182] 인구 55만 명이 살고 있는 수정구와 중원구에 있던 3

---

182  박승진, 「주민조례청구제도의 성공요인 연구」, 2008년 2월, 아주대학교 대학원 응용사회학과 행정학 석사학위 논문, p.2

개의 종합병원 중 2개는 문을 닫고 200병상 규모의 종합병원은 중앙병원(292병상) 한 곳만 남게 됐다. 물론 비교적 부유층이 거주하는 분당지역에는 분당재생병원, 차병원, 서울대 분당병원 등이 있어 양질의 의료서비스가 제공되고 있는 것과는 달리 상대적으로 저소득층이 많은 수정구와 중원구에는 대형병원들이 잇따라 문을 닫아 의료서비스가 낮게 된 것은 사실이다.[183] 그렇다고 하여 성남 주민들이 심각한 의료공백으로 의료서비스를 받지 못하는 상황은 아니다. 다만 종합병원 폐쇄로 인한 생존권이 박탈된 인하병원 노조에 의해 병원 폐업 철회를 요구하면서 시작된 운동이다. 하루아침에 생존권을 잃어버린 노조원들은 병원 폐업 철회라는 대안을 제시하면서 힘겹게 인하병원 재단과 싸우고 있었다. 그러던 중 2003년 7월 10일 이러한 상황을 감지한 시민단체들은 인하노조와 합세하여 '인하·성남병원 폐업 범시민대책위'(이하 '범대위'라 한다)를 조직하여 병원 폐업 반대 운동을 주도하였다.[184]

2003년 11월 7일 범대위와 여러 시민단체 및 시민들이 합세하여 '성남시립병원설립을 위한 범시민추진위원회'(이하 '추진위'라 한다)를 출범시키면서 시립병원 문제가 성남시의 공중의제로 부각하게 되었다.[185]

그동안 시민들은 2003년 12월까지 1년 6개월 동안 성남시민 1만 8595명의 서명을 받아 전국에서 처음으로 주민이 발의한 공공병원 설립

183  오마이뉴스, 「성남시립병원 설립 둘러싼 갈등 확산, 시의회, 본회의 개회 1분만에 산회 선포..조례안 심의 5월로 연기」, 2004.03.26.,
https://www.ohmynews.com/NWS_Web/view/at_pg.aspx?CNTN_CD=A0000177386
184  위의 논문, p.2
185  위의 논문, p.2

조례안을 본회의에 상정시키는 데 성공했다. 그러나 2004년 3월 25일 오후 성남시의회(의장 김상현·한나라당) 제114차 임시회 2차 본회의에서 의장 직권으로 '지방공사 성남의료원 설립 및 운영 조례안'에 대한 심의가 보류됐다. 이에 반발한 민주노동당 김미라, 김기명 의원이 심의 보류 결정에 대해 이의를 제기하자, 시의회가 산회를 선포했다. 이에 주민들이 항의하며 본회의장을 점거해 항의농성에 들어가게 되었다. 이 과정에서 시의원들이 몸싸움을 벌여 주민과 공무원 10여 명이 다쳤으며, 성남시청 현관 유리창과 집기가 파손됐다. 이에 시의회는 소요 사태를 중단하고 주민 해산을 위해 경호권을 발동해 공권력을 투입했지만 충돌을 우려한 경찰이 10분 만에 물러나면서 충돌은 일어나지 않았다. 주민 등이 점거를 풀고 본회의장에서 나온 후 김미라 의원 등 31명이 경찰에 의해 연행됐다.[186] 이 과정에서 이재명은 육두문자를 날리면서 유리창 등 기물을 파손한 행위로 벌금 500만 원이 나왔다. 이 사건으로 인해 이재명은 전과자가 되어 가장 선봉에서 열심히 일한 것으로 착각을 하지만 범죄행위와 운동을 주도하는 것은 전혀 다른 차원의 문제이다.

## 2. 조례제정과 성남시의료원의 설립 및 재정적자

추진위는 출범과 동시에 '성남시립병원 조례제정 청구 운동'을 주도하면서 2년여의 시간 동안 힘겹게 시의회와 시장과 싸웠고, 결국 2006년 3월 16일 전국 최초로 시민발의에 의한 시립병원 조례가 통과하게 되

---

186 나무위키, 성남시립병원 설립운동 참조

었다.[187]

이재명이 성남시장에 당선되면서 성남시립병원 건설을 주도하여 착수하게 되고 2019년 11월 의료기관 개설허가를 받아 본격적으로 운영되기 시작했다.

그러나 지난 2022년 10월 18일 의사 출신인 신상진 성남시장은 '민선 8기 취임 100일 기자회견'에서 더불어민주당 출신 시장들의 12년 재임 기간을 '부정부패'로 규정하고 새로운 성남을 언급하는 과정에서 성남시의료원의 대학병원 위탁 운영 의지를 다시 한번 드러냈으나 성남시의회에서 심사 보류된 상태다.

신 시장은 "연봉을 3억~4억원 이상 제시해도 신경외과 의사는 아직 구하지 못했고 심장내과, 순환기내과 의사 1명을 구하긴 했지만 연봉이 3억 5,000만 원이다. 다른 병원에서 전공의를 마치고 펠로우 1년을 하다 온 의사라고 한다"며, 이대로 가다가는 매년 1천억 적자가 예상된다고 심각한 재정적자를 우려했다.[188] 시와 시 의료원은 하루에 외래환자 1천500명 이상, 입원환자 300명 이상이 돼야 적자 없이 어느 정도 정상 운영이 가능하다고 보고 있다. 그러나 지난해 하루 평균 450~500명의 외래환자, 100~110명의 입원환자가 있었던 것에 불과했다. 정상 운영이 가능한 외래·입원환자 수에 절반도 채 안 되는 환자가 시 의료원을 찾았다.[189]

---

187  박승진, 위의 논문, p.2

188  청년의사, 「신상진 시장 "이대로는 1천억 적자" 성남의료원 위탁운영 고수」, 2022.10.19., https://www.docdocdoc.co.kr/news/articleView.html?idxno=2028309

189  경기일보, 「[위기의 '성남시의료원'] ①팬데믹 지원금 뚝… 年 수백억 '적자 눈덩이'」, 2023.01.30., https://n.news.naver.com/article/666/0000002472?sid=102

하루 외래 450명이면 의사 3~4명 있는 의원 규모인데 의사가 46명이나 있다는 것이다. 풀타임 외래 기준으로 하면 하루평균 10명의 환자를 보는 격이니 적자가 안 날 수가 없다는 것이다.

### 3. 이재명, '성남시립병원 설립 조례제정 운동 주도'는 헛소리

이재명은 "성남시립병원 설립 조례 최초 주민 조례 발의 대표청구인이 접니다. 저하고 여기 보건의료노조, 시민단체들이 같이 전국 최초로 주민발의 조례를 만들었는데 저희가 1년 6개월간 눈비 맞아가면서 열심히 했는데 이 건물 5층 시의회에서 딱 47초 만에 날치기로 폐기가 되었어요. 제가 좀 격정적인 데가 있습니다. 제가 좀 육두문자를 썼습니다. 방청석에서.. "[190]

"저는 한 사람의 시민으로서 지역의 공공의료원 설립 운동을 주도한 경험이 있습니다. 공공의료원이 서민과 소외계층에게 얼마나 절실한지 현장에서 배우고 깨우쳤습니다. 탁상공론의 벽에서 겪었던 좌절감이 결국 저를 현실 정치로 뛰어들게 만들었습니다."[191]라고 이재명은 성남시립병원 설립 주민 조례 대표청구인도 자신이라고 하고 자신이 공공의료원 설립 운동을 주도했다고 단언한다. 그렇게 알려져서 대선후보 때도 "이 후보는 성남지역에서 인권변호사로 활동하던 2002년 당시 성남시립병원 설립추진위원회 공동대표를 맡아 시민청원운동을 주도했다."고 알려져서

---

190    오마이TV, 「이재명 성남시장 당선자, "시립병원 꼭 추진할 것"」, 2017. 9. 21.
       https://youtu.be/N9quzqf20MQ

191    JTBC News, 「[현장영상] 이재명 "70개 권역별 공공병원…전국민 주치의 시대" 공약 발표」,
       2021.12.31., https://youtu.be/zOcW_XdVmfk

한의사와 물리치료사 등이 대거 포함된 보건의료 공정성 실현을 희망하는 보건의료인 7,100명이 더불어민주당 대통령 경선에 나선 이재명 후보를 지지했다.[192]

이처럼 이재명의 말만 들으면 처음부터 끝까지 이재명으로 시작해서 이재명으로 완결된 것처럼 들린다. 47초 만에 날치기 폐기됐다고 하는데 폐기된 것이 아니고 1분여 만에 다음 회기로 심의가 보류된 것이다. 게다가 서민과 소외계층을 위한 것이라고 했는데 우리나라는 영국의 공공병원처럼 진단비가 무료가 아니다. 우리나라는 모든 병원이 국민건강보험의 통제를 받는지라 공공병원과 서울아산병원의 진료비가 똑같다. 싼 가격이 무기인 OECD 국가들의 공공병원과는 달리, 우리나라 공공병원에는 환자를 유혹할 수단이 없다는 것이다. 그러니 같은 값이면 성남에 있는 분당서울대병원과 차병원 등의 대형병원을 가지 굳이 의료서비스가 낮은 성남시의료원을 갈 필요가 없다는 것이다.[193]

이 같은 이재명의 주장에 대해 이민석 변호사는 "이재명은 약자들의 투쟁의 성과도 자기의 것으로 만드는 파렴치한"이라고 맹공하면서 다음과 같이 2021년 6월 25일 자신의 페이스북에서 반박한다.

"이재명이 하는 말이 억강부약이다. 그런데 말과 행동이 너무나 다르다. 2004년 민주노동당 동지들이 성남시립병원 설립 조례제정을 외치면서

---

192    청년의사, 「한의사 포함 보건의료인 7,100명, 이재명 후보 지지 선언」, 2021.08.26.,
       https://www.docdocdoc.co.kr/news/articleView.html?idxno=2013855

193    일요서울, 「[서민의 곡(哭)소리]이재명은 왜 성남의료원을 지었을까?」, 2024.01.05., 15면,
       https://www.ilyoseoul.co.kr/news/articleView.html?idxno=482663

성남시의회에 들어갔다. 그 와중에 성남시 관계자들과 충돌이 벌어졌고 민주노동당 당원 2명이 구속되었다. 검찰은 이재명을 공범으로 소환하였는데 이재명은 소환에 불응하였다. 당시 이재명이 성남시립병원 설립 조례제정 운동본부의 공동대표였기때문이다. 활동의 중심은 민주노동당원들이고 이재명은 이름만 올린 정도였다.

이재명은 나중에 성남시와 합의가 된 후 검찰에 출석했고 벌금 5백만원을 선고받았다. 이재명의 전과중 유일하게 쓸모있는 전과이다.

그런데 이재명은 자신이 성남시립병원 설립 조례제정 운동을 주도했고 수배생활(소환에 불응해서 지명수배당함)을 했다고 헛소리를 하고 다녔다. 당시 나는 구속된 두 사람을 내 돈 쓰면서 변호했는데 민주노동당원이 중심이 되어 투쟁하다가 당원들 2명이 구속된 투쟁의 과정은 지금도 생생히 기억한다.

이재명은 약자들의 투쟁의 성과도 자기의 것으로 만드는 파렴치한이다.

2011년에는 사회주의자들이 결성한 노동자민중생존권평의회 동지들과 철거민이 결합하여 투쟁을 하고 있었다. 당시 철거민들은 성남시를 상대로 보금자리 쟁취투쟁을 하고 있었다. 그런데 성남시청에서는 철거민들을 거들떠보지도 않았고 2011년 11월 성남시청 행사에 이재명이 나온 것을 본 철거민 중 하나가 우발적으로 이재명에게 덤벼들었다가 10초 만에 수행원들에게 끌려 나왔다.

그런데 이재명은 철거민들이 집단으로 자신을 폭행했다고 주장했고 언론에서는 철거민이 집단폭행을 했다고 보도하였다. 철거민들과 노동자민중생존권평의회 동지들의 대량구속이 예상되었다. 그런데 다행히도 현장에 있던 동지가 전 과정을 동영상으로 촬영하였고 덤벼든 철거민에 대한 영장은 기각되었다. 자신에게 반대한다면 최약자인 철거민까지도 무고하는 것이 이재명이다. 이것이 이재명이 말하는 억강부약의 실체이다."[194]

　　그런데 더욱 실망스러운 것은 이재명과 함께 성남의료원 설립추진위원회 공동대표를 맡았던 김경자 전 민주노총 수석부위원장의 말에서 드러난다. 김 부위원장은 "이 병원을 세우기 위해 노력했지만 여기서 일을 할 수 없는 인하병원 노조 조합원들이 밖에서 눈물을 흘리고 있다. 이 의료원을 위해 최선을 다했던 사람들이 대접받는 세상이 됐으면 좋겠다."고 누구를 위해 병원이 건립됐는지 허탈감을 토로한 것이다. 인하병원에서 해고된 노동자들이 공공의료원 설립에 앞장서고, 이재명이 성남시장에 당선되는 데 힘을 썼던 사람들이다.

　　이재명이 시장이 되어 추진할 때 2018년 3월 14일 퇴임 당시 같은 당 후임 은수미 시장에게 얼마든지 대책을 마련해 둘 수 있는 내용들이다. 그러나 이재명은 "성남시장에서 퇴임한 이후에 개원이 이뤄지고 해서 방법이 마땅치 않았다."고 단물을 빨아먹을 것을 다 빨아먹었으니 내 알 바 아니라는 식이다.[195] 만일 이재명이 은수미 시장에게 이들을 챙겨달라고 부탁했다면 버림받는 일은 없었을 것이다. 그럼에도 불구하고 이재명은 자신의 정치적 입지를 위해 그 얼마나 공공의료를 팔고 다녔는가 말이다. 게다가 이재명은 철거민들을 대변한 변호인으로서 철거민들에게

194　이민석 변호사, 「이재명이 하는 말이 억강부약」(필자가 제목을 임의로 담), 이민석 페이스북, 2021.6.25., https://www.facebook.com/100001118867368/posts/4077159068998015/?d=n

195　이재명연구회, 「이재명, 허구의 신화」, 2022.2.10., 피비콘텐츠, p.63

보상해 줄 것처럼 하여 2000여만 원의 수임료를 받아먹고 막상 시장이 되니까 대책 마련 하나 세워주지 않고 오히려 안면몰수하고 탄압하고 표변하는 정치인이 돼버렸다. 또한 장애인을 이용해 가짜인권변호사라도 되어 인권변호사를 팔고 다녀 시장이라도 됐으면 시정을 잘 이끌어서 자신의 결함을 만회할 생각을 했어야 했다. 그런데 느닷없이 멀쩡한 성남시에 모라토리엄을 선언하여 형 이재선과 철천지원수가 됐으며, 정치를 엉망으로 하여 양심선언으로 자신의 정체를 폭로한 장애인단체의 지원금을 다 끊어버렸다. 또한 그것도 모자라 그 불쌍한 장애인들을 돌보지는 못할 망정 장애인교통비마저 대폭 인상시켜 항의하는 장애인들을 내쫓아버리는 잔혹한 보복을 단행하였다. 이재명은 자신의 정치신조가 억강부약이 아니라 자신에게 이익만 된다면 강자유착은 물론 약자억압을 식은 죽 먹기보다 쉽게 하는 억약부강의 대명사가 된 것이다.

## '박근혜 탄핵 최초 주장' 가로챈 이재명, 지지율 급등

### 1. 이재명 지지도 끌어올린 최초 아닌 최초로 '박근혜 탄핵' 주장

2016년 10월 13일 박원순의 입에서 "박근혜는 탄핵 대상"이라는 주장이 나왔고, 10월 29일 제1차 촛불집회를 지핀 것은 JTBC의 10월 24일 가짜뉴스인 최순실이 사용한 것으로 추정되는 태블릿PC가 공개되면서부터이다. 최순실은 문제의 태블릿PC가 자신의 것도 아니며, 태블릿

PC를 사용할 줄도 모르고 사용한 바도 없다고 했다.[196] 검찰은 단 한 번도 최순실에게 최순실 태블릿PC를 보여준 적도 없이 무조건 최씨 태블릿PC로 만들어간 뒤에 법원에 기소할 때는 증거목록에서 빼버리는 만행을 저질렀다. 그동안 사람을 달달 볶아 국정농단의 증거물이라고 해놓고 정작 재판에서는 국정농단의 증거물이라고 하는 태블릿PC를 증거목록에서 제외시켰다. 이것은 검찰의 대국민 사기극과 다를 것이 없는 것이다. 그 태블릿PC는 청와대 행정관인 김한수의 소유이며, 김한수가 2012년 6월 22일 개통하고, 이춘상 보좌관에게 전달한 이후에도 2016년 11월분까지 계속하여 요금을 납부해왔다는 사실이 밝혀졌다. 또한 그 태블릿PC는 김한수가 조진욱에게 박스째 넘겨 줘서 조진욱이 신혜원에게 주어 박근혜 대선후보 선거캠프에서 신혜원이 사용하던 것으로 알려졌으며, 신혜원은 이춘상 보좌관이 김한수에게 직접 조진욱에게 주라고 지시한 것인지, 아니면 김한수가 이춘상을 끌어들이기 위한 것인지 모르나 조진욱은 김한수로부터 태블릿PC를 직접 받았다고 했다. 그 태블릿PC는 대선 이후 김휘종이 사용했던 것으로 알려졌으나 당사자들이 정확한 해명을 하지 않고 거짓으로 횡설수설하는 바람에 의혹만 증폭되고[197] 그로 인해 박근혜정권이 무너지자 가짜 태블릿PC로 효과를 다 봤다고 판단되어서인지 결국은 검찰에 의해 국정농단의 가장 핵심증거물인 태블릿

---

196 연합뉴스TV, 「"쓸 줄 모른다" 했는데…또 발견된 '최순실 태블릿PC'」, 2017.01.10.,
https://www.yna.co.kr/view/AKR20170110138300004

197 ① 월간조선, 「1년 만에 전모 드러난 '최순실 태블릿PC'」, 2017년 11월호,
https://monthly.chosun.com/client/news/viw.asp?ctcd=&nNewsNumb=201711100010
② 인스터즈, 「김한수 딸 추정 사진, 태블릿PC 카카오톡에서 여러장 발견」, 2018.8.15.,

PC를 증거목록에서 제외시키는 만행을 저질렀다. 이것은 검찰이 태블릿 PC가 가짜라고 증명한 셈과 다를 것이 없다. 최순실과 관계가 있다는 증거를 밝히지도 못한 검찰이 국정농단의 핵심증거물로 태블릿PC를 지목하는 바람에 박근혜정권이 무너지게 된 것이다. 결과적으로 박근혜정권에 대한 검찰의 반역이고 반란이다. 물론 이러한 반역을 자초한 것이 당시 박근혜정권의 청와대이다. 무엇 때문에 김한수의 태블릿PC의 정체와 진실을 밝히지 못하고 숨기는 바람에 박근혜 대통령이 온통 언론과 국민, 국회, 검찰로부터 몰매를 맞아가면서 감옥으로 가게 됐는지 미스테리 중의 미스테리한 사건이다.

그러나 김한수가 검찰에서 진술한 내용, 이춘상 보좌관에게 전달한 후 한 번도 사용한 적도 없고, 만져본 적도 없고, 아는 바도 없다고 했으며, 그 태블릿PC에서 요금이 계속하여 빠져나간 사실도 전혀 몰랐다고 진술했다. 그러나 이것은 완전히 위증한 것이다. 김한수는 그 태블릿을 전달한 후 3개월 동안 요금을 납부하지 않자 자동으로 정지되었다. SK텔레콤에 사실조회한 결과 태블릿PC는 2012년 6월 22일 개통 이후 2012년 11월 27일까지 5개월 간 월 통신요금을 한푼도 내지 않아 요금미납으로 2012년 9월 10일부터 11월 27일까지 석 달여 간 '이용정지' 상태였으나 김한수는 2012년 11월 27일 자신의 개인카드(신한카드)로 그동안 밀린 요금 37만5460원을 전부 납부하였다.[198] 그날이 박근혜 대통령후보

---

198  ①미디어워치, 「태블릿PC 실사용자, 김한수의 2012년 11월27일, 유세 첫 날 행적, 이용정지 풀리자마자 연설문 다운, 뉴스 검색 등 캠프 업무로 적극 활용」, 2020.03.29., https://www.mediawatch.kr/news/article.html?no=254685
②미디어워치, 「'밀린 요금' 납부한 김한수, 태블릿PC 실사용자로 사실상 확정」, 2020.03.22.,

유세 첫날이었다. 김한수는 그날로 '1일차 대전역 유세' 한글 파일을 다운로드 하는 등 11가지 업무 등을 수행하는 데 활용했다. 그중에는 김한수의 딸 사진까지 저장하여 태블릿PC가 김한수 소유이자 실사용했다는 사실이 입증됐다. 그 날만 사용했는지는 모르나 그 이후에 이춘상의 지시인지는 모르나 이 태블릿을 조진욱에게 직접 전달하여 박근혜대통령 후보 대선 캠프에서 사용했다.

김한수가 검찰에서 이 태블릿PC를 이춘상 보좌관(박근혜대통령 후보 유세 때 사망)에게 전달한 뒤 한 번도 사용한 적이 없다는 검찰 진술이 거짓임이 드러난 것이다. 또한 김한수와 검찰은 2013년 청와대에 들어가기 전까지 태블릿PC 요금은 법인카드로 자동이체되었다고 진술한 것도 거짓임이 드러났다. 하나카드(외환카드) 사실조회 결과 기재된 법인카드에는 자동이체로 설정된 이력이 처음부터 없었다.[199] 게다가 김한수는 2013년 2월경 마레이컴퍼니를 퇴사하고 청와대에 들어가면서 요금납부자를 마레이컴퍼니 법인에서 자기 자신으로 바꿨다고 했으나 처음부터 자신의 개인카드로 납부했으며, 2013년 2월부터 태블릿PC 요금을 낼 때 사용된 김한수의 신한카드 카드번호도 2012년도에 납부한 개인카드 번호임이 확인됐다. 이렇게 볼 때 김한수가 개통한 뒤 2016년도까지 자신의 개인카드로 계속 납부해왔다는 사실을 확인할 수 있다.

그런데도 검찰진술에서 실소유주는 김한수이나 실사용자는 최순실

https://www.mediawatch.kr/news/article.html?no=254669(㈜SK텔레콤 사실조회회신 '2018 노4088 요청 결과 통보', 20200131 접수)

199    위의 기사,

로 조작하기 위한 검찰 의도에 맞춰 2012년도 태블릿PC요금은 마레이컴퍼니 법인카드에서 자동이체도 한 것으로 진술했으며, 마레이컴퍼니를 퇴사한 이후에도 마레이컴퍼니에서 요금을 2016년도까지 부담한 것으로 진술했다. 검찰 조사에서 박근혜 정권의 서울중앙지검의 김용제 검사는 2016년 10월 29일 김한수에게 "해당 태블릿PC는 선거가 끝난 후에도 최근까지 계속 개통상태였고, 마레이컴퍼니에서는 진술인이 퇴사한 후에도 (최근까지) 계속 요금을 부담하였던 것으로 보이는데, 그 경위가 어떻게 되나요"라고 물었다. 김한수는 "저도 까맣게 잊고 있어서 전혀 몰랐습니다"고 답했다.[200] 그러나 김한수는 자신이 그 태블릿PC에 개인 카드로 요금을 납부하고 있었던 사실을 알고 있었지만 김용제 검사와 사전 각본을 짜고 태블릿PC 개통자는 맞지만 실사용자는 김한수가 아닌 최순실이어야 국정농단 수사 각본에 맞추기 위해 태블릿 요금 납부사실과 실사용 사실을 조작했다고 변희재 고문은 판단한 것으로 보인다.

그런데 그 태블릿PC가 어떤 이유에서인지 2014년 3월 27일 엑세스한 이후 2016년 10월 18일 jtbc 김필준기자에 의해 처음으로 열리기 까지 약 2년 6개월 20일 동안 아무도 사용한 흔적이 없다는 사실이다.[201] 만일 최순실 태블릿PC라면 무엇 때문에 2년 6개월여 동안을 한번도 사용하지 않았는지에 대한 의문이며, 게다가 그것을 무엇 때문에 더블루K사무실의 고영태 책상 서랍 속에 놔둔 채로 2016년 9월 3일 독일로 출국했

200  미디어워치, 「'그놈이 나타났다' 김한수 위증교사 설계한 김용제 검사, 커밍아웃」, 2020.11.27., https://www.mediawatch.kr/news/article.html?no=255191

201  주간조선, 「'최순실 태블릿PC' 마지막 사용자는? 검찰 '포렌식 보고서'에 담긴 의문들」, 2017.10.20., https://weekly.chosun.com/news/articleView.html?idxno=12163

겠느냐는 것이다.[202] 그것도 K스포츠재단 박헌영 과장에게 "그것은 고상무 책상이니까 본인보고 가져가게 놔둬라"고 지시하고 출국했던 것이다. 박과장은 더블루K사무실은 보증금이 남아 있고, 시건장치로 문을 잠가 놓았는데 건물관리인에게 분명하게 저 책상은 다른 사람의 것이니까 건드리지 말게 해달라고 부탁까지 하고 마지막으로 그 서랍안을 열어보니까 태블릿PC가 있었다고 '국회방송 라이브 고발뉴스' 2016년 12월 15일 '최순실 국정농단 국정조사 4차 청문회'에서 증언했다.[203]

최순실을 변호했던 이경재 변호사는 그의 저서 『417호 대법정』에서 "개통자는 김한수이고, 태블릿이 있던 장소는 이사가고 책상만 남겨둔 더불르K사무실이었고, jtbc가 파일을 열어보아도 최서원이 문건을 직접 열람했다는 정보를 찾기 어려운 상태였는데 어떻게 이건 태블릿이 최순실의 것이고, 최순실이 사용했다는 보도를 할 수 있는지 묻고 싶다. 논리적으로나 객관적 자료상으로 이해 불가능한 추정과 논리비약을 했다."고 비판했다. jtbc는 궁여지책으로 검찰이 태블릿은 최순실 것이고, 최가 사용했다는 것을 인정했다고 보도했으나 당시 검찰은 태블릿에 대해 제대로 분석조차 못한 채 위치 추적에만 매달려 있었다.[204] 이러한 추정과 논리비약으로 근거도 없이 보도한 jtbc보도에 전체 언론이 꼭두각시처럼

202  뉴시스, 「최순실 9월3일 출국…박근혜 대통령과 교감있었나」, 2016.10.28.,
     https://www.newsis.com/view/NISX20161026_0014476109

203  한겨레TV 라이브, 「[녹화방송] '최순실 국정농단' 4차 청문회」(영상 제공 국회방송),
     2016.12.15.,
     https://youtu.be/PwEAn44FQiw,
     https://www.hani.co.kr/arti/politics/assembly/774724.html

204  이경재, 「417호 대법정」, 실크로드, 2019.9.18., p.209

춤을 췄고, 정치인, 촛불국민들이 이유도 없이 박근혜 대통령을 규탄했다. 참으로 어처구니 없는 일이 아닐 수 없다. 그러나 더 황당한 것은 국정농단의 스모킹 건 역할을 했던 최순실 것이라는 태블릿PC가 검찰에 의해 최순실 소유라는 근거가 없다는 결론을 내렸다.[205] 그동안 국정농단의 스모킹 건이라고 난리부르스를 떤 jtbc를 비롯한 언론들, 검찰과 정치인, 촛불 국민들로 인해 박근혜대통령이 탄핵되고, 파면되었다. 어처구니 없는 일이다. 3류 잡배들도 아니고 어떻게 수사나 취재나 보도, 그리고 무비판적 선동에 춤을 추는 국민들이 됐는지 이해불가한 현상이다. 더 나아가 삼성 이재용을 뇌물죄로 엮은 것 역시 전부 무죄가 됐다. 뇌물 준 당사자가 무죄인데, 처음부터 돈 한푼 받은 바 없는 박 대통령을 경제공동체니, 묵시적 청탁이니 하는 황당한 논리와 근거로 옭아매서 나라를 뒤흔든 결과가 도대체 뭐란 말인가.

그런 어처구니 없는 반역적 사건을 가지고 누가 먼저 박근혜탄핵을 거론했느냐를 가지고 엄청난 역사에 기여라도 한양 이재명과 다른 야권 정치인들 간에 나홀로 경쟁(?)이 붙은 것이다.

태블릿PC의 진실 여부에 관계없이 박원순은 최초로 박근혜대통령에 대한 탄핵대상을 주장했다. 또한 박근혜 대통령의 1차 담화와 대국민 사과가 있었던 날 정의당의 이정미 의원이 하야를, 노회찬과 심상정 의원

205  ①파이낸셜투데이, 「검찰 "JTBC 태블릿 최순실 소유 아니다" 뒤늦게 밝혀」, 2021.11.24.,
https://www.fntoday.co.kr/news/articleView.html?idxno=266677
②펜앤마이크, 「[펜앤현장] "'최순실 태블릿PC'는 최순실 것 아니라고 검찰이 밝혔다 ⋯
JTBC는 응답하라"」, 2021.12.31.,
ttps://www.pennmike.com/news/articleView.html?idxno=50493

이 탄핵이 가능하다는 의견을 제시했다.

## 2. 이재명, 하야와 탄핵 '최초 동시 주장' 후 현란한 입장 변화

이재명은 2016년 10월 29일 민중총궐기 투쟁본부 주최로 열린 제1차 광화문 집회에서 "박근혜는 이미 대통령이 아닙니다. 즉각 정치적인 권력을 버리고 하야해야 합니다. 아니 사퇴해야 합니다. 탄핵이 아니라 지금 당장 권력을 놓고 집으로 돌아가십시오."라고 탄핵이 아닌 사퇴를 주장했다. 이재명의 최초의 입장은 탄핵불가론이었다. 박원순이 10월 13일 탄핵을 내놓자 이재명은 다음 날 14일 김어준의 〈파파이스〉에 출현해 탄핵불가론으로 박원순의 탄핵론을 맞받아친 셈이다. 그러던 이재명은 분위기가 바뀌자 10월 26일 "거국중립내각을 구성해 하야하고, 야권은 탄핵절차에 들어가야 한다."라는 입장으로 선회한다. 잽싸게 여론의 흐름을 타고 숟가락 얹기에 나선 것이다. 그러나 하야와 탄핵은 양립할 수 없는 개념이다. 탄핵이든 하야든 하나만을 선택할 수 있는 것이지 둘을 병행할 수는 없다. 박근혜 대통령이 하야하게 되면 탄핵은 불가능하다. 그러나 이재명은 여론이 좋아할 만한 표현은 다 갖다 붙이고 자신이 최초로 탄핵을 주장했다고 하는 것이다. 당시 이재명의 입장을 정리하면, 10월 14일부터 11월 2일까지 불과 3주도 안되는 동안 '탄핵 불가(10월14일) → 즉시 하야하고 탄핵절차 돌입(10월26일) → 탄핵보다는 즉시 하야(사퇴, 10월29일) → 하야 요구가 아니라 탄핵하고 구속할 때(11월2일)'로

어지러울 정도로 변화무쌍하게 입장이 수시로 바뀐다.[206]

## 3. 재벌해체 주장 부인, 여론에 편승한 주장으로 지지율 상승

이재명은 당시 2016년 9월 30일부터 11월 23일까지 자신의 페이스북에 올린 글들을 지웠다. 11월 24일에 올린 글은 "박근혜게이트는 재벌이 공범"이라며, "재벌해체"를 주장하는 글이다. 12월 3일 야3당은 '대통령 탄핵소추안'을 발의했고, 이날 제6차 촛불집회에서 마이크를 잡은 이재명은 "우리가 간과하고 있는 게 있습니다. 몸통은 새누리당이고, 김무성, 서청원, 유승민, 이정현은 손발이자 심장, 장기들이지만 그 뿌리는 바로 재벌들입니다. 친일자본이었고, 독재세력으로부터 특혜를 받았고, 국민의 세금으로 살찌웠고, 지금은 이 나라 정치권력을 포함한 모든 권력을 독점했던 그 재벌들이 이 사건의 뿌리라고 생각하는데 동의하십니까? (네!) 이제 박근혜는 구속으로, 새누리당은 해산으로 책임을 묻고, 삼성과 SK등 재벌을 해체함으로써 그 책임을 물어야 합니다. 저들은 특권을 이용해서 부정하게 축재했습니다. 노동자를 탄압하고 부당하게 이득을 얻었습니다. 중소기업을 착취하고 기술을 탈취해서 창고에 무려 750조 원의 현금을 쌓아놓고 이 나라 경제를 망친 책임자들입니다." 이에 대해 현장에 있었던 『이재명, 한다면 한다』의 저자 백승대는 "그 어떤 정치인도 감히 재벌을 해체하라고 외친 정치인은 없었다.… 그런데 이재명은 이날 재벌총수 구속하라고 외쳤다. 이재용 구속하라고 외친 것이다. 그

---

206   이재명연구회, 위의 책, pp.12-20

리고 마침내 촛불집회에 모인 민심 그대로 이재용은 구속되었다."라고 썼다. 그러나 이재명은 2022년 현재 자신은 그 당시에 재벌해체를 주장한 적이 없다고 당당하게 거짓말을 한다.[207]

12월 3일 효자동 로터리에서 '재벌해체'를 외쳤던 이재명은 12월 5일 주간조선과의 인터뷰에서 "최순실·박근혜 게이트는 하나의 계기였을 뿐이다. 이번 게이트가 대한민국 정치판을 통째로 흔들면서 국민들이 더 빨리 나를 캐치하게 됐다고 본다. 이번에 나는 정치인 중 제일 먼저 대통령 퇴진과 탄핵을 동시에 주장했다. 이에 대해 당초 정치권은 '튄다', '오버한다'고 비난했지만, 결국 그렇게 되지 않았나. 나는 정치인들과의 토론이나 대화를 통해서가 아니라 네트워크 속에서 대중의 의사를 빨리 읽는다."고 하여 말도 안되는 주장을 가장 먼저 한 셈이다. 퇴진과 탄핵은 전혀 다른 개념이다. 퇴진하면 탄핵을 할 수 없다. 퇴진, 즉 하야와 탄핵을 동시에 최초로 말한 사람은 이재명이다. 그러나 하야, 즉 퇴진은 이정미가, 탄핵은 노회찬이 가장 먼저 "미르재단 의혹, 사실이면 朴대통령 탄핵감"(9월 20일)이라 말한 이후 박원순이 말하고, 그 후에 다시 말한 노회찬과 심상정이 그 뒤를 이었다. 이재명은 그 후에 하야와 탄핵을 동시에 주장한 것이다. 그러나 언론들은 이재명이 점차 최초의 탄핵을 주장했다고 하면 그렇게 한 정치인은 이재명이라고 각인시켜준다. 대부분의 이재명 지지자들이나 국민들은 그렇게 속았다. 『이재명의 굽은 팔』에서는 '최초로 하야를 주장했다'라고 썼다.[208] 거짓말이다. 굽은 팔 자체도 사실은 곧게 편 팔로

---

207  이재명연구회, 같은 책, pp.26~27

208  위의 책, pp.28~29

사용하는 것을 흔히 볼 수 있어서 어디에서 어디까지가 그의 거짓말인지 알 수가 없다. 그러니 굽었다고 하면 굽은 것이고, 손목의 한쪽 뼈가 없어 힘줄로만 움직여서 넥타이를 한손으로 맨다고 하면 그런 줄 알지만 양손으로 넥타이를 매고, 양손으로 함마를 휘두르고, 떡메까지 치는 사진을 보면 그의 거짓말은 한도 끝도 없는 것이다. 그렇게 해도 아무 문제가 없다. 우리 국민들의 뇌는 '하루살이 뇌'인지도 모른다. 자기 편 정치인들의 거짓말을 흘려듣고 마는 재주가 뛰어난 국민들이다. 반면에 상대편 정치인들의 조그만 꼬투리도 쌍심지를 돋구며, 혈안이 되어 난리부르스를 친다. 참으로 기괴한 국민성이 아닐 수 없다. 정치에 내편, 네편이 어딨나? 옳고 그름을 놓고 판단해야 되는데 그렇지 않은 것이다.

아무튼 이재명의 탄핵 발언은 언론을 타고 국민 대중을 파고들었다. 거짓이든 참이든 언론에서 많이 다뤄주면 뜨는 세상이다. 박근혜 탄핵 직후 '한국갤럽'이 12월 6일에서 8일까지 조사한 결과에 따르면 문재인과 반기문이 20%, 이재명은 18%로 박빙구도가 만들어질 정도로 지지율이 급상승하였다. 탄핵 국면에서 10월 29일부터 11월 2일까지 순식간에 5%대에서 10%대로 지지율을 끌어올린 이재명이 이제는 대통령 후보 경선결과를 예측할 수 없을 정도로 지지도가 높아졌다. 광화문 촛불집회는 이재명의 독무대가 되었다.[209] 촛불집회를 주최한 '전국민중행동'의 대표적 인사가 한국진보연대의 공동대표 박석운이었기 때문이다. 박석운은 이재명의 사람으로 성남의료원의 이사로 있는 자이다.

---

209   이재명연구회, 같은 책, pp.23, 30

이재명의 지지율이 급상승하게 된 이유 중 하나가 이재명에게 우호적인 언론이다. 이재명이 무슨 말을 하든 언론에서는 이재명에게 우호적이고 선명하게 보여지도록 했다. 당연히 비판기사는 억제하는 편이다. 그것은 업무추진비로 언론인들에게 과다한 접대를 수시로 했기 때문이며, 각 언론사에 언론홍보비를 쏟아부었기 때문이다. 그런 여파가 2024년 10월 20일자 아주경제에 "'박근혜 탄핵' 앞장섰던 이재명, '윤탄핵'도 시동걸까"라는 제목으로 마치 이재명이 탄핵을 주도한 가장 주요한 인사라는 이미지를 갖게 한다.

아주경제    AI 자동번역

**'박근혜 탄핵' 앞장섰던 이재명, '尹탄핵'도 시동걸까**

이성휘 기자    입력 2024-10-20 16:55

| "롱패딩 준비한다"...내달 2일 김건희 규탄 장외집회 시작

이재명연구회는 이같은 이재명의 패악질에 대해 "권력을 훔치는 방법은 쿠데타만 있는 건 아니다. 국민을 속여서 권력을 획득하는 사기도 가능하다. 우리연구회는 그런 사기를 방지하기 위해 이 책을 썼다."고 경고했다.

## 일 잘하는 이재명의 숟가락 얹기, 닥터헬기

### 1. 닥터헬기에 숟가락 얹기

언플로 일 잘한다는 이재명이 진짜 잘하는 것이 바로 남이 해놓은 일에 숟가락 얹기다. 그 대표적인 사례가 닥터헬기다. 닥터헬기는 사실 전임 남경필 지사 때 이뤄진 일이다. 이미 한국항공우주산업이 아주대 병원과 계약해 시작된 것으로 이재명은 이 과정에서 한 것이 아무것도 없다.

이번 경기도의 '닥터헬기' 업무협약은 이미 지난 2018년 5월에 보건복지부가 경기도·아주대병원 측과 올해 안에 닥터헬기 도입 계약을 하고 내년 1~3월 중 운행을 시작하기로 확정된 사항이다. 연간 운영비는 보건복지부가 70%, 해당 지자체가 30%를 대며 병원은 의료진을 지원한다. 지방선거가 2018년 6월에 치러졌으니까, 지방선거 출마를 위해 사퇴한 남경필 지사가 구성해놓은 임시 도정에서 결정된 사안이다. 하지만 이재명 지사는 보건복지부가 경기도에 닥터헬기를 도입키로 결정한 것이 전임 도정의 결단에 따른 것임을 밝히지 않았다.[210]

---

210   newbc,「경기도 '닥터헬기' 업무협약…도입 결정은 이미 지난 5월에 났다」, 2018.11.29., https://www.doctorstimes.com/news/articleView.html?idxno=3611

연합뉴스 2018년 11월 27일자 보도에 따르면, 경기도에서 아주대병원에 전국 첫 24시간 '닥터헬기'를 배치하였다고 보도하면서 닥터헬기가 아주대 병원에 도착하여 응급조치를 할 수 있는 장비를 내리는 장면을 연출하고 이재명 경기도지사에게 이국종 교수가 브리핑하는 장면을 무음 처리하여 내보냈다. 이상한 일이다. 이를 두고 무명의 더쿠의 블로그에는 연합뉴스 보도 동영상을 올린 뒤 "https://youtu.be/0vHo-fyB-CiA, 오늘 이재명 자기 업적이라며, 라이브 중계로 쌩쇼함. 허나 경기도에 닥터 헬기 겨우 어렵게 도입할 수 있었던 배경은 5월에 경기도 전 도지사 남경(갱)필이 육군항공작전 사령관이랑 현 국방부장관이 되시는 당시 합참의장 정경두와 어렵게 합의해서 겨우 도입"[211]하여 이뤄진 것이라고 밝힌 뒤 당시 인사이트 기사 링크를 올렸다. 인사이트 기사의 최종 수정일이 2018년 5월 3일이며, 외상환자 치료를 위해 일생을 바치고 있는 아주대 이국종 교수가 '7년 만에 닥터 헬기의 꿈을 이뤘다'고 감개무량해 하는 표정을 짓고 있는 기사 내용이다. 보건복지부는 이날 "경기도는 헬기 이송 수요가 많다"면서 "주·야간 상시 운항 및 소방과의 적극적인 협업 모델을 제시해 7번째 닥터헬기 배치 지역으로 뽑았다"고 밝혔다.[212] 이것은 주간 닥터헬기운용으로 알려진 것과는 다르게 주야간 상시운항을 밝히고 있다. 따라서 업무계약절차만 남은 것이 '이재명의 숟가락 얹기 신공'으로 그해 11월 27일에 가서야 경기도와 중증외상환자 이송체계

211  무명의 더쿠, 「[펌] 이재명 지지자들이 애써 무시하는 닥터헬기」, 2018.11.27., https://theqoo.net/square/934004122

212  인사이트, 「이국종 교수, 7년만에 닥터헬기 꿈 이뤘다」, 2018.05.03., https://www.insight.co.kr/news/153316

구축 업무협약을 체결하게 된 것이다. 이날 협약에 따라 경기도는 2019년에 헬기 임대료와 보험료 등 예산 51억 원을 들여 24시간 상시운영이 가능한 닥터헬기를 도입해 아주대병원에 배치한다. 경기도가 도입할 응급의료전용 중형헬기는 헬기 내에서 응급처치와 가벼운 수술이 가능한 것은 물론 각종 구조장비까지 탑재할 수 있어 의료와 구조를 동시에 할 수 있다. 헬기의 정식 운항은 2019년 2월부터 초도비행이 예정되어 있었다.[213] 그런데 보건복지부와의 계약과는 달리 무엇 때문에 9월에 가서야 닥터헬기를 운행하게 되었는지가 의문이다. 2019년 9월은 이재명의 정치 생명이 끊어지느냐, 연장되느냐의 중대기로에 놓인 '친형을 강제입원 시도와 선거에서 허위 사실을 공표한 혐의' 등으로 재판에 넘겨져 1심에서 무죄 판결을 받았던 이재명(55·사법연수원 18기) 경기도지사가 9월 6일 2심에서 벌금 300만 원을 선고받아 도지사 직을 상실할 위기에 놓였던 때이기도 하다. 닥터헬기는 8월 31일부터 7번째 운항이 시작되었다. 시기가 묘하게 겹치는 것을 알 수 있다. 경기도민을 위해 노력하는 이재명지사를 부각하기 위한 꼼수같다는 생각을 안할 수가 없는 것이다. 이국종교수까지 이재명을 위해 무죄 탄원서까지 제출하였으니 말이다.

## 2. 스포트라이트를 한 몸에 받은 이재명

"2019년 9월 이재명은 그야말로 엄청난 카메라 세례를 받았다. 아덴

---

213  경향신문, 「아주대병원에 전국 첫 24시간 운영 '닥터헬기' 배치」, 2018.11.27.,
     https://www.khan.co.kr/article/201811272049001/?med_id=khan&utm_
     source=urlCopy&utm_medium=social_share

만 여명작전의 석해균 선장을 치료해 유명해진 이국종교수가 염원하던 '24시간 닥터헬기'를 이재명이 도입한 것이다. 닥터헬기를 도입하기로 한 결정에서부터 협약식, 실제 도입에 이르기까지 언론 보도의 양은 어마어마했다. 이재명이 언론을 활용하는 방식은 실로 놀라울 정도다. 물론 그 배경에는 '총칼 안든 전두환'이라는 담당기자들의 세평이 깔려있다. 우호적인 기사를 쓰면 확실한 당근을, 비판적인 기사를 쓰면 온갖 압박을 동원하는 이재명식 언론관리 방식에 따른 빛나는 결과물이었다."(이재명연구회, 『이재명, 허구의 신화』, p.269)

    닥터헬기는 이재명이 최초로 도입한 것이 아니다. 물론 24시간 운행이 전국 최초라는 말은 맞다. 현재 주간에 운영 중인 닥터헬기는 2011년 9월 인천 가천대 길병원, 전남 목포한국병원이 도입한 이후 2013년 강원도 원주 세브란스병원, 2018년 5월 아주대 병원 등 전국적으로 총 7대의 닥터헬기가 운용되고 있었다.[214] 인사이트의 5월 3일자 보도는 그때도 주야간 운항으로 결정되었다. 다만 24시간 운항인지는 명확하지 않다. 어쨌든 이렇게 온통 언론에 닥터헬기는 경기도가 전국 최초로 24시간 운영되는 응급의료전용 '닥터헬기'를 내년에 도입, 운영하는데 이재명의 공헌으로 이뤄진 것으로 도배되어 전국민에게 인식됐다. 그런 식으로 그의 정치적 입지를 강화시켜 나갈 수 있었다.

---

214  이재명연구회, 같은 책, pp.270~271, 지난 2018년 5월에 보건복지부가 경기도·아주대병원 측과 올해 안에 닥터헬기 도입 계약을 하고 내년 1~3월 중 운항을 시작하기로 확정한 사항이다. 따라서 운항중은 아니다.

이 시기에 이재명은 정치적 생명이 염라대왕 면전까지 갔으나 대장 동의 천문학적 수익에 따른 김만배의 권순일 대법관 로비로 파기환송되어 무죄로 구사일생한 것으로 알려졌다.

## 3. 용두사미로 끝난 닥터헬기

이국종 교수의 강력한 문제 제기, 그리고 들끓는 여론을 등에 업고 시작한 24시간 닥터헬기는 그야말로 용두사미로 끝났다. 심지어 닥터헬기를 운용했던 아주대 병원은 보조금 지급을 중단한 경기도를 상대로 소송을 제기하는 사태로 비화됐다. 사태는 지난 2019년 10월 31일 독도 해상에서 야간 시간대에 발생한 헬기 추락사건에서 시작된다. 보건복지부는 안전관리 차원에서 동일기종(EC225)의 운항을 모두 중단하는 조치를 취했다. 공교롭게도 그 기종이 경기도에서 운항하던 닥터헬기의 기종이다. 특별점검 결과 기체 이상이 없다는 결론이 내려져 복지부는 2020년 1월 경기도에 '운항을 재개하라'는 공문을 보냈다. 문제는 아주대병원 의료진이 사전협의가 완료되지 않아 탑승을 거부했다. 이에 경기도는 탑승을 거부한 2020년 1월 22일부터 2월 28일(38일간)까지의 유지비용 7억3,000만원(국비 5억1,000만원, 도비 2억2,000만원)을 지급하지 않았다. 이에 아주대병원 측에서 소송을 걸어 1심에서 아주대병원이 이겼으나 2심과 대법원에서는 경기도의 손을 들어줘 경기도가 이긴 상태다.[215]

이 같은 갈등은 이국종 교수의 중증외상센터측과 아주대병원측 간

---

215   위의 책, pp.271~272

에 운영문제로 시작되었다. 정부가 권역외상센터를 설립키로 하고 건립비용 300억 원과 매년 운영비용으로 60억 원을 지원하고 있지만 이는 외상센터 이외에는 사용할 수 없도록 제한돼 있다. 이미 외상센터 환자로 100병상을 채운 아주대병원으로서는 환자를 다른 병동에 입원시킬 경우 손실을 감수해야 한다. 이국종 교수는 병원 측이 본원의 병실이 비어있는데도 병상을 내주지 않는다고 불만을 토로하는 이유도 바로 여기에 있다.

더욱이 아주대병원 다수 관계자에 따르면 권역외상센터 병상 부족으로 인한 외상환자 본원 입원문제는 '지난해 10월 병원에서 진행된 리모델링 공사와 2021년으로 예정된 상급종합병원 재지정 준비가 양측의 갈등을 심화시키는 직접적인 원인이 됐다'는 분석이다.[216]

아주대병원 S교수는 "아주대병원 중증외상센터는 병원 예산과 정부와 경기도 지원을 합해 100병상 규모로 개설했으나" 넘치는 외상환자와 외상환자의 평균 재원기간도 길어서 이로 인한 병상부족으로 중증외상센터가 아닌 병원 본관에 입원시켜야 하는 상황이나 100병상이외는 정부지원금을 받을 수 없다는 것이다. 그럼에도 불구하고 "본원에서는 일부 외상환자를 입원시켜 왔다"고 덧붙였다.

그런데 갈등은 "상급종합병원인 아주대병원은 일반 종합병원에 비해 5%의 수가를 더 받는다. 이로 인한 추가 수익은 병원 연간 진료 순이익과 맞먹는 규모로 만약 여기에서 탈락하면 한해 순수익은 그냥 사라

---

216 청년의사, 「센터장직 내려놓겠다는 이국종…해결책 못 찾는 아주대병원 사태」, 2020.01.20., https://www.docdocdoc.co.kr/news/articleView.html?idxno=1076256

지는 셈"이라며, 3년마다 심사를 통해 갱신여부가 결정되는데 가장 중요한 요인은 입원환자 중 중증환자 비율이 높아야 하는데 정부가 인정하는 중증환자는 암환자와 같은 질환 환자이며, 외상환자는 중증환자로 인정되는 경우가 거의 없다는 것이 S교수의 설명이다. 병원측은 상급종합병원 재지정심사(2021년)에서 탈락하지 않기 위해 지난 가을부터 입원환자의 중증환자 비율이 일정 수준이상이 되도록 유지해야 하는 어려운 상황이었다는 것이다.[217] 이국종 교수와의 갈등은 병원 측이 중증외상센터 환자를 위한 병상을 내주지 않은 것과 정부지원비를 병원측이 전용한 데서 갈등이 깊어졌다고 판단된다. 현재 닥터헬기가 운영을 멈춘 이유는 외상센터가 헬기에 탑승하는 의사, 간호사들의 고충을 고려해 인력 등이 확충될 때까지 탑승하지 않겠다고 결정했다는 후문이다.

2011년 당시부터 갈등이 시작되었는데 당시 병원장이던 유희석 의료원장과 외상센터 운영 방식, 의료진 배치, 헬기 이송 범위 등을 둘러싸고 다툼이 잦았다고 외상센터 관계자는 전했다. 최근 공개됐지만, 유 의료원장이 이 교수에게 "때려치워 이 XX야"라고 욕설 통화를 한 시점은 약 5년 전이라고 한다. 당시 외상센터 인력 배치에 따른 의견 충돌이 커졌기 때문이라고 한다. 2016년 아주대는 건립비 300억 원, 운영비 연간 60억 원 등을 정부로부터 지원받아 100병상 규모의 권역외상센터를 열었다. 그동안 병원측은 헬기소음 민원과 경기도 권역을 넘어선 중증환지 이송 문제 및 안전문제 등으로 불만을 제기해왔다. 이런 상황에서 아주대 권

---

217  청년의사, 위의 기사

역외상센터 당직실에는 각지에서 발생한 중증 외상 환자 구조 요청 전화가 끊이질 않지만 항상 풀베드 상태라 더 이상 받을 수 없다고 통보하기 일쑤라는 것. 이런 상황에서 이 교수는 추가 병상 확보 문제로 아주대병원 본원과 갈등을 빚었다. 병원은 외상센터를 제외하고 1087병상으로 한정된 상태에서 암, 심장병, 뇌졸중 등 40여개 진료과 환자도 받아야 하기에 외상 환자에게 무한정 병상을 내줄 수 없다는 입장이다.[218]

이에 대해 이국종 교수는 "(어떻게 병원이) 그따위 거짓말을 하느냐"라며 "내가 정신병자냐. 수리가 시작된 게 언제인데. 언제나 병실을 그따위로 하면서 안 줬다"라고 말했다. 이는 아주대병원 측이 "병실 공사 때문"이란 해명에 대한 반박이다. 이국종 교수는 MBC에서 공개한 유희석 원장과의 녹취록에 대해서도 유 원장이 "성실하게 진료하라고 혼낸 것"이라고 해명하자, "성실 진료 때문에 그렇게 한 것이라면 제가 어떤 처벌을 받거나 감방이라도 갈 수 있다"고 역설했다. 그는 "당시 사건은 (비정규직 직원 계약 관련) 인사 문제 때문에 그때 내게 욕을 했다. 직원 하나를 어떻게 하려고 그런 것도 아니고, 그것으로 저를 잡아서 쌍욕을 했다"며 "그 전에 한 시간 가까이 욕을 했다"고 주장했다. 이국종 교수는 공무원이 있는 자리에서도 유희석 원장의 욕설은 이어졌다고 밝혔다. 그는 "(유희석 원장이)내게 뻑하면 욕을 했다. 계속 욕을 했다. 보건복지부 직원 앞에서도 욕을 했다"고 말했다.[219] 이국종 교수는 지난 2020년 1월 21일 방송된

218  조선일보, 「세상을 다 구하고 싶은 의사 vs 영웅 뒷바라지에 지친 병원」, 2020.01.16.,
     https://www.chosun.com/site/data/html_dir/2020/01/16/2020011600327.html
219  이투데이, 「돌아온 이국종 교수, 아주대병원 해명에 분노 "그따위 거짓말을 하나!"」,
     2020.01.16.,

CBS라디오 '김현정의 뉴스쇼'에서 인터뷰한 내용을 기사화한 이투데이 기사일부를 전재한다.

""이제 (외상센터장) 그만할 거다. 아주대 병원은 적자를 감수하고 어쩌고 저쩌고 하는데 다 새빨간 거짓말"이라며 "복지부에서 (아주대병원에) 예산 그런 식으로 빼먹지 말라고 공문까지 보냈다. 그거 다 자료가 있다"고 말했다.

이국종 교수는 "우리에게 작년에만 예산이 63억 원이 내려왔다. 그러면 간호사 예산을 뽑아야 할 것 아니냐. 중환자실만 간신히 등급 맞춰서 증원하고. 인력 충원을 위해 67명을 뽑기 위한 예산이 잡혀 있었는데 거기서 37명만 뽑고 나머지 예산은 기존 병원에서 월급 주던 간호사들 월급 주는 것으로 그냥 합의를 본 것"이라며 결국 인력 충원을 위해 배정된 예산이 기존 간호사들 월급으로 배정됐다고 설명했다.

이국종 교수는 "나하고 같이 비행을 나가다가 우리 간호사들 손가락 부러져나가고 막 유산하고 그런다. 그러면 나는 피눈물이 난다. 그러면서 나는 걔네들에게 조금만 있으라고, 1년만 참아라, 내년 6개월만 참아라. 이러면서 지금까지 끌고 왔다"며 인력 충원 문제에 대해 심각하게 토로했다.

그는 아주대 병원 측이 외상센터에서 환자 1명 받을 때마다 138만 원의 손해가 발생한다고 주장하는 데 대해 "복지부에서 아주대병원에 외상센터를 떠넘겼느냐. 내가 2012년에 신청했는데 병원에서 하도 안 도와주길래

https://www.etoday.co.kr/news/view/1845836?trc=view_joinnews

아예 하지 말자고 그랬던 사람"이라며 "2012년 12월 2일에 실제로 1차 선정에서 떨어졌다. 그랬더니 김문수 전 경기도지사가 내가 수술방에서 수술하고 있는데 나를 불러내서 얼굴마담으로 팔고 대국민 성명을 발표했다. 그렇게까지 해서 미친 듯이 해서 (아주대병원에서) 받아낸 것"이라고 강조했다. 이어 "아주대병원이 1000병상이다. 그중 언제나 아주대병원에는 내가 있었기 때문에 외상 환자가 계속 있었다. 약 150병상 이상을 차지했다. 외상센터 지정 이후 나라에서 300억 들여서 건물까지 지어준다는데 거기에서 중증 외상 환자 100여 명을 빼가지고 나가면 메인 병원에 100병상이 텅텅 빌 것 아니냐"라며 "외상센터 지어놓고 나니까 적자가 아닌 거다. 그러면 여기서 얼마나 많이 벌겠냐"라고 덧붙였다. 이국종 교수는 아주대병원이 계속 적자라고 주장하는 것과 관련해 "조작을 한 것이다. 아주대병원이 작년 수익이 500억 원이 넘는다. 지금 아주대병원이 전국적으로 돈을 제일 많이 버는 병원 중에 하나"라며 "2014년 복지부에서 실사를 나왔는데 지금 한상욱 병원장이 당시 부원장이었는데, 원래 외상센터를 지정받으면 거기 수술실 하나를 항상 비워놔야 한다. 외상 환자만 수술해야 한다. 그런데 그 방에서 자기 수술 빨리 끝나고 어디 가야 한다고 그 방에서 암 수술하다가 복지부 실사에 걸려서 하반기 운영비 7억2000만 원 환수당했다. 그런 거 한 사람이 지금 병원장"이라고 역설했다."[220]

이런 병원 내부의 갈등으로 인해 아주대 병원 의료진이 사전협의가

220  이투데이, 「이국종 교수 "아주대병원이 적자라고? 모두 거짓말…이재명 지사와 비밀 면담도 없었다"」, 2020.01.21., https://www.etoday.co.kr/news/view/1847471

완료되지 않았다하여 탑승을 거부했으며, 이로인한 결여된 기간 만큼에 대해 경기도에서 7억 3,000만 원의 지원금을 지원하지 않은 것이다. 이 와중에 MBC에서 유희석 아주대병원장이 이국종에게 막말했다는 녹취록이 보도되고, 2021년 1월 이국종은 아주대병원 권역외상센터장을 사임했다. 그러자 이재명은 아주대병원 외상센터 감사에 들어갔다. 당시 언론보도에 따르면 중증외상환자 진료방해, 진료거부, 진료기록부 조작 등을 조사한 것으로 밝혀졌다. 당연히 회계장부도 들여다 봤을 것이며, 결국 24시간 닥터헬기는 이렇게 중단되고 현재는 주간 닥터헬기만 운행하고 있다.²²¹

그런데 문제는 경기도 지사였던 이재명이 이 문제를 어떻게 수습했느냐는 것이다. 수습이 아니라 방치였다. 그 결과가 주간 닥터헬기 운행으로 인명구조에 허점이 드러난 것이다. 처음에는 전국 최초의 24시간 닥터헬기 운영이라고 하여 얼마나 떠들썩하게 자랑했던가. 그것이 정치적 활용이 끝나서인지 안면을 바꿔버린 것이다. 아주대병원과 경기도, 그리고 이국종 사이에 갈등이 발생했을 당시 이재명과 이국종이 비공개 면담을 했다는 기사가 나왔다.²²²

각종 신문 방송에는 비밀리에 40분이나 면담한 것으로 도배가 되었고, '이국종 교수의 향후 거취 등에 대해 논의하며 외상센터를 공공의료기관으로 이전해 운영하는 방안을 논의한 것 아니냐는 관측 기사'나 '이 교수를 위로하고 외상센터와 닥터헬기 운용에 관해 의견을 나눈 것', '경

---

221   이재명연구회, 위의 책, p.272
222   위의 책, pp.272~273

기도는 앞으로 보건의료 전문가가 포함된 전담팀을 구성해 갈등 해결 방안을 모색할 방침' 등으로 보도되었다. 대단히 우호적인 기사들이다. 그러나 이국종교수는 2020년 1월 21일 CBS의 '김현정의 뉴스쇼'에 출연해 당시 상황을 설명했다.[223]

**김현정** "얼마 전에 이재명 지사하고 만났는데, 뭔가 해법이 나오지 않았습니까?"

**이국종** "나오긴 뭐가 나와요. 무슨 방법이 있어요. 제가 보지도 못했어요. 밑에 있는 보건과 사람들 잠깐 보고 나온 거예요."

**김현정** "지사님 못 만나셨나요?"

**이국종** "지나가다가 잠깐 본거지 보지도 못했다고요. 그 바쁜 양반이 뭘 봐요."

**김현정** "그래요? 40분 동안 비공개 면담을 했다. 이렇게 보도가 났던데요."

**이국종** "누가 그래요? 40분 정도 보건과 사람들 하고 그 비서관들하고 그냥 같이 앉아있었죠"

---

223  이재명연구회, 위의 책, p.273

▲ 2019년 8월 29일 경기도청 잔디광장에서 열린 '응급의료 전용헬기 종합시뮬레이션 훈련'에서 이재명(오른쪽) 경기도지사와 이국종 아주대병원 교수가 악수하는 모습.【출처 : 조선비즈(2021.03.23.)】

신문기사와는 너무나 다르게 허무할 정도로 방치된 이국종 교수다. CBS의 '김현정의 뉴스쇼'가 보도되자 즉각 경기도는 이에 대처했다. 애초에 이재명이 만나자고 하여 방문한 것으로 알려졌는데 코리아헤럴드에서 확인한 결과 1시간 40분이나 면담이 진행됐으며, 얘기가 길어져 한복 입고 찍는 이 지사의 설 명절 도민 인사 동영상 촬영행사 1개도 취소됐다는 것이다. 그러나 이국종 교수가 거짓말을 할 이유가 없으므로 경기도 홍보실에서 적당히 둘러댄 것이 아닌가 한다. 아무튼 "애초에 예산으로든 안전상으로든 24시간 운용은 무리라는 반대에도 불구하고 한국항공우주산업(KAI)이 공익 목적으로 참여했지만, 결국 사업을 접을 수밖에 없었다"는 방산·항공업계 관계자의 말처럼 무리하게 추진된 이면에는

이재명의 정치적 욕심이 컸던 것으로 보인다.[224]

▲ 지난 2019년 8월 29일 경기도 닥터헬기 앞에서 이재명은 헬멧까지 쓰고 저렇게까지 할 필요가 있을까할 정도로 언플에 능한 사람이다. 대화 나누는 이재명 경기도지사와 이국종 아주대 병원 교수.【출처 : 조선비즈(2021.03.23.)】

이재명은 지난 2021년 11월 26일 전남 신안군 응급의료 전용헬기 계류장을 방문해 닥터헬기 운영 현황을 살펴보고 관계자 민원을 청취했다. 이재명은 자신의 치적으로 닥터헬기를 언급한 뒤 이국종과 통화를 시도했지만 불발됐다. 만남조차도 바쁘다는 핑계로 40분을 기다리게 해놓고 면담이 취소된 것을 비밀리에 40분 면담이니 1시간 40분 면담이니 하는 기사로 호도되고 있었지만 경기도 지사인 이재명은 이 교수를 초청해놓고도 바쁘다는 핑계로 만나주지도 않았다. 그러나 그 바쁜 사람이 전

---

224   조선비즈, 「[단독] KAI, 이재명·이국종이 도입한 24시간 '닥터헬기' 2년만에 접는다」, 2021.03.23., https://biz.chosun.com/site/data/html_dir/2021/03/22/2021032202060.html

남 신안군의 응급의료 전용 헬기 계류장까지 찾아가서 닥터헬기 운영 현황을 살펴보고 민원을 청취했다는 것이 이해가 안 된다. 그의 행보가 닥터헬기에 대한 자신의 치적을 알리려 한 것이 아닌지, 그리고 마지막까지 이국종과의 언플로 이재명의 존재감을 부각시키려는 것은 아닌지 의심스럽다.

## 조광한 시장이 선도한 '전국 최초 계곡정비 업적 가로챈' 이재명

### 1. '이비어천가'로 칭송된 계곡정비

"이재명은 불법시설에 대해서는 강력하게 대처했지만, 불법시설이었지만 그곳에서 생계를 유지했던 상인들이 더 좋은 환경 속에서 영업할 수 있도록 지원했다. … 사람들이 이재명이 경기도 지사직을 수행하면서 가장 잘한 일이라고 칭찬하는 것이 '하천계곡 정비사업'이다."(『이재명, 한다면 한다』, p.70, 백승대 저)[225]

위에 나와 있는 바와 같이 이재명은 자신의 치적 중에 가장 자랑스럽게 생각하는 것 중의 하나가 '하천 계곡 정비사업'이라는 것이다. 이재명론(김윤태교수 등 16명 공저)에도 이재명의 직무수행 지지율이 본격적으로 상승세를 탄 것이 2019년 하반기부터 추진해온 하천계곡 불법시설물 정비사업이라는 것이다. 게다가, "전국 최초로 시행한 하천계곡 불법시설

---

225  이재명연구회, pp.211~212

정비와 청정계곡 복원사업은 그가 내세운 공정의 가치에 가장 부합하는 사업 중 하나다."는 글을 읽고 있으려니 실소를 금할 수가 없다. 어처구니 없는 사업을 이토록 칭송하는 이유가 뭔지 군사독재정권 하의 어용학자들도 이 정도는 아니었는데 하는 쓴웃음만 나올 뿐이다. 게다가,

"이재명은 자신의 경기 도정을 독재자이며, 난폭하다고 비난하는 사람들을 향해 '이래야 세상이 제대로 되지 않을까요?'라고 반문했다. 그는 2020년 10월 9일 SNS에 올린 글에서 '정부수립 후 한 번도 제대로 철거 못한 경기도 계곡 불법 점유시설을 단 1년만에 99% 철거함에 있어 강제철거는 3%가량에 불과하고 97%는 자진 철거하였다'라며…"(이재명론, p.151)

자진철거 97%라고 하였는데 그들이 점령군처럼 들이닥쳐하는 협박 (?)이 뭐냐 하면 "벌금내고 철거당할래요, 자진철거할래요? 양자택일하세요. 이건 협박이 아닙니다. 무조건 이재명 지사가 철거하지 않으면 우리가 죽습니다" 이게 포천시 공무원들 말이다. 그들로서도 어찌할 수 없다. 이재명이 직접 전화로 질책을 한다니 방법이 없다는 것이다. 그러니 어차피 철거되면 건축자재 하나도 못건지고 벌금까지 맞아 재기할 수도 없게 되니 할 수 없이 눈물을 겨자먹고 철거할 수밖에 없는 것이다. 이것을 가지고 자진 철거라고 대단한 일을 한 것처럼 추켜세우는데 하천에서 사는 사람들이 사는 집을 철거하면 어디로 가서 산다는 말인가. 물론 현장에서는 어느 정도 타협이 이뤄진다. 나이어린 경기도 특별사법경찰단 앞에 쩔쩔매는 나이가 지긋한 포천시청 공무원에게 마구잡이로 지시한다. 싸그리 철거하겠다고 엄포를 놓으면 "이것은 사는 집인데 우리 시에

서도 대책이 없습니다."라고 하면 '경기도가 책임질 수 있냐'는 거다. 그러니 경기도가 무슨 수로 책임을 질 수 있겠는가. 그러면 하천에서 장사하는 시설물들만 모조리 철거하는 것으로 타협이 이뤄져서 철거할 수밖에 없는 것이다. 이것이 99% 자진철거의 실상이다. 강제철거와 다를 게 없는 것이다. 만일 사는 집까지 철거하면 철거민들이 포천시청과 경기도청으로 몰려가 대책마련을 요구하며 연좌농성이든 면담투쟁이든 매일같이 할 것이다. 그러다 극단적인 행동(자살이나 살인)을 할 지도 모를 일이다.

어쨌든 불법이란 딱지는 무서운 위력을 발휘한다. 어느 도시나 노점상들이 있다. 그들도 전부 불법이다. 그러나 관습적으로 용인한다. 단속도 하지만 단속을 피해 있다 다시 장사를 하고, 어떤 때는 철거를 당하지만 또 다시 할 수밖에 없다. 일자리도 딱히 없고, 그만한 수입도 없기 때문이다. 이들은 일반 시민들로부터 비난받거나 불평불만의 불법 영업의 철거대상이 되지 않는다. 이해관계가 상충하지 않기 때문이다.

또한 전국 시군구 읍면동 어디나 장날이 정해져 재래시장에서 시장이 형성되어 장꾼, 또는 장돌뱅이들이 물건을 팔면서 먹고 산다. 장날이 아니면 길거리에서 장사하는 것은 불법이다. 중소도시 이하의 행정구역에서 주로 정기적인 장이 선다. 이들에게는 관대하지만 유독 계곡 장사들에게는 박대하기 짝이 없다. 보는 이에 따라 길거리 미관이 손상되고 교통방해도 되는데 말이다. 왜냐하면 자연은 자유이며, 공짜라는 선입견이 본능처럼 자리잡고 있기 때문이다. 자기 땅이 아닌 모든 땅은 남의 땅이라는 인식이 없다. 산과 강과 바다는 주인이 없는 무주공산처럼 생각해서 마음대로 침범해도 되고, 마음대로 쓰레기와 담배꽁초를 버린다. 거기다가 노는 자유가 하천계곡을 찾는 이들의 이해관계와 충돌하는 것이

다. 물론 악덕업자들의 바가지 요금도 문제다. 사실 자유시장 경제체제에
서는 바가지요금이 의미가 없다. 가격이 높으면 수요가 떨어지는 것이기
때문에 사용하지 않으면 그만이다. 그러나 경치 좋은 자리를 차지한 계곡
장사하는 사람들이 눈꼴이 신 것이다. "이게 당신 땅이냐? 맘대로 장사
를 하게…", "그렇게 말하는 사람은 이 땅이 당신 땅이냐? 남이 애써서 길
닦고, 황무지 같은 땅을 평평하게 만들고 놀기 좋게 비가림, 뙤약볕 가림
한 곳이 당신들을 위해서 피땀 흘린 줄 아나? 놀고 싶으면 저 밑에 풀많
고 거친 곳을 놀기 좋게 만들어서 놀아라. 남이 피땀 흘려서 가꿔놓은 데
에 숟가락 얹지 말고…"이렇게 싸우다 보면 고발을 하여 공무원에게 시달
린다. 더울 때는 나무그늘도 덥다. 파라솔이나 텐트나 플라이가지고는 어
림도 없다. 파라솔에서 열기가 30cm정도 내려온다. 그 아래는 좀 덜하지
만 덥기는 마찬가지다. 더위와 극기훈련하는 것이다. 물속에 들어가지 않
고는 더위를 견딜 수 없다. 그래서 계곡장사하시는 분들이 높이 천막을
쳐서 시원하게 만든 곳에서 편하게 놀고 가면 된다. 대부분 바가지 요금
도 없다. 식사도 시중 가격보다 조금 비싼 정도이다. 그것이 뭐가 그리 불
만인가. 어차피 놀더라도 그 돈 들어간다. 4~5인기준 큰평상 한 개와 토
종닭 한방백숙해봐야 전부 7만 원 정도 한다. 25만 원하는 바가지 요금은
오히려 사람들이 바글거리는 곳이다. 바글거리니까 더 비싼 것이다. 왜 그
런 곳을 찾아가서 불만을 터뜨리는지 모르겠다. 서민들이 저렴하게 영업
하는 곳을 찾으면 얼마든지 있는데 이름 있는 곳을 찾으려 하니 사람에
치어 짜증나고 바가지 요금에 짜증나서 기분만 잡치는 것이다.

노점상을 인정하고, 장날 장꾼들의 길거리 장사를 인정하면 계곡 장
사도 인정하는 것이 공정이다. 자신들 기분에 따라 인정과 불인정을 마

음대로 해서는 안된다. 자연속에서 자유를 만끽하고 싶으면 풀숲을 헤치고 거친 하천변을 삽으로 평탄작업을 해서 놀아라. 편하게 놀고 싶으면 그만큼 피땀을 흘려야 된다. 그런 작업이 얼마나 뼈가 녹는 노가다인지 체험하는 것도 인생에 큰 경험이 될 것이다.

## 2. 조광한 시장이 선도한 '전국 최초 계곡정비 성과 가로챈' 이재명

『이재명론』(151쪽)에는 이재명이 2020년 10월 9일 SNS에 올린 글에서 '정부수립 후 한 번도 제대로 철거 못한 경기도 계곡 불법 점유시설을 단 1년만에 99% 철거함에 있어 강제철거는 3%가량에 불과하고 97%는 자진 철거하였다.'고 하였다. 또한 이 책에는 "전국 최초로 시행한 하천계곡 불법시설 정비와 청정계곡 복원사업은 그가 내세운 공정의 가치에 가장 부합하는 사업 중 하나다."고 극찬했다. 어느모로 보나 이재명이 정부수립 이후 최초의 사업으로 인식할 수밖에 없다. 게다가 이재명은 경기도지사 취임 2주년을 맞아 언론에 배포한 보도자료에도 "공정분야에서 도민들에게 가장 깊은 인상을 준 사업은 도가 전국 최초로 실시한 하천·계곡 불법시설 정비와 청정 계곡 도환원사업"이라며, "도는 지난 해 6월부터 올해 5월말 까지 25개 시군과 공조로 187개 하천에 있던 불법 시설물 1,437곳을 적발, 사람이 거주중인 51곳과 집행정지 명령을 내린 3곳을 제외하고 모두 철거를 완료했다."고 2020년 6월 29일 보도자료에 나와 있다. 보도자료는 "수십년 동안 묵인 속에 이뤄졌던 불공정 불법행위에 대한 공정한 행정 집행이었다."고 자화자찬했다. 이것도 누가 보더라도 이재명이 전국 최초로 하천계곡 정비사업을 한 것으로 인식될 수밖에 없다. 이렇듯 보도자료에 경기도가 전국 최초로 했다고 돼있고, 실제 언론보도도 '경기도 최초'로 나갔기 때문에 국민 대다수는 이재명 지사가 과감히 밀어붙인 사업으로 알고 있다. 또한 이재명 자신도 하천계곡 정비사업이 '자신의 최대 치적 중 하나'라고 자랑하고 다녔던 것이며, 전국의 언론도 이재명이 최초로 이 사업을 시행한 것으로 보도했다.[226]

그런데 민주당 대선후보 경선에서 김두관 후보의 '하천 계곡 정비 원조' 질문에 대해 이재명 후보는 "남양주에서 경기도 전역에 하기 전에 먼저 시행했고, (남양주가) 먼저 선도적으로 했기때문에 제가 표창을 드렸다"고 했다. 이어 이 후보는 "경기도 전역에 시행하면서 잘했다고 공무원들에게 표창 드렸어요"라고 표창장 수여를 했다는 것이다.

그러자 조광한 시장은 토론회 다음날 트위터에 "민주당 이낙연 대표로부터 상을 받은 일은 있지만, 이재명 지사로부터 계곡 관련 표창장 받은 일이 없다"고 부인했지만 남양주시는 경기도로부터 표창장을 받았다. 다만 조 시장이 표창장을 달라고 해서 준 것이 아니라는 것은 사실인 것 같다.[227] 이것은 25개 시군 지자체장이 표창장을 달라고 건의해서 줬다는 것이 됨으로 거짓 해명으로 보이며, 이재명이 정부 수립 이후 최초라는 하천 계곡 정비사업이 최초가 아니라는 사실이 들통나기도 했다. 조광한은 2020년 12월 더불어민주당 지방정부 우수 정책 경진대회에서 '물 환경 대상 정책부문' 최우수 정책으로 선정돼 당대표 1급 포상을 받았다. 2021년에는 '제17회 대한민국 지방자치 경영대전'에서 지역개발 분야

---

226  뉴스프리존, 「이재명 V 조광한, 때아닌 '하천·계곡정비' 원조논쟁 ①」, 2021.07.06., https://www.newsfreezone.co.kr/news/articleView.html?idxno=324262

227  위의 기사

최고상에 해당하는 대통령 상(대상)을 수상한 바 있다.[228]

이재명은 조광한이 계곡 정비에 성공해 여러 언론기사에 알려지자 2019년 8월 이재명도 계곡 정비에 나섰다. 계곡을 정비하겠다는 보도자료를 뿌리고 경기도청 출입 기자들을 상대로 언론플레이를 펼쳐 이에 대한 전국적인 이목을 집중시켰다. 이재명의 주특기는 공공산후조리원 사례처럼 실제 하지 않은 정책을 마치 한 것처럼 착각하게 만드는 것도 전부 언론에 뿌린 과다 예산 덕이다. 이재명이 경기 여주공공산후조리원을 자신이 한 것으로 말하나 이재명이 도지사 취임 전인 여주시가 2016년 공모한 뒤 2018년 3월에 착공하여 2019년 5월 개원한 것이다. 무상교복의 사례도 다른 지자체에서 먼저 시작했지만 언론플레이를 통해 이재명이 먼저 한 것으로 바꾸는 재주가 비상했다. 계곡정비도 마찬가지다. 이러한 언론플레이 덕에 '일 잘하는 이재명'이란 이미지를 각인시키는 일에 능통했다.[229]

### 3. "남양주 업적 가로챘냐"는 댓글로 무더기 보복성 감사, 징계 및 예산 삭감

남양주시의 하천 계곡 정비사업은 2018년 8월 조광한 남양주시장 취임 직후로 거슬러 올라간다. 조시장은 2018년 8월부터 남양주시는 국가 소유인 하천과 계곡을 특정 상인이 점유해 사익추구 수단으로 이용하는 것을 지양하고, 휴식처로 만들어 시민에게 돌려주기 위해 하천 불법시설 정비와 정원화 사업을 추진했다. 16차례에 걸친 간담회와 일대일

228   아재명연구회, 같은 책, p.220

229   이재명연구회, 같은 책, pp.220~221

면담을 거쳐 상인들이 자발적으로 불법시설을 철거하여 2019년 6월까지 하천정비를 완료했다. 조시장은 "이 내용이 많은 언론에 보도되자 경기도는 일주일 뒤 확대간부회의를 열어 하천·계곡 정비에 나섰고, 특별사법경찰을 앞세워 무자비하게 밀어붙였으며, 이재명은 2020년 6월 경기지사 취임 2주년에 맞춰 '경기도가 전국 최초로 하천·계곡 정비 사업을 시작했다'고 발표했다"고 주장했다.[230]

지난 2020년 6월 29일 경기도지사 취임 2주년 때 이재명이 계곡 정비를 전국 최초인양 자화자찬하는 기사를 쏟아내자 남양주시 어느 공무원이 남양주시가 최초로 했다는 댓글을 달았다. 그러자 이재명은 공무원의 정치적 중립 의무 위반을 핑계로 남양주시를 상대로 보복감사에 들어갔다.[231]

> 지난 7월 3일 민주당 대선후보 토론회 과정에서
> 불거진 계곡정비 공방 문제의 본질은
> 남양주시청 공무원에게
> 표창을 줬느냐 안줬느냐의
> 문제가 아닙니다.
>
> 경기도가 지난 2020년 6월 29일자로
> 배포한 2주년 성과 보도자료에서 보듯이
> 남양주시를 배제하고
> 마치 경기도가 주도적으로
> 계곡정비를 한 것 마냥
> 얼렁뚱땅 넘어가려고 했던게
> 이 공방의 핵심입니다.

230 연합뉴스, 「남양주시장 "이재명, 하천정책 표절·댓글 보복성 감사"」, 2021.07.06., https://www.yna.co.kr/view/AKR20210706126500060

231 이재명연구회, 같은 책, p.221

새로운 경기 공정한 세상

# 보도자료

| 매 수 | 참고자료 | 사 진 | 담당부서 : 기획조정실 기획담당관 | 보도일시 |
|---|---|---|---|---|
| 6 | X | ○ | 과장 : <br> 팀장 : <br> 담당 : | 2020. 6. 29.(월) <br> 배포 즉시 |

### 도민과의 약속, 이렇게 지켰다··취임사로 돌아본 이재명의 지난 2년

공정 분야에서 도민들에게 가장 깊은 인상을 준 사업은 <u>도가 전국 최초로 실시한 하천·계곡 불법시설 정비와 청정계곡 도민환원 사업</u>이다. 도는 지난해 6월부터 올해 5월말까지 25개 시군과 공조로 187개 하천에 있던 불법 시설물 1,437곳을 적발, 사람이 거주중인 51곳과 집행정지명령이 내려진 3곳 등을 제외하고 모두 철거를 완료했다. 수십 년동안 묵인 속에 이뤄졌던 불공정 불법행위에 대한 공정한 행정집행이었다. <u>하천과 계곡이 원래 모습을 되찾자 가평, 연천 등 유명 계곡을 찾는 도민들도 늘고 있다</u>. 도는 계곡에 이어 최근에는 전국 최초 청소선 도입, 무허가 어업 단속, 파라솔 불법영업 단속 등 깨끗한 경기바다 조성을 추진 중이다.

▲ 2021년 7월 5일 남양주 조광한 시장이 자신의 트위터에 올린 자료【출처 : 뉴스프리존(2021.07.06.)】

조 전 시장은 경기도와 갈등을 빚는 하천 계곡 정비사업과 관련 "이 사건의 본질은 경기도가 감사권을 시군 길들이기 수단으로 무소불위로 남용한 데 있다"며, "경기도는 2020년 한 해 동안 남양주시를 상대로 9번의 보복성 감사를 포함 총 11번의 감사를 했다"고 지적했다. 또한 감사 결과 경기도는 지난 2021년 9월 추석 연휴 전날 남양주시 공무원들을 상대로 무더기 징계(중징계 4명, 경징계 12명)를 요구했고, 징계 위기에 놓인 시 공무원들은 각자 소송비용을 부담해 징계효력 정지 가처분 소송(승소)과 행정소송(징계취소 결정)을 진행했다. 남양주시는 헌법재판소에 경기도의 자치 사무 감사에 대해 권한쟁의 심판을 청구했고 2022년 8월 31

일 헌법재판소가 경기도로부터 남양주시 자치권이 침해당했다는 판결을 내리면서 일단락됐다.[232]

그 후 1년이 지나 더불어민주당 대선후보 토론회에서 김두관 후보에 의해 하천·계곡정비 사업문제가 불거져 나왔다. 당시 이재명 경기도지사에게 당하고만 있던 조광한 경기 남양주시장은 지난 2021년 7월 6일 "이재명 지사가 '하천·계곡 정비' 정책을 표절, 자신의 치적으로 홍보하고 기사 댓글로 문제를 제기한 직원들에 대한 보복성 감사를 진행했다"고 작심 비판했다.[233]

경기도와 남양주시간의 갈등은 하천 계곡 정비사업만이 아니다. 지난 2020년 코로나로 인한 재난지원금 지급방식을 둘러싸고 경기도와 남양주시의 갈등이 시작됐다. 남양주시는 경기도의 방침이었던 '지역화폐' 분배를 따르지 않고 '현금지급' 방식을 택했다. 이 때문에 이재명은 수원시 특조금 120억, 남양주시 70억을 지원하지 않았다.[234] 경기도의 자신의 방침을 따르지 않는다고 무자비하게 권력을 행사했다.

## 4. 공안통치를 방불케 하는 가혹한 감사

경기도와 남양주시와의 충돌은 이재명이 계곡 정비를 전국 최초인양 자화자찬하는 기사에 대해 남양주시 어느 공무원이 '남양주가 먼저

---

232  뉴스1, 「"조광한과 이재명의 충돌이 아니라, 보복감사로 남양주시 인권 짓밟힌 사건"」, 2022.11.10., https://www.news1.kr/local/gyeonggi/4860347

233  연합뉴스, 위의 기사

234  뉴스프리존, 「조광한 "계곡정비 기사 댓글에 감사 9번"…이재명, "원칙대로 처리'"」, 2021.07.09., https://www.newsfreezone.co.kr/news/articleView.html?idxno=324888

한 것을 경기도가 벤치마킹하여 경기 전체로 퍼진 것'이라는 댓글에서 비롯된다.

경기도는 댓글을 달았다는 이유로 감사받은 공무원을 대상으로 철저히 조사를 했다. 마치 그 분위기가 공안경찰의 남영동 대공분실을 연상케할 정도라는 것이다. 조광한의 증언에 따르면, 경기도는 댓글 작성 직원들의 포털사이트 아이디를 추적, 사찰까지 했다는 것이다.

▲ 조광한 남양주시장이 지난 2020년 11월 23일 "경기도 감사가 위법하다"며 시위를 벌이고 있다.
연합뉴스【출처 : biz chosun(2021.09.23.)】

게다가 조사 담당자 앞에서 포털 사이트에 강제로 로그인 시키고, 본인의 아이디가 맞느냐고 자필 서명을 강요하기도 했다는 것이다. 심지어 하위직 공무원을 대상으로 "혼자 뒤집어쓰지 말고 윗선을 대라", "댓글을 다는 건 현행법 위반이다."라는 등의 말로 취조했다고 한다.[235] 이재명연구회는 이들의 행위에 대해 다음과 같이 신랄하게 비판한다.

"어떤 직원에게는 이미 삭제했었던 댓글내역을 보여주며, "남 걱정할 때가 아니다"라며, 직원들 사이를 이간질하고 답변을 강요하기도 했다고 한다. 이게 끝이 아니다. 윗선은 물론이고 조직적인 댓글로 몰아가며 조사를 했다고 한다. 대권 후보 1위로 올라선 시점에 이재명을 음해하려는 세력의 공작이라는 거다. 경기도 감사관실의 논리에 의하면, 이재명을 비판하면 정치적 중립 위반이고, 이재명을 칭찬하는 댓글은 아무런 문제가 없는 행위가 된다. 더구나 당사자의 동의도 없이 무단으로 아이디와 댓글 정보를 수집하고 관리한 행위는 국정원이 정치인 사찰하는 행위와 무엇이 다를까? 경기도 지사라는 권력을 갖고도 이 정도인데 대통령이 되면 당장 이 책을 쓴 우리부터 탈탈 털려서 소리소문없이 끌려가는 일이 생기지 않는다고 장담할 수 없다. 경기도청의 행위는 헌법에서 보장한 개인의 사생활 비밀과 자유 및 표현의 자유 등 인간으로서 누려야할 당연한 기본권을 침해하는 심각한 범죄행위다."[236]

이렇게 하는데도 이재명은 일은 잘한다고 한다. 이처럼 이재명의 도덕성은 형편없는데도 항상 따라붙는 말이 일 하나는 끝내준다는 것이

---

235  이재명연구회, 같은 책, p.222

236  위의 책, p.223

다. 끝내주는 숟가락엎기 신공인 줄은 모르고 …

## 5. 계곡 영업의 역사

여름 휴가철만 되면 신문방송에서는 단골 메뉴처럼 떠들어 대는 것이 하천계곡 불법 영업과 바가지요금이다. 휴가철을 맞아 놀만한 장소를 찾아가면 전부 하천변에 살고 있는 하천민(河川民)들이 장사를 하는 통에 자유롭게 공짜로 놀지를 못하는 것에 대한 불만이다. 그 땅이 자신들의 땅도 아닌데 생계수단으로 먹고사는 하천민들 때문에 놀지 못하는 것에 대한 불만이다. 물론 그 땅은 하천민 땅도 아니다. 그렇다고 국가 땅이냐 하는 소유권의 근본으로 들어가면 누구의 땅도 아니다. 국가가 땅을 만든 역사가 없기 때문이다. 땅에 대한 쓸모가 없던 원시시대에서는 땅에 대한 소유관념이 없었다. 그것이 채집이나 농사라는 정착생활을 하게 됨에 따라 강자가 약자에게서 약탈을 하든, 사기를 치든, 아니면 정상적인 거래를 통해 매매를 하든 토지를 자기 소유로 만들기 시작하면서 토지 소유권이 생겨난 것이다. 쓸모있는 땅들은 전부 개인소유로 되고 그렇지 않은 산과 강, 하천 등은 국가 소유로 된 것이다. 여기에 오갈 데 없던가, 가난한 하천민으로 살아온 사람들이 하천에 정착하면서 생계수단을 영위해오다 경제가 발전함에 따라 여가시간이 늘어나 행락객들이 산과 하천 등을 찾아 휴식을 취하게 된 것이다. 이들을 상대로 장사를 하게 된 것이 계곡장사의 역사가 된 것이다. 조선시대는 풍광이 좋은 자리에 정자를 지어놓고 음식을 팔던 적이 있었지만 계곡장사가 번성한 것은 경제가 발달하기 시작한 지 수십년에서 십수년밖에 안된다.

장사를 목적으로 들어왔던, 아니면 조상 때부터 살아오다 장사를 하게 되었던 하천으로 흘러들어온 사람들의 사연은 제각각이다. 그들이 장사를 한다는 이유로 모두 바가지요금을 때리는 악덕업자로 매도하는 것은 온당치도 않고 불법이나 합법이니 하는 잣대로 단죄하는 것도 온당치 않다.

대표적인 사례로 거론되는 경기도 포천시의 백운계곡에 대해 이 지역신문인 〈포천신문〉에서 계곡 영업의 역사를 보도한 적이 있다. 2015년 3월 3일 기사에 따르면 1985년 제비뽑기를 통해 당첨된 66가구가 희망을 품고 백운계곡에 정착했다고 한다. 그때부터 그 자리에서 영업이 시작되었고, 그 역사가 오늘에 이르렀다는 것이다. 그 과정에서 자릿세라고 하는 잘못된 용어가 생겼는데 자릿세가 아니라 평상임대료이다. 땅에 대한 권리는 그 누구도 없다. 또한 관습적으로 형성된 상권은 불법성을 전혀 인식하지 못하는 자생적 생계영위수단이 된 것이다. 계곡에서 영업하던 상인들은 1985년이래로 하던 대로 해왔을 뿐이다. 그 사이 세상이 바뀐 것이다. 이 경우 이들을 일방적으로 '불법행위를 저지른 사람'으로 규정할 수 있는지 생각해볼 일이다. 〈포천신문〉은 이렇게 기록하고 있다.[237]

"그 후, 30년! 강산이 3번 바뀌도록 아직 그들이 살아가는 모습은 바뀔 수도 없었고 바뀌지 않았다. 아름다운 백운계곡을 휘 감아도는 청초한 물소리만 그들의 애환을 벗할 뿐이다. 이제 더는 물러설 곳도 떠나갈 곳도 없게 된 주민들에게 희망이 싹트기 시작했다. ⋯ 2013년 5월 28일, 백

---

237　이재명연구회, 같은 책, pp.213~214

운계곡을 터전으로 생업에 종사하는 상인들이 모여 '백운계곡상인협동조합'을 설립했다. 설립취지는 백운계곡을 다시 활성화시켜보겠다는 취지였다. 그만큼 계곡주민들의 삶이 팍팍했다."

이재명연구회의 『이재명, 허구의 신화』에서 이 대목을 보면, "가진 돈, 가진 땅이 없어서 먹고 살기 위해 발버둥쳤던 우리들의 할아버지와 할머니, 아버지와 어머니의 모습은 얼마나 다를까? 절대적 가난에서 벗어난 오늘날 반듯한 삶을 살아가는 사람들에게는 누추한 삶이었지만, 그 누추한 삶을 통해 오늘의 대한민국이 길러졌다. '불법'이라는 한 단어로 무 자를 일이 아니다."[238]

계곡 장사하는 곳을 와서 보면 맑은 물이 흐르고 물막이를 해서 놀기 좋게 되어있음을 보게 된다. 포크레인 중장비를 동원해 일당 70만원을 주고 물막이 공사를 한다. 물이 많아야 물놀이를 할 수 있고 오는 손님들이 즐겁게 하루를 보낼 수 있기 때문이다. 그러나 매년 장마철이면 계곡물이 갑자기 불어나서 미처 대피 못한 애써 만든 평상이 물살에 휩쓸려 떠내려가기도 한다. 계곡장사를 하는 상인들에게는 생계수단이라서 다시 제작해야 하나 만만한 일이 아니다.

게다가 2011년도와 같이 700mm 폭우는 그 일대를 초토화시켜 집까지 전부 휩쓸어가서 어디 기댈 곳도 없는 수재민이 되기도 했다. 그런

---

238 위의 책, p.214

척박한 곳을 온몸의 뼈마디가 쑤시도록 다시 개척해서 장사를 재개하기도 했다. 무허가건물이라 정부보상은 침수로 100만 원이다. 먹고살기도 모자라는 푼돈이다. 갈 곳이 없으니 그런 속에서 다시 일어나 계곡장사를 할 수 있도록 터전을 닦은 것이다. 놀러오는 손님들은 모른다. 비가 적게 오면 바위나 큰 돌에 이끼가 껴서 물이 흐리게 보인다. 그러면 대걸레나 수중펌프로 그 넓은 하천의 돌을 전부 주말이 되면 새벽부터 닦아야 한다. 맑고 깨끗한 물이 되도록 하기 위해서… 그런 곳에 와서 '이게 당신 땅이냐'고 한다. 억장이 무너질 일이다. 여름철 3달 영업이지만 피크 때는 겨우 한 달이다. 그 한 달 중에서 주말인 토, 일요일 장사기 때문에 8일 영업이다. 그중에 비가 오면 망치는 것이다. 벌어야 얼마나 벌겠는가. 바가지요금도 이해가 안되는 것은 아니나 사람들이 바글거리는 곳에서나 바가지 요금이지 한적하고 놀기 좋은 곳에서는 바가지요금을 할 수도 없다.

그런데 이재명은 백운계곡을 시범지역으로 삼아 무차별적으로 쓸어버렸다. 시청공무원이 말하길 "백운계곡에 있는 산 위에 펜션단지가 무허가라는 이유로 몽땅 때려 부숴서 십수억의 재산피해를 냈다"는 것이다. 그러니 영업할 수 있는 시설물들은 몽땅 자진철거를 하라는 것이다. 그것이 자진철거 97%의 신화다. 이재명의 '위대한 영도력에 의한 결과'처럼 보인다. 코웃음칠 일이다. 경기도에서 내려온 나이 어린 특경단의 태도는 기세등등했다. 쓸어버리라는 말이 그 아가리에서 쉽게 튀어나왔다. 포천시청 공무원들은 관내 주민이기 때문에 되도록 타협하려고 했지만 이들은 이재명을 닮아서 그런지 막무가내다.

이재명에게 돈을 처먹은 언론들도 문제다. 대부분 주민들의 입장에서는 한 줄도 쓰지 않고 오로지 놀러 와서 남이 만들어놓은 터전에서 신이 나서 노는 모습과 하천 일대의 시설물 철거된 모습을 놓고 청정계곡이라고 써댔다. 놀러오는 인간들은 똥도 안싸고 쓰레기도 안버리나? 그들이 전부 계곡을 더럽게 하는 원인자들이다. 그리고 같은 자리에 장사하는 분들이 천막을 치면 지저분하고, 시에서 파라솔을 쳐놓으면 청정계곡인가. 똑같은 시설물들이다. 단지 규모가 축소되었을 뿐이다. 만일 그곳에 주민들이 살고 있지 않았다면 길 자체가 없었다. 그 길은 주민들이 피땀 흘려 만들어놓은 것이다. 길은 공유적 성격이 있다. 그러니 누구나 그 길을 사용한다. 주민들은 그 길을 만든 이유는 자신들의 생계와 편의를 위해 만든 것이다. 그러나 그 길을 사용하여 계곡에서 자유롭게 사용하고 싶은 시민들은 그런 것을 모른다. 하천은 누구나 사용해야 한다. 그러나 그 하천은 하천민의 땀과 노력에 의해 접근 가능한 도로가 생긴 것이고, 불법 시설물도 생계를 위한 것이지만 하천 내에 설치한 불법 고정시설물들은 철저히 철거해야 한다. 하천은 청정하게 보존해야 한다. 오염시켜서도 안된다. 그러면서 주민들의 상권도 인정해야 한다. 그것을 법으로 규정하면 되는 것이다. 청정이란 이름으로 무조건 철거를 단행하는 것이 능사는 아니다. 자연의 모습 그대로가 청정이면 주민들을 살지 못하게 하면 청정이 된다. 당연히 인근 시민들도 놀러오지도 못하게 하면 된다. 그러나 거주이전의 자유가 자연권적 기본권이다. 인간과 자연의 조화를 고려해야 자연을 위하고 지역주민을 위하는 것이다. 정치적 고려에 의해 시민들의 지지율을 높이기 위해 지역 주민들에게 고통을 안겨주는 행위는 결코 온당한 처사가 아니다. 지역주민들을 위해 하천구역 점용허가도 과감하게 풀고 시설기준도 높여 미관도 고려하게 하고 지원도 해야 한다. 밤낮 일자리 창출을 입에 달고 살지 말고 있는 일자리나 보호해주고 지원해서 더 놀기 좋게 만들기나 했으면 좋겠다는 바람이다.

한가지 간과하는 것은 취재하는 사람이나 단속하는 사람들의 입장이나 놀러오는 사람들의 입장은 다르다. 청정의 입장도 다르다. 계곡에도 그늘진 계곡이 있는가 하면 땡볕이 내리쬐는 하천도 있다. 그늘진 계곡은 그 자체로 행락객들이 즐길 수 있다. 그러나 땡볕이 드는 하천은 비가림이나 그늘막 같은 시설물이 반드시 필요하다. 그렇지 않으면 더워서 피서를 즐길 수가 없다. 이것은 영업하는 사람들의 입장보다 놀러온 사람들이 강력하게 요구하는 것이다. 소하천의 경우 '그늘막을 처 달라. 햇볕 때문에 더워서 죽겠다.'고 한다. 그러나 해는 돌아간다. 아침에 그늘진 곳이 점심이 되면 햇볕이 들게 되어 더워서 피서 자체가 안된다. 그늘을 따라 사람들이 옮겨 다닐 수도 없다. 편리하게 음식을 해먹으면서 놀려면 그늘막을 친 평상만한 것이 없다. 힘들면 드러누워 자기도 한다. 앉아서 쉬기도 편하다. 그러나 돗자리는 땅을 고르게 평탄화하지 않으면 불편하기 짝이 없다. 평상보다 여러 가지로 불편하다. 고객의 입장에서는 평상과 비가림, 그늘막이 절실하다. 그러나 취재하는 사람의 입장과 단속하는 사람들의 입장은 그 자체가 눈에 거슬리고, 불법이란 딱지로 바라보기 때문에 철거만 생각한다. 그리고 자연과 조화를 이룬 수도권 주변 지역과 북한산이나 우이동골짜기처럼 다닥다닥 붙어서 자연의 조화를 찾아볼 수 없는 유원지 상권과는 또 다르다. 그런 곳은 자연의 미를 살려서 조경화하고 하천의 고정시설물을 철거하여 정비할 필요가 있다. 그러나 교외는 어느정도 자연과 조화롭게 자리잡혀 있다. 물론 이런 곳도 정부지원으로 조화롭게 단장하면 좋을 것이다.

어쨌든 기자나 단속반원들이 고객으로 와서 가족과 함께 피서를 즐기려는데 그늘막이 없다면 가장 먼저 짜증을 낼 사람들이다. '더워서 어떻게 놀라는 것이냐'고 항의할 사람들이다. 자연 그대로의 계곡의 모습은 보는 이로 하여금 즐겁게 한다. 그러나 놀러오는 사람들은 그늘막이 없으면 더워서 쪄죽을 지경이다. 더위를 막기 위해 텐트나 파라솔로는 어림도 없다. 강렬한 햇볕은 텐트 안으로 30cm정도가 열기가 파고 들어오고 금방 더워서 못 견디고, 플라이나 파라솔도 직사광선을 받는 표면으로부터 30cm는 열기가 들어와 견디질 못한다. 그렇기 때문에 영업하는 상인들이 비가림을 높게 치는 것이다. 인간이 간사하기 짝이 없는 동물이라서 입장에 따라 보기에는 흉물스럽다고 하기도 하고 정말 잘해놨다고 하기도 한다. 놀러온 사람들에게는 흉물스런 그 천막이 그야말로 천국이다. 보는 사람의 입장에 따라 이렇게 다른 것이다. 그것을 일방적으로 매도해서는 안된다.

수도권 지근거리에 24시간 그늘과 청정한 물과 아름다운 경치, 이 모든 요소가 존재하는 하천은 거의 없다. 우이동계곡이나 북한산 계곡처럼 산세가 높은 산에서 흘러내려오는 계곡외에는 거의 없다. 그러나 대부분의 하천은 햇볕이 오전에 들다 사라지고, 오후에 들다 사라지고 하는 식으로 돌아간다. 그렇다고 그늘에 따라 사람들이 옮겨다닐 수는 없는 노릇이다. 그렇기 때문에 그늘막이 없으면 견디지를 못한다. 물속에 들어가도 그늘막이 있는 물속과 그늘막이 없는 물속은 천지차이다. 따라서 그늘막의 필요성은 고객들의 요청이다. 영업하는 사람들은 임시 그늘막을 설치하여 다시 거둬야 하기 때문에 불편하지만 놀러오는 고객들은 그렇게 해줘야 시원하게 놀 수 있다.

현실적으로 고객이 하천에 발을 담그고 논다고 치자. 우선 앉아야 된다. 평평하고 앉기 좋게 생긴 돌을 찾기가 힘들다. 뾰족하거나 좁은 돌 위에 앉아서 얼마나 발을 담그고 놀 수 있다고 보는가. 그래서 플라스틱 의자에 앉게 된다. 그렇지 않으면 평평한 댓돌을 사다가 발 담그고 놀기 좋게 하기 위해 아름답게 조경을 한다. 물론 불법이다. 그러나 놀러오는 사람들은 끝내준다고 한다. 아이디어가 굿이라는 것이다. 불법이라는 것은 입법하는 사람들이 하천민들의 이해관계에 관계없이 자기들 임의대로 편리성과 안전성을 위해 일방적이고도 획일적으로 만든 것에 불과하다. 대의정치니 국민이 주인이니 하는 것은 전부 국민을 기만해온 정치인들의 산물일 뿐이다. 특권세력에 의해 이나라 이사회는 마음대로 주물려지고 돌아간다. 입법을 하면 적어도 이해관계인들에게 통보하고, 의견청취를 해야 한다. 언제, 어디서 누가 공청회를 하는지 마는지도 모르게 하는 것을 소시민들이나 지역주민들이 어떻게 알 수 있단 말인가.

　하천법이란 것이 물 흐름을 방해하는 정도나 수해피해가 예상되는 정도 등을 고려하지 않고 무조건 건드리지 말라는 것이다. 요즘에는 물놀이 단속요원들에게 취사금지와 무릎 이상의 깊은 물에 들어가게 되면 불법이라고 규정해서 단속을 한다. 무릎만 적시다 가라는 것이다. 피서객들의 입장은 전혀 안중에도 없다. 그러니 차 안에서 몰래 취사를 하거나 편히 쉴 때가 없어 차안에서 잠을 자다가 질식사하는 경우도 있다. 취사를 하면 음식물이 나오기 때문에 하천이 더러워지기 때문인지 도대체 공무원들의 생각을 이해할 수가 없다. 무슨 국민들이 저들의 가두리 안에 관리되는 개돼지들로 아는지 마음대로 규제를 만들어 자유를 제한한다. 공무원들 생각은 취사를 금지시키면 하천민들의 식당을 이용할 수밖에 없으니 주민 소득을 위한 것이며, 더러운 음식물을 아무 곳에나 버리는 행위가 없을 것이니 청정계곡을 유지할 수 있다는 판단으로 만든 것으로 보인다. 그래서 무릎 이상의 깊은 물에서 노는 것이나 취사의 경우 물놀이 관리요원으로 하여금 단속하게 하여 놀지 못하게 하고 밥도 해먹지 못하게 한다. 이것은 규제편의주의로 고객들과 영업하는 사람들이 전부 불만이다. 하천에 놀러오는 사람들이 무릎 정도의 물속에서만 놀기 위해 오는 사람들은 극히 드물다. 온몸을 적시며 수영도 하고 튜브를 이용하여 마음껏 물놀이를 즐기기 위해서 오는 것이다. 또 음식을 장만해 와서 먹고 싶은 음식을 해먹고 싶은 행락객들도 있다. 그렇기 때문에 그들의 편의를 위해 평상임대가 필요하고, 음식을 해먹기 싫은 사람들은 음식을 사서 먹게 되는 것이다. 고객이 자유롭게 선택하게 하는 것이 자유민주사회이다. 그것을 강제로 규제하는 것이다.

왜 이런 규제가 나오게 되었을까? 청정계곡이란 정치적 치적을 만들기 위해서는 평상이나 그늘막을 전부 때려부셔야 한다. 그리고 시민들에게 하천을 돌려줬다는 명분을 세워야 된다. 그러나 지역주민들의 소득도 고려해야 한다. 그러니 취사를 금지시키는 것이다. 그래야 식당에서 음식을 사서 먹을 것으로 생각하기 때문이다. 그러나 음식을 싸들고 몰려드는 시민들이 공짜로 놀수 있다는데 음식을 사먹겠는가. 우리나라 사람이 어떤 국민인데 취사를 금지시킨다고 취사를 안 한단 말인가. 물놀이 감시요원들이 제지하면 '하던 것만 하고 더 이상 안하겠다'하고 계속할 것이다. 한두 사람도 아니고 떼로 그렇게 하는데 그것이 규제가 되겠나? 이름과 주소를 말하라면 떼로 몰려들어 항의할 것이고, 떼법이 상위법인데 무슨 규제가 된다는 말인가.

## 6. 이재명식의 하천·계곡 정비사업의 부작용

한국일보 2021년 7월 13일 현장 르뽀 기사는 이재명이 정비했다는 계곡이 어떻게 되어있는지 점검하는 내용이다. 계곡에 놀러오는 시민들은 이제 상인들이 판매하는 음식을 사 먹지 않아도 된다. 계곡은 얼마든지 이용할 수 있다. 그러나 백운계곡 상인들은 "경기도와 포천시의 요청에 따라 불법 시설물을 자진 철거하고, 사유지 주차장까지 개방했지만, 돌아온 건 생계위협뿐"이라고 말했다.

백운계곡의 경우 주말이면 하루 1만 명 가까이 밀려들면서 공영주차장은 200면으로는 주차 공간이 턱없이 부족하다. 이렇다 보니 계곡 주변 식당 협조 없이는 불가피하게 주차 대란이 벌어진다. 불법 시설과 자릿세로 알려진 평상임대료도 사라졌다.[239] 관행적으로 자릿세로 말하기도 하지만 자릿세가 아니다. 민간인이 세금을 받을 수 없다. 평상임대료인데 이것이 불법인지는 불분명하다. 임대사용료를 받는 것은 자유거래의 원칙에 어긋난다고 할 수가 없다. 그렇다고 평상시 건축물도, 시설물도 아니다. 임대사용료 5만원이 많다고 하는 사람들도 있지만 한번 임대하면 하루종일 사용하는 것이다. 집에서 장만해온 음식을 요리해서 먹기도 하고 드러누워 쉬기도 한다. 그런데 불법시설물과 평상이 사라진 자리에 파라솔이 설치되고, 탁자와 의자가 드러섰다. 그리고 쓰레기가 차고 넘치고, 불법 취사가 자리잡고 있었다.

당연히 불법주차와 불법 쓰레기 투기는 일상적인 일이다. 이러한 불

---

239  한국일보, 「"음식 주문 않고 한나절 공짜 주차" 포천 백운계곡 상인들 뿔났다」, 2021.07.13.,
     https://www.hankookilbo.com/News/Read/A2021071316180001417

제1장 이재명 '민주당의 반란'   **305**

법은 불법이 아니라 부작용일 뿐이다. 왜냐하면 이재명 같은 강자가 버티고도 이러한 불법을 해결해주지 못하고 있기 때문이다. 불법을 일소하겠다는 그는 또 다른 불법을 양산시켜 청정계곡을 쓰레기 천지로 만들고, 그 쓰레기를 치는 수고는 고스란히 소득도 없는 계곡 상인들의 몫으로 전락했다. 억강부약이라고 하면서 사회적 약자를 불법이라고 짓밟고, 그 위에 사회적 강자인 시민들의 불법은 짓밟지 않는 불공정한 행정을 다반사로 하고 있었다.

계곡에 놀러온 행락객들이 계곡 주변에서 고기를 구워 먹는 등 취사까지 하고, 놀다 돌아가면서 쌓아놓은 쓰레기가 차고 넘친다. 그것을 누구도 치우는 사람이 없다. 오로지 불법이란 이름으로 짓밟힌 상인들이 자신들이 살고 있는 하천 계곡을 사랑하기 때문에 치우는 것이다. 최근엔 캠핑카까지 등장, 무질서하기가 이를 데 없다는 것이 이곳 상인들의 이야기다.[240]

이종진 백운계곡 상인협동조합장은 한국일보 기자에게 "주차장을 이용하는 관광객 10명 중 9명은 음식은 주문하지 않고 한나절 넘게 머물다 간다"며 "상인들이 장사는 못 하고 1년 넘게 쓰레기만 치우는 신세가 계속 되면서 주차장 폐쇄도 고려하고 있다"고 말했다. 한국일보에 따르면 '경기 포천 백운계곡에서 한식당을 운영하는 김모(64)씨는 "지난 주말 매출이 11만 원에 불과했다"며, "아예 장사를 접어야 할 판"이라고 푸념'하며, 이는 한 달이 넘게 예년보다 80~90% 깎인 매출이 계속되고 있다

---

240  위의 기사

는 것이다.[241]

이재명은 계곡정비를 자신의 최고의 치적으로 내세우며, 지지율 상승을 만들어냈다. 그러나 정비만 했을 뿐 그 이후에 생기는 문제에 대해서는 나 몰라라 한다. 업적을 만드는 데는 사력을 다하지만 그로 인해 사후에 생길 문제에 대해서는 늘 관심 밖이었다.[242]

## 7. '청정계곡, 시민들에게 돌려주겠다'고 휘두른 잔혹한 칼날

백운계곡의 주민들은 생계를 위해 길도 닦고, 소위 불법시설과 평상을 깔았다. 계곡을 찾는 이들에게 불편하게 한 것은 일부 상인들의 바가지요금 하나밖에 없다.

▲ 하천을 시민에게 돌려준 결과가 쓰레기 천지다. 이렇게 쌓아놓고 가버리면 누구보고 치우란 건가.
【출처 : 한국일보(2022.08.08.)】

---

241    위의 기사

242    이재명연구회, p.219

▲ 포천 백운계곡 관광객들이 계곡 주변에서 불을 피워 음식을 조리하고 있다.
독자 제공【출처 : 한국일보(2021.07.13.)】

    그러면 대부분의 하천 계곡에서는 그 바가지요금만 개선하면 행락객들과 상인들의 상생이 가능한 일이다. 행락객들은 주차나 쓰레기 버리는 것을 상인들이 만들어놓은 주차장이나 쓰레기 장에 버리거나 모아놓아도 된다. 그리고 높은 그늘막과 평상으로 편리하고 즐겁게 놀 수 있는 대신 상인들은 소득을 올릴 수 있기 때문이다.

    이러한 상생의 길이 있음에도 불구하고 이재명은 시민들의 여론을 등에 업고 청정계곡을 시민에게 돌려주겠다는 선동적 구호로 약자들인 지역상인들이 지어놓은 불법 시설물들을 '난폭하게' 정리했다. 본래 공익사업을 할 경우 불법 건축물에 해당하더라도 지장물 감정에 의해 보상해주며, 그 건출물에 달린 시설물에 대해서도 지장물 감정에 따라 보상을 해주는 것으로 알고 있다. 그러나 이재명은 공익사업임에도 불구하고 난폭한 철거로 밀어부쳤으며, 일체 보상은 없었던 것으로 알려졌다. 벌금과 함께 철거하고 그 비용까지 물린다는 말에 대부분 굴복한 것이다. 자진 철거가 아니다. 세상에 어느 누가 자신의 생존권을 자진해서 버리겠는가.

이재명을 칭송하는 책에도 이재명 스스로가 자신에 대해 '독재적이고 난폭하다'는 비판을 받고 있다는 사실을 알고 있다. 그러면서 '이래야 세상이 제대로 되지 않을까요?'라고 독재와 난폭을 정당화시켰다. 세상에 모든 독재자들은 선한 의지로 나쁜 세상을 만들려는 자는 없다. 좋은 세상을 만들겠다는 의지로 약자를 짓밟는 것을 정당화했기 때문에 악명을 떨친 것이다. 그렇게 한 결과는 항상 좋지 못한 선례를 남겼을 뿐이다. 그래서 민주주의자들은 '좋은 독재는 없다'는 것이며, 독재 자체가 반민주적이란 지적이다. 이재명은 여론을 등에 업을 수 있는 사안에서는 유독 강력한 리더쉽을 보여주려고 한다. 이것을 이재명 지지자들은 실행력, 추진력으로 떠받들고 칭송한다. 불법 시설물을 가진 자들은 법 앞에 대단히 취약한 사회적 약자이다. 이런 사회적 약자들을 상대로 시민들의 비판여론이 높은 상태에서는 언제든 치고 들어가도 박수를 받을 수 있다. 그러한 사회적 약자들이 '우리도 살게 해줘야 한다'며, '유예기간을 달라'고 사정하는 상인들에게 '수십년을 유예했다', '불법행위를 보상해

줄 수 없다'고 선을 긋는 모습이 핵사이다로 보이는가? 그것은 사회적 약자들에게는 '독사이다'다. 과거 군사독재정권과 권위주의 정권이 법을 앞세워 피도 눈물도 없이 불법 단속을 했다. 불법 노점상을 단속하고, 불법으로 타인의 소유지를 점거하고 있다며, 철거민을 두들겨 패서 내쫓았다. 모두 법을 앞세운 행정이다. 이 둘과 이재명이 하는 행정과 다른 점이 있다고 보는가. 그러나 지금은 불법 노점상의 경우 서울시만 하더라도 단속을 하면서도 그들을 합법화하는 방향으로 나갔다. 길거리에서 깨끗한 점포를 만들고, 등록해서 세금을 내게 하는 방식이었다.[243]

이재명은 이런 약자를 짓밟거나 짓밟아도 득표에 이득이 되는 경우는 난폭하다. 철거민들에게도 그랬고, 장애인들에게도 그랬다. 휠체어를 탄 장애인들이 항의하자 엘리베이터를 정지시켜버리는 일을 눈도 깜짝하지 않고 해치우는 것이 이재명이 법치를 내세워 싸운 사회적 약자들과 싸움이었다. 그것이 억강부약을 입에 달고 사는 사람이 할 일인가? 게다가 누구나 쉽게 할 수 있는 세금 골고루 나눠주기인 기본소득을 주는 것을 광속행정이라 하고 핵사이다로 칭송한다. 고소득자들에게 지역화폐로 25만 원, 30만 원을 왜 줘야 하는가. 이재명의 제2의 저수지로 알려진 코나아이의 배를 불려주는 방식으로 말이다.

그러면 이재명이 청정하천을 시민들에게 돌려준다는 것이 실제로 청정한 계곡이 되었는가. 아래에 보이는 사진은 불법 시설물 철거 전의 사진이다.

243  이재명연구회, 같은 책, pp.214~216

**〈사진 1〉 철거전의 사진**

▲ 경기 포천백운계곡 불법 시설물 철거 전의 고즈넉한 모습이다. 이것이 본래 자연과 인간의 조화로운 풍경이다. 포천시 제공【출처 : 한국일보(2019.11.07.)】

위의 〈사진 1〉과 아래 〈사진 2〉의 차이점은 불법 시설물 자리에 파라솔이 들어섰다는 것 외에 별다른 차이가 없다. 이것이 백운계곡의 3.8㎞ 구간 계곡변에 설치된 평상, 천막 등 불법시설물 1,950여 개를 모조리 철거하고 청정계곡으로 거듭났다고 하는 것이다. 그리고 나서 관광객 편의를 위해 계곡변에 800개의 공용 파라솔과 테이블, 의자를 설치한 것이다. 그러니까 불법시설물을 철거하면 청정계곡이 되는 것이고, 그 자리에 테크를 만들어 800개의 공용 파라솔을 설치하고 행락객들이 불법 주차와 불법 쓰레기, 오물 등을 투기해도 청정이 되는 것이다. 민간이 하면 오염이고, 관이 하면 청정이 된다는 논리다. 불법에 대한 무관용과 합법에 대한 관용이다.

▲ 계곡 정비를 완료한 포천 백운계곡. 시민들이 무단 쓰레기투기로 몸살을 앓고 있다. 경기도 제공【출처 : 한국일보(2021.07.13.)】

　세상에 이런 바보같은 정책이 어디있는가? 엄청난 예산을 들여 철거하고, 엄청난 예산으로 800개 공용 파라솔 등을 설치하는 미련한 정책을 누가 추진했는가. 새것으로 바꾸고 규모를 좀 축소시키고, 하천 안쪽의 불법시설물을 철거하니 조금 깨끗해 보이는 것은 사실이다. 그러나 기존의 불법시설물을 놔두고 하천 안쪽의 불법시설물만 철거하고 새로운 천막과 상점 간판을 포천시에서 지원해도 깨끗하고 산뜻할 것이다. 전자는 생존권을 박탈시켜가면서 주민들 죽이는 행정으로 경관을 조금 멋있게 보이게 할뿐 쓰레기와 오물투기, 불법주차는 더 기승을 부리는 것으로 청정을 기만한 행정이다. 후자는 불법 시설물을 하천을 침해한 것 외에는 합법적으로 양성화시켜 상인과 행락객이 상생하게 하고 쓰레기나 오물 등은 상인들이 치우므로 오히려 청정한 계곡을 살리는 상생 청정행정이다.

몇 년에 한 번 올까 말까한 사람들에 의해 평가되는 청정이니 흉물이니 하는 말들이 얼마나 공허한 말인지 모른다. 하천을 가장 사랑하고, 쓰레기를 가장 많이 치우고 청소하는 사람들이 그 지역에서 1년 365일 살고 있는 상인들이다. 무엇 때문에 몇 년에 한 번 올까 말까하는 인간들의 평가나 기준에 의해 삶의 터가 강제로 정리돼야 하는가.

**〈사진 3〉 청정하천을 시민에게 돌려주겠다고 철거하는 현장**

▲ 7일 오전 찾은 경기 포천시 이동면 백운계곡의 불법 시설물 철거 현장모습.
【출처 : 한국일보(2019.11.07.)】

〈사진 4〉 철거후 휑한 계곡의 모습. 이를 청정계곡이라고 부른다.

▲ 불법시설물들을 철거한 뒤의 휑한 포천시 이동면 백운 계곡의 모습.
【출처 : 한국일보(2019.11.07.)】

만일 그것이 정의라면 반대로 이곳에 사는 사람들이 서울에 가서 '이렇게 공기오염과 소음공해 속에서 사람이 어떻게 사느냐', '청정 서울을 시민들에게 돌려줘야 된다'고 '전두환'같은 분이 나서서 자동차를 다 없애고 공용버스만 운행하게 하고, 도시가스도 다 없애고, 전기로만 사용하여 청정 서울을 서울시민들에게 돌려줘야 하겠다고 법을 고쳐서 무자비하게 철거했다고 하면 그들은 그것을 어떻게 평가할 것인가? 민주주의의 기본원리는 인권과 생존권의 존중이다. 자연보호도 인간의 생존을 우선하면서 인간의 생존을 위협하지 않는 선에서 자연과 조화를 갖도록 하는 것이다. 1년에 한 번 하루를 놀러 올까 말까 하는 인간들의 눈을 즐겁게 하기 위해 이들의 생존권을 짓밟아도 된다는 논리는 어떠한 명분으로도 정당화될 수 없다. 상생과 상호협동이 좋은 것이다. 그것이 인간이

사는 사회고 사랑이 넘치는 사회다. 당연히 바가지 요금은 없애야 한다.

당시 포천시 백운계곡 현장을 한국일보는 르뽀기사로 이렇게 보도했다. "백운계곡 불법시설물 철거현장에 있는 포크레인의 요란한 기계음소리와 함께 순식간에 계곡 물가자리 평상과 그늘 천막 등이 종잇장처럼 구겨지거나 부서진 채 폐기물로 처리됐다. 이를 지켜보던 50대 식당 주인은 "앞으로 어떻게 살아가야 할 지, 막막하다"며 긴 한숨을 내쉬었다. 이곳에서 20년 넘게 식당을 운영해온 권모(57)씨는 "손님 대부분이 물가자리를 즐기려 이곳에 오는데 모두 철거하면 누가 오겠느냐"며 "영업타격을 우려한 일부 상인들은 과도한 스트레스 탓에 몸져 누웠다"고 말했다."

이들의 말은 맞는 말이다. 놀러오는 손님들은 그늘막이 처져 있는 물가자리를 즐기려 온다. 보기에는 안좋게 보일지 모르나 즐겁게 노는 데는 이런 시설들이 최고다. 평상에 편안하게 앉아서 쉬다가 바로 물속을 들어갔다 나올 수도 있고 물을 보면서 음식을 즐길 수도 있으니 1석 3조나 된다. 이곳 주민들은 여름 한 때만 하천 안에다 평상과 그늘막을 치고 장사한다. 장마철에는 떠내려가기 때문에 〈사진 4〉처럼 그늘막과 평상을 전부 둑 위로 옮긴다. 그리고 8월 말이면 손님이 끊기게 되어 대부분 〈사진 4〉처럼 평상과 그늘막을 하천에서 하천변 위로 옮긴다. 그렇기 때문에 이곳에서 식당영업을 하는 김모(71)씨는 "계곡 장사 특성상 1년에 고작 여름철 두 달 반정도 영업을 하는 데 무슨 대단한 불법을 저지른 것처럼 이렇게 몰아세우느냐"고 울먹이며 억울해하는 것이다.[244] 문제는 바가지요금이다. 백숙 한 마리에 10만원 이상이라고 하지만 사실은 그 속에 평상임대료가 포함된 가격이다. 하루 종일 평상을 사용할 권리를 사는 것이다. 오전부터 오면 닭한 마리 사먹고 주차는 하루 종일 공짜에다 점심 저녁까지 자신들이 장만해온 음식을 해먹을 수 있다. 그래도 비싸다고 하면 민관사이에 가격절충을 해서 타협을 볼 수도 있다. 그러나 법치가 자생적 질서를 무너뜨려서는 안된다. 터무니없는 바가지요금은 단속해야 하나 서울의 호텔 바가지 음식값도 단속하는가. 안한다. 왜냐하면 자유시장경제의 원리 때문이다. 세상에 바가지요금은 없다. 언론이 만들어낸 것이고, 서민들이 다른 곳보다 비싸기 때문에 불만을 터뜨린 결과이다. 그러나 관광지 모든 상점에는 가격표를 공개하여 써붙이기만 하면 된다. 비싸면 안 사고 안 먹으면 된다. 그러면 가격이 떨어질 수밖에 없다. 바가지요금이라고 비난할 이유가 없는 것이다. 그렇다고 15만원, 20만원씩 받아서는 안된다. 서민도 놀러올 수 있게 조그만 평상으로 백숙 포함, 7만원 선으로 배려하는 것이 바람직하다고 본다. 평상임대만 할 수 있게 조정하는 것도 바람직하다. 가격을 제한하는 것은 국가땅을 싸게 사용하는 조건에서 법으로 제한할 수 있다고 본다.

## 8. 공정한 보도가 선입견을 없앤다

한국일보을 제외하고 공정한 보도를 본 적이 없다. 거의 대부분은

---

[244] 한국일보,「[르포] 계곡이 돌아왔다」, 2019.11.07.,
https://www.hankookilbo.com/News/Read/201911071597069191

계곡 장사하는 분들을 불법 상인들로 매도하고 자연경관을 파괴하는 사람들로 왜곡시킨다. 이재명의 하천정비사업이 최선의 정책인가에 대해서도 의문을 갖고 보도해야 한다. 천편일률적으로 언론들이 마치 이재명의 홍보기관지처럼 '이비어천가'를 부르짖고 있다. 왜 생계에서 쫓겨난 주민들의 모습은 취재하지 않는가. 공정은 눈을 씻고 찾아봐도 티끌만큼도 없었다. 기자들의 고정관념 중에 하나가 일방적인 측면에서 극단적인 것을 써야 기사가 된다는 잘못된 관행이다. 계곡의 물은 시민들이 놀러오기 때문에 더러워지는 것이다. 청정계곡을 유지하려면 울타리를 쳐놓고 사람을 쫓아내면 된다. 그러면 하천은 저절로 깨끗해진다. 마치 기사는 그 지역에 살고 있는 사람들에 의해 청정계곡이 오염되는 식으로 보도한다. 극히 장사가 잘되는 일부 지역의 난잡한 모습을 보도하여 전국의 하천 계곡의 상인들을 매도하는 듯한 인상을 준다. 대부분 지역을 가장 사랑하고 아끼는 사람들임에도 불구하고 상인들이 청정계곡을 망가뜨린다는 식이다. 이러한 매도성 기사로 인해 하천에서 살고 있는 하천민들은 '악마화'되고 청정계곡을 더럽게 하는 행락객들은 자유를 찾은 '천사'들로 둔갑하는 것이다. 실제로는 그 '천사'들에 의해 계곡이 더럽혀지는 데도 말이다. 그렇기 때문에 더럽혀지는 것을 치워주고 놀기 좋게 만들어주어 그들에게서 소득을 취하는 것이다.

경제는 순환이다. 생산경제에서 돈을 벌어서 소비경제인 유원지나 관광지역에서 소모해야 경제가 순환되는 것이다. 이런 기본적인 경제개념도 모르는 이재명은 무조건 자신의 지지율만 높이기 위해 법을 앞세워 불법 시설물들을 강제 철거하여 시민들에게 돌려준다고 공표하는 것이다. 산과 하천이 권력자의 소유물도 아닌데도 시민들에게 하천을 돌려주겠다는 것은 헛소리에 불과하다. 그런식이면 아예 '설악산도 시민들에게 돌려주고, 산과 바다도 전부 시민들에게 돌려줘야 한다.' 안되면 법을 바꿔서라도 돌려줄 수 있다. 일 년에 하루 정도를 올까 말까하는 시민들만 국민이고, 이곳에 365일 사는 지역 주민들은 국민이 아닌가. 돌려준다느니, 철거한다느니, 밀어부친다느니 하는 그런 핵사이다 같은 소리로 사회적 약자인 국민들은 그 '핵사이다' 소리에 주민들이 핵에 터져 죽을 판이다. '핵사이다'가 아니라 주검의 '독사이다'다.

오마이뉴스는 「계곡 정비했더니 수해방지까지?… 이재명 "도랑 치고 가재 잡고"」(2020.9.2.)로 보도했고, 경기도정신문은 「이재명 지사 "경기도 계곡 불법시설 철거서 실질적 주민 이익으로"」(2019.11.23.)라는 기사에서도 이 지사는 "이를 테면 계곡이나 마을 단위의 조합을 만들어 지역 주민과 상인들이 직접 참여해 청정계곡을 만들고 지속적으로 유지 관리할 수 있는 기획안을 만들어 달라"며 "공동체를 통해 골목상권을 진흥하듯 계곡도 친환경적인 생계 터전이 되도록 도에서 적극 지원해 나갈 것"이라고 약속했지만 이뤄진 것은 아무것도 없다. 선심성 홍보용만 뿌려대는 게 그의 장기다.

게다가 아시아경제는 「이재명 "하천·계곡 정비했더니 비 피해가 94% 줄었네요"」(2020.9.23.)라는 기사에서 '포천시, 남양주시, 광주시, 가평군, 양평군 등 5곳'의 경우 2013년 수해가 극심했던 곳으로 최근 도가 집중적으로 불법시설물 정비작업을 벌인 결과 이들 지역의 올해 수해 건수는 2건으로 2013년 8건보다 75% 줄었다'는 것이다. 또한 '피해액은 2013년 6억3600만 원에서 올해 3700만 원으로 94% 급감했다'는 것이다. 2013년의 비피해를 아무런 연관성이 없는 2020년도와 비교하는 것 자체가 어처구니없는 분석이다. 이런 이비어천가로 자신의 치적을 위해 국민을 혹세무민(혹세무민)해서는 안된다.

경기신문은 "이재명 경기지사의 청정계곡 복원 2년…만족도 높고, 호평 일색"이라며, "같은 날 오후 포천시 이동면 도평리의 백운계곡. 불법시설물로 뒤덮였던 계곡은 언제 그런 시설이 있었는지 모를 정도로 자연 그대로의 모습을 되찾았다. 2년 전만 해도 3.8㎞ 구간 계곡에 2000여 개의 천막, 평상, 방갈로 등이 설치돼 있었던 백운계곡은 음식값과 별도로 자릿세를 내야만 이용이 가능했다."²⁴⁵라고 보도했으나 자연 그대로의 모습이 이런 것인가. 이러한 보도내용대로 중소도시 이하 읍면 단위에서 열리는 장날에 좌대를 펴고 자리하는 장꾼들을 보도할 때 합법화되기 이전에는 '불법으로 뒤덥은 천막과 좌대로 온통 뒤덥고 있다'고 할 수 있다. '길거리의 통행을 방해하고 권리금이 없이는 장사도 할 수 없는 관행으로 한쪽 귀퉁이라도 자리를 얻기 위해서는 권리금을 요구하거나 쫓겨나기 일쑤여서 먹고살기 위한 서민들의 서러움을 더해간다'고 보도할 수 있다. 언론은 선도해야할 사명도 있다. 어렵게 사는 장꾼들의 사정도 들어보고 그들이 합법적으로 장사를 할 수 있는 길도 제시해야 한다. 지금은 정기적인 장날을 결정해서 그 날만은 자유롭게 장사할 수 있게 되었다. 시골의 배우지 못하고 먹고 살기 힘든 사람들이 하천계곡에서 장사를 하기 시작한 것이다. 그들이라고 해서 장꾼들이나 노점상들처럼 합법적으로 장사하지 말라는 법이 있는가. 그리고 신문보도의 내용처럼 '자릿

---

245 [르포] 서울은 '유료', 경기도는 '무료'…경기도 하천·계곡 '인산인해'

세'는 없다. 자기들 땅도 아닌데 자릿세를 말할 수 있을까. 그것은 평상임 대료이며, 이를 자릿세로 왜곡 보도하는 것은 마치 민간인이 세금을 걷는 것 같은 무법자로 인식될 수 있다. 그들 가운데 편의상 모르고 '자릿세'라는 말을 사용하기도 했겠으나 사실은 일일 평상임대 사용료이다. 시민들은 '하천은 누구나 사용할 수 있는 공공의 재산이 아니냐'고 항의할 수 있다. 그렇다. 단 이 지역 상인들이 피땀흘려 놀기 좋게 닦아놓은 곳을 공짜로 사용하는 것은 안되는 것 아닌가. 놀려면 상인들이 닦아놓지 않은 황무지처럼 된 곳에 가서 하천에 물막이를 하던, 삽으로 죽어라고 삽질해서 평평하게 만들어 돗자리를 깔던 그것은 자유다. 무엇 때문에 상인들의 피땀어린 노동이 들어가서 닦아 놓은 터전에서 얌체족들처럼 공짜로 놀려고 하는가. 다만 국가땅을 불법으로 점유하던, 아니면 점유지에 불법시설물을 설치하던 바람직한 형태는 아니다. 그렇다고 무작정 하천은 공공의 재산이라 하여 마음대로 들어가서 놀게 할 수도 없는 노릇이다. 대신 점용허가 기준을 완화해주고 넓혀줘서 합법화시키는 길이 바람직하다. 이 둘을 상생시키는 길을 만드는 것이 국민의 주권을 위임받은 자들의 소임이다. 상인들의 노동의 대가를 고객들이 과하지 않게 지불하고 놀수 있도록 하는 방안으로 해결하라는 것이다.

본래 백운계곡은 그 자리에서 살던 사람들이 피땀 흘려가면서 길을 닦고 놀기좋게 터전을 만들어서 생계를 위해 무허가 시설물들을 설치한 것이다. 법이 만들어진 다음에는 불법 시설물이나 일반 서민들은 법조문이 어떻게 됐는지 모른다. 무허가 시설물 중 그늘막의 설치는 오히려 고객의 요청이 더 강했다. 당장 뜨거운 햇볕을 받으면서 음식을 먹을 수가 없다. 그늘막을 쳐주는 것이고, 앉아서 먹으려니 평상을 만들어 서비스업을 하는 것이다. 그들에게 죄가 있다면 돈이 없고 권력이 없다는 것밖에 없다. 돈이 있으면 주변의 땅을 사서 하던가, 다른 업종의 일을 했을 것이며, 권력이 있었다면 불법시설물을 양성화하는 법을 만들었을 것이다. 서민을 위하고 대의 민주주의를 한다면 그들의 말에 귀를 기울일 줄 알아야 한다. 그렇지 않고 청정계곡을 시민들에게 돌려준다는 미명 하에 그곳 상인들의 생존권을 박탈하는 것이 과연 바람직한 정책인가. '파라솔로 뒤덮고 흉물스런 펜스로 산의 경관을 가려서 자연의 모습을 망치는 것'이나 '상인들이 장사를 하기 위해 설치한 시설물들로 가득찼다'고 기사화하는 것은 표현하기에 따라 천지차이다. 한국일보의 보도와 경기신문의 보도는 천지차이다. 아래의 사진을 보고 펜스가 흉물스럽게 드러찼다고 기사화하면 흉물스러운 것이다.

〈사진 5〉 이곳 상인들의 불법 시설물 철거자리에 들어선 파라솔 모습.

▲ 본격적인 휴가철인 지난 21년 8월 11일 포천시 이동면 백운계곡에서 이용객들이 물놀이를 즐기고 있는 장면. 오른쪽 산쪽으로는 펜스로 막혀 있고, 하천변 안전 난간 사이에 파라솔이 쳐져 있다.(사진=고태현 기자)【출처 : 경기신문(2021.8.11.)】

## 9. 상생의 길

한번 입장을 바꿔서 생각해보자. 하천민들은 수년에서 수십년 동안 온갖 고생을 다해 가면서 길을 닦고, 장마에 집이 떠내려가거나 침수 피해를 당해가면서 하천변을 정비하여 놀기 좋게 만들어놓은 곳을 어느 날 갑자기 불법시설물이라고 하여 전면철거하겠다고 하면 그 심정이 어떻겠는가. 게다가 상인들의 생존의 터진인 불법시설물을 철거한 자리를 빼앗아 무료로 사용할 수 있는 파라솔과 탁자 의자를 늘어놓고 무료로 놀게 하여 상인들은 이로 인해 장사가 안되도록 굶어 죽게 하는 방식이 과연 정당한 것인가. 삽질 한번 안 한 사람들이 왜 남이 죽어라고 고생하여 일궈놓은 땅에 점령군처럼 쳐들어와서 철거하여 공짜로 놀고 가도록 만들겠다고 하는 것인지 그런 사고방식을 이해할 수가 없다. 공짜로 놀고 싶으면 자유롭게 자기들이 황폐한 하천 저 멀리 들어가서 풀을 깎고 삽으로 평평하게 만들어서 즐겁게 실컷 놀고 가면 되는 것이다. 그렇게 하는 것을 방해하는 상인들은 아무도 없다. 왜 남이 닦아놓은 곳에 공짜로 즐기지 못해서 고발하고 난리를 치는가 하는 점이다. 게다가 백운계곡에 거주하는 상인들도 이 나라의 국민이고, 이 곳을 찾아 놀러오는 시민들도 이 나라의 국민이다. 그렇다면 어느 일방의 손을 들어 생존권을 박탈하는 행위는 온당치 않다. 이 양자가 상생할 수 있는 길을 찾는 것이 공무원들의 책무이지 일방적으로 법을 앞세워 밀어버리는 것이 공무원들의 책무가 될 수 없다.

필자가 어렸을 때만 하더라도 건축법도 제대로 정비되지 않아서 우리 동네에 합법적으로 건축된 집은 우리 집밖에 없었다고 한다. 공짜로 하천 계곡에서 놀고 싶은 사람들의 말대로 한다면 무허가건물은 마음대로 들어가 공짜로 사용해야 하는데 왜 못하게 하느냐고 할 수 있을까? 그 많은 집들이 과거에는 불법 건축이라고 할 수는 없는 '자연건축', 내지는 '무허가 건축물'이다. 포천시만 해도 불법 및 무허가건물이 3천 채나 된다고 한다. 이렇게 많은 건축물이 법이란 가두리에 갇혀서 매년 과태료를 물고 있고 전과자 아닌 전과자가 된다. 도대체 이렇게 집행해야 하는 것이 국민을 위한 법인가, 아니면 법을 위해 존재하는 국민인가 하는 회의가 들 때가 많다.

법이 백운계곡에서 수십 년 살아온 국민들을 우선적으로 보호해야 할 우선권이 있느냐, 아니면 일 년에 피서철에 한 번 올까 말까 하는 국민들을 보호해야할 우선권이 있느냐는 문제이다. 막대한 예산을 들여 이곳 주민들과 싸우면서 철거하고, 또 막대한 예산을 들여 정비하고 파라솔 800개를 설치하여 공짜로 놀게 해서 이곳 주민들을 굶어 죽게 만드는 것이 이재명의 정치적 사명이고 책무인가. 그것이 억강부약의 정신에 맞는 행동인가를 묻지 않을 수 없다.

국가 차원에서 보게 되면 불법이든 합법이든 유용한 시설물은 이 나라의 자산이고 재산이다. 마구잡이로 때려 부숴야 할 자산이 아니다. 그것을 철거하는 것보다 활용하는 것이 이 나라의 재정을 절감하는 것이고 경제적으로 집행하는 행위가 되며, 일자리를 활성화하는 길이 된다. 백운계곡의 상인들은 이곳을 찾는 고객들에게 피서를 최대한 만족할 수 있도록 서비스를 제공하면서 생계에 필요한 반대급부를 원하는 것이고, 이곳을 놀러오는 시민들은 자유롭게 경제적으로 피서를 즐기고 싶은 것이다. 이러한 양자의 필요성을 감안하여 상생할 수 있는 정책을 취해야 하는 것이 마땅한 도리이다. 그렇다면 피서객들이 원하는 것이 무엇인

가. 여기에 살고 있는 상인들을 다 사지사판으로 몰아내고 그들의 고통은 나몰라라 하고 즐기기만을 바라는 그런 양심도 없는 무리들인지, 아니면 이들과 대화를 통해 그동안의 애로사항과 고객들을 위해 해온 것들이 무엇인지, 그리고 서로 원하는 것이 무엇인지를 공청회식으로 대화를 갖고 양자간 합의를 도출하여 시행하는 것이 마땅한 것인지, 의견수렴 절차를 거쳐서 훌륭한 대안을 세워서 시행하는 것이 공정한 것인지 자문자답할 필요가 있다. 행락객들 중에는 토종닭 백숙 한 마리와 평상임대를 포함 10만원이면 적정하다고 할 고객도 있고, 그것이 비싸다고 할 고객도 있을 것이다. 그러나 그늘막이 처져 있는 그 평상을 하루종일 사용하면서 집에서 장만해온 음식을 요리해서 먹기도 하고 힘들면 누워서 쉬기도 하는데 그동안 그 평상을 다른 고객에게 임대할 수 없는 상인들의 입장도 고려해볼 필요가 있다. 시내에서도 토종닭 백숙은 한 마리에 5만원 정도 하고 대개 30분에서 1시간 이내에 먹고 자리를 비워줘서 계속해서 손님을 받을 수 있지만 유원지에서는 5~6인 기준 평상임대료 5만원을 하루종일 사용하면서 토종닭 백숙가격 5만원 포함 총 10만원이 비싼 것이냐고 할 수 있다. 시내 식당에서는 바로 근처에서 매입하여 요리해다가 음식을 나르는 서빙카트로 10m안팎이 서빙거리를 서빙하지만 이곳 유원지는 식자재를 사기 위해서는 차를 타고 30분에서 1시간 거리로 나가 3~4시간 정도를 소요해 가면서 구매하여 요리한 다음 서빙거리도 최소한 30~50m정도를 일일이 손으로 들고 가야 하는 번거로움이 있다. 게다가 중간 중간에 '사장님 소주한병'해도 갖다 줘야 한다. 그래도 비싸다는 고객은 평상만 임대하고, 특히 외진 곳의 평상은 3~4만원으로 절충도 할 수 있기 때문에 집에서 장만해온 음식을 가지고 그곳으로 가

서 놀면 된다. 평상가격은 위치에 따라 차등을 두고, 백숙값은 5만원(물가에 따라변동)으로 결정해서 바가지요금이 아니라 현실적인 요금으로 놀수 있도록 합의하는 방안을 강구할 수 있다. 또한 시에서도 점용허가 면적을 넓혀줄 수 있도록 그 지역 국회의원과 상의하여 하천법 개정을 건의하고, 주민들도 청원하여 하천법 개정을 하도록 하고, 철거나 파라솔을 설치하는 비용으로 이곳 상인들에게 지원하여 천막을 고급화하고, 상점 간판을 지원하고 하천을 조경화하고 깨끗하게 단장하여 관광지의 이미지를 살리도록 한다. 이와함께 식수대와 공중화장실과 주차장을 많이만들어 관광객을 많이 유치하도록 지원하여 깨끗한 모습으로 탈바꿈시키는 것이 상생의 정책이다. 이러한 정책이 무엇이 어려운 일이라고 생사람을 잡는 불법자들로 몰아 점령군 식으로 철거를 하고 하천을 점령하여그동안 관습적으로 사용해오던 자생적 질서를 하루 아침에 때려 엎는다는 말인가.

또한 기존 불법 시설물과 건축물도 순수한 생존이나 필요에 의해 지은 건물에 대해 1회 벌금을 때리고 엄격히 심사하여 양성화시켜주는 것이 국민을 위한 정치가 아닐까? 그러한 법을 만들면 국회의원들 손가락이 부러지나 다리가 부러지나? 왜 그런 것을 못하고 국민들을 법이란 족쇄로 들들 볶아대는지 모르겠다. 자치단체의 행정부인 시군구, 읍면동 공무원들이 자치단체의 입법부인 국회의원과 당정협의처럼 정기회기나 임시회기처럼 국민공청회 같은 모임을 갖고 국민을 불편하게 하는 법이나 국민을 위한 법을 제정이나 개정을 하는 시간을 갖고 법을 제정·개정하도록 하는 것이 국민을 위한 정치 아닌가.

정치인들은 일반 국민들을 법맹으로 만들어 놓고 법의 가두리 안에서 관리 통제할 궁리만 하지 말고 자유롭게 살 수 있도록 자연권적 기본권을 누리도록 노력하면 어디가 다치기라고 한다는 말인가. 바다는 양식권이 있는데 왜 하천에는 영업권이 없어야 되는가. 물론 일부 악덕업자들이 말도 안되는 바가지 요금을 매겨서 일반 국민들을 힘들게 하는 것은 이해가 가지만 대부분의 하천민들은 바가지 요금을 매기면 오지도 않는다. 단속하려면 그런 인간들을 단속해야지 무엇 때문에 대부분의 시민들의 생계수단을 철거하여 생존권을 박탈하겠다는 것인가.

게다가 하천계곡을 정비하면 청정계곡이 된다고 주장하는 한심하기 짝이 없는 먹물들을 보면 저 뇌에는 도대체 뭐가 들어있을까 하는 한심스런 생각이 든다. 하천을 정비하여 자유롭게 놀도록 허용하면 놀러오는 시민들의 70~80%이상이 쓰레기를 버리고 가서 쓰레기 천지가 된다. 담배를 피면 100이면 100이 다 그냥 아무 데나 버린다. 술 처먹고 술병을 던져서 박살내서 하천에 들어가면 찔려서 피를 흘리게 만드는 인간들도 많다. 분리수거도 할 줄 모른다. 음식물쓰레기와 뒤섞어 놓는 것이 대부분이다. 청정계곡은커녕 쓰레기 계곡이 되는 것이다. 그나마 영업을 하는 하천민들 때문에 쓰레기 청소를 깨끗하게 하여 하천이 청정해지는 것이다. 『이재명론』을 지은 먹물들은 하천계곡에 놀러가면 자신들이 놀다 생성된 쓰레기들을 전부 봉투에 담아서 가지고 오나? 필자는 그렇게 보지 않는다. 설사 그 사람들이 그렇게 해도 일반 국민들 90% 이상은 쓰레기 제대로 분리할 줄도 모르고 평상 임대비를 냈으니까 쓰레기를 한 군데 모아 놓는 것이 전부다. 몰래 들어와서 영업하지 않는 곳에서 놀다 간 사람들이 쓰레기를 제대로 치우고 갔냐면 그렇지 않다. 술병이고 펫트병 등 쓰레기들이 나뒹굴고 있다. 그것을 치울 아무 의무도 없지만 하천민들이 청소해주고 있다.

정부나 공무원들이 불법이라는 불명예를 씌워주는 것은 정부가 이들을 위한 법을 세워주지 않았다는 것밖에 없다. 땅이 없는 하천민들은 법을 지키기 위해서는 생존권을 버려야 한다. 법이 국민의 생존권을 박탈시키는 기능을 하고 있는 것이다. 하천점용허가법을 완화시켜서 살고 있는 건물을 벌금을 때린 후 양성화시키되 재산이 없고, 저소득층으로 입증된 하천민들에게만 허용되는 법을 제정하면 간단하다. 1인 입법을 청구할 수 있는 제도만 있다면 간단하게 그 정당성과 합리성을 설명하여 하천법과 건축법 등 관련법 제정을 할 수 있을 것이다. 그렇게 억강부약을 외치는 이재명이 사실 그런 일을 해야 한다. 청정계곡이라는 기만된 말로 국민을 속이고 호도하지 말고 억강부약을 실천해서 불쌍한 하천민들을 보호해야 마땅한 일 아닌가.

# 5.
# 독재자의 면모


## "점령군같은 경기대 기숙사 강제 확보"


경기대 기숙사 강제 확보사태가 대표적인 사례이다. 이재명은 2021년 8월 9일자 〈한국일보〉인터뷰에서 "방향을 정할 때는 신중하지만 일단 결정되면 신속하게 집행한다. 뜨뜻미지근하거나 반발이 있다고 안하면 국민들의 실망 요소가 된다."고 했다.[246]

이것은 이재명이 사람의 심리를 잘 꿰뚫어보고 있다는 점을 말해준다. 이재명은 이러한 사람들의 심리를 이용하여 여론이 우세한 사안, 즉 닥터헬기나 계곡 불법 영업이나 불법 노점상 등 일반 시민들에게 반드시 필요하거나 눈살을 찌푸리게 하는 사안에 대해서는 신속한 결단력, 추진

---

[246]  이재명연구회, 같은 책, p.239

력, 실행력을 보여준다.

코로나사태로 환자가 급증하여 위기 상황에 처했을 때 이재명은 '긴급 동원명령'을 발동하여 부족한 '생활치료시설'을 강제로 확보한 사건을 일으켰다.

2020년 12월 13일 이재명은 "생활 치료시설 긴급동원 조치에 착수한다"며, 경기대 기숙사를 강제로 확보한다고 발표했다. 이재명은 해당 대학이나 기숙사에 거주하고 있는 학생들과 한마디 협의도 없이 즉시 환자들을 입소하는 상황이 아닌 상태에서 해당 기숙사를 징발한 것이다. 한마디로 이들은 '내란사태'를 맞은 것이다. 이런 시설을 일방적으로 아무런 협의도 없이 징발하는 것은 긴급한 전시상황이 아니고서는 상상할 수 없는 일이다. 당시 상황은 코로나 환자들을 당장 수용하지 못할 정도는 아니었다.

그러나 이재명은 "전시상황에 준해 엄정 대응에 돌입한다"며, 이 같은 조치를 일방적으로 발표했다. 그리고 이재명은 국방부에 병력 지원을 요청하여 실제로 군부대를 투입했다. 마치 평시에 비상계엄을 선포하는 것과 같다. 이러한 일에 경기대 인근의 사단 병력이 투입되면서 강제퇴거에 군인들이 투입된 것으로 국방부는 커다란 오해를 불러일으켰으며, 기숙사에서 멀쩡하게 생활하던 학생들은 졸지에 길거리에 나 앉아야할 상황이 되었다.[247] 채널A의 보도에 따르면, 당시 경기대학 관계자는 "남아 있는 학생들은 기간이 남아서, 방학이라서 퇴소를 해야 해요. (생활치료

---

247 위의 책, pp.239~240

센터)로 쓰는 데 별 문제는 안생 길 것 같아요."하고 납작 엎드렸다. 당시 경기도는 전체 712병상에서 645병상을 사용중이라 병상의 90.6%나 사용 중이었고 중증환자 병상도 2개밖에 안 남았다고 보도했다. 또한 경기도내 확진자 6명이 전남 목포로 이송되었으며, 경증환자 285명은 자택에서 대기하고 있다는 것이다. 현행법으로는 지자체장의 요청으로 민간병원 병상이나 연수원, 호텔 등의 숙박 시설 등을 감염병 관리기관으로 시정할 수 있다. 이재명 지사는 선제적으로 거리두기를 3단계로 격상하는 방안을 검토 중인 것으로 보도했다.[248] 그러나 이러한 사태는 하루 아침에 발생한 것이 아니다. 가용 가능한 일반 병상 9.4%와 중증환자 병상이 2개밖에 남지 않을 때까지 경기도는 무엇을 하고 있다가 갑자기 군사 작전하듯 학교나 학생에게 통보도 없이 이런 '긴급동원명령'을 발동하여 학생들을 당황스럽게 하는지 모르겠다. 이에 대해 경기대 기숙사에 거주하고 있는 학생들이 강력하게 항의하기 시작했다. 갑작스런 통보에 당황스럽다는 학생들의 입장이 터져 나왔다. '14F일사에프'라는 유튜브방송의 보도에 따르면, 한 학생은 "경기대학교 현재 재학 중인 학생입니다. 15일 협의후 17일까지 기숙사 빼랍니다. 혹시 2일이 집 구하시기 충분한 기간일까요?", 또 다른 학생은 "기숙사 짐 어케 빼라는 거냐?"고 하면서 "지하로 가는 길 막아두고 기숙사 정문 앞에도 뭐 설치한다고 이것저것 갖다두고 … 큰 차들로 막아두면 학생들 짐 어떻게 빼라고? 결국 빙 돌아서 저밑에 주차장까지 질질 끌고 가서 짐 옮겼다. 끝까지 배려없다."고 항

---

**248** 채널A News, 「이재명, 긴급동원명령 발동…병상으로 바뀌는 대학 기숙사」, 2020.12.13., https://www.youtube.com/watch?v=TS7aPJwfMeU

의하는가 하면, 또 다른 학생은 "아 경기대 기숙사… 저희 학교인데요…
팩트만 정리하자면 기숙사 현재 안 비워져 있음. 학생들 살고 있음. 반
기 신청한 학생 강제로 나가야 함. 학생들도 기숙사를 병동으로 쓴다는
사실 아무도 몰랐음, 어제 인터넷 기사로 알았음."이라고 했다.[249] 이재
명 경기도 지사 학교 방문에 결국 학생들이 직접 나왔다. "뉴스로 통보
하고 저희에게 통보식으로 '알아서 해라'(라고 하시면) 이게 맞다고 생각하
십니까?"라는 질문에, 이재명, "긴급사항이라 불가피한 것을 이해해주시
고, 학생들의 어려운 점을 말씀하시면 충분히 보완하겠습니다."라고 답
을 했다. 학생들은 "저희가 방학기간 동안 살겠다고 돈을 넣어둔 학생도
있고 … 안내문이라든지 사실은 저희가 못 받았습니다.", "국가적인 사태
에서 협조하는 것은 맞다고 생각합니다.", "일단 저희에게 시간을 주십시
오. 알바를 하고 있는 학생들도 있기 때문에…"라고 하자 이재명은 "우리
도 천천히 하면 좋아요. 그렇지만 지금 상황은 수백 명이 … 가정에 대기
하는 상황이라 불가피함을 이해해주시고요. 부당한 것은 요구하면 저희
가 다 시정 할 께요. 우리가 국민들의 어려움 때문에 우리세금으로 집행
하는 거고 무상으로도 몇조씩 지원도 하는데 학교나 학생들한테 피해를
왜 입히겠어요?"하고 학교나 학생들에게 피해를 입히지 않겠다고 약속하
면서 명함을 건넸다.[250]

학교 측은 '긴급조기퇴사 안내문'을 내걸고 학생들의 교통편의 및 이

---

249    14F 일사에프, 「경기대 기숙사 코로나19 병상 전환, 항의하는 학생들에게 이재명 지사가 한 말
        은?」, 2020.12.15., https://www.youtube.com/watch?v=rrBWWGXgSaI
**250**    위의 기사

사짐 이동 등 비용을 제공하고, 학교 체류학생들에게는 경기도에서 수원시내 대체 숙소를 제공하는 등의 지원책을 제시했다. 이에 경기대학교 총학생회 측에서는 ①정규퇴사일 보장 ②방학기간 거주 예상이었던 학생들에 대한 지원대책 마련 ③기숙사 내 방역 사항 철저히 이행할 것 등을 제시했다.[251] 이 보도기사에 달린 댓글을 보면 강서연의 명의로 "이 사태에서 가장 큰 문제점은 의시소통과정에서 '학생들'이 빠졌다는 거임. 이건 경기대의 문제뿐만 아니라 거의 모든 대학의 문제점임. 지방캠퍼스 설립, 총장 선거, 기숙사 재건축 등 학생들이 주인이 되어야 할, 즉 학생들이 가장 큰 피해를 보는 일들이 교내 및 교외에서 학생들의 소리는 전혀 듣지 않은채 논의, 결정되고 있음. 경기대 학생들이 고등학교 다니며 공부를 안했던 학생들도 아니고, 아무리 사립대라 하더라도 결정 이전에 어떤 논의가 있으며 수반될 문제점은 뭐라고 생각하는지 물어봤어야 했음. 학생회는 장식이냐? 뭐 그건 애들 소꿉놀이하라고 만들어 놓은 줄 아나보지? 총학생회 산하에 기숙사자치회같은 것도 있어서 카톡 하나면 몇시간 만에도 소통 가능했을 일을 첫 코부터 잘못 꿰었다."고 비판의 날을 세웠다. 이에 답글도 "이재명 진짜 개빡치네;; 가천대는 존나 밀어주고 우리는 알아서 갱생중인데 왜 그 좋은. 가천대 냅두고 왜 우리 기숙사 씀????"하고 불만을 토로하는 내용도 있었다. 당시 학생들도 짐을 싸면서 우왕좌왕하는 모습을 보였다. 이런 상황에서 이재명은 경기대 학생들은 물론이고 일반 시민들의 비판이 쇄도하자 경기도가 비난을 받고 있는

---

251  위의 기사

상황에서 엉뚱하게도 "학생들을 비난하지 말아주십시오"라는 글을 올려 사태를 이 지경으로 만들고도 학생들을 위하는 척하는 가증함을 보였다. 마치 학생들의 항의나 불만에 대해 비난이 있기라도 한양 학생들을 위하는 척하는 글을 보고 어안이 벙벙하게 만들기도 했다. 당시 이재명의 조치에 대해 항의하는 경기대생을 비판한 것은 이재명 지지자들 뿐이었고, 절대 다수의 시민들은 이재명을 비판하고 있었다. 이러한 모습은 쉽게 말해 피해자 코스프레와 가스라이팅을 시전한 것이다.[252]

이재명연구회는 이 사건에 대해 "경기대 기숙사 사태는 이재명이 대통령이 되면, 아무 때나 전시상황 운운하며 긴급조치와 긴급명령을 발동하는 건 아닐지 무척이나 걱정되는 대목"이라고 우려를 표명했다. 또한 당시 이재명이 대통령 후보가 된 것에 대해서도 군사독재정권과의 맞서 싸웠던 더불어당의 역사를 인식하는 사람이라면 이재명의 행태에 대해 두려움을 느끼는 것이 정상이라고 전제 한뒤, "유감스럽게도 지금의 더불어민주당은 '좌파독재를 꿈꾸는, 프랑스 혁명을 실패로 몰아간 자코뱅당이나, 러시아혁명으로 수백만 명의 국민을 죽이면서 전체주의 사회 건설로 몰아간 볼셰비키 세력의 후예들이 장악했고, 이재명은 그런 파괴적 혁명세력들이 원하는 지도자로 선택받아 대통령 후보가 되었다."고 맹렬히 비판했다.[253]

---

252   이재명연구회, 같은 책, p.240
253   위의 책, pp.240~241

## 무소불위의 권력 놀음에 취한 이재명

이재명은 권력을 가지면 무엇이든 말한마디로 할 수 있다고 생각하는 듯하다. 2014년에 이재명이 쓴 『오직 민주주의, 꼬리를 잡아 몸통을 흔들다』(p.74)에서 "대통령이 '전기료를 현실화해라. 제값 받아라' 또는 '대기업 혜택을 줄여서 적정 마진을 받고, 시민 전기료 깎아줘라' 이 한마디만 하면 이 문제 바로 해결됩니다. 결국 의지의 문제라는 거죠."라고 말하는 데서도 드러난다. 이것은 이재명이 권력을 어떻게 인식하고 있는지를 잘 나타내주고 있는 내용이다.

이재명이 '김어준의 파파이스'에 출연해서 "만약 대통령이 되면 제일먼저 뭘 하겠느냐?"라는 질문에 대해 한 치 망설임도 없이 "작살부터 내야죠"라는 답변이다. 이재명 지지자들이 이러한 핵사이다 발언을 하는 이재명에 대해 열광하는 이유이다.[254] 이러한 인식은 이재명 지지자들과 이재명을 민주당 대선후보로 밀어주고 당대표로 만들어준 친명계 민주당원들로 하여금 국민의 힘을 때려잡아야 할 적으로 인식하고 12.3계엄을 앞뒤 재지 않고 내란몰이로 몰고가서 윤석열대통령을 내란수괴로 만들어 사형시켜주겠다는 인식과 별반 다르지 않다. 이것은 국회법사위 정청래가 공식적으로 "너무 걱정 말라 … 윤석열은 법원서 사형 선고당할 것"이라고 발언했다.

민주주의의 기본 정신이나 목적은 다양성 속에서 조화와 협력을 통

---

254   위의 책, pp.241~242

해 인간에 대한 존엄성을 구현하고 인간을 존중하는 것이다. 그런데 상대방을 적으로 간주하고 작살내 주기를 바라는 지도자를 고대한 결과가 이재명이라면 이미 민주주의는 파국을 맞은 상태라고 할 수 있다. 민주화에 공헌했다고 하는 민주당이 민주주의 위기의 중심에 서서 파탄시키고 있다는 것을 보여주는 증상이라 하겠다. 이것은 마르크스 레닌주의가 민주주의를 오염시켜 자유민주주의가 아닌 인민민주주의 권력을 추구하고 있는 양상과 같다. 인민민주주의는 기본적으로 레닌의 일당 지배주의 원칙에 따른 민주적 중앙집권주의와 소비에트식의 주권통합주의인 삼권통합주의를 추구하고 있다. 그렇기 때문에 인민민주주의는 전체주의를 지향할 수밖에 없는 것이다. 이러한 인민민주주의나 부르주아 민주주의가 소련 군정에 의해 북한 정권에 이식되고, 그 영향으로 노동당 강령에 나와 있는 대로 노동당의 당면과제는 전국적 범위에서 민족해방과 인민민주주의 혁명과업을 완수하는 것으로 나와 있다.

80년대와 90년대의 학생운동의 주류는 NLPDR(National Liberation People's Democracy Revolution의 약자)노선으로, 이를 민족해방과 인민(민중)민주주의 혁명노선이라 한다. 이러한 노선을 통해 성장한 주류가 민주당의 정치주류이기 때문에 그러한 인식을 벗어날 수가 없는 것이다.

이재명은 권력자의 말 한마디면 무엇이든 가능하다고 보는 것은 이재명이 성남시장 시절 지은 『이재명은 합니다』(2017.2.7., p.222)에도 잘 나와 있다. "(복지 예산 마련 대책에 대해 말하며) 이미 대한민국은 SOC사업이 거의 끝났다고 볼 수 있는데도 매년 이 사업에 쓸데없이 예산을 배정하고 있다. SOC사업에 드는 예산을 알뜰하게 줄이면, 또한 5조 정도 남기는 것은 어렵지 않다. 대통령의 말한마디면 그것은 곧 실현될 수 있기 때문이다. … 대한민국이 복지정책을 제대로 시행하지 못하는 것은 예산이 없어서가 아니라 국민에게서 권력을 위임받은 지도자의 의지와 정치철학의 부재 때문"이라는 것이다. 정부 예산은 엄연히 국회의 동의를 받아야 하는 사안인데 대통령의 말 한마디로 실현될 수 있다는 것은 당정일체 독재주의에서나 가능한 일이다.[255] 즉 일당 독재의 인민정권이나 유사 인민정권 히에서니 가능한 일이다.

이러한 이재명의 의지는 곧바로 대권욕에 대한 야망을 드러낸 것으로 보인다. 그는 권력을 잡으면 무엇이든 할 수 있는 것으로 생각하고 있다.

경향신문(티비)이 2017년 1월 3일 당시 이재명 성남시장(53)을 인터뷰한 내용을 보면 그의 정치성향을 잘 드러내고 있다. 그는 "남들은 다 성장, 성장하는데, 그거야말로 포퓰리즘"이라며 "경제적 기회와 자원을 공평하게 분배해야 하고, 경쟁질서의 공정성을 회복해야 한다"고 말했다. 이 시장은 또 "가장 좋은 방법은 주 방위군을 시켜 노조 파업을 지원한 루즈벨트 대통령처럼 노조를 강화하는 것"이라고 덧붙였다. 군을 동원하여 지금의 민노총을 강화하면 대기업들은 아마도 그들에게 경영권을 찬탈당할 것이다. 프롤레타리아독재가 실현되는 것이다. 그는 또 "나는 이게 경제성장 방법이라고 본다. 노동 몫 늘리고 복지를 확대하는 게 핵심이다. 여기에 조세 정책을 좀 조정해야 한다. (추가 조세 수입)28조. 30조를 갖고 기본소득이든 청년수당이든 아동수당이든 국민들 손에 쥐어주면 경제는 산다."는 것이다. 그는 또 "이 사회 기득권자는 재벌로 불리는

---

255  위의 책, p.242~243

경제권력이다. 이 거대한 기득권과 싸울 의사를 명확하게 제시해야 한다"면서 "저는 재벌체제 해체 명확하게 얘기합니다. 이재용 구속되라는 것이다."고 했다. 그러면서 "법대로 하면 재벌은 해체된다"고 밝혔다.[256] "윤석렬 같은 사람 총장 시켜놔봐라. 니 마음대로 하세요. 내 형도 때려잡아 그냥 대통령도 이렇게 한번 해보십쇼, 신났다고 다 때려잡습니다. 제가 그렇게 해보는 게 제 꿈입니다. 내 가족이고 내 아들이고 다 구속시키고 혹시라도 있으면 .. 제가 그럴라고 철저히 관리하고 있는 거죠. 진짜 가면 안되잖아요.(흐하하아..) 그런 세상 만드는게 내 꿈인데 … 최고 권력자 본인이 깨끗해야 한다. 검찰이라는 권력을 정화하는 건 칼을 깨끗이 가는 것과 같습니다. 칼을 갈려면 칼을 가는 사람이 깨끗해야 합니다."고 했다. 그러나 그는 자신이 생각하기에는 너무나 깨끗한 자로 생각하는가 보다. 그는 현재 전과4범에다 권력형 범죄 혐의가 덕지덕지 붙어서 5개 재판을 동시에 받고 있는 중인데도 말이다. 만일 깨끗하지 않다고 생각하면 어떻게 행동할까? 참으로 소름끼치는 일이 아닐 수 없다. 그런데 그런 그가 "현재 대통령 권한만 갖고도 나는 천국을 만들 수 있다. 대통령은 법적으로 부여된 권한과 재량의 권한을 갖고 있다. 시행령, 시행규칙 다 바꿀 수 있다. 국회가 협조 안해도 이것만 행사하면 당장 세금 15~20조 더 걷을 수 있다."고 했다.[257]

---

**256** 경향신문, 「[경향신문] 대선주자 인터뷰②이재명 성남시장 "누가 야권통합의 적임자인지가 당내 경선의 변수가 될 것"」, 2017. 1. 3., https://www.khan.co.kr/article/201701032228015

**257** 위의 기사

▲ 이재명은 경향신문과의 인터뷰에서 "윤석렬같은 사람 총장시켜 놔보세요… 내 형도 때려잡아 그냥.. 그렇게 해보는게 제 꿈"이라고 하였다.【출처 : 경향신문(2017.1.3.)】

이재명은 이처럼 성남시장 시절부터 대권을 위한 준비를 철저히 했다. 그러나 경향신문과의 인터뷰에서도 이재명은 '최고지도자는 깨끗해야 한다'고 하면서 '자신의 꿈을 이루기 위해 철저히 관리한다'고 했다. 그런 그가 그 시간에 대장동, 백현동 비리를 저지르고 있으면서도 철저히 관리하고 있다고 천연덕스럽게 말하고 있다는 사실을 아는 국민들은 아무도 없었다. 자신의 비리를 아는 사람이 없기만 하면 맘대로 속여먹어도 된다는 사고방식이고 설사 알아도 전혀 사실이 아니라고 끝까지 부인하고, 오히려 그것을 합리화하고 상대방에게 뒤집어씌우는 것을 바반사로 해왔던 정치인이라는 사실을 아는 사람이 많지 않았다. 그것은 그가 언론플레이에 능하고 고소고발로 입을 막는데도 능한 정치인이기 때문이란 사실도 일반 국민들은 잘 모른다.

아무튼 이재명은 대선자금의 저수지로 알려진 대장동게이트나 백현동비리 등등을 통해, 그리고 SNS 세력인 손가락혁명군을 통해 2017년 민주당 대선 경선 당시 이재명 대표를 대선 경선 후보 1위의 자리에 오르는데 가장 큰 공헌을 한 이재명 팬클럽이다.

당시 경쟁상대였던 문재인 전 대통령을 강하게 비판해 '문팬'과 충돌도 있었다. 이재명은 경기도지사 재임 기간 동안인 2018년 7월 1일부터 2021년 10월 10일 퇴임 때까지 지지기반 확장과 지지도를 올리는 일에 혈안이 되었다. 특히 재임기간 동안 경기도 예산을 이용하여 20대 대통령 선거경선 유세를 했다는 의혹을 강하게 받고 있다. 이재명은 20대 민주당 경선후보로 선출되어 출마를 위해 경기지사직을 5일 남겨놓고 사퇴했다.

이재명은 2022년 3월 9일 20대 대선에서 국민의 힘 윤석열 대선후보를 맞아 0.78%차로 낙선한 뒤 더불어민주당 상임고문을 거쳐 자신의 지역구인 성남을 기피하고 민주당의 전통적 텃밭인 송영길의원의 지역구인 인청광역시 계양구의 지역위원장이 되어 2022년 6월 제21대 국회의원 선거에 당선되었다.

이재명은 20대 대선 기간중 전국 곳곳을 누비며, 그의 전매특허인 억강부약을 통한 대동세상을 열겠다는 공약을 알렸다. 그러나 억강부약은 자신의 말에 복종하는 자에게는 당근을, 그렇지 않고 저항하거나 맞서는 자에게는 무차별적으로 혹독하게 채찍을 휘둘러오는 대명사임을 보여주었다. 앞에서도 그의 연설문을 살펴봤듯이 그동안 행해온 그의 언행과 전혀 다르게 대중을 매료시키는 내용으로 국민을 기만시켜 그의 지지도를 급상승시키는데 성공했다. 그 덕에 2022년 8월 28일 민주당 전당대회에서 역대 최고 득표율 77.77%로 제6대 더불어민주당 대표로 선출되었다.

그런데 이재명이 더불어민주당의 당대표를 연임하면서도 대선 출마를 하기 위해서는 당헌 당규를 개정하지 않으면 안된다. 왜냐하면 현행 민주당의 당헌의 당권-대권 분리 규정(25조)에 따라 당 대표가 대선(2027년 3월)에 출마하려면 1년 전에 당대표를 사퇴해야 하는 규정 때문이다. 즉, 당대표가 대선에 출마하려면 개정전의 당헌 당규에 따르면 2026년 3월에 사퇴해야 된다. 그렇게 되면 이재명은 당대표를 연임할 수 없는 상태에서 대선만 출마할 수밖에 없다. 그런데 2026년 3월에 당대표를 사퇴하게 되면 3개월 후인 2026년 6월에 다가올 지방선거에서 공천권 행사를 통해 친명계를 지자체에 심을 수가 없게 된다. 따라서 당권을 놓지 않고 2026년 6월 지방선거의 공천권까지 행사하여 친명계의 기반을 탄탄히 하려면 당권을 계속 가지고 가야 된다.

　이를 위해 친명계에서는 이재명이 당대표에서 사퇴한 뒤 3개월 뒤에 지방선거를 치르려면 혼선을 빚을 수 있기 때문에 당헌 당규 개정은 불가피하다는 여론을 부채질하기 시작했다.

　게다가 이재명의 사법 리스크로 인하여 민주당은 부정부패에 연루된 당직자의 직무를 기소와 동시에 정지하는 조항(당헌 80조)에 따라 이재명이 기소되면 당대표직을 당연히 내려놔야 된다. 이에 친명계는 이재명 중심한 당권을 유지하기 위해 당헌 당규를 이재명을 위해 개정해야 했다. 민주당은 이재명의 당이고, 이재명을 위한 당이어야 하기 때문이다.

　결국 더불어 민주당은 2024년 6월 17일 중앙위원회를 열어, 대선에 출마하려는 당대표의 사퇴시한인 '대선 1년 전'에 예외를 두는 내용의 당헌을 최종 확정했다. 즉, '대선 1년 전 사퇴' 조항에 대해 '특별하고 상당한 사유가 있는 때에는 당무위원회의 의결로 사퇴시한을 달리 정할 수 있다'는 조항이 추가됐다.[258] 당무위원회는 당연히 친명계가 장악하고 있음은 말할 나위도 없다.

　그러나 이에 대한 당내 반발이 많았다. 우선 비명계는 당연히 반대 의사를 표명했고, 당헌 개정에 반대해온 원조 친이재명계 김영진 의원은 "이럴 거면 이재명 대표가 (연임하더라도) 임기를 단축하든지, (오는 8월) 당대표 선거에 출마하지 말아야 한다"고 반발했다.[259] 뿐만아니라 민주당은

258　한겨레, 「민주, 당헌 개정…이재명 '대표 연임 뒤 대선 직행' 길 열렸다」, 2024.06.18., https://www.hani.co.kr/arti/politics/politics_general/1145195.html

259　한겨레, 「민주, '대표 사퇴시한' 예외규정 강행…친명서도 비판」, 2024.06.09., https://www.hani.co.kr/arti/politics/politics_general/1144090.html

'국회의장 후보·원내대표 선출 때 권리당원 투표 20% 반영' 등 당헌 개정 외에 다른 당규 개정안은 당무위 의결을, 당헌 당규 개정안은 이후 17일 중앙위 의결을 거쳐 최종 확정하기로 했다.[260]

국회의장 후보와 원내대표 경선에 권리당원 투표 20%를 반영하는 조항을 신설하는 당헌·당규 개정안에 대해서도 반발이 심한 것으로 나타났다. '국회의장 후보를 뽑는 데 당원의 의사를 반영한다는 데는 동의하기 쉽지 않다'는 것이다. 당원 전체의 의사도 아니고 이재명을 지지하는 극렬 당원 위주로 투표에 참가할 것으로 노리는 당원 20%를 추가함으로써 대체로 이재명이 원하는 국회의장과 원내총무를 선출한다는 의도가 읽혔기 때문이다. 또한 '당원의사를 반영한다면 당원 120만 명 중 60만명 이상 참여하는 투표만 유효하다.'며, '정족수 조항이 없다면, 강성 당원의 의견이 과대 대표돼 민주주의에 심각한 오류가 생긴다'는 김영진 의원의 지적이 그런 의미를 우려한 것으로 보인다. 그러나 친명계 일색인 최고위원회에서는 당내 의견을 충분히 수렴했다며 이를 일축했다.[261]

우여곡절 끝에 2024년 6월 17일 어기구 민주당 중앙위원회 부의장은 서울 여의도 민주당사에서 "(중앙위에) 중앙위원 559명 중 501명, 89.62%가 참여한 가운데 당헌 개정안에 찬성 422명, 84.24%, 반대 79명, 15.77%로 재적 중앙위원의 과반이 찬성했기 때문에 '당헌 개정의 건'이 가결됐다"고 선포했다.[262]

---

260  위의 기사

261  위의 기사

262  한겨레, 위의 2024.06.18. 기사

결국 대선에 출마하려는 당대표의 '대선 1년 전 사퇴' 규정에 예외를 둬 이 대표는 당대표를 갖고도 2026년 지방선거 공천권을 행사한 뒤 대권에 도전할 수 있는 길이 열리게 됐다. 또한 이 대표의 사법리스크를 계기로 논란이 될 소지가 있는 '당헌 80조'도 폐지했다.[263] 이로써 이재명은 당대표 연임의 길을 열었으며, 최고위원회의 의장직을 겸하는 이재명 대표가 당무위원회 의장을 맡는 등 일극 단일지도체제를 완성한 상태에서 국회의장과 원내총무까지 자기 사람으로 심을 수 있는 길을 열었다. 이로써 방탄과 독주의 제왕적 당대표가 출현하게 된 것이다. 그러나 국회의장은 이재명의 바람과는 달리 추미애의원이 아닌 우원식의원이 선출됐다.

그전에 민주당은 '정치탄압 등 부당한 이유가 있을 때 징계 처분을 취소 또는 정지할 수 있다'는 당헌 80조 3항을 일부 수정하여 정치탄압 여부를 윤리심판원에서 당대표가 당무위 의장을 맡고 있는 당무위원회로 바꿔 '셀프 면죄'의 길을 열어줬다. 당시 민주당 내에서조차 "이재명 방탄" "문재인 흔적 지우기" "위인설법(爲人設法)" 등의 비판이 쏟아졌다.

그 결과 2023년 3월 이 대표가 대장동·위례 개발 비리 및 성남FC 후원금 비리 사건으로 기소되자 검찰의 정치탄압이란 이유로 민주당 당무위는 예외 조항을 적용해 그의 당직을 유지하기로 의결했다.

이후에도 이 대표는 백현동 개발 비리 특혜 사건과 관련해 배임죄로 기소됐지만 검찰 수사를 '정치적 탄압'으로 보고 이번에는 당무위 의결조

263  뉴데일리, 「이재명 때문에 누더기 된 민주당 '당헌 80조' 역사의 뒤안길로」, 2024.06.17., https://www.newdaily.co.kr/site/data/html/2024/06/17/2024061700274.html

차 거치지 않았다. 사실상 당헌 80조가 무용지물이 됐다.[264] 이것을 이번에 폐지한 것이다. 이로써 이재명 대표의 대표직 연임과 일극 독재체제의 완성, 그리고 대권 가도를 위한 정지 작업이 완성된 셈이다. 민주당계에서는 일당 독재체제와 다를 것이 없게 됐다. 대권만 장악하면 거대의석인 민주당이 다른 당을 해산시키던지, 아니면 통합시켜 일국 일당주의 원칙을 실현할 수도 있다. 자유민주적 보수국민들이야 광화문에서 연일 집회를 하겠지만 언론들은 물론 민주당원들도 이재명의 보복에 두려워 눈치만 보면서 거의 입을 다물지도 모른다. 지금 민주당을 지지하는 민주당원들이나 국민들은 이러한 이재명을 위한 당헌 당규의 개정이나 방탄국회, 방탄 입법 등 반민주적 작태에 대해 아무런 비판조차도 못하는 무골충 정당이 되어버렸다. 언론들도 적당히 비판하는 선에서 눈치만 보는 입장들이다. 강하게 비판하는 것은 한두번이고 대부분 평이하게 중립적 보도로 일관하거나 이재명 지지단체나 국민들의 보도에 치중하는 편이다.

그 결과가 2024년 6월 19일 더불어민주당 최고위 회의에서 강민구 최고위원이 이재명 대표를 가리켜 '민주당의 아버지'라고 한 역대급 아부를 하여 "북한에서나 가능할 법한 일"이라는 비난이 빗발쳤다. "'민주당의 아버지' 발언에…與 "위대하신 이재명 수령님인가""라는 비난이 폭주했다. 다음은 연합뉴스 2024년 6월 20일자 기사전문의 일부이다.

**"김민전 수석대변인은 논평에서 "민주당은 일극체제로 움직이는 북한**

---

264  위의 기사

을 연상케 한다"며 "'이재명 대표는 민주당의 아버지'라는 낯 뜨거운 찬사는 사당화된 민주당의 현실을 보여준다"고 비판했다. 추경호 원내대표는 여의도 당사에서 열린 비상대책위원회 회의에서 "북한 조선중앙통신에서나 들을 수 있는 '민주당의 아버지' 운운하는 황당한 일탈에서 벗어나 정통 민주당으로 돌아오라"고 말했다. 전주혜 비대위원은 "민주당 최고위원들의 발언은 여러분의 선배를 욕보이는 망언"이라며 "고(故) 김대중·노무현 대통령이 지금의 민주당을 보면 어떻게 생각할지 반추해보라"고 지적했다. 탈북민 출신인 박충권 의원은 페이스북에 "아버지 이재명/ 친애하는 어버이 이재명/ 위대하신 이재명 동지/ 위대하신 영도자 이재명 동지/ 위대하신 영도자 이재명 장군님/ 위대하신 이재명 수령님"이라고 적었다."[265]

더불어민주당 이재명 신임 대표가 지난 2024년 8월 18일 민주당 당대표 선거 사상 최고 득표율(85.4%)로 연임에 성공하며 '이재명 2기 단일 일극체제'를 완성했다. 민주당 역사 70년만의 초유의 일이다. 이는 김대중 전 대통령이 새정치국민회의(민주당 전신) 총재직을 연임한 이후 24년만의 일이기도 하다. 또한 5명의 최고위원 전원이 친이재명계 의원들로 들어찼고, 이재명 대표 개인 브랜드 격인 '기본사회'를 명시하는 당 강령 개정안도 의결됐다. 이재명 대통령이 눈앞에 다가온 듯 이날 전당대회장을 가득 채운 당원들은 "이재명 대통령"을 연호했다.

이번에 선출된 최고위원 5명(김민석·전현희·한준호·김병주·이언주)은 모

---

265  연합뉴스, 「'민주당의 아버지' 발언에…與 "위대하신 이재명 수령님인가"」, 2024.06.20.,
     https://www.yna.co.kr/view/AKR20240620061351001

두 "이재명 수호"를 내세웠다. 특히 최고위원 선거전 초반 득표율 1위를 달렸던 정봉주 후보가 이 대표와의 갈등설로 개딸들의 집중 포화를 받으면서 낙선하고, 6위로 낙선 위기에 몰렸던 전현희 후보가 "김건희 살인자" 발언 이후 강성 지지자들의 지원으로 2위로 급부상한 것은 이 대표 지지자들의 영향력이 얼마나 강한지를 보여주는 단적인 사례이다.[266] 이재명은 이러한 기반을 바탕으로 무소불위의 권력을 휘두르게 된다. 이렇게 이재명이 독재자 행세를 해도 민주당 내에서 지지율이 높은 것은 아마도 그의 현란한 말에 일말의 기대나 미련을 버리지 못하는 것으로 보인다. 또한 보수정당에 대한 적개심으로 싹쓰리하는 강한 지도자를 열망하는 것인지도 모른다. 대한민국의 자유민주주의가 일개인에 의해 황혼을 맞고 있는 징조다.

"국민모두가 주인인 공화국, 1인이 지배하는 전제하는 것이 아니라 공화국 함께 상의해서 만들어가는 나라 민주공화국, 그러면 민주공화국의 가치의 핵심은 그거죠. 저는 자유와 평등과 평화와 인권 그렇게 부르는 거죠. 써있어요. 자유란 공정하고 합리적 경쟁이 가능한 사회, 그것을 자유라고 생각하고, 평등이란 공평한 기회가 주어진 사회를 말하죠. 결과치를 똑같이 하자는 게 아니고 기회를 공평하게 갖자. 출발을 공평하게 하자. 그리고 그 공평하게 부여된 권리들을, 기회들을 공정하게 경쟁할 수

---

266  조선일보, 「'이재명 단일 체제' 완성… 70년 민주당 역사에서 초유의 일」, 2024.08.23.,
     https://www.chosun.com/politics/politics_general/2024/08/19/
     LIE4WJFQDBDI3HLPLJKVGNB4EM/

있는 틀 속에서 각자 실현해보는 것입니다. .. 우리사회가 지향해야 될 지향점, 저는 명확하게 공정하게 경쟁이 보장된 기회 균등한 사회, 그거말고 뭐가 있겠어요. 우리의 삶과 안정이 보장된 평화로운 나라. 내용으로 가서는 자유와 평등의 가치가 제대로 구현되는 나라를 만들어야 된다. 현재 상태로 과연 기회균등하고 공정한 나라인가. 아쉽게도 세월이 가면 갈수록 점점점 나빠지고 있습니다. 20~30년전 이정도만 해도 경제적 상황이 어렵더라도 미래에 대한 꿈이 있었습니다. 자식들을 많이 낳았어요. 우리보다 이 세대들은 더 나은 삶을 살 것이라는 확신이 있었습니다. 점점점 나빠져 애를 낳고 싶지 않은 상황까지 왔습니다. 대학을 나와도 취직이 안될 것 같고 장가도, 시집도 못갈 것 같고, 그 자식이 자식을 낳으면 더 힘들어 질 것 같고 에이 나부터 낳지를 말아버리자."[267]

이렇게 말하는 이재명의 민주당은 이재명과의 공정한 경쟁은 엄두도 못내게 되었다. 이재명은 자유와 공정, 공평, 그리고 합리적 경쟁의 개념도 모르면서 번지르르하게 말만 하고 실제는 의회독재를 악랄하게 추구했다. 그것이 이번 12.3 계엄사태를 초래한 원인이 되었다.

이재명을 중심한 입법 독주는 결국 사상 초유의 29건이나 되는 줄탄핵을 강행했으며, 정부의 사법권과 행정권을 마비시킬 정도의 사상초유의 예산 삭감, 그리고 수많은 패악적인 입법폭거를 자행했으며, 다수의 횡포를 앞세워 정치적 수단으로 악용시키기 위한 악법을 제정, 나라의

---

267   이재명TV, 「삶에대한 진실한 이야기 성남시장 이재명」, 2016.10.27.,
      https://youtu.be/WPfkeGu8SZY

근간을 흔들어댔다. 그나마 윤석열대통령이 재의를 요청하는 바람에 무너질 듯, 무너질 듯 하면서 버텨온 것이다. 이것이 이재명식의 자유고, 공정이고, 공평이고, 합리적 경쟁이다. 이재명을 반대할 자유와 권리는 민주당에서 사라졌다. 그것이 공정이고 공평이고 합리적 경쟁이 되어버렸기 때문이다.

결국 그것이 12.3계엄을 불러오는 계기가 되었지만 이재명의 민주당 독재는 이를 내란으로 규정하고 전 언론들과 함께 윤석열대통령을 내란 수괴로 매도하여 단숨에 민주당 세상이 열리는 듯 했다. 하지만 애국보수들의 눈물겨운 궐기와 피어린 투쟁으로 엄청난 인파가 몰리는 반전을 일으켰으며, 특히 20 30세대들의 전격적 참여는 물론 호남 콘크리트 기반이 깨지는 지각 변동을 가져와 호남에서 무려 30%이상의 윤석열대통령의 지지율 등으로 판세가 뒤집혔다.

# 이재명의 홍보 섭외전략

## 이재명의 홍보전략

이재명의 주특기는 실제로 하지도 않은 일이나 정책을 마치 자기가 한 것처럼 착각하게 만드는 기술이다. 박근혜 탄핵이나 경기도의 공공산후조리원이나 무상교복[268], 계곡 정비의 사례들처럼 다른 지자체에서 먼저 시작한 것을 자신이 먼저 한 것으로 바꾸는 비상한 재주가 있다. 그것은 언론의 협조가 없이는 불가능한 일이다. 이재명은 언론의 협조에 의해 그야말로 '이재명은 합니다'로 핵사이다의 대명사가 되었다.[269]

계곡 정비의 경우 기사가 얼마나 많이 쏟아져 나왔는지 계곡 정비하면 이재명을 연상하게 만든다. 그렇게 하여 이재명은 '일 잘하는 이재명'이라는 이미지를 국민들 앞에 각인시키는 데 성공했다. 경기도지사 취임 2주년 때 이재명이 계곡 정비를 자랑하고 언론들이 수십개의 기사를 쏟아내자 남양주시의 어느 공무원이 하천 계곡 정비는 남양주시가 최초로 했다는 댓글을 달았다는 이유로 '이재명의 괘씸죄'에 걸려들었다. 경기도는 공무원의 정치적 중립 의무위반을 핑계로 남양주시에 대한 보복 감

---

268 무상교복은 광명시와 용인시가 2017년 10월과 11월 시의회의 협조로 조례안이 통과, 2018년 새학기부터 전국 지자체 최초로 중고교 신입생 교복 구입비를 지원했다. 성남시는 주요현안마다 시의회와 갈등을 빚다 2018년 4월 추경 예산안의 통과로 이재명 시장이 3월15일 시장을 그만둔 뒤에 비로소 중고교무상교복 구입비를 지원하게 되었다. 중학교 교복지원비는 2015년부터 지원한 것으로 알려졌다.(연합뉴스, 「이재명 떠난 성남시, 8전9기 끝에 '고교 무상교복' 시행」, 2018.04.09.)

269 이재명연구회, 같은 책, p.221

사를 9차례나 실시했다. 이재명은 평소에 성남시장 재직시절부터 공무원들에게 열심히 댓글을 달아서 시정을 홍보하도록 강조한 위인이다. 심지어 성남시청에서도, 경기도청에도 공식적으로 SNS담당직원들이 있다. 이들도 정치적 중립의무 위반 논란이 있었다. 이에 대해 『굿바이 이재명』을 쓴 장영하 변호사가 선거법 위반으로 고소했는데 검찰이 가타부타 말도 없이 뭉개버렸다.[270]

아무튼 남양주시 공무원의 댓글 하나로 9차례의 보복성 감사를 단행하여 남양주시 관계 공무원들이 '감사노이로제'에 걸리게 했다. 남양주시장 조광한을 짓밟은 것이다. 조광한 시장은 2018년 6월부터 계곡 정비에 나서서 2019년 6월에 마무리한 계곡정비의 선도자이다. 그 업적으로 2020년 12월 더불어민주당 지방우수정책 경진대회에서 최우수정책으로 선정돼 당 대표의 1급 포상을 받았다. 2021년에는 '제17회 대한민국 지방자치경영대전'에서 지역개발분야 최고상에 해당하는 대통령상(대상)을 수상했다.[271] 그런데도 기사 댓글에 사실대로 적었다는 이유로 '이재명의 괘씸죄'를 범한 것이다. 기사에 댓글을 단 해당 공무원은 2020년 11월 경기도 감사관실이 실시한 특별조사과정에서 "옷만 벗기지 말아주세요!"라고 선처를 부탁하기까지 했다는 말이 돌 정도로 샅샅이 조사를 받은 것이다. 얼마나 악랄하게 공안정국의 공안경찰의 취조처럼 감사를 했으면 이런 말이 나왔겠는가. 조사를 받은 직원은 법적으로 보장된 공무원 신분임에도 불구하고 위협과 공포심을 느꼈고, 동료나 상사에게 조사내용을

---

발설하지 말라는 조사 담당자의 압박에 두려움과 괴로움으로 한동안 잠을 이루지 못했다고 하소연했다고 한다.[272]

이렇게 이재명이 무소불위의 권력을 휘두를 수 있었던 이면에는 이재명 특유의 언론플레이가 있었기 때문에 가능했다. 그야말로 언론들이 '이재명의 홍보나팔수'가 되었기 때문에 가능했던 일이다.

이재명의 언론에 대한 관심은 유달랐다. 이재명은 성남시장 때부터 언론을 어떻게 장악하는지를 잘 알고 있었다. 장영하 변호사의 『굿바이 이재명』에 나오는 내용이다. "당시 성남지역 언론들은 성남시에서 받는 광고비가 전체 매출액의 70~90%나 차지했다. 당연히 이재명의 영향력은 절대적이었다. 성남지역 언론들에 인터넷 댓글 실명제를 하지 않으면 광고비를 주지 않겠다고 하여 울며 겨자 먹기로 성남시의 방침을 따르지 않을 수 없었다."[273]

그러나 이재명과 1995년 성남시민모임 발족시부터 공동발기인으로 이재명을 적극 도왔던 모동희 성남일보 대표는 이재명의 방침에 따르지 않았다. 유일하게 거절한 언론인이었다. 그때부터 모동희대표는 이재명과 완전히 갈라져 성남시로부터 광고비 한 푼도 받지 못한 것으로 알려졌다. 당연히 언론사 운영에 어려움을 겪지 않을 수 없었다.[274] 실명제 댓글은 이재명에 대한 명예훼손과 관련된 내용들을 전부 고소하여 고소대마왕이란 별명까지 얻게 됐다.

---

272  위의 책, pp.221~222
273  장영하, 같은 책, p.36
274  위의 책, p.36

이재명이 성남시장 시절 언론홍보비에 대해 자세하게 보도한 매체가 있다. YBC뉴스다. YBC뉴스에 따르면, 2014년부터 2018년까지 5년간 74억여 원 언론 홍보비를 집행했으며, 상위 통 큰 홍보비 배정은 중앙 방송사를 제치고 A사, B사 등 방송사가 포진했으며, 탄핵을 주도한 방송사 중 C사는 2016년까지 하위그룹이던 것이 2017년도 10위권에 등극해 눈길을 끌었다고 보도했다. 성남시는 2018년 3월에 집행한 총 4억 6천여만 원의 홍보비 집행 내역 중 최고 1천만 원의 홍보비가 배정된 매체는 A사와 B사였으며, 그 뒤를 이은 D일보가 880만원이 배정된 것으로 나타났다.

그러나 눈여겨볼 대목은 총 185개 언론사 포함 명단 가운데 60여 개 출입언론은 홍보비가 한 푼도 배정되지 않은 것으로 나타났다. 또한 년간 홍보비 최저액과 최고액 차이 거의 80여 배에 이르는 등 자체 집행 기준 적용 관련 공정성에 많은 문제를 안고 있음을 알 수 있다.[275] 이재명 시장 재직 시 년평균 언론홍보비는 약 15억원에 이른다. 이기인 의원은 성남시의회 2016년도 예산 심의에서 성남시 언론홍보비에 대해 "2012년에는 78.6% 올리셨고, 2013년에는 70.29%, 2014년 50.12%, 작년에는 94.97% 올해는 46%로 최근 5년 동안 단순 증가된 예산액이 99억 7000만 원이나 되거든요. 한 해 평균 19억 9400만 원씩 꾸준히 오른 셈이고요."라고 지적했다. 이의원은 "언론행정 광고비도 2012년 민선5기가 출범할 때보다 현재 계상한 금액이 3배나 뛰었다."고 지적하면서 "2012년에

---

275   ybc뉴스, 「성남시, 지난 5년간 출입언론사 성적표? 언론홍보비 집행내역 공개」, 2018.04.20., http://www.ybcnews.co.kr/article.php?aid=1524178122359920006&fbclid=IwY2xjawIKG2JleHRuA2FlbQIxMQABHVk7e7qDF7-0b29lgsUTFHVBxYO0_c018ZxNAmnYZjUrilGFqA2dDp7uJA_aem_bzBvnVyxjRg_JuDplq03eA

는 8억 3000, 2013년에는 8억 3900, 2014년에는 갑자기 74% 증가한 14억 5500으로 뛰고, 2015년에 16억 5000, 올해는 25억을 올렸다"고 지적했다. 게다가 "대변인실에서 쓰는 금액 39억원과 언론담당관이 사용하는 예산도 38억 원으로 총 76억 원"이라고 했다.[276] 언론 홍보비와 기자들 접대 등에 막대한 세금을 쏟아붓고 있다는 지적이다.

성남시는 2015년도 언론홍보비로 67억 원을 올렸으나 성남시의회에서 삭감되어 51억 원(불용예산 2억여 원)으로 의결되었으며, 2016년에는 74억 9천만 원을 올려 56억 3천만 원으로 확정되었다.[277] 성남시보다 인구 10배가 넘는 서울시는 2018년 기준 언론홍보비는 44억 원에 불과한 것[278]을 보면 얼마나 이재명이 언론사와 기자들에게 언론홍보비를 물쓰듯 퍼부었는지를 짐작할 수 있다.

그 덕에 '이재명표 브랜드'라고 하는 3무 정책이 마치 이재명이 최초로 시작한 정책으로 알고 있다. 즉, 3대 무상복지 사업인 무상교복 지원, 청년 배당, 산후조리비용 지원이 실행되기도 전에 언론에서 반복해서 기사를 쏟아냈기 때문이다. 그러나 무상교복은 광명시와 용인시가 2017년 10월과 11월 시의회의 협조로 조례안이 통과, 2018년 새학기부터 전국 지자체 최초로 중고교 신입생 교복 구입비를 지원했다. 성남시는 주요 현안마다 시의회와 갈등을 빚다 2018년 4월 추경 예산안의 통과로 이재

---

276 성남시의회사무국, 「제215회 성남시의회(제2차 정례회) 행정기획위원회회의록 제 2 호」, 2015년 12월 8일(화) 10시(행정기획위원회실), pp.11~12

277 성남시의회사무국, 위의 성남시의회 회의록, pp.7~8, pp.20~21

278 미디어 오늘, 「서울시 지난해 광고비 60억→157억 급증」, 2021.12.02., https://www.mediatoday.co.kr/news/articleView.html?idxno=300911

명 시장이 3월 15일 시장을 그만둔 뒤에 비로소 중고교무상교복 구입비를 지원하게 되었다. 그러나 중학교 교복지원비는 2015년부터 지원한 것으로 알려졌다.[279]

이재명의 무상교복에 대한 집착은 그의 야간 중학교 1, 2학년과 야간 성남서고등학교 야간 1, 2학년을 일반 학생들처럼 아침에 교복을 입고 등교하지 못한 한이 남았기 때문이 아닌가 한다. 이재명은,

"제가 교복을 한 번도 입어보지 못했습니다. 초등학교를 마치고 그냥 중학교 고등학교 못 다니고 공장 다니다 검정고시를 쳐서 우찌 우찌해가지고 대학을 갔는데 제가 공장을 다닐 때 공장이 몰려있잖아요, 성남에.. 공단에.. 나는 아침에 일어나서 작업복, 회색 작업복을 입고 공장을 가면 그 반대 방향으로 학교는 시내쪽이잖아요, 그죠? 그 길을 저와 같은 또래 애들이 교복을 입고 학교를 쪼르르 갑니다. 저는 작업복을 입고 공장을 갑니다. 저는 그때 처음에는 심각하지 않았는데 시간이 지나면 지날수록 배가 아프고 눕고 그런거예요. 그래서 대학을 가자마자 교복을 입을 처음이자 마지막 기회다. 그래 가지고 교복을 맞춰 있었습니다. … "[280]

라고 한 것은 완전 거짓말이라고 박모씨는 말한다. 그는 성남 서고에 이재명은 야간에, 자신은 주간에 다니는데 당시 모의고사를 보면 주

279  연합뉴스, 「이재명 떠난 성남시, 8전9기 끝에 '고교 무상교복' 시행」, 2018.04.09.

280  이재명TV, 「삶에대한 진실한 이야기 성남시장 이재명」, 2016.10.27.,
     https://youtu.be/WPfkeGu8SZY

간반보다 야간 다니는 이재명이 성적이 월등히 좋아서 선생님들에게 '어떻게 너희들은 야간다니는 애만도 못하냐'고 야단을 많이 맞았다는 것이다. 당시는 교련시간이 있었기 때문에 야간학생들도 교복은 물론 교련복까지 입고 등교하고 이론과 교련훈련을 받았다고 한다. 그러나 이재명은 서민팔이, 검정고시팔이, 노동자팔이로 먹물층보다 광범위한 유권자들을 상대로 표심을 흔들기 위해서는 무상교복으로 자신의 한을 풀었다고 하는 것이 득표전략에 훨씬 유리하다고 판단해서인지 툭하면 무상교복 사연을 소설처럼 그려냈다.

공공산후조리원도 이재명이 최초로 시작한 것이 아니라 남경필이 최초로 시작한 것이다. 경기도 최초의 공공산후조리원인 경기 여주 공공산후조리원은 이재명이 경기지사 취임 전인 2016년 경기도 공모사업에 선정돼 3년간 진행돼오다 2019년 5월 3일 개원식을 갖고 운영에 들어간 것이다.[281]

그나마 그것도 무상공공산후조리원이 아니다. 대한민국에는 무상공공산후조리원이 아예 존재하는 곳이 없다. 그리고 3무정책 중의 하나인 청년 배당은 2016년 성남시장 시절 처음으로 시작한 우리나라 기본 소득정책의 효시라고 이재명은 주장한다. 성남시에 3년 이상 거주한 만 24세 청년들에게 분기별로 25만 원(연간 100만 원)씩 성남사랑상품권으로 지급했다. 이것이 후에 상품권을 지역화폐로 둔갑시켰고, 청년배당은 『이재명론』(p.149)에서 청년기본소득으로 둔갑시켰다.[282]

281  연합신문, 「여주시, 경기도 첫 공공산후조리원 개원 소식」, 2019.05.03.,
     http://www.newyonhap.com/news/articleView.html?idxno=2725
282  이재명연구회, 같은 책, p.93

그러나 청년 배당은 청년기본소득이라고 할 수 없다. 청년계층 모두에게 지급하는 것이 아니기 때문에 기본소득이란 말을 사용할 수 없다. 이것을 확대하여 국민기본소득, 농민기본소득이란 말을 만들어내서 농민 전체를 대상으로 지급하는 줄 알지만 그렇지도 않다. 3년 연속 거주하고, 연간 종합소득이 3,700만 원 미만이라야 한다. 무차별적 지급하는 기본소득 개념과는 전혀 다르다.[283]

이재명은 그런 것에는 관심이 없다. 언론을 통해 일반 국민들을 세뇌시키면 이재명의 3무 정책이 '이재명표 3무 브랜드'로 각인된다. 이로 인해 국민들 사이에 그렇게 회자되어 전부 '3무 전체'가 무상인 줄 알고 있다.

지역상품권인 지역 화폐도 마찬가지다. 이 지역화폐는 이재명이 경기지사로 가서 경기도시장상권진흥원을 신설하여 지역화폐 제작업체를 선정하는데 제2의 이재명 저수지로 불리는 '코나아이'를 선정했다. 국민의 세금으로 지역상품권을 발행하여 특정 지역과 특정 대상에 한정하여 사용할 수 있는 지역 상품권을 지역 화폐로 둔갑시킨 것이다. 그 수수료는 고스란히 코나아이 소득이며, 사용하다 남은 금액 역시 코나아이 소득이다. 지역상품권을 언론에서 지역화폐로 반복해서 떠들어대면 지역화폐가 되는 것이다. 언론은 이재명이 주는 언론홍보비를 받아먹고 이재명의 정책을 세뇌시켜주는 '홍보나팔수'로 전락했다.

이재명은 경기지사 시절에도 언론홍보비를 퍼붓는 버릇은 여전했다. 언론을 통해 자신을 알리고, 언론을 통해 국민의 입을 막고 자신이 원하

---

283  위의 책, p.123

는 이미지를 만들어갈 수 있기 때문이다.

이재명은 경기도지사 임기 2년 1개월 동안 250억 원 이상의 정책 홍보비를 집행한 것으로 나타났다. 국회 행정안전위원회 소속 국민의힘 박수영 의원이 2020년 10월 18일 경기도로부터 제출받은 국정감사 자료에 따르면, 경기도는 이 지사 임기 2018년 7월부터 2020년 8월까지 256억 4천600만원의 홍보비를 집행했다. 이는 전임 지사인 남경필 지사의 당시 2016년부터 2017년까지 2년간 집행된 홍보비 142억 3천 만원과 비교하면 2배 가까이 증가한 것이다.[284]

경기도의 홍보예산은 2016년 64억 3천만 원, 2017년 77억 9천만 원에서 2018년 107억 2천만 원으로 급격히 증가하고, 2019년 117억 2천만 원 등 지속적으로 증가했음을 보여준다. 이는 서울시와 비교하여 약 2.5배(2018), 약2배(2019)에 이르는 막대한 예산이다. 당시 박원순 시장도 대권 야욕이 있어서 2020년 4월 총선을 앞두고 박 시장 측근인 현역 의원들의 재선·삼선을 위한 지원이란 의미로 대폭 증가시킨 것으로 보고 있다.

이에 따라 2020년에는 무려 156억 9550만 원으로 전년도 대비 2.6배 이상을 증액시켰다.[285] 국민의 세금으로 홍보를 하여 지지율을 사기 위한 경쟁을 치열하게 하는 것이다.

---

284  연합뉴스, 「"이재명 정책홍보비 2년간 256억…남경필의 약 2배"」, 2020.10.18.,
     https://www.yna.co.kr/view/AKR20201017059900001

285  미디어오늘, 「서울시 지난해 광고비 60억→157억 급증」, 2021.12.02.,
     https://www.mediatoday.co.kr/news/articleView.html?idxno=300911

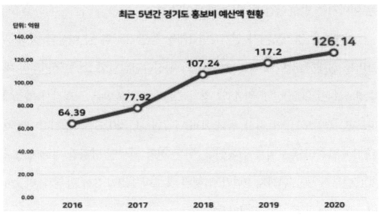

최근 5년간 경기도 홍보비 예산액 현황

단위: 억원

▲ 최근 5년간 경기도 홍보비 예산액 현황[출처 : 연합뉴스(2020.10.18.), '국민의힘 박 수영 의원실 제공']

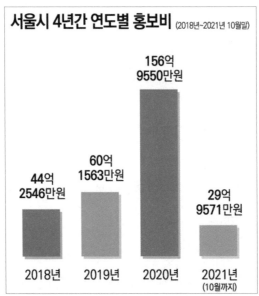

서울시 4년간 연도별 홍보비 (2018년~2021년 10월말)

▲ 2018년부터 2021년 서울시 연도별 언론매체 홍보비 집행 내역
[출처 : 미디어 오늘 (2021.12.02.), 자료=서울시].

　　이재명의 경기도는 언론홍보비의 과다로 물량공세를 취할 수 있었
다. 그 대표적인 예가 경기도 최초 계곡 정비가 이재명이 했다고 국민들

을 오도하게 만드는 것이다. 남양주시가 아무리 먼저하고 어느 공무원이 댓글로 먼저 했다는 글을 썼다는 이유로 9번의 감사와 공산당에게 취조 당하듯 악랄하게 감사받아도 대부분의 언론들은 그러한 일에 대해서는 외면했다. 오로지 계곡 정비는 남양주시의 모범적인 계곡정비 사실을 쏙 뺀 채 이재명이 경기도 최초로 한 것이라는 공로라고 하는데 이론의 여지가 없는 듯이 보도하는데 열을 올렸다. 그들이 이미 남양주시의 계곡 정비에 대해 보도했으면서도 말이다.

이재명의 3무 정책도 마찬가지이다. 3무 정책이 이재명이 최초가 아니고, 또한 3무도 아님에도 불구하고 일부 언론들의 보도를 통한 물량 공세로 인해 3무정책이 '이재명표 브랜드'로 굳어지게 하였다. 또한 교환 기능이나 저축기능이 없는 지역상품권을 지역화폐로 호도하는 일을 언론이 앞장서서 하였기 때문에 일반 국민들을 지역화폐로 세뇌시키는데 공헌했다. 그래서,

**"이재명의 공공산후조리원은 그가 경기도지사 취임한 이후 경기도 여주에서 최초로 도입되었다. … '무상교복'정책과 마찬가지로 전국의 많은 지자체에서 '공공산후조리원'을 설치하게 되었다. 다시 한번 이재명이 시작하면 대한민국의 표준이 된다는 사례를 보여줬다."**(『이재명. 한다면 한다』 (p.63. 백승대 저)

라는 국민 기만적 내용과 '이비어천가'가 전국 방방곡곡으로 울려퍼지면서 이재명의 명성이 드높아지게 하는 기능을 하는데 일조한 것이다.

뿐만 아니라 국민세금으로 관권 상품권 수수료장사를 하는 것을 가지고 기본소득이란 명분을 내세워 마치 국민복지정책인양 호도하는 일

이 벌어졌다. 그러나 이재명 스스로 청년배당은 복지정책이 아니라 소비 활성화 수단이라고 말한다. 그렇다면 이재명의 '3무 정책'이란 '3개의 무 상복지정책'인데 청년배당은 도대체 뭐란 말인가. 보도자료에 3무 정책 으로 나오면 받아쓰기 언론은 무비판적으로 3무로 보도하기 때문에 어 의혼용이란 문제가 발생한다. 하지만 이재명은 3무 복지정책의 선구자로 비춰지게 되어 득표에 도움이 된다는 사실이다. 게다가 기본소득 시리즈 가 무심사 전국민 2.8%의 1000만원 국민기본금융[286]으로 발전하다가 급 기야는 망상에 가까운 기본주택에 다다른다. 그러면 궁극에는 대동세상 이 이뤄질 것으로 굳게 믿고 있다. 기본소득 신앙에 따른 이상향으로 보 인다. 그러나 금융업종을 담당하는 한 증권사 애널리스트는 "단순 계산 으로 5000만 명에게 1000만 원을 대출하려면 원금만 500조 원이 필요 하고, 3%의 이자와 디폴트(채무불이행) 비용, 보증 수수료 등을 감안하면 정부 1년 예산을 초과하는 재원이 필요하다"며 "정부가 이를 신용등급 도, 담보도 없이 보증하겠다는 것은 비현실적인 주장"이라고 지적했다.[287] 기본주택도 이재명은 "무주택자라면 누구나 출퇴근하기 좋은 역세권에 적당한 임대료로, 럭셔리한 커뮤니티시설들로 구성된 주택에서 평생 살 수 있도록 공급하겠다"고 했다.[288] 2023년 무주택 가구 수는 961.8만 가 구로 전체 가구의 43.6%를 차지한다.[289] 우리나라 역세권이 얼마나 많길

---

**286** 머니투데이, 「[단독]이재명 '기본대출'⋯전국민 '이자 2.8%'로 1000만원씩」, 2021.05.30.

**287** 한국경제, 「이재명 '전국민 1000만원 기본대출' 공약⋯전문가들 "비현실적"」, 2021.08.10., https://www.hankyung.com/article/202108104741i

**288** 이재명연구회, p.145

**289** 통계청, 「2023년 주택소유통계 결과」, 2024.11.18.

래 이런 말을 하는지 모르겠다. 아마도 장밋빛 청사진이란 애드벌룬식 포퓰리즘으로 대중적 이미지를 최고시켜 지지도를 끌어올리기가 아니면, 본인이 대통령이 되면 '대장동'식으로 역세권을 개발하여 경제공동체들과 이권배분이나 노리고 한 말일 가능성이 많다. 이재명은 이런 식으로 환심을 사기 위한 목적으로 사실이야 어떻든 이미지만 근사하고 국민적 공감대와 지지도만 올리면 그만이라는 것이다. 이렇게 언론이 점점 이재명을 '정치 괴물'로 성장하는데 일조해왔음을 부인할 수 없다.

## 이재명의 섭외전략

이재명은 성남시장 재직 시인 2010년 7월부터 2018년 3월까지 8년 임기 동안 총 11억 2000여만 원의 업무추진비를 썼는데 대부분 언론 접대에 사용된 것으로 알려졌다. 이 중 임기 막바지인 2017년에 가장 많은 액수인 1억 8200여만 원을 지출했다. 시사저널에 의하면, 이재명의 성남시장 재임 기간에 지출액 50만 원이 넘은 경우는 총 263건인데, 이 중 기념품 구입비와 직원 격려비 등을 빼면 언론 접대에 주로 사용됐다는 것이다. 2010년 12월 23일 '언론 관계자와 업무 협의(115만 원)', 2012년 7월 17일 '시정홍보를 위한 언론인 석찬(119만 3000원)', 2016년 1월 25일 외신기자 간담(91만 8000원)', 2017년 12월 26일 '지역·인터넷 매체 출입 기자 간담(114만 9000원)' 등으로 나타났다. 20대 민주당 대통령 후보였던 이 후보가 당시 업무추진비를 이용해 언론을 통한 시책홍보에 집중했음

을 알 수 있는 기록들이다.[290]

### 이재명 성남시장 업무추진비 집행내역

| 사용목적 | 사용대상 | 참석인원 | 사용액(원) | 사용처 |
|---|---|---|---|---|
| 2016년 4월14일 목요일 | | | | |
| 성남시-육군 업무협약서 체결 관련 언론인과 간담 | 언론인 | (확인 안 됨) | 367,000 | 수내동 음식점 |
| 성남시-육군 업무협약서 체결 관련 언론인과 간담 | 언론인 | (확인 안 됨) | 206,000 | 서현동 음식점 |
| 성남시-육군 업무협약서 체결 관계자 간담 | 협약체결 관계자 | (확인 안 됨) | 490,000 | 판교동 음식점 |
| 성남시-육군 업무협약서 체결 관계공무원 노고 치하 석찬 간담 | 협약체결 추진 관계공무원 | (확인 안 됨) | 464,000 | 야탑동 음식점 |
| 같은 사람에게 같은 목적으로 사용했는데 사용처가 다름 | | | | |
| | | | | |
| 2016년 5월16일 월요일 | | | | |
| 정부 지방재정 개편안 부당성 설명 언론인과 간담 | 언론인 | 5 | 499,000 | 판교동 음식점 |
| 2017년 8월18일 금요일 | | | | |
| 미등록 대부업체 특별단속 관련 언론인과 설명 간담 | 언론인 | 4 | 255,000 | 구미동 음식점 |
| 1인당 접대비 기준 4만원 초과 결제 | | | | |
| | | | | |
| 2010년 12월23일 목요일 | | | | |
| 시책사업 홍보를 위한 언론 관계자와 업무협의 | 언론인 | (확인 안 됨) | 1,150,000 | (확인 안 됨) |
| 2011년 2월28일 월요일 | | | | |
| 공공복리 증진을 위한 지역 유관기관 임원진 간담 | 000된 임원 | (확인 안 됨) | 1,400,000 | (확인 안 됨) |
| 2012년 7월17일 화요일 | | | | |
| 시정홍보를 위한 언론인 등과 석찬 | 언론인 등 | (확인 안 됨) | 1,193,000 | (확인 안 됨) |
| 2013년 1월24일 목요일 | | | | |
| 교육지원사업 추진과 발전방향 모색 초·중·고등학교장과 오찬 | 초·중·고 학교장 | (확인 안 됨) | 1,005,000 | (확인 안 됨) |
| 2016년 2월17일 수요일 | | | | |
| 천주교 신부님들과 현안사항에 대한 석찬 간담 | 천주교 신부님 등 | (확인 안 됨) | 1,661,000 | 서현동 음식점 |
| 2016년 3월8일 화요일 | | | | |
| 미군부대(k-16) 관계자와 석찬 간담 | 미군부대 관계자 | (확인 안 됨) | 1,600,000 | 판교동 음식점 |
| 2017년 4월25일 화요일 | | | | |
| 오로라시 방문단 환영 오찬 | 오로라시 방문단 | 42 | 1,426,000 | 삼평동 음식점 |
| 2017년 12월26일 화요일 | | | | |
| 지역지·인터넷 출입기자들과 간담 | 지역지·인터넷 출입기자 | 49 | 1,149,000 | 시흥동 음식점 |
| 2018년 1월15일 월요일 | | | | |
| 신년 기자간담회 개최 | 언론인 | 180 | 4,500,000 | 야탑동 음식점 |
| 외부 접대에 100만원 이상 쓴 내역 | | | | |

출처 : 시사저널(2022.02.11.)

---

290  시사저널, 「[단독] 규칙 위반에 '쪼개기'까지…이재명 성남시장 업추비도 구멍 숭숭」, 2022.02.11.,
https://www.sisajournal.com/news/articleView.html?idxno=232965

업무추진비는 원칙상 관할 근무지와 무관한 지역에서 쓰지 못하게 돼 있으나 2014년 하반기에 이재명은 다른 지자체에서 총 410만 원을 썼다. 관외 지출 액수는 2015년 2,542만 원, 2016년 2,578만 원, 2017년 4,255만 원으로 해마다 늘어난 것으로 나타났는데, 지출이 가장 잦은 곳은 서울시였다. 2017년 이재명 시장의 업무추진비 사용내역을 보면 주로 서울 음식점에서 중앙정부 관계자, 서울시 관계자, 국회의원, 언론인 등을 상대로 1년 중 75일을 접대한 것으로 파악됐다. 임기 말에 이 후보가 보폭을 중앙무대로 진출하기 위한 것이었음을 알 수 있는 대목이다.[291] 여기다 막대한 대변인 책정 비용까지 사용하여 언론인들에 대한 접대가 상상 그 이상일 것이라는 추측이 가능하다.

이러한 정치 행보를 짐작할 수 있는 업무추진비에 대해 성남시 측은 문제가 없다는 입장이다. 시사저널에 의하면 "업무추진비를 하루에 수십 건 쓴 날도 있어 2015년 3월 26일 당일에만 23건의 지출을 기록했다."며, "이날 업무추진비로 접대한 오찬은 9건으로 그 장소는 성남 백현동·서현동·삼평동 등"과 서울시도 포함되었다. 또한 "같은 날 석찬 역시 서로 다른 장소에서 9건이 진행"됐는데, "'성남FC 관계자' '국토부 관계자' '전직 국회의원' '언론인' 등 제각각이었다"고 했다. 이날 하루 빠져나간 총 업무추진비는 약 448만 원이며, 앞서 2014년 1월 6일에는 11번에 걸쳐 총 415만 원을 사용한 것으로 밝혀졌다.[292]

그러니까 이재명은 점심식사만 성남은 물론 서울시까지 날아다니면

---

291  시사저널, 위의 기사

292  시사저널, 위의 기사

서 9번을 먹고, 저녁도 이곳 저곳 날아다니면서 9번씩 식사를 했다는 말이 된다. 이렇게 해도 누구하나 제대로 비판하거나 규탄하지 않는다. 국민의힘에서 이렇게 했다면 뒤집어졌을 것이다. 그런데도 국민의힘이 가만히 있으니까 이렇게 구름타고 날아다니는 홍길동 밥먹듯 '신출귀몰한 밥귀신'처럼 점심과 저녁을 먹었다고 해도 끄떡없는 것이다.

성남시 관계자는 "하루에 업무추진비를 쓸 수 있는 한도와 횟수가 정해져 있는 건 아니다"면서, "하루에 여러 장소와 시간대에 시장 업무가 진행됐다고 판단되면 다른 부서 법인카드로 결제하고 (시장 업무추진비를) 계좌이체해줄 수 있다"며 "시장 업무추진비를 꼭 시장 카드로 써야 하는 건 아니다"고 설명했다.[293]

그러나 이 시장의 업무추진비 과다 결제에 대해 박근혜 정부는 2016년 6월 합동감사에서 당시 이 후보의 2014년 1월 ~ 2016년 6월 임기 중 90일을 특정해 일정을 제출하라고 성남시에 요구했다. 해당 90일은 업무추진비를 하루 3회 이상 또는 동시간대 2회 이상 쓴 날로 알려졌다. 이에 대해 이재명은 '먼지 털이식'이라고 반발하면서 박대통령의 세월호 7시간 일정을 내놓으면 자신도 90일 일정을 내놓겠다고 억지를 부리고, 당시 감사를 진행한 행정안전부를 상대로 고발을 검토하기까지 했다. 그렇지만 행정안전부 관계자의 설명은 "결제 횟수와 상관없이 같은 사람한테 같은 목적으로 업무추진비를 썼는데 그 장소가 서로 다르면 문제가 될 수 있다"는 것이다. 문제의 소지가 있는 것은 이 후보가 2015년 3

---

293   시사저널, 위의 기사

월 16일 '공공성 강화사업 당위성 설명 오찬' 목적으로 2번에 걸쳐 41만 4000원어치 식사를 언론인에게 대접했는데 그 장소가 야탑동(31만4000원)과 거기서 약 10km나 떨어진 죽전동(10만원)으로 달랐기 때문이다.[294]

또한 시사저널에 의하면, 이 후보가 2017년 9월 13일에는 '경기도대중교통협의체 구성 촉구 관련 간담' 목적으로 언론인과 식사 자리를 가졌는데 3번에 걸쳐 총 89만 6000원을 긁었다. 2번은 판교동에서 각각 24만원, 25만 6000원씩 썼다. 나머지 40만 원은 야탑동에서 각각 사용했다. 2014년 하반기에 이 후보는 다른 지자체에서 총 410만 원을 썼다. 관외 지출 액수는 2015년 2542만 원, 2016년 2578만 원, 2017년 4255만 원으로 해마다 늘어났다.[295] 이처럼 이재명은 세금으로 된 업무추진비를 물쓰듯 쓰면서 민주당 대통령 후보의 자리까지 오르게 된 것이다.

## 물쓰듯 쏟아부은 언론사에 대한 광고비

세계일보에 의하면 경기도와 경기도 산하 25개 출자·출연기관이 21년 한 해 동안 광고비로 쏟아부은 돈만 413억 원에 달했다. 2017년 민주당 이재명 대선 후보 취임 전 지출한 260억 원보다 1.6배 증가한 것으로 나타났다. 산하 기관을 통한 광고비 증가는 더욱 두드러졌다. tbs교통방송에만 같은 기간 3.1배 증가한 2억 2600만 원의 광고비를 물 쓰듯 지출

---

294  시사저널, 위의 기사
295  시사저널, 위의 기사

했다.[296]

세계일보가 국민의힘 김은혜 의원이 한국언론진흥재단으로부터 제출받은 자료에 따르면 2021년 8월 기준에만도 광고비로 지출한 비용을 보면 경기도와 25개 출자·출연기관은 247억5000만 원에 달한다. 정부광고 집행금액은 2017년 260억 5500만 원, 2018년 299억 800만 원, 2019년 338억 4500만 원, 2020년 413억 8000만 원으로 증가했다. 특히 이 후보가 경기지사로 취임한 2018년부터 광고비 지출이 급격하게 증가했다.[297]

광고비 증가는 출자·출연기관에서 두드러지게 나타났다. 경기도시공사는 2017년 40억 8200만 원에서 2020년 55억 6600만 원, 2021년(8월 기준) 59억 2700만 원을 사용한 것으로 드러났다. 2019년 출범한 경기도시장상권진흥원은 2020년 17억 5900만 원의 광고비를 지출했으며, 경기관광공사는 같은 기간 13억 5300만 원에서 47억 6300만 원을 지출해 3.5배나 증가했다.

이와 함께 경기도청 광고비 집행액은 2017년 148억 8900만 원, 2018년 171억 6500만 원, 2019년 181억 9700만 원을 기록, 전무후무한 광고비 폭탄을 쏟아부었다. 2020년 지출한 광고비는 172억 9200만 원으로 2017년 기준으로 3년 만에 1.2배 증가했다. 국민의힘 허원 경기도의원은 "코나아이는 부산과 인천에서는 직접 집행한다"고 폭로했다.[298]

민주당 경선 과정서 이낙연 전 대표 캠프는 "대선 후보로 나선 지사

---

296  세계일보, 「[단독] 경기도, 광고비 2017년 260억→지난해 413억원… 연예인 섭외해 道 역점 사업 홍보」, 2021.11.08., https://www.segye.com/newsView/20211107508577

297  위의 기사

298  위의 기사

의 일개 공약을 홍보하는데 경기도가 그동안 쏟아부은 돈을 보면 벌어진 입을 다물 수 없다"며 "경기도청이 기본소득 홍보에 쏟아부은 돈이 현재까지 광고 횟수 808회, 총 33억9400만 원"이라며 "이 중에는 해외 언론사인 미국 CNN, 타임, 포브스, 유럽의 유로뉴스에 준 광고비 4억 원도 있다"고 지적하기도 했다.[299] 이렇게 국민의 세금을 자신의 정책을 홍보하는데 물쓰듯하는 일은 전례없는 일이다.

경기도의 광고비 폭주는 일반 언론매체에 국한된 것이 아니다. 매체 중에서는 유튜브 광고액이 2018년 9800만 원에서 2020년 19억 700만 원, 2021년 1~8월 9억 6500만 원으로 급증했다. 네이버 광고액 또한 2억 6700만 원에서 2020년 7억 6400만 원, 2021년 1~8월 6억 9400만 원으로 치솟듯이 증가했다.[300] 가히 광고 폭탄이라 할 만하다. 이렇게 이재명은 자신의 영달을 위해 국민을 위해 사용되어야 할 국민의 세금을 물불을 가리지 않고 쏟아부었던 것이다. 이러한 언론홍보비, 업무추진비, 광고비로 자신의 이미지를 '핵사이다'나 '일 잘하는 이재명', '억강부약, 대동세상', 노동팔이, 가난팔이, 장애인팔이, 인권팔이 등 온갖 미사려구가 그를 민주당을 대표하는 부동의 정치인으로 가공시키는데 성공했다.

299  위의 기사
300  위의 기사

---

# '구국의 12.3계엄' 선포의 발단

# 1.

# 민주당의 집권 야욕과
# 윤석열정부 허물기

## 이재명 방탄 위한 민주당의 입법독주와 패악질

### 무소불위의 줄탄핵

이재명 민주당은 사법부와 행정부에 대한 헌정사상 초유로 29차례의 줄탄핵을 단행했다. 이재명 방탄에 해가 되던가, 자기들 마음에 들지 않으면 탄핵으로 협박하고, 탄핵을 쏟아냈다. 윤석열 정부 출범 이후 2년 7개월간 더불어민주당이 발의한 공직자 탄핵소추안만 29건이다. J Army 블러그에 정리된 「윤석열정부에 대한 민주당의 29건 탄핵」에 따르면 다음과 같다.

"1. 이상민 행정안전부 장관(가결/헌재 기각) : ▲발의 일자: 2023.02.06., ▲탄핵사유: 이태원 참사 책임(2022년 10월 29일 발생한 이태원 압사 사고에 대한 예방 및 대응 실패로 인한 책임), ▲기타사항: 헌정사항 최초로 국무위원에 대한 탄핵 사례

2. 안동완검사(가결/헌재 기각) ▲발의 일자: 2023.09.19., ▲탄핵사유: 서울시 공무원 간첩조작 사건 공소권 남용(증거 조작 및 부당한 공소 제기로 인한 사법 정의 훼손), ▲기타사항: 헌정사상 최초로 현직 검사에 대한 탄핵 사례, 헌법재판소가 기각

3. 이정섭검사(철회) : ▲발의 일자: 2023.11.09., ▲탄핵사유: 자녀의 위장전입 문제, 베이비시터 관련 범죄경력 무단 조회, 처남의 마약 투약 사건 개입, ▲철회사유: 증거부족, 정치적 판단 등

4. 손준성 검사(철회) : ▲발의 일자: 2023.11.09., ▲탄핵사유: 고발 사주 의혹(2020년 4월 총선을 앞두고, 당시 대검찰청 수사정보정책관이던 손준성 검사가 범여권 인사들에 대한 고발장을 야당 측에 전달하여 선거에 영향을 미치려 했다는 의혹), ▲철회사유: 본회의 일정 불발, 탄핵소추안 발의 다음 날인 11월 10일, 국회 본회의가 열리지 않아 탄핵소추안을 처리할 수 없게 되면서, 민주당은 이를 철회

5. 이희동 검사(철회) : ▲발의 일자: 2023.11.09., ▲탄핵사유: '고발 사주' 의혹 사건에서 김웅 국민의힘 의원을 불기소 처분, ▲철회사유: 탄핵소추안 발의 후 당내에서 의견 차이가 발생하여, 결국 발의가 철회

6. 임홍석 검사(철회) : ▲발의 일자: 2023.11.09., ▲탄핵사유: 2020년 4월 총선을 앞두고 미래통합당 측에 여권 인사들에 대한 고발장을 전달하려 했다는 '고발 사주' 의혹 사건에서, 고발장 작성에 관여했다는 주장이 제기, ▲철회사유: 탄핵소추안 발의 후 당내에서 의견 차이가 발생하여, 결국 발의가 철회

7. 이동관 방송통신위원장(철회) : ▲일자: 2023.11.9., ▲탄핵사유: 대통령 지명 인사들만으로 방통위를 운영하며 다수결에 의한 독단적 의결을 진행했다는 점이 문제, KBS, MBC, JTBC 등 방송사에 대해 보도 경위를 요구하며 방송의 자유를 침해했다는 주장이 제기 등, ▲철회사유: 발의 이후 민주당 내부에서 정치적 부담과 전략적 판단에 따른 이견이 발생, 탄핵소추안이 국회 본회의에 상정되었으나 국민의힘의 강한 반발과 일정 불확정으로 탄핵안 처리가 불투명, 민주당은 결국 탄핵소추안을 철회하고, 여론을 모은 뒤 재발의를 계획

8. 이동관 방송통신위원장(철회) : ▲일자: 2023.11.28., ▲탄핵사유: ㉠방송통신위원회의 기형적 운영: 이동관 위원장 임명 이후 방통위는 5인 합의제 독립기구임에도 불구하고 대통령 지명 2인(이동관, 이상인) 체제로 운영되며 43일 동안 14개의 안건을 의결. 이는 방통위 설치법을 위반한 것으로 지적, ㉡방송사 보도 개입: KBS, MBC, JTBC 등 방송사의 보도 경위를 요구하며 방송의 자유를 침해한 행위가 문제로 제기, ㉢공영방송 이사 해임: 공영방송 이사들을 불법적으로 해임하고, 절차를 무시한 보궐이사 임명을 강행한 행위가 탄핵 사유로 포함, ㉣'가짜뉴스' 심의 요구: 법적 근거 없이 방송통신심의위원회와 협의하여 '가짜뉴스' 심의를 요구한 행위가 헌법과 법률을 위반한 것으로 지적, ▲철회사유: 국민의힘이 필리버스터를 철회하면서, 탄핵소추안의 처리 불투명. 이에 따라 민주당은 탄핵소추안을 철회하고 재발의하기로 결정

9. 손준성 검사(가결) : ▲발의 일자: 2023.11.28., ▲탄핵사유: 고발 사주 의혹(2020년 4월 총선을 앞두고, 당시 대검찰청 수사정보정책관이던 손준성 검사가 범여권 인사들에 대한 고발장을 야당 측에 전달하여 선거에 영향을 미치려 했다는

의혹), ▲기타사항: 헌정사상 두 번째로 현직 검사에 대한 탄핵 사례

10. 이정섭 검사(가결/현재 기각) : ▲발의일자: 2023.11.28., ▲탄핵사유: 비위 의혹(타인의 범죄경력 무단 조회 및 정보 제공 등), ▲기타사항: 헌정사상 두 번째로 현직 검사에 대한 탄핵 사례, 헌법재판소 재판관 전원 일치로 기각. 주요 사유로는 소추 사유의 특정성 부족과 일부 행위의 직무 관련성 부재 등

11. 이동관 방송통신위원장(폐기/자진사퇴) : ▲발의 일자: 2023.11.9., ▲탄핵사유: 방송 장악 및 정치적 중립성 훼손(언론의 자유 침해 및 방송사에 대한 부당한 압력 행사), ▲기타사항: 탄핵안 의결 전에 2023. 12. 1.자로 자진 사퇴

12. 김홍일 방송통신위원장(폐기/자진사퇴) : ▲발의 일자: 2024.06.27., ▲탄핵사유: 방송통신위원회의 '2인 체제' 운영으로 직권 남용 의혹 등, ▲기타사항: 국회 탄핵소추안 표결을 앞두고 자진사퇴

13. 강백신 검사(수원지검 성남지청 차장검사)(가결) : ▲발의 일자: 2024.07.02., ▲탄핵사유: 대선 개입 여론조작 사건 수사 진행한 압수수색을 위법하게 했다는 점, ▲기타사항: 대장동·백현동 비리 등 이재명 당 대표 후보가 연루된 의혹을 수사

14. 김영철 검사(서울북부지방검찰청차장검사)(가결) : ▲발의 일자: 2024.07.02., ▲탄핵사유: 최서원 씨의 조카 장시호 씨에게 위증을 교사했다는 의혹, 김건희 여사가 소유한 코바나컨텐츠의 대기업 협찬 사건 등에서 무혐의 처분을 내린 것에 대한 직무 유기 및 정치적 중립 의무 위반 주장, ▲기타사유: 여당은 김 차장검사 등 검사 4인에 대한 탄핵을 '보복성 탄핵'이라고 보고 있음. 김 검사 탄핵을 먼저 논의하는 이유는 '이재명 방

탄'을 위해 검사 탄핵을 추진한다는 부정적 여론을 의식했기 때문

15. 박상용 검사(가결) : ▲발의 일자: 2024.07.02., ▲탄핵사유: 공소권 남용(법적 절차를 무시한 부당한 기소 및 수사), ▲기타사항: 쌍방울 대북 송금 등 이재명 당대표 후보가 연루된 의혹을 수사

16. 엄희준 검사(인천지검 부천지청장)(가결) : ▲발의 일자: 2024.07.02., ▲탄핵사유: 2011년 '한명숙 전 국무총리 모해위증 교사' 의혹, ▲기타사항: 대장동·백현동 비리 등 이재명 당대표 후보가 연루된 의혹을 수사

17. 이상인 방송통신위원회 부위원장 겸 위원장 직무대행(자진사퇴) : ▲발의일자: 2024.07.25., ▲탄핵사유: 방송통신위원회 설치법 위반(상임위원 5인 중 4인이 임명되지 않은 상태에서 단독으로 공영방송 임원 선임을 위한 절차를 진행한 점), 위원장 직무대행으로서 통상적인 업무 범위를 초과한 행위, ▲기타사항: 탄핵안 표결 전 자진사퇴, 방통위원이 한 명도 없는 사상 초유의 사태 발생, 야당은 이진숙 방통위원장 후보자 임명 전에 이상인 부위원장의 직무를 정지시켜 공영방송 이사 선임을 지연시키려는 의도로 탄핵소추안을 발의

18. 이진숙 방송통신위원장(가결/헌재 기각) : ▲발의 일자: 2024.08.01., ▲탄핵사유: 방송통신위원회 설치법 위반: 상임위원 5인 중 2인만으로 공영방송 이사 선임을 강행한 점, 방송의 공정성과 독립성 침해 우려, ▲기타사항: 취임 사흘 만에 직무가 정지, ▲헌법재판소 재판관 4대4로 기각.

19. 최재해 감사원장(가결/헌재 기각) : ▲발의 일자: 2024.12.02., ▲탄핵사유: ㉠감사원의 독립 지위 부정 ㉡전현희 전 국민권익위원장 표적 감사 의혹 ㉢감사원장의 의무 위반 ㉣국회 법제사법위원회 자료 제출 거부 등, ▲기타사항: 헌정 사상 최초로 탄핵소추된 감사원장

20. 이창수 서울중앙지검장(가결/헌재 기각) : ▲발의 일자: 2024.12.05., ▲탄핵사유: 김건희 여사의 도이치모터스 주가조작 연루 의혹에 대한 불기소 처분으로 인한 직무유기 및 정치적 중립 의무 위반 주장, ▲헌법재판소 재판관 전원 일치로 기각.

21. 조상원 서울중앙지검 4차장검사(가결/헌재 기각) : ▲일자: 2024.12.05., ▲탄핵사유: 윤석열 대통령의 배우자인 김건희 여사의 도이치모터스 주가조작 의혹 수사에서 불기소 처분을 내린 것에 대한 직무유기 및 권한 남용 주장, 검사의 정치적 중립 의무 위반, ▲헌법재판소 재판관 전원 일치로 기각.

22. 최재훈 서울중앙지검 반부패수사 2부 부장검사(가결/헌재 기각) : ▲발의 일자: 2024.12.02., ▲탄핵사유: 윤석열 대통령의 배우자인 김건희 여사의 도이치모터스 주가조작 의혹 수사에서 불기소 처분을 내린 것에 대한 직무유기 및 권한 남용 주장, 검사의 정치적 중립 의무 위반, ▲헌법재판소 재판관 전원 일치로 기각.

23. 윤석열 대통령(폐기) : ▲일자: 2024.12.05., ▲탄핵사유: 비상계엄 선포 및 민주주의 원칙 훼손(헌법과 법률을 위반한 비상계엄 선포로 인한 민주주의 질서 침해), ▲폐기사유: 의결 정족수 부족으로 표결 무산(재적 의원 300명 중 195명만 표결에 참여, 의결정족수인 200명), ▲기타사항: 헌정사상 세 번째 대통령 탄핵 사례

24. 김용현 국방부장관(폐기/자진사퇴) : ▲일자: 2024.12.05., ▲탄핵사유: 비상계엄 지원 및 군권 남용(대통령의 위법한 비상계엄 선포에 대한 군사적 지원 및 권한 남용)

25. 이상민 행정안전부장관(폐기/자진사퇴) : ▲발의 일자: 2024.12.07.,

▲탄핵사유: 비상계엄 옹호 및 모의 의혹

26. 박성재 법무부장관(가결/헌재 기각) : ▲발의 일자: 2024.12.08., ▲탄핵사유: 윤석열 대통령의 비상계엄 선포와 관련된 국무회의에 참석하여 내란 행위에 가담한 혐의, 정치적 중립 의무를 위반, ▲헌법재판소 재판관 전원 일치로 기각.

27. 조지호 경찰청장(가결) : ▲일자: 2024.12.12., ▲탄핵사유: 비상계엄 당시 국회 전면 출입통제 조치를 일선 경찰에 하달하여 국회의원 등의 출입을 막은 혐의, 중앙선거관리위원회에 경찰력을 보내 계엄군의 계엄집행에 협조한 혐의, ▲기타사항: 경찰청장에 대한 탄핵은 헌정사상 초유

28. 윤석열 대통령(가결/헌재 파면) : ▲일자: 2024.12.14., ▲탄핵사유: 비상계엄 선포 및 민주주의 원칙 훼손(헌법과 법률을 위반한 비상계엄 선포로 인한 민주주의 질서 침해), ▲기타사항: 헌정사상 세 번째 대통령 탄핵 사례, ▲헌법재판소 재판관 전원 일치로 파면.

29. 한덕수 대통령 권한대행(가결/헌재 기각) : ▲일자: 2024.12.27., ▲탄핵사유: 국회가 선출한 헌법재판관 3인의 임명을 거부하여 헌법기관의 기능을 방해한 점, 국정 운영에 있어 헌법과 법률을 위반한 행위, ▲기타사항: 최상목 경제부총리 겸 기획재정부 장관이 대통령 권한대행 및 국무총리 직무대행을 맡는 헌정 사상 초유의 상황이 발생, ▲헌법재판소 재판관 전원 일치로 기각."301

---

301 J Army,「윤석열정부에 대한 민주당의 29건 탄핵」, 2025.1.13.,
　　https://blog.naver.com/zon99/223723857933, 추후 헌재 기각에 대한 내용 보완.

이를 두고 채널A는 29차례의 탄핵소추안 국회 가결에 대해 "대한민국 행정부가 멈춰 섰습니다. 한덕수 대통령 권한 대행에 대한 탄핵소추안이 오늘 오후 국회에서 가결되었습니다."고 하면서 "권한대행의 탄핵추진은 헌정사상 초유의 일이고, 한권한 대행은 직무가 정지되었습니다."고 했다. 또한 민주당이 22대 국회 헌정사상 검사를 탄핵하고 장관을 탄핵하고 감사원장을 탄핵했다.[302]

국민들은 이때까지만 해도 민주당에 의한 입법 독주나 패악질, 예산 삭감으로 인한 정부의 행정기능을 마비시키는 등의 상황에 대해 뚜렷하게 인지하고 있지 못한 상태였다. 국회에서는 여야가 티격태격하고 싸우는 것이 늘상 있는 일이었기 때문이다.

▲ 탄핵안 29번 발의 관련 기사(출처: 매일신문)

---

302　위의 블러그, 「정확히 민주당이 탄핵한 영상만 모아 놓은 영상」, https://youtu.be/Js18-LnyIGE

이처럼 민주당은 절대 다수당이란 절대권력을 전가의 보도처럼 휘둘러 29번의 줄탄핵을 자행하는가 하면 계엄령을 해제시킨 후 내란몰이라는 만행을 저질러서 검경이 신속하게 관련자들을 체포 및 구속수사하고, 대통령마저 체포하는 헌정사상 초유의 '반역적 불법'을 저질렀다. 공수처는 정당한 체포영장 집행이라고 하지만 '영장쇼핑'과 체포영장 판결 내용이 위법하며, 현직 대통령을 체포하기 위해 경찰 경력을 총동원하는 등 사상 초유의 참사라는 지적이 터져 나왔다.

그 결과가 2025년 2월 3일 현재 대통령을 비롯한 국무총리 등 정부 주무장관과 국방 및 군 요직 등 18개의 직책이 공석이다. 거의 무정부상태가 되기 직전으로 모두가 대행체제 정부가 되었다. 게다가 민주당은 툭하면 탄핵카드를 흔들면서 협박을 일삼았다. 양아치 쓰레기 조폭만도 못한 저질스런 하류정치를 자랑스럽게 자행하고 있었다.

김민전 의원은 2025년 2월 9일 자신의 페이스북에 〈자유민주주의를 위해〉에서 "문재인 정부의 부패 수사는 기어가던 검찰이 현직 대통령에 대해서는 전광석화처럼 특별수사본부를 꾸렸고, 수사권도 없는 공수처는 대통령을 체포하러 나섰으며, 법원은 수사권도 없는 공수처에 영장을 발부했다."고 통렬히 비판했다. 그리고 계엄을 통해 우리 사회의 병폐가 여지없이 드러냈다고 지적했다.

"나는 2022년 대선에서 윤석열 후보를 적극 지지했다. 공익을 위해 개인적 불이익을 감수하던 윤석열 후보만이 문재인 정부의 각종 부패를 청산하고, 공정한 대한민국을 가능하게 하리라 기대했기 때문이다. 울산 시장 선거 개입을 비롯한 각종 선거의 불신을 해소하고 다시 자유민주주의를 회복할 것으로 기대했기 때문이다. 그러나 기다려도 기다려도 부패 수사의 진척은 없었고, 지지자들은 지쳐갔다. 계엄이 없었다면 우리는 여전히 윤 대통령이 자신의 미션을 망각했다고 생각하고 있을지도 모른다.

계엄은 우리 사회의 많은 문제점을 드러냈다. 민주주의의 최후의 보루여야 할 사법부조차 특정 이념 판사들이 길목을 지키며 '좌파무죄, 우파유죄'를 만들어내고 있으며, 법원의 특정 지원은 좌파의 진시로 선락했음을 드러냈다. 문재인 정부의 부패 수사는 기어가던 검찰이 현직 대통령에 대해서는 전광석화처럼 특별수사본부를 꾸렸고, 수사권도 없는 공수처는 대통령을 체포하러 나섰으며, 법원은 수사권도 없는 공수처에 영장을 발부했다. 딱풀 공문임에도 현직 대통령을 체포하겠다고 수천 명을 동원하는 경찰에 이르기까지 계엄이 없었으면 우리 사회의 이런 병폐를 짐작이나 할 수 있었을까?"

| 국회 의결 시기 | 대상 | 결과(헌재 판단) |
|---|---|---|
| **헌법재판소 탄핵심판 현황** | | |
| **2023년** | | |
| 2월 8일 | 이상민 행정안전부장관 | 기각 |
| 9월 21일 | 안동완 검사 | 기각 |
| 12월 1일 | 손준성 검사(형사소송 진행중) | 심판 정지 |
| | 이정섭 검사 | 기각 |
| **2024년** | | |
| 8월 1일 | 이진숙 방송통신위원장 | 심판중 |
| 12월 5일 | 최재해 감사원장 | 심판중 |
| | 이창수 서울중앙지검검사 | |
| | 조상원·취재훈 검사 | |
| 12월 | 박성재 법무부 장관 | 심판중 |
| | 조지호 경찰청장 | |
| 14일 | 윤석열 대통령 | 심판중 |
| 27일 | 한덕수 국무총리 | 심판중 |

> ※대통령 - 공석
> ※국무총리 - 공석
> ※법무부장관 - 공석
> ※국방부장관 - 공석
> ※행정안전부장관 - 공석
> ※방송통신 위원장 - 공석
> ※서울중앙지검장 - 공석
> ※서울중앙지검차장-공석
> ※서울중앙지검반부패부장-공석
> ※경찰청장 - 공석
> ※서울경찰청장 - 공석
> ※육군참모총장 - 공석
> ※방첩사령관 - 공석
> ※수방사령관 - 공석
> ※특전사령관 - 공석
> ※정보사령관 - 공석
> ※방첩사 1처장 - 공석
> ※방첩사 수사단장 - 공석 ~~~
> 국민들도 모르게 나라가 이렇게
> 마비되었습니다.*
> 힘을 모아 나라를 수호하자. 🙏

▲ 헌법재판소 탄핵심판 현황과 대통령 및 부처장과 기관장 공석 현황(출처 : 매일신문, 국민주권신문)

## 민주당 집권을 위한 정치사냥

　　뉴데일리는 민주당식 탄핵의 무기화는 윤 대통령 임기 초에서부터 시작되었다며, 그 첫 번째 목표는 윤 대통령의 절친인 이상민 전 장관을 겨냥했다고 보도했다. 이태원 참사에 행정안전부의 책임이 크다는 이유로 헌정사상 첫 국무위원에 대한 탄핵소추가 진행됐다. 하지만 헌법재판소는 이 장관이 탄핵당할 만한 사유가 없다는 사유로 2023년 7월 전원일치로 '기각'했다.

　　다음 목표는 친민주당 방송인 MBC를 지키기 위해 민주당은 방송통신위원회 이동관·김홍일 전 방통위원장 탄핵을 추진했다. 그러자 이 전 위원장과 김 전 위원장은 현재 심리 기간 직무 정지로 인한 방통위 공백을 막고자 자진해서 사퇴하였으며, 이에 맞선 민주당은 이상인 전 방통위원장 직무대행 탄핵까지 추진했다. 이 직무대행도 자진 사퇴로 맞대응했다.[303] 악랄한 탄핵 만행의 연속이었다. 이진숙 방통위원장은 임명되자마자 즉시 이사 추천 선임안을 처리했다. 이진숙 방통위원장은 2024년 7월 31일 취임 당일날 오후 정부과천청사에서 전체회의를 열고 13명에 달하는 KBS와 MBC의 대주주인 방송문화진흥회 이사 추천·선임안을 의결했다. 이진숙 위원장과 김태규 상임위원이 임명된 지 약 10시간 만이고, 회의 시작에서 종료까지 2시간만의 일이다. 먼저 KBS 이사 명단에

---

303　뉴데일리,「검사·판사·장관 무차별 탄핵, 국가 기능 마비 … 이재명 대권 위해 헌정 파괴됐다」, 2024.12.13.,https://www.newdaily.co.kr/site/data/html/2024/12/13/2024121300141. html

는 권순범 현 이사, 류현순 전 한국정책방송원장, 서기석 현 이사장, 이건 여성신문사 부사장, 이인철 변호사, 허엽 영상물등급위원회 부위원장, 황성욱 전 방송통신심의위원회 상임위원 등 7명을 추천 의결했다. KBS 이사는 방통위가 추천하고 대통령이 임명한다. MBC의 대주주인 방송문화진흥회 이사 명단에 올린 김동률 서강대 교수, 손정미 TV조선 시청자위원회 위원, 윤길용 방심위 방송자문 특별위원, 이우용 언론중재위원회 중재위원, 임무영 변호사, 허익범 변호사 등 6명에 대해 방통위가 바로 임명했다. 방문진 감사로는 성보영 쿠무다SV 대표이사가 임명됐으며, KBS와 방문진 모두 여권 추천 이사에 대해서만 의결이 이뤄졌다.[304]

이진숙 방통위원장은 지난 2024년 7월 31일 취임 이틀 만인 8월 2일 탄핵당했다. 결국 이 위원장의 직무 정지로 방통위는 사실상 개점휴업 상태가 되었으나 이 위원장은 자진 사퇴를 선택한 직전 위원장들과 달리 정면 돌파를 선택했다. 자신이 탄핵당할 사유가 있는지 헌재의 판단을 받기로 한 것이다. 그 결과 2025년 1월 23일 이진숙 방송통신위원장에 대한 국회의 탄핵안을 헌법재판소가 23일 재판관 4(기각) 대 4(인용) 의견으로 기각했다. 더불어민주당 주도로 탄핵안이 통과된 지 174일 만인 6개월 만에 나온 결론이다. 이날 선고와 동시에 이 위원장은 직무에 복귀했다.[305]

304 문화일보, 「이진숙 방통위원장, 취임 첫날 KBS·방문진 이사 13명 선임 의결」, 2024.08.01., https://munhwa.com/news/view.html?no=2024073101039910021002

305 조선일보, 「헌재, 이진숙 방통위원장 탄핵 기각… 6개월 만에 직무 복귀」, 2025.01.23., https://www.chosun.com/national/court_law/2025/01/23/ XR0W3W37TVFY3IJLEQGPYM5ADA/

민주당의 탄핵광풍은 그칠 줄을 몰랐다. 이재명의 부정부패, 비리 등을 수사하는 검사들을 향해 이른 바 '방탄 보복 탄핵'을 이어갔다. 자신을 수사한다고 국회의 권능을 들어서 탄핵하는 만행은 헌정 사상 초유의 일이다. 그야말로 폭군의 정치를 자행하는 것이다.

이재명을 위한 민주당의 방탄 정치의 대표적인 사례가 이재명의 쌍방울 대북 송금, 대장동·백현동 의혹 사건 등 수사를 담당했던 박상용·강백신·엄희준 검사에 대한 탄핵이다. 민주당에서는 2024년 7월 2일 이들에 대한 탄핵을 발의했다. 더불어 민주당은 검사 4인(강백신·김영철·박상용·엄희준 검사) 탄핵 청문회를 밀어붙인 뒤 그때부터 탄핵 증거를 확보하는 데 주력하는 등 전후가 뒤바뀐 비상식적 탄핵을 추진했다.

국회 법제사법위원회(법사위)는 2024년 8월 14일 민주당 전당대회 돈봉투 사건을 수사했던 김영철 검사의 탄핵 사유를 조사하기 위한 청문회를 가장 먼저 실시했다. 김 검사는 박근혜 전 대통령의 국정농단 사건 때 최순실씨의 조카 장시호씨에게 법정에서 허위 증언을 하도록 교사했다는 의혹을 받고 있다. 또 김건희 여사의 도이치모터스 주가조작 사건 때는 봐주기 수사를 했다는 의혹도 제기됐다.

그러나 2024년 8월 14일 실시된 검사 탄핵 청문회는 알맹이도 없는 용두사미로 끝난 청문회가 되었다. 민주당이 증인으로 채택한 이원석 검찰총장과 김 검사 등 검찰 관계자와 김건희 여사, 장씨 등 주요 증인·참고인 25명 가운데 21명이나 대거 불참한 사상 첫 검사 탄핵 청문회가 됐다. 이날 청문회에서 야당 의원들은 장씨와 김 검사가 각별한 관계였으며 김 검사가 장씨에게 국정농단 사건 관련 이재용 삼성전자 회장에게 불리한 증언을 요구했다는 탄핵소추안 내용을 되풀이했다. 이에 대해 주진우 의원은 "장씨와 김 검사가 만났다고 지목된 2017년 12월 6일 장씨의 출정 기록도 없다."며, "아예 만나지 않았는데 어떻게 위증교사를 강요하나"라고 반박했다. 여당 의원들은 "이러한 탄핵 청문회가 야당이 민주당 돈봉투 수수 사건을 수사한 김 검사에 대해 '보복 청문회'를 벌이고 있다"며 반발했다. 박준태 국민의힘 의원은 "청문회는 민주당을 수사한 죄를 묻는 보복 청문회"라며 "동시에 이재명 전 민주당 대표를 구하기 위한 방탄 플랜의 일환"이라고 했다. 장동혁 국민의힘 의원은 "수사가 다소 부족했거나 법리적 판단이 맞지않다 해서 모든 검사를 탄핵하면 많은 검사들, 법관들이 탄핵당해야 할 것"이라며 탄핵의 부당성을 강조했다.[306]

민주당이 김 검사를 탄핵하겠다며 위증교사 근거로 내민 것은 장씨와의 불륜관계 의혹이다. 김 검사와 장씨의 관계를 통상적인 검사와 피고인 사이와는 다른 '특별한 관계'라고 규정한 뒤, 이를 기반으로 김 검사가 모해위증 교사, 공무상 비밀 누설 범죄 등을 저질렀다는 것이다.[307] 그러나 김검사와 장시호의 관계는 장시호가 경찰에 "지인에게 자랑할 용도로 거짓말을 했다"는 진술로 완전 헤프닝으로 끝났지만 김검사 자신에게는 커다란 데미지를 입은 사건이 되었다.

법조계에서는 민주당의 검사 탄핵에 대해 탄핵안 의결만으로도 검사들이 직무에서 배제되기 때문에 의혹만으로 탄핵을 추진하는 것은 과도하다고 비판한다. 헌법재판소의 탄핵인용 판단까지는 통상 6개월이 넘

306  경향신문, 「증인석 휑하고 알맹이 없고…'용두사미'된 사상 첫 '검사 탄핵' 청문회」, 2024.08.14., https://www.khan.co.kr/article/202408141351001

307  중앙일보, 「野, 결국 '묻지마 검사 탄핵'…청문회날부터 잡고 증거 찾는다」, 2024.08.01., https://www.joongang.co.kr/article/25267783

게 걸린다. 지난해 9월 헌정사상 처음으로 검사로서 탄핵소추를 당한 안동완 검사는 헌재 기각결정까지 252일이 걸렸다.[308] 이재명 방탄 때문에 그 오랜기간 동안 아무 일도 못하게 하는 검사 탄핵은 민주당의 국회 패악질로 탄핵 만행이란 강도 높은 비난이 쇄도했다.

지난 2024년 10월 2일 열린 박상용 수원지검 부부장검사 '탄핵소추 사건 조사'청문회는 국회 법사위에서 지난 2024년 9월 23일 채택한 것이다. 이날 민주당은 이재명 민주당 대표가 연루된 '쌍방울 불법 대북송금 사건'을 수사한 박 검사가 이화영 전 경기도 평화부지사의 허위 진술을 회유하여 강제하고 변호인으로부터 조력을 받을 권리를 침해했으며, 피의사실 공표죄 및 공무상 비밀 누설죄를 범하였다는 사유 등으로 탄핵소추안이 발의되었다고 주장했다.[309]

당초 민주당은 박 검사에 대한 탄핵소추안에서 첫번째 사유로 '대변 사건'을 적시했다. 소추안에는 박 검사가 '울산지검 검사로서의 위법행위'를 저질렀다면서 "2019년 1월 8일 저녁 울산지검 청사 내 간부식당에서 술을 마신 후 울산지검 청사 민원인 대기실 바닥에 설사 형태의 대변을 싸고, 남성 화장실 세면대 및 벽면에도 대변을 바르는 등의 행위를 통해 공용물을 손상했다"고 적혔다. 유치하기 짝이 없는 저질스런 허위사실이다. 탄핵소추안에 나온 2019년 1월 8일 오후 울산지검에선 검사와 수사관, 실무관 등 울산지검 모든 직원이 참석하는 공식 행사가 있었다 하나

---

308   중앙일보, 위의 기사

309   KBS, 「[LIVE] '쌍방울 불법 대북송금 사건 수사' 박상용 검사 탄핵청문회…국회 법사위 전체회의」, 2024.10.2., https://www.youtube.com/watch?v=bjgFhgiaeJY

박 검사는 당시 공식 행사에만 참석한 뒤 청사를 떠나 다른 곳에서 저녁 식사를 하고 곧바로 귀가한 것으로 전해졌다. 이 의혹을 처음 제기한 건 검찰 출신인 민주당 이성윤 의원이다. 그러나 이런 유치한 사건은 분변도 아닌 토사물로 밝혀졌다. 이에 대해 쌍방울의 불법 대북송금 사건을 수사한 박상용(사법연수원 38기) 수원지검 부부장검사는 7월 3일 "평검사로서 주어진 보직에 따라 직무를 수행했다는 이유만으로 이런 일까지 당해야 한다면, 앞으로 수사를 할 수 있는 검사는 아무도 없을 것"이라고 말했다. 박검사는 "이 의원은 (당시 반부패부장, 검찰국장으로서) 모든 자료를 보고받았기 때문에 제가 이 사건과 무관하다는 사실을 알고 있을 것"이라며 "저는 지난 5년 동안 (사실 확인에 대한) 문의 전화 한번 받아본 사실이 없다"고 말했다. 박 검사는 "당시 울산지검 공식 행사에 참석했던 검사나 직원 한 명에게만 물어봤어도 제가 당사자가 아니라는 것을 알 수 있을 것"이라고 했다. 박 검사는 또 "온라인 상에서 … 심지어 저희 가족들 사진까지 올라가 있다"며 "도대체 어느 문명국에서 유언비어에 기초해 탄핵을 당하나"라고 황당해했다.[310] 민주당의 검사 탄핵 횡포는 이것으로 그치지 않았다.

민주당은 이재명의 7개 재판 중 5개 재판인 공직선거법 위반, 위증교사, 대장동·백현동·위례 개발 비리 및 성남FC 불법 후원금 사건을 진두지휘하는 서울중앙지검 이창수 지검장을 겨냥했다. 이창수 지검장의

---

310  조선일보, 「[단독] 탄핵 검사 "사실 아닌 대변 루머가 사유…누가 수사하겠나"」, 2024.07.03., https://www.chosun.com/politics/politics_general/2024/07/03/LKZOFJ5K65BU3PTKGLSJA4YWLU/

지휘로 김건희 여사의 도이치모터스 주가조작 연루 의혹 사건 불기소 처분이 난 직후인 2024년 10월 18일 민주당은 봐주기 수사라는 명분을 만들어 이지검장 등에 대한 탄핵추진을 공식화했다. 이날 정청래 법제사법위원장 등 민주당 의원 40여 명은 기자회견을 갖고 "검찰이 이재명 대표와 비판 언론 등에 대해서는 없는 죄를 만들어서 사냥하듯이 수사하면서 범죄 증거가 명백한 김건희 씨에 대해서는 변호인처럼 굴고 있다"며 "직무유기 및 은폐 공범 전원을 탄핵하겠다"고 발표했다. 그러나 이 대표가 공직선거법 1심 징역형 판결로 수세에 몰리자 '여론의 역풍을 의식하여 검사 탄핵을 미루다가 지난 2024년 11월 25일 위증교사 1심 무죄 선고가 나자 탄핵추진을 발 빠르게 추진했다.[311]

국회 법사위는 11월 27일 전체회의를 열어 강백신 수원지검 성남지청 차장검사와 엄희준 인천지검 부천지청장 탄핵소추안을 상정하고, 12월 11일 청문회를 열기 위한 탄핵소추사건 조사계획서를 의결했다. 하지만 강백신·엄희준 두 검사는 이 대표가 연루된 대장동·백현동 개발비리 사건 수사팀의 베테랑들이다. 검찰 내부에서는 소위 '윤석열 사단'으로 일컫는 특수통 대표 주자로 꼽히는 이들을 탄핵하겠다는 것은 누가봐도 이재명 대표의 수사를 방해하기 위한 것으로밖에 보이지 않는다.

이와 함께 더불어민주당은 2024년 11월 21일 국회에서 열린 당정책조정회의에서 11월 28일 국회 본회의에서 이창수 서울중앙지검장 등 검사 3명에 대한 검사 탄핵안을 보고하기로 한 뒤 12월 5일 본회의에서 탄

---

311  중앙일보, 「검·야 대충돌…野 '검찰 셧다운' 시동에 부장검사까지 집단반발」, 2024.11.28., https://www.joongang.co.kr/article/25295502

핵을 가결하기로 했다.

이에 박성재 법무부장관은 11월 28일 법사위에서 "서울중앙지검장은 200만명 이상 거주하는 서울 중심지의 검찰 사무 책임자"라며 "차장, 부장 등도 직무를 하지 못하면 그 피해가 오롯이 국민에 돌아간다"고 호소했다. 그러면서 "특정 사건의 처분 결과가 마음에 들지 않는다는 이유로 명확한 법률이나 위반 사항이 없는데도 수사 책임자, 실무자에 대해서 탄핵소추를 추진하는 것은 문제가 있다"고 했다.[312] 그러나 막무가내로 민주당은 2014년 12월 5일 이들 검사 탄핵안을 본회의에서 가결시켰다.

이 당시 "윤석열 대통령은 민주당의 탄핵 공세로 노이로제에 걸려 있었다."고 윤 대통령과 가까운 한 여권 인사가 말할 정도로 민주당의 탄핵에 극도로 예민해져 있었다. 그도 그럴 것이 민주당은 툭하면 탄핵카드로 위협하면서 거대의석을 앞세워 무소불위의 전권을 망나니 칼처럼 휘둘렀다. 윤 대통령은 탄핵 표결을 앞에 두고 더불어민주당의 '입법 폭주'로 인한 사법과 행정의 마비를 비판했다.

윤 대통령은 계속되는 민주당의 탄핵 공세를 두고 주변에 계속해서 하소연했다고 한다. 이와 관련, 여권 고위 관계자는 "윤 대통령이 정부 기능을 마비시키려는 야당을 저지할 방법이 없어 수시로 주변에 푸념했다. 노이로제에 걸려 있었다"고 전했다.[313] 국민을 위한 정치는 실종됐고, 오로지 이재명 방탄을 위해 국회를 악랄하게 악용하고 있다는 비판이

312  위의 기사

313  뉴데일리, 「검사·판사·장관 무차별 탄핵, 국가 기능 마비 … 이재명 대권 위해 헌정 파괴됐다」, 2024.12.13., https://www.newdaily.co.kr/site/data/html/2024/12/13/2024121300141.html

쇄도했다.

서울중앙지검은 이창수 지검장 등 검사 3인에 대한 탄핵소추안이 국회 본회의에서 가결된 것을 두고 "탄핵소추권 남용"이라 비판하면서 "수사 마비가 매우 우려된다"고 반발했다. 또 "이러한 탄핵소추권 남용으로 서울중앙지검의 지휘체계가 무너짐으로 인해 주요 현안사건뿐만 아니라 유사수신, 불법 사금융, 보이스피싱, 디지털 성범죄, 마약 사건 등 국민의 생명·건강·재산 관련 민생범죄에 대한 수사 마비도 매우 우려된다"고 표명했다.[314] 이러한 우려는 이전부터 지적되어 왔다.

서울중앙지검은 연간 10만여 건의 사건을 처리하는 전국 최대 검찰청이다. 검사 수만 267명(정원 기준)으로, 두 번째인 인천지검(114명)의 두 배를 넘을 뿐 아니라 다루는 사건의 중요도 면에서도, 가장 폭발력이 큰 사건들을 전담하다시피 한다. 대검찰청 중앙수사부가 없어진 이후엔 여기가 명실상부 '전국 반부패 수사 1번지'로 경찰청, 국세청 등 유관기관에서 넘어온 주요 사건도 이곳에서 기소한다. 검찰 업무 특성상 보고·지휘·결재를 중심으로 돌아가기 때문에 지검장, 인지부서 차장검사 등 지휘부 직무정지는 수사 공백으로 이어질 수밖에 없다는 지적이다. 서울지역 지검 차장검사도 "주요 사건이 몰려있는 서울중앙지검 검사장과 차장검사를 탄핵하는 건 검찰 전체를 마비시키는 것과 크게 다르지 않다"는 지적이다.[315]

314   동아일보, 「중앙지검, 이창수 등 검사 3인 탄핵에 "수사 마비 우려" 반발」, 2024.12.05., https://www.donga.com/news/Society/article/all/20241205/130575051/1

315   한국일보, 「사상 초유 중앙지검장 탄핵 임박… '검사장 없는 검찰청'의 미래는?」, 2024.12.01., https://www.hankookilbo.com/News/Read/A2024120116000002337

특히 이 대표가 받고 있는 7개 재판 가운데, 쌍방울 불법 대북송금,
경기도 법인카드 유용을 제외한 5개 사건(공직선거법 위반, 위증교사, 대장동·
백현동·위례 개발비리 및 성남FC 불법 후원금)이 서울중앙지검 담당으로 이창
수지검장의 탄핵으로 공소유지가 어렵다는 의견이 지배적이다. 왜냐하면
백현동 사건과 성남FC 사건, 위증교사 사건의 백현동 부분은 이 지검장
과 조 차장검사가 각각 성남지청장과 성남지청 차장검사로 수사했던 사건
이어서 이들의 직무가 정지될 경우 공소유지 업무가 흔들릴 수 있기 때문
이다. 그래서 한 검사장 출신 변호사는 "이 대표에게 불리한 백현동 및 성
남FC 사건 재판에 대한 공소유지를 방해하기 위해 민주당이 탄핵을 강행
한다는 얘기가 있다"며, 그 사건의 공소유지를 지휘하고 있는 검사가 이지
검장과 조차장검사가 이대표에게 위협적일 수 있다는 것이다.[316]

2024년 10월 법사위 국회청문회에서 더불어민주당 이성윤 의원이
이창수 서울중앙지검장을 향해 "김건희 살아있는 권력이냐 죽은 권력이
냐?"고 물으면서 "국민들이 김건희에 대해서 제2의 살아있는 대통령이
란 평가를 하고 있다."고 했다. 이성윤의원은 "자신이 부끄럽다"고 하면
서 "살아있는 권력에 대해서 (이창수 지검장이) 기소해 놓고 아침부터 침이
마르도록 기소의 정당성을 주장했으면 국민들이 좋아했을 거예요."라며
"살아있는 권력을 불기소 해놓고 아침부터 지금까지 입에 침이 마르도록
변호를 해주고 있어요. 국민들이… "라고 하자 이창수 지검장은 "변호라
는 것이…"하고 말도 꺼내기가 무섭게 이성윤 의원은 "조용히 하세요!(빼

---

316  한국일보, 위의 기사

소리 지르면서)"하고 소리질렀다. 이지검장은 "변호라는 것이 아니라 수사 결과를 설명드리는 것입니다."하고 꿋꿋이 말하자 이성윤 의원은 "조용히 하세요! 묻지도 않았잖아!"하고 소리쳤다. 이에 대해 이지검장은 "소리 지르지 마십시오."고 응수했다. 그러자 정청래 법사위원장이 제지하고 진행에 대한 규칙을 설명해주는 일까지 벌어졌다. 이성윤 의원은 김건희에 대한 불기소 사실을 온종일 말하는 것이 부끄러웠다고 이창수 지검장을 질책했다. 그런 그는 문재인정권때 1년 6개월 동안 서울중앙지검장으로 재직하면서 김건희 사건에 대해 탈탈 털었음에도 불구하고 무엇 때문에 기소하지 못하고 국회청문회에서 자신도 못한 기소에 대해 불기소를 했다고 이창수 지검장을 윽박지르는 것인지 의아스럽다.

이에 대해 국민의힘 주진우 의원은 이성윤 의원의 질의와 설명에 대해 조목조목 비판했다. 이성윤 의원은 "2020년 1월부터 2021년 6월까지 1년 6개월간 서울중앙지검장으로 근무하시면서 이 사건을 직접 지휘하셨다"고 지적하면서 그 당시에 이창수 지검장보다 더 많은 기간 동안 수사를 지휘했으면서도 기소하지 못한 이유가 무엇인지 의문을 제기했다. 이성윤 지검장은 김건희 사건에 대해 "2020년 11월 9일부터 시작해서 2021년 10월 30일까지 39차례에나 걸쳐 압수수색을 했어요. 당시 코바나 사무실에 대해서 휴대전화 PC까지 다 포함해서 김건희 여사랑 최은순 씨까지 영장을 청구했다가 기각이 됐다"는 점을 상기시켰다. 그런데도 영장 청구가 기각된 것은 당시에 범죄 사실이 소명되지 않았다는 점을 지적했다. 주 의원은 "총 39번의 압수수색 영장을 청구한 중에는 주거지가 포함된 것이 17건이나 된다"며, 이는 "김건희 여사와의 연관성에 대해 조금이라도 찾기 위해서 이 사건과 관련된 사람 거의 대부분, 지금

주거지에 관련된 사람들뿐만 아니라 참고인들까지 상당수가 주거지 압수수색을 받았다는 얘기"라고 설명했다. 그러면서 주 의원은 "아마 도이치 사건은 그 당시에 범죄 사실이 소명이 안되다보니까 청구조차 못한 것 같다"며, "계좌추적은 별도로 20건에 걸쳐서 청구를 했고 상당수는 김건희 여사 채은순 씨관련 계좌가 다 추적이 되어있어요. 그렇기 때문에 관련 증거들을 다 들여다 봤다."는 것이라고 했다. 이처럼 강도 높은 수사를 지휘하여 당시 자신이 기소를 했으면 되었음에도 불구하고 그 때는 기소를 하지 않고 국회 청문회에서 불기소했다고 윽박지르는 이성윤 의원을 직격했다. 주 의원은 이 의원의 주장에 대해 "(이지검장이) 지금은 당연히 기소할 수 있고 압수수색해야될 사안이라고 주장하시는데 그때는 왜 안하셨는지 제가 좀 묻고 싶다."며, 그 이유에 대해 주 의원은 "이성윤 의원이 서울중앙검사장 시절에 영장을 집행하지 못한 것이 있다면 이것은 봐준 것이 아니라 영장조차 집행하지 못할 정도로 소명할 증거가 없었던 것"이란 점을 뼈아프게 지적했다. 또한 민주당 의원들이 자료를 제시한 모든 자료들은 새로운 자료는 하나도 없으며, 대부분 이성윤 지검장 시절의 수사기록으로 재판과정에서 새로 나온 내용 하나도 없음을 지적했다. 문재인 정권에서 그렇게 완벽하게 철저히 수사를 했음에도 불구하고 무엇 때문에 기소는커녕 소환조사도 못했는지를 반문하면서 "어제 수사결과에서 보셨듯이 관련성을 증언할 증인이 없고, 물증도 없어서" 기소하고 싶어도 못했다는 점을 지적했다.[317]

---

317  ① 시사포커스TV, 「서울중앙지검장 전-현직 충돌?···반말-고성치며 선배 노릇(?) 이성윤 들이박은 이창수 "소리 지르지 마십시오!"」, 2024.10.18.,

그럼에도 불구하고 이러한 국회 청문회를 거쳐 이창수 서울중앙지검장은 민주당 주도로 "김건희 여사의 도이치모터스 주가조작 연루 의혹에 대한 불기소 처분으로 인한 직무유기 및 정치적 중립 의무를 위반했다"는 억지 사유를 씌워 탄핵소추로 탄핵했다.

국회가 이처럼 국민들을 상대로 윽박지르는 것은 목불인견이요, 세계가 조소할 국민코메디에 불과한 것이다. 국민의 대표라는 국회의원들이 소리나 버럭버럭지르고 고함치고 망신주고 비난하는 것은 이미 국민의 대표 자격을 스스로 상실한 저렴한 행동이라는 것을 알아야 한다. 국민의 대표가 국민을 찍어누르듯이 압박하라고 뽑아주었는가. 표를 구걸할 때는 쓸개도 빼줄 듯이 '아양'을 떨더니 정작 뱃지를 달면 표변하여 국민을 우습게 아는 이중적 행태는 사라져야할 악습 중의 악습이다. 그러니까 "금뺏지 다니까 눈깔에 뵈는게 없냐"는 비판이 이는 것이다. 고함을 치더라도 정말 참고 참다가 국민을 위한 정당한 사건에 대해 분노도 하고 야단도 칠 수는 있다. 그러나 사사건건 국민의 대표라는 자들이 상대를 향해 고함치고 막말을 하고 탄핵으로 협박하는 것은 국민의 대표의 품격을 떨어뜨리는 행위요, 인간의 존엄성을 구현하기 위한 민주주의 기본정신을 파괴하는 행위다. 오늘날 이러한 국회 청문회의 모습은 '날라리'들의 이전투구장으로 변모한 국회 청문회의 현주소를 적나라하게 보여줄뿐이다. 다수의 품격을 지키는 국회의원들에게는 과도한 비판으로

https://www.youtube.com/watch?v=Q7i1v1JK8r0
② 시사포커스TV, 「'친문'검사 출신 이성윤 긁은 검사 출신 주진우 "지금은 압수수색 주장? 중앙지검장 할때는 왜 안했냐? 묻고싶다"」,
2024.10.18., https://youtu.be/_GcMnfRSqp8

들릴 수도 있으나 몇몇의 국회의원들이 국회를 난장판화하는 것을 근본적으로 막지 못하는 것도 그 책임을 면하기 어렵다는 점을 인지해야 할 것이다.

더욱이 이때는 12.3계엄 이후로 계엄 파동이 시작된 것을 계기로 민주당의 탄핵 공세는 전가의 보도처럼 휘둘렀다. 지난 2025년 1월 5일 이창수 서울중앙지검장과 조상원 서울지검 4차장검사, 최재훈 반부패수사2부장검사의 탄핵안이 국회 본회의를 통과했다. 앞서 지적했다시피 전국 최대의 검찰청인 서울중앙지검 지도부의 직무가 정지되면서 1년에 10만 건이 넘는 사건에 대한 사실상 지휘체계가 마비되다시피 되었다. 오로지 이재명을 지키기 위한 방탄 탄핵이다. 왜냐하면 이재명의 7개 재판 중 5개 재판인 공직선거법 위반, 위증교사, 대장동·백현동·위례 개발비리 및 성남FC 불법 후원금이 서울중앙지검 담당이기 때문이다. 게다가 백현동 사건과 성남FC 사건, 위증교사 사건의 백현동 부분은 이 지검장과 조 차장검사가 각각 성남지청장과 성남지청 차장검사로 수사했던 사건이어서 이들 사건에 대해 훤히 알고 있는 검사들을 탄핵한 것은 이들의 직무를 정지시켜 공소유지 업무를 흔들려는 의도가 역력했다. 이처럼 탄핵만으로 직무가 정지되는 문제점에 대해 이창수 서울중앙지검장은 서울신문과의 인터뷰에서 "직무 정지가 탄핵안 발의 목적일 수 있다는 언론기사를 접하고 놀랐다. 탄핵안 가결과 동시에 대상자 직무가 정지되는 국가는 헝가리와 폴란드 정도밖에 없는 것으로 알고 있다. 선진 사법제도를 가진 대부분의 나라는 탄핵안이 가결됐다고 직무를 정지하지 않는다."며, "헌법 제정권자들도 지금처럼 탄핵이 무분별하게 남발되는 상황을 전혀 예상하지 못했을 것"이라며 현행 헌법의 문제점을 지적했다. 그

러면서 이 지검장은 "이처럼 탄핵이 남용된다면 제도 개선이 필요하다"는 의견을 피력했다.[318]

이와 함께 민주당은 국회 헌정사상 처음으로 감사원장 탄핵을 추진하기로 했다. 2024년 11월 28일 민주당은 최재해 감사원장 탄핵을 추진하는 이유에 대해, 대통령관저 이전 과정 감사 부실, 국정감사 위증·자료 미제출 등을 밝혔다.

또한 여기에 감사원의 독립성을 부정한 것, 문재인 전 정부 표적 감사, 서해 피살 공무원 표적 감사 등 5가지 탄핵 사유를 검토 중이라고 밝혔다.[319]

감사원은 이에 반발하여 "헌법상 독립기구의 수장인 감사원장에 대한 탄핵 시도를 당장 멈춰주기를 간곡히 호소한다"고 밝히면서 "감사원은 표적 감사한 적이 없으며, 어느 정부를 막론하고 일체의 정치적 고려 없이 공정하게 감사를 하고 있다"고 말했다. 또한 감사원은 "서해 공무원 피살사건·국가통계 조작·전현희 전 권익위원장 감사 등이 정치감사로 거론되지만 문제가 없다"고 주장했다.[320] 역대 감사원장들도 성명을 발표, "감사원의 독립성과 정치적 중립성이라는 헌법적 가치는 반드시 존중돼야 한다"며 "정치적인 이유로 헌정 질서의 근간이 흔들려서는 안 되고 감

---

318  서울신문, 「[단독] "탄핵으로 검사 손발 묶기, 축구경기 중 상대편 퇴장시키는 꼴"」, 2024.11.28.,
     https://www.seoul.co.kr/news/society/law/2024/11/28/20241128004002

319  뉴스1, 「헌정사 초유의 감사원장 탄핵 추진…비난 역풍 커진다」, 2024.12.02.,
     https://www.news1.kr/politics/general-politics/5617551

320  위의 기사

사원의 헌법적 임무 수행이 중단돼서도 안 된다"고 밝혔다.[321]

대통령실도 야당의 감사원장 탄핵추진에 대해 "야당의 감사원장 탄핵은 헌정사상 처음으로 헌법 질서의 근간을 훼손하는 것"이라고 반발하면서, "감사원의 헌법적 기능을 마비시키면 그 피해는 국민에게 고스란히 간다"고 지적했다. 문재인 정권에서 임명된 최 원장에 대해 "법과 원칙에 따라 업무를 수행하는 합리적 리더십과 뛰어난 조직관리 능력을 두루 갖췄다"는 것이 지명한 이유라며, "야당 입맛대로 감사 결과가 나오지 않았다고 해서 원장을 탄핵하겠다는 것은 정치적 탄핵으로밖에 볼 수 없다"는 점을 지적했다.[322]

2024년 12월 3일 계엄을 선포한 이유에 대해 윤 대통령은 "거대 야당이 헌법상 권한을 남용해 위헌적 조치를 계속 반복했지만 저는 헌법의 틀 내에서 대통령의 권한을 행사하기로 했다"며 "현재의 망국적 국정 마비 상황을 사회 교란으로 인한 행정 사법의 국가 기능 붕괴 상태로 판단해 계엄령을 발동하되 그 목적은 국민에게 거대 야당의 반국가적 패악을 알려 이를 멈추도록 경고하는 것이었다"고 밝혔다. 민주당의 계속되는 국무위원과 기관장 탄핵으로 사실상 국정 수행이 불가능한 수준에 이르렀다는 판단 때문이라는 것이다.[323]

---

뉴시스, 「역대 감사원장들 "탄핵 추진 현 시국에 깊은 유감…중단 촉구"」, 2024.11.29., https://www.newsis.com/view/NISX20241129_0002978399

동아일보, 「대통령실 "野 감사원장 탄핵은 헌법 질서 근간 훼손하는 것" 반발」, 2024.11.29., https://www.donga.com/news/Politics/article/all/20241129/130534386/1

뉴데일리, 위의 기사

## 이재명만을 위한 헌정사상 초유의 방탄 입법

검찰이 2024년 6월 12일 대북송금 사건으로 검찰이 이재명 더불어 민주당 대표를 '제3자 뇌물' 혐의로 기소하자 민주당이 '이재명 방탄용' 법안을 대거 쏟아내 수사기관을 압박했다. 한국경제는 "민주당이 이 대표 사법 리스크 방어목적으로 국회 개원 2주 만에 '대북 송금 관련 검찰 조작 특별검사법'(형사소송법 개정안)을 시작으로 '표적 수사 금지법'(형사소송법 개정안), '피의사실 공표 금지법' 등 수사기관을 압박하는 법안을 잇달아 발의했다"고 보도했다. 여기에 더해 수사 검사 및 판사 탄핵과 입맛에 안 맞는 판검사를 고발할 수 있는 '법 왜곡죄', 또 '판사 선출제'까지 총 6건의 법안을 발의한 것이다. 특히 '표적 수사 금지법'은 특정인을 처벌하려는 목적으로 범죄 혐의를 찾는 행위를 '표적 수사'로 정의하고, 판사가 표적 수사가 의심될 경우 영장을 기각하도록 했다.[324] 이러한 표적 수사의 정의는 특정형사사건에 대해 특정인을 수사하지 말라는 것과 같다. 권력에 의해 표적 수사라고 의심되면 영장을 기각하도록 하라는 것과 무엇이 다른지 의문이다.

이에 국민의 힘 곽규택 수석대변인은 "전례 없는 의회 독재를 일삼고 있는 민주당이 국회 개원 2주 만에 수사기관을 압박하는 법안을 잇달아 발의하며 초유의 입법 권력 행사에 나서고 있다"고 비판했다. 곽수석 대변인은 "하나같이 사법 체계 근간을 흔드는 것들뿐"이라며 "차라리

---

324  한국경제, 「무더기 방탄 입법 논란…"차라리 '이재명 수사 중단법' 만들길"」, 2024.06.14., https://www.hankyung.com/article/2024061473387

'이재명 수사 중단법'도 만들겠다고 선언하는 게 솔직해 보일 지경"이라고 맹공을 폈다. 이어 "법치 유린은 곧 국민에 대한 모독"이라며 "민주당은 헌법 질서와 삼권 분립 원칙을 훼손하는 위험한 시도를 멈추고 이성을 되찾으라"고 요구했다.[325]

또한 이재명 대표가 공직선거법상 허위 사실 공표 혐의로 기소돼 2024년 11월 15일 1심에서 징역 1년에 집행유예 2년을 선고받자 "20년 된 당선무효형 선거법 규정이 현실에 맞지 않는다"고 이재명 맞춤형 방탄 입법을 강행한 데 따른 낯뜨거운 비난이다. 민주당 백혜련 의원도 "여당 의원들도 허위 사실 공표죄를 포함해 선거법을 바꿔야 한다는 얘기를 많이 했다"고 이를 정당화하는 발언을 했다.

이와 관련, 민주당은 허위 사실 공표죄를 삭제하고 당선 무효형 기준을 벌금 100만 원 이상에서 1000만 원 이상으로 올리는 선거법 개정안 두 건을 잇달아 발의했다. 민주당은 '이재명 방탄' 위해 선거법도 뜯어고치는 일까지 자행했다. 국회가 이재명만을 위해 존재하는 줄 아는 모양이다. 그러나 이 보다 더 큰 문제는 이렇게 해도 민주당의 개딸들과 당원들은 이재명에 대한 콘크리트 지지율을 보여주고 있다는 점이다. 이재명에 관한 한 정의와 공정, 비판기능이 마비된 인간들이다. 국민의힘이 이렇게 했다가는 난리부르스를 치며 뒤집어엎을 인간들이 이재명에 대해서만큼은 한없이 관대하기 짝이 없는 인간들이다. 이재명의 광신도에 불과하다는 비판을 받지 않을 수 없는 것이다. 적어도 민주주의가 무엇인

---

325  위의 기사

지도 모르는 미친 인간들이다. 이재명의 지금까지의 정치행태를 보면 자유민주주의의 국가에서는 정치를 해서는 도저히 안되는 인물이다. 그런데도 이재명지지 당원들과 국민들은 무엇에 홀렸는지 무조건 지지를 하고 있는 사실이 기이하기 짝이 없다.

정치권에선 "이 대표 한 명을 구하기 위한 거야(巨野)의 입법권 남용"이란 비판이 나왔다. 이 개정안 부칙에는 소급적용하지 않는다는 취지가 들어갔으나 법조계에서는 "최소한 이 대표 선거법 사건의 2심에서 감형(減刑) 효과를 노린 것으로 보인다"는 분석이 나왔다.[326] 어차피 법이 바뀌어 벌금 기준이 대폭 완화된 마당에 1심 판결대로 판결하는 데는 무리수가 있다는 비난을 받을 수 있다는 것이다. 또한 불리한 판결을 피하기 위해 정진상씨 변호를 맡았었던 이건태 의원은 공범에게 유죄를 선고한 법관은 제척·기피할 수 있게 한 형사소송법 개정안을 발의했다. 정치권 관계자는 "불법 송금 사건과 관련해 이화영 전 부지사에게 징역 9년 6개월형을 선고한 1심 재판부가 이 대표 관련 1심 재판을 맡는 게 부당하다는 여론을 조성하려는 입법 아니겠느냐"고 했다. 이 대표 측은 불법 송금 사건 재판부 기피 신청을 했지만 법원은 기각했다.[327]

---

326   조선일보, 「'이재명 방탄' 위해… 법도 뜯어고치는 민주당」, 입력 2024.11.28.,
      https://www.chosun.com/politics/2024/11/28/Y53KMCVLG5HP5GJHLALNWQ75Q4/

327   조선일보, 野 뜻대로 선거법 고치면… 소급 힘들지만 상급심 '李 감형'은 가능, 2024.11.28.,
      https://www.chosun.com/politics/assembly/2024/11/28/
      ATPAENWJWNFRHEPVLKTMRQGY34/

# 국정마비를 가져오는 민주당의 예산 폭거

민주당은 2024년 11월 29일 단독으로 무자비한 예산 폭거를 감행했다. 예비비 2.4조와 검찰 특활비 587억 전액 삭감하고, 전공의 수련 지원 예산 931억1200만원, 취약아동 지원예산인 돌봄수당 예산 384억원 등 총 4조1000억원을 감액됐다. 이날 예결위는 여당 의원들이 퇴장한 가운데 정부 예산안 677조 4000억원에서 4조 1000억원을 감액한 673조 3000억원의 감액 예산안을 통과시켰다. 예산안은 대통령이 재의요구권(거부권)을 행사할 수 없기 때문에 그대로 확정된다.

국민의힘은 "검찰·경찰·감사원 예산을 삭감해 그 기능을 무력화시켰다"며 "민생과 약자 보호를 내팽개친 이재명 대표 방탄용 예산안 단독 의결"이라고 했다. 야당이 단독으로 '감액 예산안'을 통과시킨 건 헌정사상 초유의 일이다.[328]

구체적으로 살펴보면 가장 큰 규모로 감액된 예산은 예비비다. 정부가 편성한 예비비 4조 8000억원에서 절반인 2조 4000억원이 삭감됐다. 정부는 예기치 못한 재해·재난·감염병 발생에 대응해야 한다며 예비비 삭감에 반대했지만 민주당은 대통령 집무실 용산 이전 비용 등을 포함해 예비비가 쌈짓돈처럼 활용된다는 이유로 절반을 삭감했다. 야당은 2025년도 예산안에서 재해 재난 목적예비비 2조 6000억원 중에 1조나

---

328   조선일보, 「예산도 巨野 마음대로, 4조 감액안 첫 단독처리」, 2024.12.03.,
      https://www.chosun.com/politics/politics_general/2024/11/30/7725SUFKRFFITLFRM
      2HQLUV7JM/

되는 예산을 삭감했다. 예비비는 예산의 초과지출을 충당하기 위해서 사용되는 것으로 예비비에는 통상용도로 사용하는 일반예비비와 재해 예비비 두가지가 있다. 재해 예비비는 태풍같은 자연재해나 코로나같은 전염병 예방에 사용되며, 재해예비비가 남는다고 하여 일반 예비비로 전용할 수 없다. 재해예비비는 태풍같은 큰 재해가 발생할 경우 예산이 적어 감당할 수 없다. 일반예비비는 1.4조 원 삭감하여 총 2.4조 원의 예비비가 삭감됐다. 현재 남아있는 일반예비비는 0.8조 원밖에 없다. 지난 3년간 실집행액의 연평균이 1.2조 원과 비교한다면 거의 없는 셈이다. 그나마 일반예비비 0.8조 원도 국정원에서 사용하는 0.7조 원을 제외하면 일반예비비로 사용할 수 있는 실예비비는 400억원 정도에 불과한 실정이다.[329] 다음은 2025년 2월 6일 헌재 대심판정에서 윤석열 대통령 탄핵사건 6차 변론기일에서 증인신문에 출석한 박춘섭 대통령실 경제수석의 증인신문 요약내용이다.

"국방분야 예산 중 킬체인의 핵심은 지휘정찰인데 그 사업예산은 전년 대비 국회에서 1226억원을 삭감했다. 전술데이터링시스템 성능개량 사업 예산의 78%인 226억원 삭감했다. 바다의 패트리어트라는 SM-6 미사일은 고도방어망의 빈틈을 메우기 때문에 반드시 필요한 무기로 평가되고 있다. 이 미사일 도입은 미국의 허가를 받아 예산 119억 5900만원을 책정했으나 미국측의 지연에 따라 국회 상임위 심사과정에서 96%삭감된

**329** 서울신문, 「""헌정 사상 처음…" 헌재 대심판정서 경제수석이 밝힌 예산안 야당 단독처리 및 삭감 문제」, 2025.2.7., https://www.youtube.com/watch?v=2ZDTfwgEGOM

채로 야당 단독으로 예결위를 통과하여 사실상 무기도입을 중단시켰다. 야당은 북한의 도발 시 대량 응징도발을 위한 특임여단 전략보강예산 42억의 80%를 삭감했으며, 현대 전쟁에서 필수전력으로 평가받고 있는 드론은 북한의 드론 공격과 오물풍선을 방어하고 격추할 수 있는 무기체계임에도 불구하고 주파수 확보를 못했다는 이유를 들어 야당 주도로 상임위에서 여야합의로 접경지역대드론통합체계 예산 100억원에서 99억 5400만원을 삭감하여 사실상 전액 삭감했다. 드론의 효율성을 볼 때 전차를 격파할 경우 아파치 헬기를 사용하면 대당 1800억 원이 소요되는데 드론은 66억 원이 소요되어 28배의 효율성이 있다. 에너지 안보 분야를 보면 국제에너지 가격이 올라가면서 2022년 7월의 경우 소비자물가 상승률이 6.3%까지 치솟아 에너지 수입대금이 통상 1100~1200억달러 정도 되던 것이 그 해는 70% 정도 상승한 1900억 달러가 되었다. EU의 경우 태양광 발전으로 전환하면서 가스 수입이 안돼서 전기요금이 10배까지 올라간 적이 있다. 석유자원 예상 매장량 추정치가 대왕고래의 2000조에 이어 마귀상어의 경제가치(언론 추정치) 700조를 합하여 예상 매장량이 190억 배럴, 2700조 원이 넘는 것으로 평가되었다. 대왕고래의 시추가능성은 금세기 최고의 유전이라 불리는 가이아나 유전의 경우 성공률이 16%인데 비해 대왕고래는 20%로 평가되었다. 그런데도 야당에 의해 98%의 예산이 삭감되었다. 에너지자원 개발을 위해 중국은 4800여공, 일본이 813공을 시추한 데 비해 우리는 대왕고래가 처음이다. 원전 R&D 예산 관련 2024년 체코원전 수주규모가 24조에 달한다. 원전수출 및 자원이 우리나라에서 차지하는 비중은 매출은 GDP에 1.5%정도 차지하고 있다. 우리나라 원전의 국제경쟁력과 미래전망은 높은 편이다. 그러나 탈원전 정책으로 과거에는 우리나라와 프랑스가 원전 강국이었으나 지금은 중국과 러시아가 세계 원전시장의 70%를 차지하고 있는 실정이다. 그런데도 야당은 미국과 러시아 등 여러나라가 개발에 성공하거나 개발중인 차세대 원자로 기술인 소듐냉각고속로(SFR) 연구개발 예산도 90%인 70억원에서 7억원으로 삭감됐다."[330]

실제 동해 심해가스전 개발사업 예산은 정부안 505억 5700만원 중 497억 2000만원이 줄어 8억3700만원만 남았다. 원전 생태계 금융지원 예산은 정부가 제출한 1500억원에서 500억원을 삭감한 1000억원으로 편성됐다. 또한 소형모듈원전(SMR) 제작지원센터 구축 예산 54억원도 전부 삭감됐다.

이에 대해 윤 대통령은 "민주당이 원전 생태계 지원 예산과 체코원전 수출 지원예산, 차세대 원전 개발 관련 예산, 기초과학연구 등 미래 성장 동력 예산 등을 대폭 삭감했다"며 "거대 야당은 대한민국의 성장동력까지 꺼트리려고 하고 있다"고 비난했다.[331]

330   위의 증인신문 내용

331   뉴데일리, 「예비비 2.4조·檢 특활비 587억 싹둑… 전공의·취약아동 지원마저 다 잘랐다」, 2024.12.13., https://biz.newdaily.co.kr/site/data/html/2024/12/12/2024121200335.html

## 민주당, 사상 초유 '감액 예산안' 강행 처리

| | 정부 원안 | 야당 처리 안 |
|---|---|---|
| 총지출액 | 677.4조원 | 673.3조원 |
| 예비비 | 4조8000억원 | 2조4000억원 |
| 대통령실 특활비 | 82억원 | 0원 |
| 검찰 특경비·특활비 | 587억원 | 0원 |
| 감사원 특경비·특활비 | 60억원 | 0원 |
| 경찰 특활비·치안활동지원 | 31억원 | 0원 |
| 동해 심해 가스전 개발 (대왕고래 프로젝트) | 505억원 | 8억원 |
| 전공의 지원 사업 | 3678억원 | 2747억원 |
| 우크라이나 ODA | 94억원 | 50억원 |
| KTV 운영 | 293억원 | 219억원 |

▲ 민주당이 예결위에서 강행 통과시킨 감액 예산【출처 : 조선일보(2024.12.03.)】

이와 함께 대통령비서실·국가안보실의 특수활동비(82억5100만원), 검찰 특정업무경비(506억9100만원)와 특활비(80억900만원), 감사원 특경비(45억원)와 특활비(15억원), 경찰 특활비(31억6000만원) 등이 전액 삭감돼 0원이 됐다. 기밀 유지가 요구되는 정보 수집, 수사 등에 쓰이는 특활비의 전액 삭감은 딥페이크, 디지털 성범죄, 마약 등 민생범죄 수사의 공백을

초래할 위험이 지극히 높아졌다.[332]

억강부약을 입에 달고 사는 이재명의 민주당은 의외로 서민 경제를 위한 예산도 무자비하게 줄삭감을 단행했다. 경기침체 장기화로 저신용·저소득자의 증가가 예상되는 가운데 정부의 서민금융 공급 예산은 1조 200억원으로 2024년 대비 무려 6100억원이나 삭감됐다. 기초연금 예산은 기초연금을 20% 덜 받는 부부 수급 가구가 늘어난다는 이유로 500억원이 삭감되었으며, 돌봄수당 예산은 384억원이나 감액됐다.[333] 게다가 의정 갈등 해소를 위한 전공의 수련 지원예산은 931억 1200만원 삭감하여 노골적인 의정갈등을 부추겼다는 비난을 받게 됐다. 또한 전국민 마음투자 지원사업도 74억 7500만원 감액됐고, 군 장병 인건비 645억원과 청년도약계좌 280억원이 삭감되어 대국민 불만을 고조시키기 위해 작심한 예산 삭감이란 지적이다.[334]

---

**332** 위의 기사

**333** 위의 기사

**334** 위의 기사

☆민주당의 <u>입법독재,예산삭감,국가전복테러,간첩수사방해</u> 검찰은 <u>내란죄</u>로 수사하라

1,원전생태계지원 -1112억800만원(전액삭감)
2,원전수출보증 -250억원(전액삭감)
3,원전첨단제조기술부품장비개발사업 -60억원(전액삭감)
4,혁신형소형모듈원자로(SMR)개발사업 -332억8000만원
5,청년일자리경험지원 -1663억원(전액삭감)
6,청년니트족취업지원 -706억원(전액삭감)
7,동해심해가스전개발(대왕고래프로젝트 -497억)
8,검찰특경비 /특활비 -587억원(전액삭감)
9,감사원특결비/특활비 -60억원(전액삭감)
10,경찰특활비/치안활동지원 -31억원(전액삭감)
11.병사및군간부근무및식생활개선 -1200?억 (추정불가 삭감)
12.<u>대통령 특활비 0원으로 전액삭감(대통령활동 불가)</u>
13.<u>국가 증추기관장 탄핵남발..그외20회 이상 탄핵남발</u>

그외 다수 윤석열정부 필수 예산 대부분 삭감!!
<u>민주당이 과거추진한 신재생에너지 등등</u>
<u>중국의 사주를 받는 것으로 의심되는 예산은 증액..</u>
그외 자신들이 유리한 예산 대부분 증액!!

# 결론 국가 운영불가!!

뻔뻔한 전과4범 방탄 민주팔이 국민팔이 민주작당

▲ 사법, 행정의 표적 예산 삭감으로 국정 마비 초래될 예산을 민주당 단독처리【출처 : 보수우파성향의 페이스북】

이렇게 예산 증액을 못하고 예산 삭감을 강행한 부작용은 "증액 예산은 지역구 의원들도 아쉽지만 더 애타는 게 지자체장"이라며 "현재 지자체장은 국민의힘 소속이 훨씬 많아 타격은 저쪽이 더 크다"는 것이 민주당 한 중진 의원의 지적이다. 민주당 지도부 관계자는 "의원들이야 지역구 예산도 확보를 못 하니 불만이겠지만, 이 대표가 감액 예산안으로 가자는 데 반대할 수 있는 사람은 없다"고 했다. 민주당 지도부는 특히 "특활비는 정부가 애원해도 예정대로 삭감하라"는 특명을 내린 것으로 전해졌다.[335] 이재명의 예산폭거의 실상이요, 행정부와 사법부의 중추적 활동에 대한 마비를 초래하는 예산이다.

## 제왕적 국회가 국가적 비극 초래

나경원 의원은 2025년 2월 10일 그의 페이스북에 올린 '국민의힘 돌초의원 기자회견문 전문'에서 "(민주당은) 21대 국회에서도 18개 전체 상임위원장을 1년 2개월간 독식했다"며, "국회파행이 장기화되자 잘못을 깨닫고, 일부 상임위원장 자리를 반납했다"고 지적했다. "그러나 민주당은 22대 국회에서 또다시 국회의장, 법사위원장, 운영위원장, 예결위원장까지 주요 위원회를 모두 독차지하며 '파괴적 의회독재'를 계속하고 있다"고 비판했다.

---

335   조선일보, 위의 기사

나 의원은 "민주당은 윤석열 대통령 취임 직후부터, 대선불복, 정권 퇴진 정치공세, 거짓선동에 앞장서 왔다"며, '국민을 위한, 국익을 위한 입법과 예산은 철저히 외면한 채 민생과 국익을 버리고 거대의석을 국정 방해, 정권찬탈의 수단으로 악용해왔다'고 맹비난했다.

특히 "전과 4범에 12개 혐의, 5개 재판을 받고 있는 이재명 대표는 국회와 제도를 방탄삼아 여의도 대통령 행세를 해왔다"고 비판하면서, 이를 위해 "29번의 억지 줄탄핵, 23번의 정쟁특검법 발의, 독단적 예산 삭감으로 국정을 완전히 마비시켰다"고 2년 반 동안 국정마비를 위한 방해만 해온 점을 지적했다. 그래서 '대통령의 핵심 공약인 반도체특별법, 에너지3법을 비롯한 각종 민생법안들과 인구부 신설을 포함한 정부조직법도 제대로 개정하지 못하게 하여 대통령과 정부가 제대로 일할 수 없도록 했다'고 했다.

계엄 파동이 시작된 후 탄핵 공세와 협박은 극에 달했다. 2024년 12월 5일 이창수 서울중앙지검장과 조상원 서울지검 4차장검사, 최재훈 반부패수사 2부장검사의 탄핵안이 국회 본회의를 통과한 날 같은 날 헌정 사상 첫 감사원장 탄핵도 진행됐다. 문재인 정부 시절 논란이 됐던 탈원전 정책과 서해 공무원 피살 사건, 사드 배치 지연 의혹, 통계 조작 의혹, 북한 감시 초소 철수 부실 검증 의혹 등의 감사를 주도한 것이 탄핵 사유였다. 최 원장의 직무 정지로 감사원은 문재인정권에서 임명한 조은석 감사위원 대행체제가 됐다.

이어서 민주당은 조지호 경찰청장과 박성재 법무부 장관의 탄핵안도 통과시켰다. 조 청장은 계엄 당일 국회를 봉쇄했다는 이유로, 박 장관은 계엄 선포를 미리 알지 못했다는 책임이 있다는 것이 탄핵 사유였다. 이와 함께 민주당은 자당 몫 3명의 헌법재판관 추천을 거부하여 9인체제의 '헌재 마비'를 시도, 탄핵심판조차 못받게 길을 막았다. 지난 10월 헌재의 6인 체제이후 윤 대통령의 탄핵이 가시화되자 언제 그랬냐는 식으로 헌법재판관 임명 절차에 박차를 가했다. 6인 체제에서 윤 대통령 탄핵안이 인용되려면 6인 모두가 찬성해야 하기 때문이다.[336] 다급해진 민주당은 헌재 재판관 여야 합의를 요구하는 것에 대해서도 내란프레임으로 몰아 갔다. 참으로 뻔뻔스럽기 짝이 없는 민주당의 행보라 하지 않을 수 없다.

민주당은 걸핏하면 탄핵카드로 '협박'하거나 위협했다. 툭하면 탄핵 하겠다고 위협하면서 한덕수총리권한 대행에게도 3인의 헌재 재판관 임명을 요구했고, 내란 상설특검 후보를 추천하라는 압박을 가했다. 민주당은 탄핵사유로 주로 '채해병·김건희 특검법'에 대한 대통령 재의요구권 (거부권) 행사를 건의한 점, 12·3 계엄 사태에 적극 가담한 점, 계엄 직후 위헌적 (한동훈–한덕수)당정 공동 국정운영 구상을 밝힌 점, '내란 상설특검' 후보 추천 의뢰를 방기한 점, 헌법재판관 임명을 거부한 점 등 5가지를 들고 있다.

결국 민주당은 국무총리 권한 대행 탄핵 의결정족수인 200명 이상 찬성이란 헌재 해석에 대한 법을 어기고 총리 탄핵의결 정족수를 적용하여 헌정 사상 처음으로 국무총리권한 대행을 탄핵했다. 이어 최상목 경제부총리가 권한대행을 맡게 되었다. 민주당의 패악질로 대행에 대행체

---

336 뉴데일리, 위의 2024년 12월 13일 자 기사

제가 된 것이다.

민주당은 판사 탄핵도 공공연히 말해왔다. 수원지방법원이 대북송금 사건에서 이화영 전 경기도 평화부지사에 대해 징역 9년 6개월을 선고한 직후 툭하면 판사 탄핵을 거론했다. 이재명에게 합법적 위해를 가하기만 해도 탄핵은 그들의 전매특허같은 위협수단이 되었다. 민주당 정치검찰사건조작특별대책단장을 맡은 민형배 의원은 "이 정도로 재판부가 무능하다면 국회에서 재판부를 퇴출할 방안을 찾아야 한다"고 했다.

✹대통령 - 공석
✹국무총리 - 공석
✹법무부장관 - 공석
✹국방부장관 - 공석
✹행정안전부장관 - 공석
✹방송통신 위원장 - 공석
✹서울중앙지검장 - 공석
✹서울중앙지검차장-공석
✹서울중앙지검반부패부장-공석
✹경찰청장 - 공석
✹서울경찰청장 - 공석
✹육군참모총장 - 공석
✹방첩사령관 - 공석
✹수방사령관 - 공석
✹특전사령관 - 공석
✹정보사령관 - 공석
✹방첩사 1처장 - 공석
✹방첩사 수사단장 - 공석 ~~~
국민들도 모르게 나라가 이렇게
마비되었습니다.*
힘을 모아 나라를 수호하자. 🙏💯

▲ 행정, 사법, 안보 공백상태의 대한민국【출처 : 국민주권신문】

입법 독재가 이토록 방약무도한 지는 헌정 사상 초유의 일이었다. 그 결과 위의 도표와 같이 대한민국 정부의 행정, 사법, 안보를 맡고 있는 수장과 기관장이 공석 상태로 사상 초유의 위기 상황을 맞고 있다.

# 이재명 범죄 혐의의 국가적 위험성

## 대장동 게이트

### 1. 대장동 개발사업의 시작

대장동 개발사업은 본래 '성남 판교대장 도시개발사업'으로 판교신도시에서 남쪽으로 1km 떨어진 경기 성남 분당구 대장동 210번지를 개발하는 도시개발 사업이다.

이곳은 성남 분당과 판교 인근으로 서울 접근성이 좋아 2004년 한나라당 소속 이대엽 성남시장 시절에 처음으로 대한주택공사(현 LH)와 함께 대장동 일대 128만㎡를 개발하겠다는 구상을 갖고 시작되었다. 그러나 2005년 9월 대장지구 도면 유출 사건으로 중단됐다. 그러다 LH(한국토지주택공사)에서 개발 면적 91만㎡를 공영개발 방식으로 사업을 제안, 2009년 7월 성남시가 이를 수용했으나 민간개발을 원하는 토지주의 반발에 부딪혔다. 정치권까지 합세해 압박하자 LH는 1년여만인 2010년 6월 개발사업 철회를 결정했다.[337]

---

337  경향신문, 「대장동 사업이란 무엇인가」, 2021.10.04.,
     https://www.khan.co.kr/article/202110041959001

대장동 사업은 2010년 7월 이재명 당시 성남시장 취임 후 본격화되어 2014년 5월 '성남 대장동·제1공단 결합 도시개발구역'을 지정했다. 성남시는 면적은 92만㎡로 5,903세대, 1만 5938명이 입주한다는 계획하에 2015년 8월 공모를 통해 특수목적법인(SPC) 성남의뜰을 사업시행자로 선정했다. 성남의뜰은 성남도시개발공사와 금융기관, 화천대유자산관리, SK증권이 대장동 개발을 위해 설립한 것으로 현 대장지구 개발을 주도했다.[338]

## 2. 도개법 상, "기반조성에 사용하지 않은 개발이익 환수는 공금횡령"

도시개발사업에 있어서 사업하는데 핵심과제가 인허가문제, 지주작업, 그리고 개발 및 분양이다. 성남의뜰은 민관합동으로 만든 특수목적법인(SPC)으로 성남도시개발공사의 50%+1주 나머지 민간 부분이 컨소시엄을 이룬 법인체이다. 따라서 민간이 성남도시개발공사를 끼고 하는 사업과 같아서 첫째, 성남시의 인허가문제가 용이하며, 둘째, 공공사업과 같은 성격이어서 저가로 강제수용이 가능하여 지주작업이 용이하며, 셋째, 개발 및 분양은 그 지역의 분양가에 따른 수익성에 따라 좌우된다. 이 3가지의 요소가 완벽하게 갖춰진 곳이 대장지구이다.

성남시 이재명 당시 시장은 2015년 공모 당시 토지가격 상승을 예상하지 못했다고 하여 안전한 방식인 확정이익금 배당방식으로 성남도시개발공사는 성남의 뜰 주주협약서에 따라 배당금은 임대주택용지의 공급

---

**338**  경향신문, 위의 기사

가액인 1,822억원을 초과하지 못한다는 규정에 따라 1,822억원을 우선 배당받았다고 한다.

그러나 2014년 신규 분양시장은 매매시장을 뛰어넘는 열기를 보여 전국 아파트 평균 청약경쟁률은 평균 6.67대 1로 지난해(2.74대 1)보다 2.5배가량 높은 것으로 나타났다. 서울·수도권에서는 GS건설이 2014년 9월 위례신도시에 분양한 '위례 자이'가 140.3대 1로 최고 청약경쟁률을 보였고, 삼성물산이 같은 해 10월 부산에 공급한 '래미안 장전'은 평균 146.2대 1로 전국에서 가장 높은 경쟁률을 기록했다.[339] 2015년도 마찬가지로 부동산가격은 호황을 맞아 고공행진을 이뤘다.[340] 부동산경기가 호황을 맞고 있다는 것은 지가도 동반상승한다는 의미다. 그런데도 언론에 부동산 경기가 호황을 맞고 있다는 기사가 쇄도할 정도인데 지가상승을 예상못했다는 것은 완전한 허위사실에 불과하며, 화천대유에게 토지상승분의 천문학적 이익을 몰아주기 위한 배임설계를 했다는 자백밖에 안된다.

게다가 당시 이재명 당대표 비서실은 "성남시와 민간을 비교해도 성남시가 더 많다"며, "2015년 공모당시 성남시 몫은 배당 1,822억원과 1공단 조성비용인 2,561억원을 합하여 4,383억원을 가져왔으며, "반면 (화천대유의) 민간 이익은 하나은행컨소시엄이 공모 당시 밝힌 최초 예상 이익 3,583억원에서 우선주 배당을 제외한 1,761억원"이라며 "공공 대 민간

**339**   이데일리, 「2014년 부동산시장을 뜨겁게 달군 '5대 뉴스'」, 2014.12.31., ttps://www.edaily.co.kr/news/read?newsId=01384166606324096&mediaCodeNo=257

**340**   서울경제, 「[서울경제TV] 2015년 부동산 시장 '10대 이슈'」, 2015.12.08., https://m.sedaily.com/NewsViewAmp/1ID8LCQ96Y

이익을 비교하면 5대 2로 성남시가 전체 이익의 70% 이상을 가져가도록 설계한 것"이라고 덧붙였다.[341] 이 모두가 성남시장인 이재명시장이 "성남시의 공공환수액 내용, 방법, 절차, 보장책, 이런 것을 설계했다"고 밝혔다.[342]

여기다 "사업을 진행하면서 부동산 경기가 살아날 조짐을 보이자 2016년 성남시는 개발 계획 변경 및 실시계획 인가를 통해 민간에 1공단 지하주차장 등 1120억원을 추가부담 시켰다"며 "공공이익 총액은 5,503억원으로 늘었다"는 설명이다. 그러나 이를 공익환수금 5,503억원으로 홍보하는 것은 완전히 거짓이다. 소위 5,503억원에 해당하는 공익환수금액이란 것은 제1공단 공원 조성비 2,561억원, 임대주택부지사업 배당이익 1,822억원(성남도개공의 배당이익금), 제1공단 지하주차장 400면 200억원, 북측 터널·대장 IC 확장·배수지 920억원 등이다. 여기서 1,822억원을 제외한 제1공단 공원조성비나 주차시설, 그리고 북측터널과 대장 IC 확장 등의 비용은 이익금이 아니라 도시개발을 하는 데 필수적인 기반시설로 사업 주체가 부담해야 하는 '비용'에 속한다. 이러한 비용은 당연히 택지조성을 하는데 있어서 시행사가 공원부지를 기부채납하든, 돈으로 환산하든 택지조성을 위한 기반시설로 터널이나 진입로 확장공사 역시 당연히 시행사가 부담해야 할 비용이다.

---

341  뉴스핌, 「민주 "이재명, '성남시에 불리한 수익배분' 사실 아냐…성남 이익 5503억"」, 2022.11.24., https://www.newspim.com/news/view/20221124001022

342  채널A, 「성남도시개발공사, '1822억 확정이익'만 가져간 배경은?」, 2023.01.23., https://www.ichannela.com/news/main/news_detailPage.do?publishId=000000331928

우덕성 변호사(법무법인 민 대표)가 출간한 『대장동 보고서』에 의하면 "도시개발법 70조 1, 2, 3항에 의해 공공이 수용방식으로 개발을 할 경우나 민간이 환지방식으로 개발을 할 경우는 모든 수익을 도시개발사업 목적으로만 사용하여야 하고, 남은 금액은 지방자치단체의 특별회계에 귀속되게 되어 있다"며, 민간개발에 의해서도 단 한 푼의 개발이익을 남길 수 없게 만든 것이 도시개발법의 취지라는 것이다.

따라서 공공이든 민간이든 개발이익 전부를 도시개발 기반사업 조성비로 사용하게 되어 있으며, 경우에 따라서는 시행사가 기반조성을 위해 개발이익보다 더 많은 비용을 부담하는 경우도 있다.

부산 엘시티의 경우가 그러한 사례이다. 부산도시공사가 매입하여 기반 조성을 할 때 개발이익보다 더 많은 비용이 소요되었으나 엘시티는 분양받은 조성토지에 고층아파트와 호텔 등을 지어 1조원 이상의 이익을 올린 것이다. 기반조성에서는 개발이익을 단 한 푼도 건지지 못하고 오히려 적자였지만 조성토지에 건축을 한 것으로 막대한 이익을 얻게 된 것이다.

그런데도 도시개발사업에서 개발이익을 남겼다는 것은 공금 횡령과 같은 성격을 띤다. 왜냐하면 그 개발이익은 그 개발지구 내의 주민들에게 최적의 도시환경 안에서 살도록 하기 위해 온전하게 돌아가야할 몫이기 때문이다.

이재명 후보

국토교통부 도시재생과-
622호 (15. 3. 17)

조성토지 공급계획에 시행자
(출자자 포함)가 직접 건축물
을 건축하여 사용하거나 공급
하는 것으로 계획하였다면 출
자자에 수의계약 공급 가능

국토교통부의 질의 회신에 의
하면 도시개발법 관련 조항에
서 사업시행자가 택지를 개발
할 경우 그 택지를 수의계약으
로 구매할 수 있다. 이렇게 되
어 있어요. 국토교통부 도시재
생과 622호, 이게 지금 2015년
3월 17일인데 이렇게 되어 있
어요. 직접 할 수 있다.

▲ 위의 사진 왼쪽은 경기국정감사장에서 이재명후보가 제시한 패널화면으로 국토교통부 회신공문을 조작한 내용이며, 오른쪽은 이 후보가 이를 근거로 수의계약할 수 있다는 허위사실 적시【출처 : 우덕성, 『대장동 보고서』】

이재명후보의 공식적인 허위사실 공표는 이뿐이 아니다. 경기도 국정감사에서 대장동 사업을 설명하는 패널화면에 올린 "조성토지 공급계획에 시행자(출연자 포함)가 직접 건축물을 건축하여 사용하거나 공급하는 것으로 계획하였다면 출자자에 수의계약 공급이 가능"하다는 국토교통부 회신에 대해서도 허위사실을 공표했으며, 이후보 자신도 도시개발법 시행령 56조 5호를 들어 그것이 수의계약 조항이라고 거짓말을 했다.

## 3. 이후보가 제시한 "도시개발법 시행령 제56조 5호", "수의계약 근거조항이 아니다"

성남시가 질의 한 내용은 "사업시행자가 출자자에게 조성토지의 소유권을 이전하려고 하는 경우, 조성토지를 사업시행자가 출자자에게 공급하는 방법은 무엇인가?"였다. 이에 대한 회신은 "①시행자는 도시개발법 제26조에 따라 지정권자에게 조성토지 공급계획을 제출해야 한다. ②대상토지를 사업시행자가 제출한 조성토지 공급계획에 시행자(출자자포함)가 직접 건축물을 건축하여 사용하거나 공급하려고 계획한 토지를 명시한 경우라면, ③일반적인 조성토지 공급(경쟁입찰, 수의계약 등) 대상이 아니므로, ④사업시행 중 토지의 사용에 관하여는 시행자의 내부 의사결정 및 당사자 간 협약 등에 의해 처리할 사항이다."는 내용이다. 여기에서 이후보는 ②③④의 내용을 "조성토지 공급계획에 시행자(출자자포함)가 직접 건축하여 사용하거나 공급하는 것으로 계획하였다면 수의계약 공급이 가능"으로 요약하여 조작하였다.

우덕성 변호사는 "이재명 후보는 국정감사에서 원래의 내용 중 ③부분만을 인용하고 원래의 질의회신에 없는 '출자자에 수의계약 공급 가능'이란 내용을 추가한 패널로 수차례에 걸쳐 국민을 속였다."고 주장한다. 도시개발법 시행령 제56조 5호의 "시행자(출자자포함)가 직접 건축물을 건축하거나 사용하려고 공급한다"고 하여 시행사에 출자한 모든 출자자가 수의계약 대상자에 포함되는 것이 아니다. 따라서 화천대유가 성남의 뜰에 출자했다 해도 대장동 지역에 화천대유의 땅이 일정 정도 보유하여 협의 양도인으로서의 자격을 갖추고 있어야 한다.

## 4. "화천대유, 도시개발법상 조성토지 수의계약 공급대상 아니다"

우 변호사에 의해 출간된 "보고서"에 따르면 "화천대유는 도시개발법 시행령 제57조 제5항의 11개 수의계약이 가능한 사유에 해당하지 않고, 따라서 공급대상자로 공급계획에 기재될 이유도 없으며, 시행자인 성남의뜰은 화천대유에게 조성토지를 공급하기 위하여 지정권자인 성남시장에게 공급계획을 제출할 필요도 없다."고 하면서 '화천대유가 수의계약으로 공급계약이 가능한 토지는 △학교 등 공공용지 △외국인투자기업 △협의 양도인 등 11가지 경우밖에 없다.'고 했다. 여기서 협의 양도인이란 1000㎡ 이상의 기존 토지 소유자가 협의를 거쳐 사업시행자에게 자신의 땅을 양도할 경우 조성토지를 수의계약을 할 수 있는 자를 말한다. 그러나 동아일보에 따르면 "2016년 11월 성남시보를 통해 공개된 대장동 개발사업 부지의 기존 소유자 현황 자료에 따르면 937개의 필지 가운데 화천대유가 소유한 필지는 단 1곳도 없는 곳으로 나타나 여기에 해당하지 않는다."고 밝혔다.

우 변호사는 "보고서"에서 "도시개발법의 경쟁입찰과 추첨 방식은 의무적으로 따라야 하는 강행규정이고, 화천대유는 수의계약이 가능한 11가지 조건에서 단 한 가지에도 해당하지 않는다"면서 "불법적인 계약을 통해 이뤄진 거래라는 점에서 해당 계약 자체가 무효"라고 했다. 결국, 이재명 후보는 화천대유의 수의계약이 도시개발법을 위반한 불법계약임을 숨기기 위해 국토교통부 질의회신의 내용을 조작한 것이라는 지적이다. 성남시와 성남도시개발공사에 따르면 화천대유는 대장지구 15개 블록(공동주택 12개, 연립주택 3개) 가운데 5개 블록(공동주택 4개, 연립주택 1개)을 직접 시행했다. 블록별 가구 수는 229~529가구다.[343] 다른 블록은 100

---

343  연합뉴스, 「'화천대유' 대장지구 5개 블록 직접 시행해 1천억대 이익」, 2021.09.16., https://www.yna.co.kr/view/AKR20210916093400061

대 1의 경쟁률을 보였으며, 37위 제일건설이 나머지 6개 블록을 모두 확보했다.[344]

## 5. "화천대유에 계획적으로 막대한 이익을 몰아준 이재명"

뉴스토마토의 기사에 다르면 "'하나은행 컨소시엄'에 포함, 이 사업에 참여한 신생 자산관리회사(AMC)인 화천대유와 종속회사 천화동인은 4000억원대 배당금과 더불어 4500억원 규모 분양이익까지 1조원에 달하는 수익을 가져간 것으로 추산된다. 성남의뜰 지분 7%를 보유한 화천대유와 천화동인은 전체 주주에게 배당된 5903억원 중 4040억원(68%)을 가져갔다. 반면 50%+1주의 우선주를 보유한 성남도시개발공사와 43%를 보유한 하나은행 등 금융사의 배당금은 각각 1830억원과 32억원에 불과했다. 이는 1종 우선주주(성남도시개발공사)의 누적배당금 합계액이 1822억원이 될 때까지 우선 배당하고 2종 우선주주(하나은행 등)는 사업연도별 액면금액을 기준으로 연 25%에 해당하는 금액을 배당한 뒤 남은 이익금은 화천대유와 천화동인에 배당되도록 구성됐기 때문이다. 개발 사업에 따른 추가이익을 성남시가 아닌 화천대유와 같은 민간 사업자가 가져가는 구조라는 지적"이라고 비판했다.[345] 다시 말해 화천대유에게 몰아주기 위한 배임설계를 계획적으로 했다는 정황이다. 그러나 화천

---

344  동아일보, 「[단독]입찰-추첨 대장동 6개 부지, 제일건설이 모두 확보」, 2021.10.01., https://www.donga.com/news/Politics/article/all/20211001/109503076/1

345  뉴스토마토, 「가려진 '성남의뜰 주주협약서'…의혹 커지는 '남판교 수익잔치', 성남도개공 배당금 1822억 제한…민간 배당은 무한대」, 2021.09.29., https://www.newstomato.com/readNewspaper.aspx?no=1076428

대유는 개발이익은 물론 조성토지에 대한 수의계약의 법적 자격도 없다. 그러므로 불법 수의계약과 배임이 성립된다.

지난 2015년 2월 13일 성남도시개발공사에서 낸 대장동 개발사업 입찰 공고에 따라 같은 해 3월 26일, 하나은행 컨소시엄(하나은행·국민은행·기업은행·동양생명·하나자산신탁·화천대유)과 메리츠증권 컨소시엄(메리츠증권·외환은행) △산업은행 컨소시엄(산업은행·부산은행·전북은행·대우증권) 3곳이 사업계획서를 제출했다. 이들 중 하나은행 컨소시엄에만 자산관리회사(AMC)인 화천대유가 참여하고 메리츠, 산은 컨소시엄은 AMC 없이 응모한 것으로 파악됐다.

다음날 성남도시개발공사는 하나은행 컨소시엄을 우선협상대상자로 선정했다. 하루 만에 1조5000억 원 규모 개발사업 우선협상대상자를 선정한 것이다. 공교롭게도 화천대유는 개발사업 민간사업자 공모 불과 1주일 전인 2015년 2월 6일 설립됐다.[346] 다른 평점이 같다면 자산관리회사로 인해 선정이 좌우된 셈이라 할 수 있다.

그런데 중앙일보 보도에 따르면 '입찰 참여 당시 화천대유는 자본금이 1000만 원에 불과했고, 주택법상 자본금 3억 원 이상인 업체에만 발급되는 '주택건설사업자 등록증'도 없었다'는 사실이 밝혀졌다.

국민의힘 김은혜 의원이 국토교통부에 해석을 요청한 결과 "주택법 제4조 제1항 및 같은 법 시행령 제14조에서는 연간 단독주택의 경우 20호, 공동주택의 경우 20세대, 도시형 생활주택의 경우 30세대 이상의

---

346  뉴스토마토, 위의 기사

주택건설사업을 시행하려면 자본금과 기술인력 등의 요건을 갖춰 주택건설사업의 등록을 해야한다"는 것이 국토부의 답변이라고 했다. 자본금 1,000만 원이던 화천대유는 2015년 4월 증자를 통해 자본금 3억 1,000만원이 됐으며 2016년 2월에야 주택사업자 등록증을 확보했다.[347] 처음부터 자격이 안되는 회사를 성남시가 인정해준 꼴이라는 것이다.

게다가 7%의 지분을 가진 화천대유 천하동인이 수백억의 돈을 대출받을 수 있었던 것은 화천대유가 특정금전신탁을 통해 보유중인 성남의뜰 주식에 대해 주식근질권을 설정하는 데 있어 성남도시개발공사가 동의했기 때문에 이를 믿고 농협이나 수탁은행, 증권 등금융기관에서 돈을 빌릴 수 있었다는 것이다.

또한 '성남의뜰이 개발용지를 사들여 공공용지를 조성하기 위해 그 땅을 하나자산신탁에 맡기는 신탁계약을 맺었고, 화천대유가 돈을 빌릴 때 신탁된 땅을 담보로 쓸 수 있게 했다'는 것이다. 수익권증서금액의 총합인 3213억 6000만 원이 일종의 빚 보증인 셈이다.[348]

전혀 자격이 안되는 회사가 자본금도 없이 7%의 지분으로 1조 원에 달하는 수익을 몰아주게 만든 배임설계와 도시개발법상 불법 수의계약과 불법 개발이익금을 찬탈한 화천대유를 옹호하는 이재명 후보와 이를 제대로 수사를 못하는 검찰을 우리 국민들은 어떻게 이해해야 되는지 모르겠다. 이 모든 것이 거대한 카르텔의 조직이란 말인가.

---

347  중앙일보,「'건설업 등록증' 없이 대장동 개발 사업자 선정된 화천대유」, 2021.10.31., https://www.joongang.co.kr/article/25019700

348  중앙일보,「[단독]화천대유에 3214억 빚보증…성남의뜰 수상한 거래」, 2021.09.30., https://www.joongang.co.kr/article/25011114

## 6. 이 한 장의 사진

당시 이재명 후보가 지난 2021년 10월 경기도 국정감사에서 '수의계약 공급가능'이라는 국토교통부 질의회신에도 불구하고 대국민 거짓말을한 것이 바로 '화천대유의 수의계약은 법적 근거가 있다'는 주장이다. 당시 국감에서 국민의 힘 김형동의원이 "(이재명측에서 작성한) Q&A에 "도시개발법에 의해 해야 되는데 보금자리주택법에 의해 5개 블록을 임의 수의계약을 했다" 이부분에 대해서는 검토하여 잘못된 부분을 바로 잡아달라"고 했다.

이에 대해 이재명 후보는 **"팩트는 국토부의 질의회신에 의하면 "도시개발법 관련 조항에 의해서 사업시행자가 택지를 개발할 경우에 그 택지를 직접 수의계약으로 구매할 수 있다" 이렇게 되어 있어요. 그 조항을 아까 얘기 했지 않습니까? 자 여기 있습니다."고 아래의 사진 판넬(p.424)을 제시하면서 "국토교통부 도시재생과 622호 2015년 3월17일인데, 이렇게 되어 있어요. 직접 할 수 있다. 이렇게 되어 있다."**고 대국민 거짓말을 한 것이다.

이에 국민의힘 박완수 의원은 "수의계약의 근거조항이 뭐냐?"고 질의하니, 이재명 후보는 "스마트폰 가지고 계시니까 한번 찾아보시면 됩니다. 어디있냐 하면 도시개발법 시행령 56조 5호에 있습니다."고 답변했다.

국토교통부의 질의회신 원문은 "... 사업시행자가 출자자에게 조성토지의 소유권을 이전하려고 하는데 토지공급방법이 뭐냐"는 것이 질의 요지이다. 이에 대한 답변 원문은 "... 토지를 공급하려는 시행자는 지정권자(지자체장)에게 조성토지 공급계획을 작성하거나 변경하여 제출하여야 하며, 제출된 조성토지공급계획에 맞게 토지를 공급해야 한다."는 것이다. 공급계획에 맞게 토지를 공급하라는 것은 도시개발법 시행령 제57조 2항(경쟁입찰), 3항(추첨), 5항(수의계약)에 맞게 토지를 공급하라는 것이다.

또한 이재명 후보가 제시한 도시개발법 시행령 제56조 5호는 조성토지 공급계획의 내용 중의 하나이지 조성토지 공급방법이나 수의계약 근거조항이 아니다. 그런데도 이것을 가지고 이재명후보는 수의계약의 법적 근거조항이라고 거짓말을 한 것이다. 게다가 국토교통부 질의회신 어디에도 수의계약이 가능하다는 내용 자체가 없다.

이렇게 이재명 후보가 거짓말을 한 이유는 그 자신이 불법 수의계약으로 인한 불법 배임공모임을 알고 있었기 때문이다. 이는 이재명후보가 성남시장 당시 분양가 상한제를 회피하기 위한 설계와 강제수용으로 주민들의 땅을 헐값으로 빼앗기 위해 설계한 것이 성남의 뜰이라는 민관합동출자법인이다.

이재명 후보는 성남의 뜰과 공모하여 출자자인 화천대유에게 조성토지 5개 필지를 수의계약으로 공급, 분양가 상한제를 회피할 수 있게 된 것이다. 이로 인해 무려 2배이상에 달하는 4천억 이상의 천문학적 수익금을 올리는 황제로또 초대박을 친 것이다.

우덕성 변호사는 지난 4월 3일 BJ톨 방송보도에서 "도시개발법 시행령 제56조(조성토지 등의 공급 계획의 내용)에 의하여 공급대상자(1호), 공급대상자의 자격요건(2호)을 반드시 기재하여야 하는데 "성남의뜰은 조성토지 공급계획에 공급대상자로서 화천대유라는 것도 기재하지 않고, 화천대유가 무슨 자격이 있는지 자격요건을 아예 기재도 안한 상태에서 성남시장에게 제출했고, 성남시장이 이를 묵인한 상태에서 조성토지 5개 필지가 화천대유에게 공급된 것이다."고 설명했다.

우 변호사는 "만약에 적법한 공급계획을 제출하지 않으면 2년 이하 징역에 처해지고 사업권이 아예 취소될 수도 있다. 반대로 보면 성남시장은 그것을 살펴볼 의무가 있다."면서 "성남시장이 잘못된 조성토지 계획을 그대로 묵인함으로써 성남의 뜰이 화천대유에게 5개필지를 수의계약으로 공급하게 된 것이다."고 성남시장의 책임소재를 지적했다.

아래는 BJ톨에서 지난 2023년 4월 3일 「이재명 더불당 이걸로 지방선거 참패 확정? 대장동 수렁에 걸려들었다. 우덕성변호사 팩폭.」으로 보도한 편집 동영상이다.(https://www.youtube.com/watch?v=iFYWlN3pSTs)

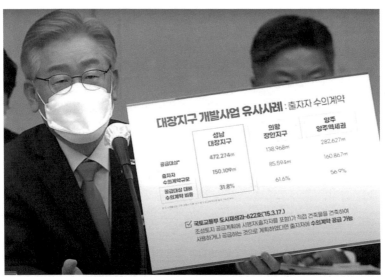

▲ 이 한 장의 사진 : 국토교통부 질의 회신을 조작, 화천대유 수의계약이 합법적이라고 거짓말하는 이재명 후보, 「여야, '이재명 국감'서 대장동 대충돌...국회 행안위 국정감사(경기도청)-[끝까지LIVE]」, MBC중계방송, 2021년 10월 18일, 9시간 28분이후에 국토교통부 질의회신 내용을 조작하여 수의계약 조항이 있다고 위증했다.(판넬은 9시간 29분 18초)

## 7. 개발이익 불법 취득 위해 도시기반시설 외면

공공개발의 이름으로 출발한 대장지구 개발사업은 공공을 찾아볼 수 없을 정도로 엉망진창이 되었다는 사실이다. 당연히 도시개발법상 대장동개발계획 초기부터 논의되고 수립되었어야할 공공시설 건립계획은 학교와 유치원 외엔 전무했다. 조선비즈에 따르면 개발계획에는 대장동엔 총 1만5938명(5903가구)이 입주하는 것으로 나와있다. 인구수로 따지면 서울 성북구 안암동이나 종로구 혜화동 등과 맞먹는 규모인데도 학교와 유치원 외에는 공공시설을 건립할 부지계획조차 없다는 사실이다. 도시개발법 제1,2조에 따르면 대장동 개발사업 초기 예비입주민들이 민원을 제기하기 전부터 대장동에 유통(시장), 문화(공연시설, 전시장), 생태(자연생태공원), 보건(보건소, 병원), 보건복지관(노인복지, 청소복지, 체육시설), 교육(학교, 공공도서관), 공용주차시설 등의 복지·편의시설이나 관공서 건립계획이 수립되었어야 마땅한 것이다. 그러나 사익에 눈이 먼 성남의뜰과 당시 성남시장은 도시개발법에 나와있는 기본계획조차 수립하지 않아서 대장동 초기 입주자들의 빗발친 항의 민원에 의해 비로소 논의가 시작됐을 정도로 대장동 개발은 공공이 사라진 개발이었다. 성남시는 공공도서관과 종합사회복지관 부지확보를 위해 판교 대장동 초등학교·중학교를 통폐합시켜서 짜투리부지를 성남의 뜰로부터 각각 공공도서관부지 63억 2,643억 원, 종합사회관부지 107억 6,658억 원을 주고 고가로 매입할 계획이다. 이는 2016년 토지수용 당시보다 4~5배나 높은 가격으로 혈세 낭비만 초래할 뿐이다.

조선비즈의 김은혜 의원실이 제공한 자료에 따르면 성남의뜰은 2020년 6월 대장동 사업부지 내 공영주차장 용지 7곳 총 6,185㎡를 민간에게 평당 적게는 1,031만 원, 많게는 2,128만 원에 팔아먹었다. 여기서 1,2,5주차장은 준주거지역이며, 3,4,6주차장은 1종 일반주거지역, 7주차장은 일반상업지역이다. 이를 매각한 성남의뜰은 당초 평균 평당 보상가 220만 원인 점을 고려하면 떼돈을 번 셈이다. 성남의 뜰이나 성남시는 애초에 공공은 없고 오로지 민간주주인 화천대유와 천하동인에게 사익을 극대화시켜주는 데 혈안이 된 셈이다. 성남의 뜰이 공영주차장 부지까지 팔아먹는 바람에 심각한 주차난을 우려한 민원이 쏟아지자 부랴부랴 근린공원 지하를 주차장으로 활용하겠다고 한 것이다. 그뿐인가. 대장동주민들이 누려야할 지역공원부지는 그들과 아무 관계도 없는 제1공단공원조성비에 성남의뜰이 2,561억 원을 기부채납대신 현찰로 성남시에서 제공, 공익이란 이름으로 신흥동 제1공단 사유지를 강제수용하여 공원화하는데 혈안이 됐다. 중앙일보에 의하면 2018년 7월 1일 은수미 시장 취임 이후 세 차례에 걸쳐 대장동 배당수익 확보 방안 등을 논의하여 성남시는 1200가구의 국민임대 주택부지인 'A10부지'를 2019년 6월 분양용으로 용도 변경시켜 공공분양 749가구, 공공임대 374가구가 들어섰다. 2017년 공동주택용지와 연립주택용지의 분양을 마쳤기 때문에 성남도시개발공사가 성남의 뜰로부터 지난 2019년 3월 받은 배당금 1,830억 원은 국민임대주택부지 매각대금으로 봐야 된다.

이재명 당시 성남시장은 대장동개발과 공원결합방식의 개발이라는 그럴듯한 이름을 걸었지만 도시개발법 제58에 의해 개발지구에서 떨어진 지역에 공익시설을 위한 건립이 가능하게 되어 있다. 그러나 그것은 공익환수가 아닐뿐더러 그렇게 하는 것이 대장동 주민들과 무슨 관계가 있는지 의문이다. 아무런 이익도 없이 대장동 주민들의 토지에서 나온 이익금을 무엇 때문에 신흥동의 공원을 만드는데 사용해야 하느냐가 문제다. 그리고 제1공단 지역은 이미 이대엽 전임시장 당시 주거, 상업, 업무복합단지로 도시개발구역 지정 및 개발계획이 승인난 땅이라서 지역주민들은 굳이 이 금싸라기 땅에 공원화를 강행하는 이유에 대해 이해할 수 없다는 반응이다. 그것은 바로 옆에 3만 7,266평(12만 3,194m2) 면적의 희망대공원이 인접해 있기도 하고, 또 성남시에서도 가장 번화가인 신흥동 단대오거리에 자리 잡고 있는 약 1만 7,000평(5만 6,022㎡, 신흥동 2,458번지)의 노른자위 사유지를 강제수용하여 공원화하기에는 너무 아까운 땅이라는 의견이 만만치 않다. 물론 평지에 공원이 들어서서 반기는 의견이 있다. 그러나 모든 언론이나 정치인, 사법당국이 간과하고 있는 것은 도시개발지역에서 발생한 개발이익금은 공공이 하든, 민간이 하든 전액을 도시개발 사업목적(도시개발법 70조 1,2,3항)으로 사용해야 한다. 따라서 개발이익금을 화천대유와 성남도개공이 가져갈 수 없다.

▲ 백현동 옹벽의 최고 높이는 51.3m로 15개 동, 1,223세대의 아파트가 300m 옹벽과 인접해 있다. 아파트 비탈면의 수직 높이는 현행법상 15m 이하이다.【출처 : 조선일보/연합뉴스】

아무튼 대장동개발과 그 결합방식의 단대오거리 지역의 공원화는 숱한 잡음을 일으키면서 "단군 이래 최대의 공공환수 사업이 아니라 단군이래 최대의 비리 사업"이라는 오명을 뒤집어 쓰고 있는 게 사실이다.

## 8. 성남 백현동 부지개발 특혜의혹

경기도 성남시 백현동 구(舊)한국식품연구원 부지개발 특혜 의혹과 관련, 당시 이재명 경기도지사는 국정감사에서 "(박근혜 정부의)국토교통부가 직무유기로 문제 삼겠다고 협박해 어쩔 수 없이 용도변경을 해 준 것"이라고 말한 것이 문제가 됐다. 이에 대해 국토부 관계자는 황당하다는 반응이다.

'백현동 부지 용도변경 특혜 의혹'은 이 대표가 성남시장으로 재임했던 2015년 성남시가 백현동 한국식품연구원 부지의 용도를 자연녹지에서 준주거지역으로 4단계 상향시켜 민간 아파트 개발 사업자에게 약 3,000억원의 수익을 줬다는 내용이다. 이재명 경기지사 재직 때인 2021년 10월 국회 국정감사에서 '백현동 의혹'과 관련해 "그것은 국토부가 요청해서 한 일이고 공공기관 이전 특별법에 따라서 저희가 응할 수밖에 없는 그런 상황이었다"며 "이것(4단계 상향 용도변경)을 가지고 만약에 안 해주면 (국토부가) 직무유기 이런 것을 문제 삼겠다고 협박을 해서 '해주지 마라'라고 버티다가 어쩔 수 없이 한 것"이라고 말한 것을 허위라고 검찰은 판단했다.[349]

---

349　조선일보, 「검찰 "백현동, 이재명이 용도 변경 직접 지시… 국토부 압박 없었다"」, 2022.09.16., https://www.chosun.com/national/court_law/2022/09/16/5ENSZIB4JNBINF2B456V6

국토부는 성남시에 보낸 24개 공문 모두 4단계 상향 용도변경 결정과는 무관하다는 것이다. 검찰은 공소장에서 "이 대표는 국토부로부터 백현동 부지에 대한 용도 변경의 경우 혁신도시법상 의무조항이 적용되지 않고 오히려 성남시가 자체적으로 결정할 사안이라는 회신을 받았을 뿐 4단계 상향 용도 변경을 하라는 지시나 압박을 받은 적이 없다"며 "백현동 부지 용도 변경 관련 업무를 담당한 성남시 공무원들도 국토부로부터 '용도 변경을 해주지 않을 경우 직무유기를 문제 삼겠다'는 협박을 당하거나 그와 관련한 압력을 받은 적도 없다"고 밝혔다.[350] 이러한 내용을 2심에서 허위사실 공표로 인한 선거법 위반에 대해 무죄를 선고했다. 사법부의 뇌가 사망한 것이다.

## 경기도 법카 '유용사건'

검찰은 경기도 법카 사용으로 이재명 후보의 배우자 김혜경 씨의 공직선거법 위반(기부행위) 혐의에 대한 검찰 수사 결과에 따라 공소를 제기했다. 이에 1심 재판부는 지난 2024년 11월 14일 김씨에게 벌금 150만 원을 선고했다. "수내동 자택에 배달한 샌드위치, 과일 등 결제는 경기도청에서 일괄 해당 판매점에 결제하는 방식으로 이뤄졌다"며 경기도 예산이 유용된 사실을 인정한 것이다.

---

SRPZM/

**350** 조선일보, 위의 기사

▲ 공직선거법 위반 혐의로 불구속기소 된 이재명 후보의 배우자 김혜경 씨가 지난 2024년 11월 14일 오후 경기도 수원지방법원에서 열린 1심 선고공판에 출석하고 있다.
【출처 : 조선일보/연합뉴스】

　　검찰은 이 후보가 경기도지사 재임 당시인 2018년부터 2021년까지 경기도 법인카드로 음식값·세탁비·과실 값에 사적으로 지출했다고 했다. 또한 관용차인 제네시스 승용차를 6,540만 원에 구입, 이 후보의 자택에 주차하고 공무와 무관하게 사용하는 등 법인카드와 경기도 예산으로 총 1억 653만 원에 대한 배임 의혹이 있다고 밝혔다.[351]

---

**351**　조선일보,「검찰, 이재명 6번째 기소… "경기도 법카·예산 1억여원 유용"」, 2024.11.19., https://www.chosun.com/national/court_law/2024/11/19/

경기도는 사모님팀 5급 공무원 배모씨의 지휘 아래 경기도 법인카드로 공무와 무관한 이 후보 부부의 식사·과일·샌드위치 등을 지출하는 데 사용했으며, 소고기·초밥·복요리 등에는 음식 75건(약 889만 원)을 경기도 법인카드로 결제하고 구입해 제공했다고 검찰은 밝혔다. 또 개인 의류 등을 세탁하고, 경기도 관용차를 사적으로 운행하고 김씨를 사적 수행하는 등 부부의 사생활 관리를 전담한 것으로 나타났다.

뿐만 아니라 경기도 비서실 공무원들은 '격려 및 간담회용', '직원 초과근무용' 등으로 허위 지출결의를 하는 수법으로 이 후보 부부가 먹거나 집안 제사에 사용할 과일(2,791만 원), 아침식사용 샌드위치(685만 원), 세탁비(270만 원)를 경기도 예산으로 지출한 것으로 조사됐다.[352]

▲ 조명현씨와 배모씨가 2021년 나눈 텔레그램 대화 내용. 배씨가 "과일가게에 가라"고 지시하면 조씨는 픽업한 과일 사진을 찍어 보고 했다.[출처 : 조선일보/TV조선]

UFBFUARXP5CCJPJIWCAMY4H4BM/

352 조선일보, 위의 기사

이재명 후보는 당시 경기도 예산으로 한 달 평균 121만 원어치의 과
일을 구매한 것으로 나타났다. 이는 2020년 가구 평균 월간 과일 지출
액의 약 30배에 달하는 액수다.

▲ 수원지방법원에서 열린 1심 선고공판을 마치고 법원 나오는 이후보 배우자 김혜경 씨【출처 : 조선일보/
연합뉴스】

그야말로 과일로 이 후보 가족이 배를 채웠다고 해도 과언이 아니
다. 이처럼 이 후보 부부는 일반 국민들이 상상할 수 없을 정도로 후안
무치의 극치를 보여주고 있다. 이 후보 부부가 공무와 관계없이 사적으
로 사용한 총 1억 653만 원 중에는 경기도 예산으로 2019년 11월~2021
년 10월 이 후보가 사적으로 먹을 과일 대금 2,791만 원을 지출한 혐의
도 포함됐다.

그것도 비서실장 정모씨 등이 간담회, 직원격려 등 명목으로 가짜
서류를 만들어 예산을 타낸 뒤 과일을 구매해 이 대표 공관과 수내동 자

택으로 배달한 것으로 검찰은 보고 있다. 비서실이 과일 구매 유용과 조작 공범인 셈이다.[353]

## 대북 송금 사건

### 1. 사건 개요

대북송금 사건은 검찰조사에서 경기도가 북측에 지급하기로 약속한 스마트팜 사업 지원비와 당시 경기지사였던 이재명 대표의 방북 비용 등 총 800만 달러를 김성태 전 쌍방울 그룹 회장이 '당시 경기도지사였던 더불어민주당 이재명 대표의 방북'을 위해 북측 인사에게 전달한 사건이다.

그동안 수원지검 형사6부(김영남 부장검사)는 김 전 회장이 2019년 1월과 11월 두 차례에 걸쳐 북한에 총 500만 달러를 전달한 것으로 보고 그 배경을 추궁해왔다. 김 전 회장은 구속수사 이후 한동안 '대북 경제협력 사업권을 위한 대가'라고 주장해왔으나, 검찰이 관련 자료를 제시하자 추가 송금 내역과 이유를 밝힌 것으로 알려졌다.

그는 조사에서 2019년 4월 300만 달러를 추가로 전달한 사실을 인정했으며, 1월과 4월에 두 번에 걸쳐 500만 달러를 건넨 것은 '경기도의 북한 스마트팜 지원사업 비용'이며, 11월에 건넨 300만 달러는 '당시 도지사였던 이 대표의 방북을 위한 비용'이라는 취지로 진술한 것으로 보인

353  조선일보,「이재명 한달 과일값만 121만원...가구당 지출액 30배」, 2024.11.19.,
     https://www.chosun.com/national/court_law/2024/11/19/
     UBZ5ESEYQJA47I6AVECG3DYOOE/

다. 그렇기 때문에 그러한 사실 등이 인정되어 당시 경기부지사인 이화영에게 특정범죄가중처벌법상 뇌물 및 정치자금법 위반, 외국환거래법 위반 등 사건의 항소심 선고공판에서도 7년 8개월을 선고했다.[354]

## 2. 쪼개기 밀반출로 500만 달러 대북송금

중앙일보의 2023년 2월 1일 보도에 따르면 이재명 당시 경기도지사는 김성태의 대북 송금후 대북초청 공문을 보냈다고 밝혔다. 이지사의 방북을 위한 친서가 전달된 2019년 5월은 김성태 전 쌍방울그룹 회장이 북측에 '쪼개기 밀반출' 방식으로 500만 달러를 북측에 전달한 직후라고 했다. 중앙일보의 보도는 다음과 같다.

"이재명 더불어민주당 대표가 경기도지사 시절인 2019년 방북을 위해 북측에 친서를 전달한 것으로 (2023년 1월) 31일 확인됐다. 중앙일보는 당시 경기도가 작성한 이 지사 명의의 친서 초본과 전달된 최종본, 그리고 그 이후 초청을 요청하는 공문을 모두 입수했다. 쌍방울 그룹 대북송금 의혹을 수사중인 수원지검 형사6부(부장 김영남)도 확보해 작성 및 전달 경위를 조사 중인 문건이다. 친서가 전달된 2019년 5월은 김성태 전 쌍방울 그룹 회장이 북측에 '쪼개기 밀반출' 방식으로 500만 달러를 북측에 전달한 직후이고, 공문이 작성된 2019년 11월은 300만 달러를 추가로 제공한 시점과 일치한다. 검찰과 법조계에 따르면, 지난달 20일 배임·회령 등의 혐의로 구속된 김 전 회장은 최근 검찰에 "300만 달러를 추가로 제공했

354  연합뉴스, 「김성태 "북한에 800만 달러 전달…스마트팜·이재명 방북 위해"」, 2023.01.31.,
      https://www.yna.co.kr/view/AKR20230131054800061

으며 이는 이 지사의 방북 비용 차원"이라는 취지로 진술했다."[355]

중앙일보가 보도한 당시 이지사의 친서 초안 보도는 다음과 같다.

"이재명 경기도지사 명의의 친서 초안은 '조선아시아태평양평화위원회 김영철 위원장님 귀하'라고 시작한다. 2019년 5월에 작성된 이 초안에는 "귀 위원회와 함께 지금 현재(2019년 5월)도 인도적 식량협력사업과 산림녹화를 위한 묘목협력사업을 함께 진행하고 있다"며 "1차 협력사업을 마무리하면 더 큰 규모로 협력사업이 바로 실행될 수 있도록 준비에 만전을 기하고 있다"는 내용이 남겨 있다. A4 2장 분량의 친서는 "민족경제의 균형적 발전과 공동번영이라는 귀한 걸음을 만들어 내기 위해, 경기도지사인 저를 대표로 하는 경기도 대표단(경제고찰단)을 북측으로 초청해 주실 것을 정중히 요청드린다. 우리 민족의 평화와 번영을 위한 위원장님의 헌신에 다시 한 번 경의를 표하며 귀 위원회의 건승을 기원한다"[356]

는 말로 맺었다. 그러나 친서 최종본에는 '초청 요청'은 삭제되고 4·27 판문점 선언 1주년 공동기념행사 공동주최, 농촌복합시범마을사업 등 추가 사업 추진 의사가 포함됐으며, 친서 전달은 "경기도−쌍방울−북한 사이에서 가교역할을 한 안부수 아태평화교류협회장(구속기소)이 중국

---

355  중앙일보, 「[단독] 이재명 "北초청 요청"…김성태 대북송금후 공문 보냈다」, 2023.02.01., https://www.joongang.co.kr/article/25137389

356  중앙일보, 위의 기사

5. 이에 더하여, 지난해 10월 귀 위원회와 협의한 현대적 시설의 농림복합형 시범농장사업을 본격적으로 진행할 것을 제안합니다. 경기도와 북측은 평양 당곡리에서 이루어진 소중한 농촌지역 개발협력의 기억을 공유하고 있습니다. 가축전염병 청정지대 확보와 함께 시작될 '양돈종합협력사업'과 '농림복합형 시범마을 사업'은 민족협력사업의 수준을 한 단계 더 발전시키는 촉매제가 될 것입니다.

6. 어려운 상황일수록 돌파구를 만들고 민족협력의 결과물을 만들어 나아가야 합니다. 경기도는 정세의 어려움을 극복하고자 꾸준히 노력하여 왔으며, 돌파구의 마련을 위해 적극적인 태도로 남북관계에 임하여 왔습니다.

7. 우리도는 귀 위원회에 본 사업의 제안과 협의가 상호신뢰와 함께 효율적으로 진행될 수 있도록, 도지사를 대표로 하는 경기도 대표단의 초청을 정중히 요청하는 바이며, 우리민족의 평화와 번영을 위한 귀 위원회의 헌신에 다시 한 번 경의를 표합니다.

감사합니다.

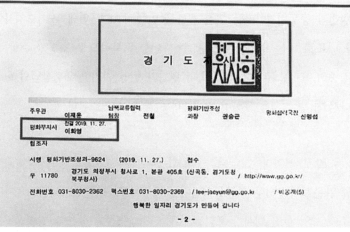

경 기 도 지사인

| 주무관 | 이재윤 | 남북교류협력<br>팀장 | 전철 | 평화기반조성<br>과장 | 권승근 | 평화협력국장 | 신명섭 |
|---|---|---|---|---|---|---|---|
| 평화부지사 | 전결 2019. 11. 27.<br>이화영 | | | | | | |

협조자

시행 평화기반조성과-9624    (2019. 11. 27.)    접수

우 11780    경기도 의정부시 청사로 1, 본관 405호 (신곡동, 경기도청 / http://www.gg.go.kr/
북부청사)

전화번호 031-8030-2362    팩스번호 031-8030-2369    / lee-jaeyun@gg.go.kr    / 비공개(5)

행복한 일자리 경기도가 만들어 갑니다

- 2 -

▲ 이재명 경기도지사 명의로 김영철 조선아시아태평양평화위원회 위원장에게 전달된 경기도의 공문. 이 대표를 비롯한 경기도 대표단을 북에 초대해달라는 내용이 담겨있다.【출처 : 중앙일보】

심양에서 송명철 조선아태평화위 부실장을 만나 건넨 것으로 안다"고 당시 경기도와 쌍방울그룹의 대북 사업에 관여했던 한 인사가 밝혔다.[357]

### 3. 대북송금의 스모킹건, "공식 방북요청 공문"

대북송금 사건의 결정적 증거는 이화영 경기부지사의 전결로 작성된 경기도 공문에 이재명 지사의 방북 요청을 공식적으로 제안한 공문서이다. 경기도는 6개월 뒤 정식 공문의 형태로 북측에 방북 초청을 전달됐다. 경기도지사 직인이 찍힌 이 공문에는 "(이재명) 도지사를 대표로 하는 경기도 대표단의 초청을 정중히 요청드린다"고 적혀 있다. 이 공문에도 "돼지고기 생산증대로 나아가는 '양돈종합협력사업' 추진 제안"과 "2018년 10월 귀 위원회와 협의한 현대적 시설의 농림복합형 시범농장(스마트팜)사업을 본격적으로 진행할 것으로 제안한다"고 했다.

스마트팜 사업은 김성태 전 쌍방울 회장의 검찰 진술과 일치한다. 김성태회장은 대북관계를 맺을 수 있는 아무런 관계가 없다. 이재명 당시 경기지사나 이화영 당시 경기부지사가 연결해 주지 않는 한 북한과의 접촉 자체가 불가능하다. 왜냐하면 경기도는 2018년 11월 16일 '2018 아시아태평양의 평화·번영을 위한 국제대회'에 북한의 리종혁 조선아시아태평양평화위원회(아태위) 부위원장 등 북한 대표단 5명을 초청하여 행사를 치렀으며, '판교 제2테크노밸리'와 경기도농업기술원을 방문해 스마트팜

---

357   중앙일보, 위의 기사

(Farm) 시설과 농기계 등을 둘러보면서 3박4일의 일정을 소화했던 전력이 있었기 때문이다.[358]

▲ 리종혁 조선아시아태평양평화위원회 부위원장, 이재명 경기도지사, 이해찬 더불어민주당 대표 및 참석자들이 기념 촬영을 하고 있다.[출처 : 경기도 공식 블러그]

## 4. 아태평화위원회, 조선노동당의 통일전선부 산하단체

이종혁은 조선노동당의 통일전선부 산하단체인 조선아태평화위원회 부위원장이다. 대남적화통일을 위해 표면적으로는 평화적인 슬로건을 내세워 남한 내의 친북단체나 인사들과 반일동맹체를 형성하여 혁명의 시기를 조성하기 위한 전술적 임무를 수행하는 단체이다. 이같은 단

---

358　경기도 공식블로그, 「경기도와 북한, 평화의 손을 맞잡다! 북측 대표단, 경기도 일대 기관·행사 방문」, 2018. 11. 17., https://m.blog.naver.com/gyeonggi_gov/221400335817

체와 경기도는 2018년 11월 15일 만찬자리에서 "산림협력 사업과 관련해 송명철 아태위 부실장이 "남측이 북에 와서 행사를 열고 나무를 많이 심고 도움을 줬고 하기보다는 시설 투자를 해줬으면 한다""는 제안을 했다. 게다가 리종혁 조선아시아태평양평화위원회 부위원장은 이 자리에서 이재명 경기도지사에게 방북을 초청했다. 이에 이 지사는 "육로로 가겠다"고 밝혔고, 리 부위원장은 이에 "육로로 오려면 시간이 많이 걸릴 텐데..."라고 답변한 것으로 전해졌다.[359] 이재명의 방북은 이때부터 공식화되기 시작한 것이다.

## 5. 이재명의 북한과의 인연

이재명은 오래 전부터 북한과 인연이 있었다. 종북단체인 경기동부연합과도 끈끈한 관계를 갖고 있으며, 친북인사인 정동영 전 통일부장관 사람이다.

정동영 전 장관의 재임 시(2004.7.1.~2005.12.31.)에 이재명은 민간인 신분으로 2005년 가을 북한을 방문한 바 있다. 그때가 이재명은 열린우리당 소속으로 2006년 5월 치러진 성남시장 선거에 출마하기 1년 전이다. 당시 찍은 사진은 이재명이 자신의 SNS에 올리기도 했다.[360] 동부연합과 정동영과의 관계를 아는 그가 평양을 단신으로 방북했다는 사진을

---

359   경기도 공식블로그, 위의 게시글

360   ①이재명, 「작년에 평양갔다가 찍은 사진들인데..」, 2006.2.18.,
     https://m.blog.naver.com/snhope/21964315
     ②행군의아침TV(티스토리), 「이재명 대표, 18년 전 평양 다녀왔다. 방북 목적과 성과는 무엇?」,
     2023.2.9., https://polplaza.tistory.com/1783

공식적으로 공개하는 것이 무슨 뜻인지를 대북전문가라면 알 것이다.

▲ 2005년 가을 평양을 방문하여 찍은 사진.【출처 : 온라인커뮤니티】

▲ 이재명 도지사는 오찬에 앞서 리종혁 부위원장과 북측 대표단에게 한국에서 발간된 이종혁의 부친인 월북 작가, 이기영 작가의 소설 〈고향〉을 선물했다.【출처 : 경기도공식블러그】

▲ 당시 이지사는 리종혁 부위원장과 북측 대표단 2명과 함께 경기도농업기술원을 방문해 스마트팜(Farm) 시설과 농기계 등을 둘러봤다.【출처 : 경기도공식블러그】

▲ 경기도 농업기술원과 스마트팜 시설, 농기계 공장을 둘러본 후 질의응답 시간을 가졌다. 우측은 당시 이지사와 이종혁이 긴밀히 담소를 갖는 모습.【출처 : 경기도공식블러그】

## 6. 김성태의 아태평화위와의 인연

이렇게 경기도와 아태평화위원회와의 우의관계를 공고히 한 뒤에 경기도는 김성태쌍방울회장을 이종혁과 연결시킨 것으로 보인다.

JTBC가 보도한 영상에 따르면, 2019년 7월 필리핀 마닐라에서 리종혁 아태평화위원회 부위원장과 북한 고위관계자들을 만난 자리에서 김성태 전 회장은 술을 마시고 리 부위원장의 뺨에 입을 맞췄다. 김 전 회장이 뺨을 내밀자, 리 부위원장도 입맞춤으로 화답했다. 이 자리는 이재명 더불어민주당 대표가 경기지사로 재직하던 시절 김성태 전 쌍방울 회장이 경기도와 함께 대북사업을 추진하며 리종혁 조선아시아태평양평화위원회 부위원장을 비롯한 북한 고위급 인사들과 함께 한 자리로 김전회장은 이 자리에 함께하였으며, 그이후 김 전 회장은 이 지사나 이화영 부지사를 대신한 대북 창구역할을 해온 것으로 알려졌다.

김 전 회장은 건배사로 "우리의 소원은 통일, 통일, 통일"을 외쳤고, 리 부위원장 등과 손잡고 "조국통일 만세, 만세, 만세"라고 외치기도 했다.[361]

▲ 북한에서 의미하는 조국통일의 의미가 무엇인지도 모르고 '조국통일 만세'를 삼창하는 김성태 전 쌍방울회장과 리종혁 아태평화위원회 부위원장과 관계자들.【출처 : JTBC캡처사진】

361 ①뉴데일리, 「쌍방울 김성태… 北 리종혁 뺨에 입 맞추며 "조국통일" 만세 삼창」, 2023.02.02., https://www.newdaily.co.kr/site/data/html/2023/02/02/2023020200169.html
②JTBC News, 「[단독] 북 이종혁 껴안고 "조국 통일 만세"…"이재명 방북 비용 카레 봉투 에"」, 2023.2.1., https://www.youtube.com/watch?v=XnCllKuC7uO

▲ 북측에서 방북 초청 의사를 밝힌 뒤 당시 이재명지사의 방북 비용을 위해 김회장이 300만 달러를 밀봉 전달했다고 검찰에 진술했다.【출처 : JTBC캡처사진】

　　김성태 전 쌍방울 회장은 검찰에서 경기도의 대북사업과 이재명 지사의 방북을 위해 북한에 800만 달러를 전달했다는 취지로 진술한 바 있다.

　　수원지검 형사6부(부장 김영남)는 쌍방울이 2019년 1월 17일과 5월 12일 두 차례에 걸쳐 북측과 경제협력 관련 협약을 체결한 사실을 확인했다. 특히 검찰은 5월 12일 쌍방울이 북한 민족경제협력연합회와 맺은 협약서에 쌍방울 계열사인 나노스가 희토류 등 광물자원 개발을 진행하고 특장차 제조사인 광림이 철도 건설 등 사실상 국가사업을 독점하는 내용에 주목했다. 쌍방울은 이 같은 북한의 국가사업을 가져오는 대가로 북측에 1억 달러 상당을 지원하는 내용을 협약서에 넣었다.[362] 이러한 거

---

362　문화일보, 「[단독] 쌍방울, '이재명 대통령 당선' 전제로 北과 1억달러 협약」, 2023.02.01., https://m.munhwa.com/mnews/view.html?no=2023020101070821068001

액을 지원하는 것으로 보아 검찰은 이들이 정부의 남북교류협력기금 등
에서 비용을 지급하는 방안을 검토한 정황도 포착한 것으로 본다. 이화
영 전 부지사가 김성태 쌍방울 회장을 북측과 연결해줬다는 것은 중국
선양에서 북한 조선아태위 송명철 부실장과 만남의 자리에 함께 있다는
사실에서도 알 수 있다.[363]

▲ 지난 2019년 1월 이화영(맨 오른쪽) 전 경기도 평화부지사와 김성태(왼쪽에서 둘째) 전 쌍방울
회장이 중국 선양에서 북한 조선아태위 송명철(오른쪽에서 둘째) 부실장, 국내 민간 대북 단체인
아태평화교류협회 안부수(맨 왼쪽) 회장 등과 술자리를 하고 있는 모습【출처 : 조선일보/독자제공】

---

363   조선일보, 「[단독] 김성태, 北 방북비 500만弗 요구에 "호구도 아니고...다 줄 순 없어"」,
      2024.06.17., https://www.chosun.com/national/court_law/2024/06/17/3RPDIRNEONB
      LNF3R4YFFFCVB5M/

## 7. 스마트팜 사업 체결로 대북사업 본격화

쌍방울과 북한 측의 협력 관계는 2019년 1월 17일 양측이 스마트팜 사업 추진 등을 골자로 한 협약을 체결하면서 본격화 됐다. 같은 해 5월 이화영씨는 쌍방울과 북한 측이 실무 협약을 체결하는 자리에서 이 대표의 방북을 요청해달라고 요구에 김 전 회장이 북측 공작원 리호남에게 요구하자 경기지사 방북 비용 500만 달러를 요구했다고 한다.

김 전 회장은 이화영 씨를 만나 북한에서 방북 비용 500만 달러 요구를 말하면서 어떻게 해야 하는지를 묻자 이씨는 김 전 회장에게 "100만 달러 정도 김 회장이 내주고 추진해보면 어떻겠느냐"고 방북비용 대납을 요구했다고 한다. 이 씨는 이 시기 김 전 회장과 방용철(전 쌍방울 부회장)씨에게 '이 지사와 함께 방북해 협약식 내용을 공개하면 쌍방울그룹은 30대 재벌이 무조건 된다. 이재명 방북은 반드시 추진되어야 하니, 되는 쪽으로 진행하자'라는 취지로 요구한 것으로 검찰에 의해 조사됐다.[364]

그런데 북한의 국가사업의 대가로 1억 달러 상당의 지원요청을 협약서에 넣은 것에 대해 수사팀은 이 같은 국가사업 규모의 사업권을 쌍방울이 북한과 체결한 배경에는 당시 이 대표가 대선에서 대통령에 당선될 것이라는 판단이 크게 작용한 것으로 보고 있다.

---

364  조선일보, 위의 기사

## 8. 김 전 회장, '방북비용 대납 합의'

또한 김 전 회장이 북측과 '방북비용 대납' 합의에 이른 2019년 7월, 경기도는 필리핀 마닐라에서 북측과 함께 '제2회 아시아·태평양의 평화·번영을 위한 국제대회'를 개최했다. 이 전 지사의 방북을 굳히기 위한 대회임은 말할 나위도 없다.

검찰은 2019년 7월 이 전 부지사가 필리핀 마닐라에서 북한 국가보위성 소속 리호남 공작원을 만난 자리에서 "이 (경기)지사가 다음 대통령이 될 것"이라고 했고, 리호남은 "이 지사가 대통령이 됐으면 좋겠다"고 발언한 사실도 파악했다.[365] 이러한 검찰 수사결과를 바탕으로 1·2심 재판부 모두 김성태 전 회장이 이화영의 요청을 받고 경기도를 대신해 스마트팜 사업비와 당시 이재명 경기도지사의 방북비용을 북측에 전달했다고 인정했다.

이에 대해 민주당 '정치검찰 사건조작 특별대책단'은 명백한 증거에도 불구하고 이날 오전 국회에서 기자회견을 열고 "수원지법의 판결은 절차적으로 반인권적"이며, "객관적 물증에 반하는 … 편파적 판결"이라고 비판했다. 이들은 "검찰은 쌍방울 김성태와 북한 조선 아태위 간에 있었던 대북사업에 '이재명'을 얽어맸고, 그 사건 조작에 구형 및 양형 특혜를 노리고 김성태가 협조한 것"이라고도 했다.[366] 그러나 이는 다음과 같은 근거로 성립이 안된다. 첫째, 김성태 쌍방울 회장이 이종혁 아태평화위원

---

**365** 문화일보, 위의 기사

**366** 조선일보, 「野 "이재명 얽으려 이화영 중형" 주장에…검찰, 조목조목 반박」, 2024.06.13., https://www.chosun.com/national/court_law/2024/06/13/ HRHCKJ45FBCMRBAXF4MCN2WGLU/

회 부위원장과 만날 수 있었던 것은 이재명 당시 경기지사 측이 연결해 주지 않으면 불가능한 일이며, 둘째, 이화영 경기부지사 전결의 경기도 공식 공문으로 방북요청을 공식 요청했으며, 셋째, 김성태 쌍방울 회장이 아무런 대가도 없이 대북송금을 하리라는 보는 것은 어불성설이다. 넷째, 지난 2018년 11월 16일 '2018 아시아태평양의 평화·번영을 위한 국제대회'에 리종혁 등을 초청한 뒤 스마트팜 시설 등을 둘러보고 리종혁이 이재명 당시 경기지사의 방북 초청을 공식 요청했다는 점, 그리고 다섯째, 경기도 측이 공식 방북을 요청했으며, 이재명 지사의 방북을 위한 방북 비용을 쌍방울 측이 대신 지불했다는 김성태 회장의 진술이 이와 일치하는 데 이론의 여지가 없다고 본다.

## 9. "희대의 조작 사건"이라 강변

그럼에도 불구하고 이재명 더불어민주당 대표는 최근 제3자 뇌물 등 혐의로 추가 기소된 '쌍방울 그룹 불법 대북 송금' 사건에 대해 "이 사건은 희대의 조작 사건으로 결국은 밝혀질 것"이라고 주장했다. 그는 언론을 향해서도 "검찰이 엉터리 정보를 제공하면 그걸 열심히 받아쓰고 조작한다"는 거친 표현을 동원해 비판했다.[367]

더불어민주당 이재명 대표가 '쌍방울 불법 대북 송금' 사건과 관련해 제3자 뇌물 수수 혐의 등으로 추가 기소되자 민주당이 대대적인 방탄전

---

367   조선일보, 「이재명 "대북송금 사건, 희대의 조작 사건"」, 2024.06.14.,
      https://www.chosun.com/national/court_law/2024/06/14/
      P2RO3CCZYBDSDBNEGHX6WHCTVE/

에 나섰다. 자체적으로 꾸린 특별 대책단에 더해 국회 법제사법위원회를 통해 법원을 압박하는가 하면 강성 지지층은 이 대표 사건 심리를 맡은 판사를 탄핵해야 한다며 서명 운동에 들어갔다. 이 대표가 자기 사건 보도와 관련해 "언론은 진실을 보도하기는커녕 검찰 애완견처럼 주는 정보를 받아 열심히 왜곡·조작"한다고 불만을 드러내자 민주당 친명계 의원들은 언론을 "기레기(기자+쓰레기)" 등으로 부르며 가세했다. 이에 대해 나경원 의원은 "독재자의 예행연습인가. 이재명과 민주당 편드는 보도만 해야 언론?"이라 비판했고, 안철수 의원은 "이재명, 감옥이 두려운가 보다. 자유민주주의 부정하는 희대의 망언"이라 직격했다.[368]

**368**  조선일보, 「친명은 언론 공격… 개딸은 "이화영 유죄 판사 탄핵"」, 2024.06.17. 00:55
https://www.chosun.com/politics/assembly/2024/06/17/
B2RNQRDA0JFLVMATHOURT626QM/

# 2.
# 윤석열과 한동훈의 대립

## 윤석열과 한동훈의 의기투합했던 특검 활동

한동훈은 학창시절 우수한 성적으로 전교권을 항상 차지했던 모범생이면서 반골기질이 있었다는 게 중론이다. 이러한 반골기질과 윤석열의 9수의 무던함과 뚝심있는 일에 몰두하는 반골기질이 의기투합되었다. 그래서 검찰에서 한 팀이 되어 형제지간처럼 우의가 깊었다고 한다. 이들이 박영수 특검팀에 합류했다.

박영수 특검은 법무부와 검찰의 협조로 처음에는 20명의 검사와 함께 대구고검 검사인 윤석열을 수사팀장으로 발탁하여 수사업무를 총괄 지휘하면서 특검과 특검보 4명을 보좌하는 역할을 맡아 특검을 진행할 예정이었다.[369] 그러나 수사범위가 광범위하여 박영수 특검이 공식적으로 출범할 때는 수사팀을 4개 팀으로 구성하고 박근혜 대통령의 세월호 7시간 동안의 행적, 삼성 등 대기업의 최순실 씨 측에 대한 자금 지원의 대가성 입증 등으로 업무를 나눠 70일에서 최장 100일 동안 수사를 진행했다. 당시 특검팀에 합류한 윤석열 검사는 뇌물죄 및 제3자 뇌물죄 혐의를 밝힐 대기업 수사를 맡았다.

수사 1팀 팀장인 박충근 특검보는 김기춘 전 정와대 비서실장 및 우병우 전 청와대 민정수석이 최순실 씨의 국정 농단을 묵인했거나 비호했다는 의혹에 대한 수사를 담당했으며, 수사 2팀은 이용복 특검보가 맡아 최순실 씨 일가의 개인 이권 챙기기가 미르재단과 K스포츠재단, 한국동계스포츠영재센터 등 문화체육관광부와 직간접적으로 연결되어 있는 만큼 문체부가 최씨 일가의 이권 챙기기에 어떤 역할을 했는지 등을 수사하기로 했다.

수사 3팀은 양재식 특검보가 맡았으며, 김창진 부부장검사 등 4명의 검사와 함께 박근혜 대통령의 세월호 7시간 행적 수사를 담당한다.

수사 4팀은 윤석열 검사가 맡았으며, 2006년 현대차 비자금 사건 수사를 맡았던 한동훈 검찰 부패범죄특별수사단 2팀장 등 검사 5명도 4팀에 합류했다. 4팀은 미르 및 K스포츠재단에 대한 기업들의 자금 지원의 대가성 입증, 삼성 등 기업들이 최순실 씨 측에 제공한 자금의 대가성 입증에 주력한 것으로 알려졌다. 박영수 특검팀의 수사 지원 및 행정

369   연합뉴스, 「박영수 특검, 검찰에 '특수통' 윤석열 수사팀장 파견요청」, 2016.12.01.,
     https://www.yna.co.kr/view/AKR20161201115600004

업무를 담당할 수사지원단장은 어방용 전 수원지검 사무국장이 맡았다. 수사지원단은 회계분석팀, 계좌추적팀, 정보팀, 포렌식팀 등으로 구성한 외에 특검팀의 행정 업무도 맡았다. 판사 출신의 이규철 특검보는 특검팀 대변인으로서 공보 담당과 수사 이후 재판과정에선 공소유지의 핵심 업무를 맡을 것으로 알려졌다.[370]

그런데 실제로 박영수 특검은 윤 팀장에게 최정예 검사로 구성된 4팀을 맡기며 현장 수사를 총지휘하는 역할을 부여했다. 박 특검은 특검보가 아닌 윤 팀장에게 팀 하나를 내주어 사실상 검사장급인 '특검보 대우'를 해줬다. 윤 팀장은 우선 검찰 내 손꼽히는 특수통인 한동훈(43) 부장검사(대검찰청 부패범죄특별수사단 2팀장)와 함께 삼성·롯데·SK의 뇌물공여 혐의를 수사하는데 집중했다. 특검 관계자는 "윤 팀장이 사건 하나를 전담하지 않고, 현장 수사를 이끄는 역할을 한다"고 말했다.[371]

---

370    sbs, 「[마부작침] '세월호 7시간' 특검 전담팀 구성됐다…윤석열은 '대기업 수사'」, 2016.12.21., https://news.sbs.co.kr/news/endPage.do?news_id=N1003948523

371    문화일보, 「〈탄핵 가결 이후〉윤석열 4팀장 '특검內 특수부' 역할… 현장 총지휘」, 2016.12.14., https://www.munhwa.com/article/11013702

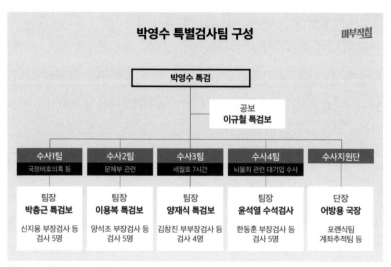

**박영수 특별검사팀 구성**

마부작침

박영수 특검

공보
이규철 특검보

| 수사1팀 | 수사2팀 | 수사3팀 | 수사4팀 | 수사지원단 |
|---|---|---|---|---|
| 국정비호의혹 등 | 문체부 관련 | 세월호 7시간 | 뇌물죄 관련 대기업 수사 | |
| 팀장 **박충근 특검보** | 팀장 **이용복 특검보** | 팀장 **양재식 특검보** | 팀장 **윤석열 수석검사** | 단장 **어방용 국장** |
| 신지용 부장검사 등 검사 5명 | 양석조 부장검사 등 검사 5명 | 김창진 부부장검사 등 검사 4명 | 한동훈 부장검사 등 검사 5명 | 포렌식팀 계좌추적팀 등 |

【출처 : sbs(2016.12.21. 보도)】

　　이로 인해 박근혜 대통령에 대한 모든 수사는 윤석열이 하여 박근혜 대통령을 대면조사하고 구속하고 기소까지 한 것으로 알려졌다. 그것 때문에 박근혜 대통령이 헌법재판소에서 파면까지 당한 것으로 회자되어 박 대통령에 대한 모든 수사는 윤석열 때문이고, 윤석열 때문에 박 대통령이 파면당했다고 주장한다. 그러나 그것은 사실이 아니다.

# 박근혜정권의 김수남검찰, 국정농단 등 수사·구속·기소

## 특별수사팀 구성, 김수남과 이원석이 초강경 태세로 주도

jtbc의 박근혜 대통령에 대한 소위 '최순실에 의한 국정농단사건'이 보도되면서 박근혜 정권의 김수남 검찰이 국정농단사건은 물론 제3자 뇌물죄까지 철저히 수사하였다.

검찰이 당시 특별수사팀 체제로 하던 박대통령 국정농단 사건에 대한 수사를 확대하게 된 것은 2016년 10월 24일 최씨가 대통령의 연설문 등 국정 관련 문건을 받아본 것으로 의심되는 정황을 JTBC가 보도하면서 부터다. 검찰은 27일 이영렬 중앙지검장을 본부장으로 한 특별수사본부를 구성해 수사를 확대했다.[372] 국정농단 사건을 수사하면서 검찰은 제3자 뇌물죄에 대한 수사까지 확대했다. 박근혜정권의 목을 겨냥한 것이다.

검찰은 2016년 11월 24일 이 박근혜 대통령의 제3자 뇌물수수 혐의 수사를 대대적으로 전개하면서 '피의자 대통령'을 거세게 몰아붙였다. 11월 23일 삼성에 이어 24일 롯데와 SK 등을 잇따라 압수 수색한 배경에 대해 검찰은 "뇌물죄 확인 차원"이라며 박 대통령이 주 타깃임을 숨기지 않았다. 현직 대통령을 상대로 '물러서지 않겠다'며 배수진을 친 검찰의 초강경 태세는 바로 김수남 검찰총장과 이원석 서울중앙지검 특수1부장

---

372 에너지경제신문, 「'국정농단' 수사, 반년만에 마무리…줄줄이 구속」, 2017.04.17.,
https://m.ekn.kr/view.php?key=281809

이 주도한 것으로 알려졌다.[373]

게다가 "너희들은 의혹들에 대해 철저히 수사해라. 문제가 생긴다면 내가 책임지고 옷을 벗겠다."는 다짐을 최순실 게이트를 수사 중인 검찰 특별수사본부 이영렬 본부장(서울중앙지검장)이 당시 수사팀 검사들에게 남긴 것을 보더라도 검찰이 박근혜 대통령을 잡기 위해 뇌물죄 적용에 총력전을 벌인 것을 알 수 있다. 박근혜 대통령과 완전히 선을 긋고, 수사에 '올인'한 것으로, 이로써 검찰과 청와대의 사이가 돌아올 수 없는 강을 넘었던 것이다. 김수남 검찰총장 역시 "성역 없는 수사"를 수사팀에 지시한 것으로 알려졌는데, 검찰은 박근혜 대통령뿐 아니라 대기업 오너 일가들로도 수사 영역을 확대했다.[374]

검찰과 청와대가 '극한 충돌'로 치닫게 된 분수령은 역시 최순실(60)씨와 안종범(57) 전 청와대 정책조정수석비서관, 정호성(47) 전 청와대 부속비서관 등에 대한 중간수사결과 발표였다.

법무부와 대검찰청 주요 간부 및 서울중앙지검 수사팀은 공소사실 정리나 수사결과 발표 등의 '사전 조율'을 위해서인 것으로 알려졌는데, 당시 버티는 박근혜 대통령을 공소장에 '공범'의 범주에 넣느냐가 관건이었다. 당시 언론은 김수남 총장이 진두지휘하는 검찰은 막판까지 최순실씨와 안종범 전 수석을 제3자 뇌물죄의 '공범'으로 적시하는 방안을 검토했던 것으로 전해졌다. 일부 혐의는 제3자 뇌물죄로 기소해도 무방할 만

---

373 한국일보, 「[단독]'朴 뇌물죄' 초강경 수사… 김수남 검찰총장이 주도」, 2016.11.25., https://www.hankookilbo.com/News/Read/201611250482380006

374 비즈한국, 「'분기탱천' 검찰, 뇌물죄 적용 총력전, 이영렬 본부장·김수남 총장 수사 '올인'…면세점 승인 의혹 등 '전선' 확대」, 2016.11.25., https://www.bizhankook.com/bk/article/12101

큼 수사가 이뤄졌지만 법리 적용에 이견이 있었다는 후문도 있었다.

이들 언론은 또한 한 사정기관 관계자가 "김수남 총장과 이원석 부장이 '뇌물죄도 포함하자'는 의견을 낸 것으로 안다"고 말했다. 즉, 미르와 K스포츠 재단 출연금 강제모금 등에 대해 줄곧 "뇌물죄 적용은 어렵다"고 했던 검찰이 최근 180도 돌변해 뇌물혐의 입증에 박차를 가하는 배경에 검찰 최고 수장 김수남 총장이 자리잡고 있었던 것이다.[375]

## 박근혜대통령 잡아먹은 이원석, 한동훈의 천거로 검찰총장 임명

박근혜 대통령을 잡아먹은 이원석을 한동훈은 윤석열정권 법무장관 때 윤대통령에게 이원석 대검 차장검사를 검찰총장후보로 천거했다. 법무부 검찰과는 2022년 7월 12일부터 19일 오후 6시까지 전국의 개인·법인·단체로부터 제45대 검찰총장 제청 대상자로 적합하다고 생각하는 사람을 천거 받아 한 장관이 이를 토대로 심사대상자를 선정하여 검찰총장후보추천위원회(이하 총추위)에 제시하거나 천거되지 않은 사람 중에서도 심사대상자를 지목할 수 있다. 이후 총추위는 심사대상자의 적격성을 심사하여 한동훈 법무장관에게 3명 이상의 검찰총장 후보자를 추천한 뒤 한 장관이 이 중 한 명을 대통령에게 임명 제청하여 국회 인사청문회를 거친 뒤 총장으로 임명된 자가 이원석 검찰총장이다.[376]

---

**375**  한국인터넷언론인협동조합, 「김수남 검찰총장은 왜 공소장에 박대통령 '탄핵' 근거를 남겼을까?」, 2016.11.25., http://m.kimcoop.org/news/articleView.html?idxno=90813

**376**  ①중앙일보, 「尹 정부 첫 검찰총장 누구…국민 천거 절차 마감」, 2022.07.19., https://www.joongang.co.kr/article/25088124

당시 국정농단 사건을 수사한 이원석 부장과 김수남 검찰총장에 의해 결국 검찰은 끝내 최씨와 안 전 수석의 공소장 범죄사실에 '박 대통령과 공모하여'라고 적시하여 박근혜 대통령 탄핵의 결정적 근거를 제시했다. 이로써 박 대통령도 피의자로서 수사 선상에 공식적으로 오르게 됐다. 특수본은 이날 핵심 피의자 3명을 일괄 기소하며 중간 수사결과 발표했다. 검찰에 따르면 최씨는 박 대통령을 통해 안 전 수석을 움직여 지난해 10월과 지난 1월 순차적으로 출범한 미르·K스포츠재단에 53개 대기업이 774억 원을 출연하도록 한 혐의(직권남용 권리행사방해)가 있다고 발표했다.[377]

검찰은 2016년 11월 20일 중간수사결과 발표에서 박근혜 대통령은 "공동정범"으로 명시, "공소장 기재된 내용들은 저희가 100%라고 말씀 못드리겠지만 99%는 입증 가능한 부분만 적시했다."고 했다.[378] 김수남 검찰에서 특검으로 가기도 전에 이미 박근혜 대통령을 제3자 뇌물죄로 엮기 위한 증거까지 거의 확보했다는 당시 검찰의 발표이다.

② 뉴스1, 「'기수파괴' 이원석 검찰총장 후보자…지휘부에 선배 15명 줄사표 이어지나?」, 2022.08.18., https://www.news1.kr/society/court-prosecution/4776985

377  서울신문, 「검찰, '국정농단' 최순실·안종범 '대통령과 공모'… 정호성도 일괄 기소」, 2016.11.21., https://www.seoul.co.kr/news/2016/11/21/20161121500019

378  ①법률신문, 「"朴대통령, 최순실과 공동정범"…檢, '피의자' 입건」, 2016.11.20., https://www.lawtimes.co.kr/news/105875
② 경향신문, 「검찰 "박 대통령 공범 적시 공소장 99% 입증 가능"」, 2016.11.20., https://www.khan.co.kr/article/201611201152001

## "하늘이 무너져도 정의는 세워야 한다"는 김수남 검찰총장

김수남 검찰총장은 2016년 12월 6일 '박근혜·최순실 게이트' 수사를 마무리하면서 "하늘이 무너져도 정의는 세워야 한다"는 입장을 밝혔다. 자신을 임명한 현직 대통령에게 '칼끝'을 겨눈 검찰 수사를 회고하면서 형사처벌의 불가피성을 언급한 것으로 해석된다. 앞서 검찰은 '비선 실세' 최순실 씨(60) 등을 기소하면서 공소장에 박근혜 대통령을 국정농단의 공범으로 적시했다. 이어 헌정사상 처음 현직 대통령을 피의자 신분으로 전환한 뒤 대면조사를 요구했다. 검찰이 지난 2016년 10월 27일 이영렬 서울중앙지검장을 본부장으로 하는 검찰 특별수사본부를 출범한 뒤 연인원 50여 명의 검사를 투입, 41일 동안 수사해 나온 결과다.[379]

## '박대통령 최·안 등과 공동정범' 규정과 민주당의 망국적 탄핵

김수남 검찰총장이 박 대통령을 최순실과 안종범 등과 공동정범으로 규정한 근거를 남긴 것이 국회에서 탄핵되는 결정적 조건이 된 것으로 알려졌다. 이러한 엉터리 수사와 언론에 의한 국민여론을 등에 업고 민주당 등은 2016년 12월 3일 더불어민주당, 국민의당, 정의당 및 무소속 의원 171명이 박근혜 대통령 탄핵안을 공동 발의해 전날 본회의에 보고했다. 그리고 박대통령 탄핵안은 2016년 12월 9일 재적의원 300명 가

---

**379** 경향신문, 「""하늘 무너져도 정의 세워야"···김수남, 대통령 처벌 불가피론」, 2016.12.06., https://www.khan.co.kr/article/201612062201005#c2b

운데 299명이 투표에 참여해 찬성 234명, 반대 56명, 기권 2명, 무효 7명으로 가결 처리됐다.[380] 그 결과는 문재인 정권의 출범과 함께 한 번도 경험해 보지 못할 정도로 망가질 대로 망가진 대한민국의 모습이었다. 탈원전으로 전기생산의 고비용 저효율로 한전은 누적적자 사상 최대인 200조를 돌파하게 되었으며[381], 국정원·방첩사 등 대공기관을 전멸시키고 대공수사 경험도 없는 경찰로 이관하는 등 대한민국의 안보를 마비시키는 일을 단행했다. 또한 소득주도 경제성장이란 무지로 인해 최저임금 1만 원 시대를 열겠다고 2018년도 최저임금을 2017년에 비해 16.4%나 인상된 7,530원으로 결정하고, 주 40시간 이상을 일하지 못하게 만들어 수많은 자영업자들과 중소기업들이 문을 닫거나 감원, 또는 해외이전으로 일자리를 폭망시켜 실업자를 급증시켰다. 뿐만 아니라 부동산 정책 실패를 숨기기 위해 온갖 통계조작으로 부동산 급등을 조작하는 등 정치, 경제, 안보 등 전방위적으로 거덜난 나라를 만들어 놓았던 것이다. 그 실상을 대부분의 국민들은 모르고 있다. 그저 지나가는 정치활동이나 정책의 일상으로 흘려드는 것이 우리 국민들의 관습적인 태도 때문이다. 지면상 이 부분에 대해서는 자세히 밝힐 수가 없지만 반드시 정리하고 넘어가야 할 어두운 역사의 단면임은 틀림없는 사실이다.

아무튼 박 대통령에 대한 탄핵은 박영수 특별검사팀이 검찰에서 1t

380  연합뉴스, 「국회, 朴대통령 탄핵…찬성 234표·반대 56표(3보)」, 2016.12.09.,
       https://www.yna.co.kr/view/AKR20161209109900001

381  전기신문, 「(2023 결산) 한전 사상 최대 누적적자 200조 돌파…국내 전력산업까지 여
       파」, 2023.12.26.(호수 4217), https://www.electimes.com/news/articleView.
       html?idxno=330632

트럭 1대 분량의 수사 자료를 건네받아 이를 바탕으로 본격적인 수사에 착수한 지 이틀만인 12월 9일에 일어난 헌정 사상 초유의 사건이다.[382]

## 박영수 특검의 마녀사냥식 수사

박영수 특검은 그때부터 90일간의 수사를 통해 트럭 3대분의 6만쪽 분량의 수사기록을 검찰에 넘겼다. 김수남 검찰로부터 트럭 1톤 분량의 수사기록을 넘겨받은 후 3배인 3톤 분량의 수사기록을 김수남 검찰이 다시 인계받은 것이다. 이 중 절반인 3만쪽 가량이 박근혜 대통령의 뇌물 혐의와 관련된 것으로 알려졌다. 검찰은 박영수 특검이 최종 수사결과를 발표한 2017년 3월 6일경 사실상 '2기 특별수사본부'를 구성하고 본격 수사에 들어갔다.[383]

2017년 3월 6일, 박영수 특검이 최종 수사결과를 발표하며 90일간 수사를 통해 '박근혜-최순실 게이트' 수사 방향과 파헤쳐야 할 대상이 '국정농단'과 '정경유착'이었다는 사실을 분명히 했다. 특검은 현직 대통령 박근혜에게 '뇌물' 혐의를 씌우며 부패한 민낯을 들춰냈다고 했다. 그러나 박근혜 대통령에 대한 먼지털이식의 무리한 마녀사냥 같은 수사이며, 뇌물 한 푼 받은 바도 없는데도 최순실과 경제공동체로 묶어 우격다짐으로 제3자 뇌물죄를 만들었다는 비판을 받고 있다. 더 나아가 특검은

---

382   동아일보, 「1t 분량 檢자료 넘겨받아⋯ 대기업 수사 '칼' 빼든 특검」, 2016.12.07.,
      https://www.donga.com/news/Politics/article/all/20161207/81705800/1

383   연합뉴스, 「'6만쪽' 절반 대통령 뇌물 혐의⋯내주 검찰특수본 출범」, 2017.03.03.,
      https://www.yna.co.kr/amp/view/MYH20170303013200038

뚜렷한 증거도 없이 궁예의 관심법 같은 묵시적 청탁을 동원하여 제3자 뇌물죄로 뒤집어 씌운 수사기록들을 통해 3개월간 13명을 구속하고, 총 30명을 재판에 넘기고 "남은 국민적 기대와 소명을 검찰로 되돌리겠다"며 수사기록들을 검찰에 넘겼다.[384]

## 경제공동체란 궤변과 증거도 없는 묵시적 청탁

특검도 김수남 검찰과 같이 삼성이 미르·K스포츠재단에 출연한 204억원과 최씨가 설립·운영한 동계스포츠영재센터에 지원한 16억 2800만원은 제3자 뇌물 혐의를 적용했다. 만일 박근혜 대통령이 최순실과 경제공동체가 성립되려면 계약관계가 있던가, 아니면 혈연관계 등 특수한 관계가 입증되어야 한다. 또한 다른 대기업이 출연한 금액에 대해서는 제3자 뇌물죄의 증거로 삼지 못하고 묵시적 청탁이란 용어를 동원하여 삼성의 출연금만을 제3자 뇌물죄를 적용한 것은 뇌물죄로 끼워맞추기 위해 수사했다는 것 밖에 안된다. 삼성이 정유라에게 말을 제공하고 기타비용까지 부담한 것이 국민연금의 지분을 통해 이재용의 삼성 승계를 위한 제3자 뇌물로 보는 것도 억지에 불과하다.

한국일보는 '7년의 국정농단 수사·재판은 대한민국에 무엇을 남겼나'라는 기사에서 이러한 검찰 및 특검 수사에 대해 다음과 같이 보도했다. "당시에 우리 모두 무언가에 마취된 상태였다"는 한 형사법 교수의

---

**384** 한국일보, 「윤석열·한동훈 앞세운 초대형 수사팀… '현직 대통령'을 탈탈 털었다」, 2024.03.09.,
https://www.hankookilbo.com/News/Read/A2024030802520003826

말을 인용하면서, 그것이 "국정농단 관련자들에 대한 과도한 수사·구속·재판이 이뤄졌음에도 당시 아무도 비판의 목소리를 내지 않았다"는 취지임을 밝혔다.

"특히 당시 박영수 특별검사팀이 '직권남용죄'나 '포괄적 뇌물' 혹은 '경제적 공동체' 개념을 무리하게 적용해 먼지털이식 수사를 진행했고, 법원이 단죄를 열망하는 여론에 영향을 받은 측면이 있었다"는 지적이 나왔다. 법관 경력 30년차를 바라보는 D 판사도 한국일보와의 인터뷰에서 그러한 지적을 인정하면서 "직권남용이 (국정농단 이전에) 사문화됐던 것은 이 죄목을 쓰기 시작하면 안 걸릴 사람이 없고 가장 정치적으로 사용할 수 있는 죄목이었기 때문이었다"며 "그런데 당시 특검은 법률용어도 아닌 '경제적 공동체'라는 개념을 사용해 범죄 공모 관계를 너무 넓혀놓았던 측면이 있다"고 평가했다. 형사 재판을 오래 담당했던 이 판사도 그때 분위기가 여론을 거스르기 어려웠다는 점을 인정하면서도 "국민이 처벌을 원하면 (사회적으로는) 그게 정답이라고 볼 수 있지만, 사법부는 억울한 사람이 나오지 않게 할 책무도 있다"고 했다. 실명으로 인터뷰에 응한 김현 전 대한변호사협회 회장은 "법리를 되도록 엄격하게, 가능한 피고인에게 유리하게 해석하는 것이 법의 정신"이라며 당시 박근혜대통령에 대한 재판은 "다 같이 시대적 최면에 걸렸던 것이 아닐까 반성을 하게 되는 측면도 있다"고 평가했다.[385]

---

**385** 한국일보, 「7년의 국정농단 수사·재판은 대한민국에 무엇을 남겼나」, 2024.03.09., https://www.hankookilbo.com/News/Read/A2024030802490004082

## 이재용회장, 박대통령 만나기 전 주총서 삼성 합병 찬성의결

삼성 이재용 부회장은 2015년 7월 25일 박 대통령을 만나기 이전에 이미 국민연금이 삼성 합병에 찬성결정한 뒤 7월 17일 삼성합병 주주총회에서 삼성의 합병 찬성에 대한 의결권을 행사한 이후이기 때문에 묵시적 청탁이 적용될 여지가 전혀 없다는 것이다. 국민연금 기금운용본부는 지난 2015년 7월 10일 내부 인사들만 참가하는 투자위원회에서 양사의 합병건에 대해 찬성하기로 결정한 뒤 삼성의 합병 주총인 7월 17일 합병에 서면으로 찬성하였다.[386] 그 후에 이재용 부회장이 박근혜 대통령을 면담했기 때문에 묵시적 청탁이 성립되는 것은 불가하다는 법원의 판단이 나온 것이다. 이에 이재용 삼성그룹 1심 재판부는 이 회장에 대한 다른 재판(뇌물공여 등 혐의)을 언급하며 "1심 판결에서 법원은 합병 등 개별 현안에 관해 명시적인 청탁은 물론 묵시적인 청탁도 했다고 보기 어렵다고 판단했다"고 했다. 이어 "2015년 7월 (이 회장과 박 전 대통령의) 단독면담 당시는 이미 국민연금이 주주총회에서 의결권을 행사한 후"라는 점을 지적하면서 "합병에 관한 청탁은 성립할 수 없다는 취지로 판단했다"고 밝혔다.[387]

특검은 이러한 엉터리 수사로도 박근혜 대통령 국정농단 재판부가 부당한 판결을 하여 검찰의 손을 들어준 결과, 윤석열수사팀장은 문재인

---

386 한국일보, 「국민연금, 삼성물산 주총에 '합병 찬성'의견 서면제출」, 2015.07.17., https://www.hankookilbo.com/News/Read/201507171515415546

387 블로터, 「[이재용 1심 판결]⑭ '국민연금 의결권' 확보 의혹…법원 "前 대통령의 부당 개입, 유도 안해"」, 2025.03.27., https://www.bloter.net/news/articleView.html?idxno=619391

정권때 고속승진을 통해 검찰총장까지 올라갔다. 물론 윤석열 사단에 속한 특검팀인 한동훈 등도 고속승진을 했다. 그러나 그러한 검찰의 기소나 재판부의 판결은 대기업들이 역대 정권들이 관행적으로 해오던 공익적 재단에 대한 지원이나 체육계에 지원하는 일을 상당히 부담스럽게 만들어 놓은 것도 사실이다. 그럼에도 불구하고 문재인정권때 평창동계 올림픽에 대한 대기업들의 지원을 독려해서 지원했음에도 누구도 그것을 뇌물죄로 엮지 않았다.[388] 또한 전 정권의 미르·K스포츠 재단 모금 사태를 뇌물수수, 적폐라며 강력하게 비판하던 문재인 정부가 대한상공회의소, 전국경제인연합회, 미래에셋과 같은 약소 기업들에게 평창 올림픽의 표를 사 달라고 부탁한 것이 드러났다.[389] 사법부의 내로남불의 극치다. 아무도 문재인정권이 하는 일에 대해 강요니, 자본시장의 경영권을 훼손한 행위니 하는 비난이 없었다.

## 김수남 검찰의 초강경수사, 박대통령 구속수사 및 기소

특검으로부터 사건기록을 넘겨받은 김수남 검찰은 2017년 3월 6일 '2기 특별수사본부'를 구성하고 본격 수사에 착수했다. 이영렬 서울중앙지검장이 본부장을 맡아 수사를 지휘하는 수사팀은 최정예 수사요원이 포진한 특수1부(이원석 부장검사), 형사8부(한웅재 부장검사), 첨단범죄수사2

---

388  한국경제, 「평창올림픽 홍보대사 된 문재인 대통령 "공기업이 먼저 후원해 달라"」, 2017.07.25., https://www.hankyung.com/article/2017072496771

389  머니투데이, 「[단독]"평창 A석 구매좀"…정부, 부영·미래에셋 등 '약점기업'에 손벌려」, 2018.02.07., https://news.mt.co.kr/mtview.php?no=2018020610307627762

부(이근수 부장검사) 등 세 개 부서로 구성, 박근혜 대통령 뇌물죄와 SK·
롯데그룹 등의 대가성 자금 지원 의혹 등을 집중적으로 수사했다. 그 결
과 박근혜 대통령은 2017년 3월 10일 헌법재판소에서 최종 파면 결정이
났다. 이어 박근혜전 대통령은 검찰의 초강경수사로 3월 21일 오전 9시
경부터 다음날 새벽까지 21시간 반 동안 검찰 조사와 검토를 끝내고 귀
가했다.[390]

서울중앙지검 특별수사본부(본부장 이영렬)는 2017년 3월 27일 구속
영장을 신청했다. 서울중앙지법 강부영(43) 영장전담판사는 30일 8시간
41분간 박 전 대통령에 대한 영장실질심사를 진행한 뒤 31일 오전 433억
원의 뇌물을 받은 혐의 등으로 구속영장을 발부하여 31일 박근혜(65) 전
대통령은 전직 대통령으로서는 3번째로 구속수감됐다.[391] 전직 대통령을
수사한 검찰총장은 있었어도 임명권자를 구속한 것은 박근혜정권의 김
수남 검찰총장이 처음이다.

뇌물액수가 1억 원 이상이면 법정형이 무기 또는 10년 이상의 징역이
지만 형법상 징역형의 상한선은 30년이다. 그러나 구속영장에 기재된 대
로라면 뇌물혐의가 모두 유죄로 인정될 경우 '경합범 가중규정'에 따라
최대 45년 징역형을 받을 수도 있다.[392] 김수남 검찰은 법과 원칙을 따른

---

**390** 연합뉴스, 「박근혜, 검찰청에 21시간반 체류…전직 대통령 중 최장조사(종합)」, 2017.03.22.,
https://www.yna.co.kr/view/AKR20170322001451004

**391** 조선일보, 「박근혜 前 대통령 구속」, 2017.03.31. https://www.chosun.com/site/data/html_
dir/2017/03/31/2017033100312.html

**392** 한국경제, 「검찰 "박근혜 전 대통령, 권력남용해 뇌물수수…국격 실추시키고 국민 신뢰 저버
려"」, 2017.03.28., https://plus.hankyung.com/apps/newsinside.view?aid=201703271719
1&category=NEWSPAPER

다는 말을 구두선처럼 외치면서 박근혜 전 대통령을 최대한 잔혹하게, 그리고 치욕스럽게 만들려고 달려들었다. 이에 앞선 특검의 수사도 마찬가지였다.

2017년 4월 17일 김수남 검찰은 박근혜 전 대통령에 대한 공소장을 작성하여 구속기소했다. 2017년 5월 10일 문재인 정권 출범 직전이다. 범죄사실로 적시한 혐의는 총 18개로 기존 제1기 검찰 특별수사본부가 밝힌 9개 범죄사실에, 특검이 새로 밝힌 7개, 그리고 최근 2기 검찰 특수본이 2개의 범죄사실을 추가했다. 김수남 검찰이 밝힌 범죄사실만 11개나 된다. 죄명으로는 7가지다. 검찰은 범죄사실 중 11개가 직권남용권리행사방해죄 및 강요죄에 해당한다고 밝혔다. 나머지 5개의 죄명은 제3자뇌물수수, 뇌물수수, 제3자 뇌물요구, 강요미수, 공무상비밀누설 등이다. 2016년 1기 특수본은 대기업들이 미르·K스포츠재단에 774억 원을 출연하는 과정에 박 전 대통령이 관여한 혐의(직권남용 및 강요)를 적시했다.[393]

## 박근혜 전 대통령 재판과 판결 및 석방

문재인 정권의 한동훈 서울지검 차장검사는 1심 공판 때인 2018년 2월 27일 국정농단 사건으로 탄핵된 박근혜 전 대통령 재판에 출석하여 "진지한 반성이나 사과할 의지가 없다는 점 등"을 들어 1심에서 뇌물

---

393  중앙일보, 「[박근혜 구속기소] 박 전 대통령 범죄사실 18가지, 죄명은 몇 개?」, 2017.04.17., https://www.joongang.co.kr/article/21483889

수수혐의로 징역 30년과 벌금 1,185억 원을 구형했다.[394] 검찰은 또 2018년 6월 14일 국가정보원 특수활동비를 뇌물로 수수하고, 2016년 국회의원 총선거에 개입한 혐의를 받는 박근혜(66) 전 대통령에게 총 징역 15년의 중형과 벌금 80억 원, 추징금 35억 원을 각각 구형했다.[395] 검찰이 박근혜전대통령에게 총 45년의 징역과 벌금 1,265억 원과 추징금 35억 원을 각각 구형한 것이다. 물론 구형도 검찰이 자의적으로 하는 것이 아니라 수사에 따른 양형 기준표에 따라 때리는 것이고, 법원에서의 판결도 양형 기준표에 따라 판결한다.

박근혜전대통령은 1, 2심 판결을 거쳐 2021년 1월 14일 대법원 3부에서 최종 판결을 받았다. 이날 대법원 3부는 기소된지 3년 9개월 만에 특가법상 뇌물 등 혐의로 기소된 박 전 대통령의 재상고심에서 징역 20년과 벌금 180억 원을 확정했다.[396] 박근혜 전 대통령은 문재인 정권 (2017.5.10.-2022.5.9.) 말인 2021년 12월 24일 구속수감된 지 4년 9개월 만에 사면되었고, jtbc의 최서원 씨의 태블릿PC보도로부터 5년 2개월만이다. 박근혜 전 대통령은 그해 12월 31일 석방됐다.[397]

394  파이낸스투데이, 「[팩트체크] 한동훈, 박근혜 전 대통령 30년 법원서 직접 구형」, 2024.07.06., https://www.fntoday.co.kr/news/articleView.html?idxno=325667

395  중앙일보, 「檢, '특활비 뇌물' '공천개입' 박근혜에 징역 12년, 3년 각각 구형」, 2018.06.14., https://www.joongang.co.kr/article/22717284

396  연합뉴스, 「[이슈워치] '국정농단' 박근혜 징역 20년 확정…재판 마무리」, 2021.01.14., https://www.yna.co.kr/view/MYH20210114015200641

397  중앙일보, 「[타임라인] 박근혜 전 대통령 PC부터 구속과 사면까지 5년 2개월의 기록」, 2021.12.24., https://www.joongang.co.kr/article/25035137

▲ 뇌물수수혐의로 징역 30년, 선거개입 혐의로 징역 15년 등 총 45년을 구형한 윤석열 사단의 '인간철판' 한동훈은 인간적으로 너무했다는 표정을 찾아볼 수 없다. 사진은 국민의힘 한동훈 전 비상대책위원장이 대구 박근혜 전 대통령 사저에서 연합뉴스에서 박 전 대통령과 기념 촬영한 모습이다.【출처 : 파이낸셜 투데이】

# 김수남 검찰과 사법부의 추악한 모습

## 김수남 검찰의 박대통령 뇌물죄 수사로 초강경 선회 배경

### 1. 태블릿PC의 조작 보도를 정정하지 않은 jtbc

박근혜 대통령 국정농단의 핵심적 증거는 소위 최순실 소유로 만든 태블릿PC다. 최순실의 태블릿PC도 아닌 것을 최순실 태블릿PC로 만든 것은 언론과, 특히 jtbc와 검찰조작수사에서 비롯된다. 소위 최순실 태블릿PC를 처음 발견한 자는 jtbc의 김필준 기자다. 2016년 10월 24일 jtbc는 "오늘(24일) 뉴스룸이 집중할 내용은 #최순실 씨의 것으로 확실시되는 개인 컴퓨터에서 확인한 최씨의 대통령 연설문 개입의혹입니다. 파장이 크게 드리울 문제입니다."라고 보도했다.[398] 이것은 jtbc 방송 홈페이지에도 나오지 않고 있으며, 현재 남아 있는 것은 jtbc 공식 페이스북에 남아있는 기사가 이것이 전부다. 당시 필자의 페이스북에 게시된 글을 인용하면,

""jtbc, 태블릿 국정농단 배후각본따라 방송, 방송직전 태블릿 입수 검찰에 넘겨"이란 기사제목으로 jtbc가 2016년 10월 24일 보도했다. 당시 손석희는 "최순실씨 것으로 확실시 되는 개인 컴퓨터에서 확인한 최씨의 대통령 연설문 개입 의혹들"이라며, 개인 컴퓨터라고 손석희가 방송보도했다. jtbc 김필준기자는 "최순실씨 사무실에 있던 PC에 저장된 파일들"이라며, 청와대와 관련된 내용으로 모두 200여 개에 이른다고 했다. jtbc 이희정기자는 "최순실측 '청와대 핵심문건 수정' 정황포착"이란 제하의 보도에서 "최씨측이 수정한 파일을 받은 누군가가 다시 최씨에게 보낸 것"이라며, 문서정보에는 작성한 날짜는 2004년도 나오고 마지막 수정한 날짜는 2013년 10월 31일 오전 8시 19분으로 나오고 작성자는 유연으로 최씨 딸 정유라의 개명전 이름이라고 밝혀 최씨 PC임을 강조했다. 이날 이희정기자가 보도한 문서정보와 "21차 수석비서관회의" '어려운 국정상황에도 흔

---

398  jtbc, 「오늘(24일) 뉴스룸이 집중할 내용은 #최순실 씨의 것으로 확실시되는 개인 컴퓨터에서 확인한 최씨의 대통령 연설문 개입의혹입니다. 파장이 크게 드리울 문제입니다.」(#JTBC #뉴스룸 LIVE ▶https://goo.gl/Jl3n5e), 2016.10.24., https://www.facebook.com/share/19BsUamSkF/ (https://goo.gl/Jl3n5e 로 들어가면 기사가 삭제되어 전혀 보이지 않음. 삭제됐다는 안내도 없음)

들림없이 민생해결에 전념'이란 문건을 소개하면서 "곳곳에 수정 밑줄이 쳐져있고, 내용 순서를 바꾸는 등 수정 흔적이 역력하다."고 보도했다. ... jtbc 서복현 기자는 "문제의 '최순실파일' 이렇게 입수했다... 경위공개"란 보도에서 그 개인PC가 최씨 것이라고 보는 근거에 대해 "PC가 있었던 곳이 최순실 씨 사무실 중 한 곳이었다."며, "최씨가 이 PC를 자주 사용한다는 증언도 확보했다"고 했다."[399]

이 보도가 허위사실인 것은 우선 첫째, 최순실 씨 것으로 확실 시되는 개인 컴퓨터라고 한 점이다. 그러나 실제는 최순실 개인 컴퓨터의 존재는 전혀 없었으며, 오직 jtbc방송실의 데스크탑 속에 최순실 파일만이 존재했을 뿐이다.

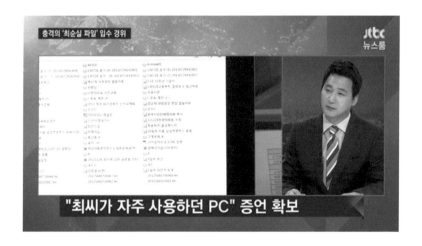

---

399    필자의 2016년 12월 28일, 페이스북 게시글

▲ 이 화면은 JTBC가 입수했다는 최순실 PC 모니터 화면이 아닌 'JTBC 취재진'의 '데스크톱PC' 모니터 화면이다.【출처 : 뉴데일리/jtbc캡처사진】

이미 주지하는 바, 최순실 씨 사무실인 강남 청담동 소재 더블루K 사무실에는 최순실의 개인컴퓨터는 애초에 존재하지도 않았고, 더욱이

버리고 간 짐 속에도 없었다.

그런데도 jtbc 방송국사무실에 존재하는 데스크 탑 속의 최순실 파일을 가지고 존재하지도 않은 가공의 최순실 개인 컴퓨터라고 전국민을 기만시키는 보도를 하였다는 점이다. 둘째, jtbc는 최순실씨 개인 컴퓨터로 보도하여 국정농단의 주범처럼 매도하여 전국을 발칵 뒤집어 놓더니 아무런 해명도 없이 어느날 갑자기 개인 컴퓨터가 최순실 태블릿PC로 돌변했다는 점이다.

더욱 기가 찬 일이 이러한 사실을 방송화면에서도 확인이 되는데도 불구하고 각 신문 방송사의 기자들이 무분별하게 jtbc보도를 복창하는 괴뢰언론들이 되었다는 점이며, 그에 따라 정치인들도 춤을 추고, 촛불들도 덩달아 춤을 추는 광란의 춤사위를 벌였다는 점이다. 정말 미친 세상이 따로 없는 것이다.

jtbc가 보도한 2016년 10월 24일 최순실 파일 뉴스는 최순실 PC나 태블릿PC에서 얻은 정보가 아니다. 만일 그곳에서 얻은 정보라면 사진이나 동영상 증거가 있어야 한다. 아무것도 취재증거도 없이 "최순실이 자주 사용하던 PC"에 대한 증언을 확보했다는 보도만 했다. 이것은 누군가로부터 USB로 청와대와 공용메일로 주고 받거나 그와 관련된 파일을 받아서 방송을 하게 되면 그 증거물인 태블릿PC를 제공하겠다는 거래에 의한 방송같다는 판단이다. 그렇지 않고서 jtbc 단독 취재라면 그 취재증거인 최순실 개인 컴퓨터라는 증거, 또는 태블릿PC의 실체를 보도했어야 된다. 물론 jtbc도 더블루K사무실이 최씨 사무실임을 확인하고 USB의 자료와 태블릿안의 자료가 일치하는 지를 확인한 뒤 방송보도를 결정한 것으로 보인다. 또한 최순실 태블릿PC라고 하는 방송을 전제로 전달해주겠다는 거래가 있었을 것으로 분석된다. 그렇지 않고 방송하기는 어려웠을 것이다. 이유야 어쨌든 jtbc는 보도할 당시에 최순실 개인 컴퓨터든, 태블릿PC든 확보했다고는 믿을 수 없다. jtbc가 최종적으로 해명한 2016년 12월 8일에 공개한 증거도 더블루k사무실 가운데 있는 고영태 책상사진뿐이다. 실제로 해당 화면은 27인치 이상의 데스크탑이며, 상위 폴더명은 '뉴스제작부 공용2', 'jtbc 취재모음', '최순실 파일'이란 저장경로가 나열되어 있었다. 이는 태블릿PC에 있던 '파일 복사본'을 옮겨놓은 jtbc 취재진의 PC 모니터를 촬영한 것으로 추정된다.[400]

공개할 대상이 태블릿PC인데 JTBC는 정작 입수한 PC는 제쳐두고 자사 취재진의 데스크톱PC 모니터를 자료 화면으로 띄우는 이해할 수 없는 행보를 보였다. 이날 뉴스룸은 자사 기자의 PC 모니터를 공개하면서도 이 사실은 언급하지 않은 채 "취재팀이 최순실의 컴퓨터 파일을 입수해 분석했다"는 점만 누차 강조했다.[401]

셋째, 최순실 태블릿PC라고 하는 증거도 없이 무조건 최순실 태블릿PC로 단정하여 국정농단의 스모킹 건으로 전국민을 속였으며, 그로 인해 박근혜대통령이 탄핵됐으며, 한번도 경험하지 못할 정도로 거덜난 세상을 맛봐야 했던 것이다. 소위 최순실 태블릿PC라고 하는 근거는 전혀 없다. 그 태블릿PC를 개통하고 요금을 납부한 자는 청와대 행정관인 김한수였다. 김한수는 그 태블릿PC를 2012년 6월 22일 개통한 이후, 이

---

**400** 뉴데일리,「국정농단 증거로 제시된 PC가 '최순실 소유'가 아니라면?」, 2016.12.15.,
https://www.newdaily.co.kr/site/data/html/2016/12/14/2016121400001.html

**401** 뉴데일리, 위의 기사

춘상 보좌관에게 전달했다고 하나 실제로는 조진욱이 청와대 행정관이 되기 전, 박근혜 대통령 후보 선거캠프에서 사용하기 위해 직접 김한수로부터 받았다고 하는 것이 신혜원의 증언이다.[402]

그런데 대선 캠프에서 사용되었던 그 태블릿PC는 대선이 끝나고 청와대 행정관으로 가게 된 김휘종에게 반납하여 김휘종이 사용했다는 것이다. 김휘종은 그 태블릿PC를 불에 태워버렸다고 말하지만 그것은 사실이 아니다. 그것은 방송에서 보도된 태블릿PC의 정보파일들이 실 사용자인 신혜원에게 익숙했기 때문이다. 제3자가 사용하는 태블릿PC에 자신이 사용해왔던 자료나 사진이 들어 있을 수 없기 때문이다. 그러한 태블릿PC는 어떤 경로에서 인지 고영태에게 흘러들어간 것으로 보인다. 고영태는 부인하지만 2016년 9월 3일 청담동 더블루K 사무실을 비울 때 그 사무실에 있는 고영태 책상 서랍에서 jtbc 김필준 기자가 그 건물 관리인의 협조로 구형 삼성 태블릿PC를 최초로 발견하여 최초로 열어봤던 것이다. 당시에는 태블릿PC 충전기코드가 없었기 때문에 근처 대리점에서 구해서 켰다는 것이다.

그런데 그 태블릿PC는 스포츠K 박헌영 과장이 고영태가 평소에 들고 다니던 구형 삼성 태블릿PC와 너무나 같은 내용이라서 고영태 태블릿PC로 알고 있었다고 했다. 왜냐하면 고영태도 그 태블릿PC를 열어보기 위해 박헌영 과장에게 충전기 코드를 구해달라고 해서 구하려고 했지만 구형이라 단종되어 구하지 못했다는 것이다. 그리고 그 태블릿PC는

402   월간조선, 「1년 만에 전모 드러난 '최순실 태블릿PC'」, 2017년 11월호,
      https://monthly.chosun.com/client/news/viw.asp?ctcd=&nNewsNumb=201711100010

더블루K 사무실을 비울 때 고영태 책상 서랍에서 봤다는 것인데 jtbc 김필준 기자도 그 사무실 책상 서랍에서 발견했다고 하는 것이 일치한다. 박헌영 과장은 국회 청문회에서는 검찰이 최순실 태블릿PC라고 하니 그렇게 믿지만 자신이 본 고영태가 들고 다니던 태블릿PC와 너무나 일치한다는 점을 떨쳐버리지 못하는 것 같았다.

그러한 얘기를 박헌영은 "**동료 노승일 K스포츠재단 부장에게 전했고, 그 말을 노 부장이 친구 고영태 씨에게 옮긴 걸로 안다(박 과장은 음성 녹취 하나를 들려줬다. 고영태 씨의 언론 인터뷰가 보도된 이후, 노승일 부장과 자신과 통화한 내용이었다. 노 부장은 "영태도 (청문회) 봤단다. 니가 얘기한 거 맞단다. 인정했다고"라고 말한다)**"[403] 이렇게 볼 때 소위 최순실 태블릿PC는 고영태가 들고 다니던 태블릿PC로 그가 자신의 책상 서랍 속에 넣어둔 것을 이미 알고 있었던 것이다. 그렇다면 고영태는 그 태블릿PC를 어디서 무슨 목적으로 가지고 있게 된 것이며, 무엇 때문에 책상 서랍 속에 놔두고 가져가지 않았는지가 의문이다. 고영태 자신도 뭔가를 위해 정보를 수집하고 있었는데 그런 중요한 정보가 들었다면 무엇 때문에 책상 서랍에 놔뒀겠느냐고 하지만 노승일과의 대화에서는 분명히 자기 것이라는 점을 인정했다는 것이다.

게다가 그것을 더불르K 사무실의 짐을 정리할 때 박과장이 "저 책상은 어떻게 할가요?"하고 묻자 최순실은 "그것은 고 상무 책상이니 고 상무가 알아서 하게 놔둬라"고 했다는 것이다. 그 사무실의 문을 시건장

403  시사인, 「[단독] 박헌영 과장 "내가 아니라 고영태가 위증했다"」, 2016.12.21.,
      https://www.sisain.co.kr/news/articleView.html?idxno=27912

치로 잠그기 전에 마지막으로 그 서랍 속에 태블릿PC가 있었다는 사실을 목격한 사람이 박헌영 과장이다. 그리고 최순실은 2016년 9월3일 독일로 출국했다. 그 날 박헌영은 마지막으로 사무실을 정리한 날이다. 인천국제공항에서 독일로 가는 첫항공편이 낮12시 50분. 직항로 소요시간은 11시간 40분이다. 서울서 인천국제공항까지 3시간정도 소요되고 출국절차도 최소 30분 정도를 잡으면 서울에서 오전 9시 30분 이전에 출발해야 한다. 더불르K 사무실에 들러갈 시간이 없다는 의미다. 물리적으로 더불르K 사무실에 있는 태블릿PC는 최순실 소유나 사용자가 되기가 불가능하다.

그런데 김한수는 검찰에서 이춘상 보좌관에게 그 태블릿PC 전달한 이후 단 한 번도 사용한 적도 없고, 만져본 적도 없고 아는 바로 없다고 진술했다. 게다가 그 태블릿PC에서 요금이 계속하여 빠져나간 사실도 전혀 몰랐다고 진술했다. 그러나 이것은 완전히 위증이다. 그것은 김한수가 이춘상(실제는 조진욱)에게 그 태블릿을 전달한 후 2012년 6월 22일 개통 이후 2012년 11월 27일까지 5개월간 월 통신요금을 한 푼도 내지 않아 요금미납으로 2012년 9월 10일부터 11월 27일까지 석 달여간 '이용정지'상태가 되었다. 그러나 김한수는 2012년 11월 27일 자신의 개인카드(신한카드)로 그동안 밀린 요금 37만5460원을 전부 납부하였다.[404] 그리고

---

**404**  ①미디어워치, 「태블릿PC 실사용자, 김한수의 2012년 11월27일, 유세 첫 날 행적, 이용정지 풀리 자마자 연설문 다운, 뉴스 검색 등 캠프 업무로 적극 활용」, 2020.03.29., https://www.mediawatch.kr/news/article.html?no=254685
②미디어워치, 「'밀린 요금' 납부한 김한수, 태블릿PC 실사용자로 사실상 확정」, 2020.03.22., https://www.mediawatch.kr/news/article.html?no=254669(㈜SK텔레콤 사실조회회신 '2018 노4088 요청 결과 통보', 20200131 접수)

2016년 10월까지 개인카드로 요금을 납부했다. 이것은 SK텔레콤에 사실 조회한 결과 밝혀진 사실이다. 그날이 박근혜 대통령후보 유세 첫날이었다. 김한수는 그날로 '1일차 대전역 유세' 한글 파일을 다운로드 하는 등 11가지 업무 등을 수행하는 데 활용했다. 그중에는 김한수의 딸 사진까지 저장하여 태블릿PC가 김한수 소유이자 김한수가 실사용했다는 증거이다. 물론 상시 사용했다는 증거는 될 수 없다. 그 이후에 이춘상의 지시인지는 모르나 이 태블릿을 조진욱에게 직접 전달하여 박근혜 대통령 후보 대선 캠프에서 사용했다.

## 2. 대장동 사업 시기와 박영수 특검의 200억 뇌물 혐의

박영수 전 특검은 대장동게이트 50억 클럽 6명 중에 박근혜 전 대통령을 수사했던 수사관들은 김수남, 박영수이며, 최재경은 박근혜 대통령 당시 민정수석으로 임명되자마자 사표를 낸 자이다. 그리고 50억 클럽은 아니지만 대장동 민간업자로부터 금품수수와 연루된 자가 양재식 특검보이다. 이렇게 볼 때 박근혜 대통령 탄핵 시기를 전후하여 대장동 관련 특검 및 특검보 등 4명이나 된다. 특히 당시 박근혜 전 대통령을 강경하게 수사를 진두지휘했던 김수남 총장이다.

조선일보 보도에 의하면, 박영수 전 특검은 2014년 11~12월 우리은행 이사회 의장으로 재직하며 남욱(천화동인 4호 소유주)씨 등에게 대장동 개발 사업 관련 컨소시엄 참여와 프로젝트 파이낸싱(PF) 대출 등 청탁을 받고 그 대가로 200억 원 상당의 땅과 건물을 약속받고, 변협회장 선거 자금 명목으로 현금 3억 원을 수수한 혐의를 받고 있다. 또 2015년 3~4월 우리은행의 역할이 여신(與信) 의향서 발급으로 축소된 상태에서 김만배 씨에게 5억 원을 받고 50억 원을 약정받은 혐의도 있다.[405] 박영수 전 특검과 양재식 특검보 두 사람은 대장동 민간사업자들로부터 도합 19억 원의 금품을 수수한 혐의로 지난 2023년 8월 기소됐다.[406]

'박근혜−최순실 국정농단 의혹 사건' 수사를 이끈 박영수 전 특별검사가 이른바 '50억 클럽'에 연루된 혐의로 1심에서 실형을 선고받고 법정 구속됐다.

대장동 사업 관련 청탁 대가로 50억 원을 약정받은 혐의에 대해선 무죄가 선고됐지만, 대한변호사협회 회장 선거 비용을 대장동 민간업자로부터 받은 혐의에는 유죄가 인정됐다. 서울중앙지법 형사합의 33부(김동현 부장판사)는 13일 특정경제범죄 가중처벌법 위반(수재 등) 혐의로 재판에 넘겨진 박 전 특검에게 징역 7년과 벌금 5억원을 선고하고 1억5천만원 추징을 명했다.

박영수 전 특검과 함께 기소된 양재식 전 특검보에 대해서는 징역 5년과 벌금 3억 원, 추징 1억5천만 원을 선고했다. 영재식 전 특검보는 박영수 특검의 수사3팀장으로 세월호수사를 담당한 검사로 박전 특검과 함께 법정 구속됐다.

특이한 점은 50억 클럽에 속한 대부분의 검사들이 대장동 게이트와 연루되었다는 점이다. 대장동게이트의 주범은 이재명 당시 성남시장이

---

**405**  조선일보,「박영수 前특검 구속 기소... 19억 받고 200억 약정한 혐의」, 2023.08.22., https://www.chosun.com/national/court_law/2023/08/21/ JA3FRU73GFDLNMNNSNJBQ4CPHI/

**406**  동아일보,「'대장동 로비 의혹' 박영수 전 특검, 2심 재판부에 보석 신청」, 2025.04.22., https://www.donga.com/news/Society/article/all/20250422/131465638/1

다. 이재명의 야망과 50억 클럽, 특히 김수남과 박영수, 양재식 등은 대장동 뇌물 수수혐의와 박근혜 정권 몰락의 배후에 어떤 연관이 있는지 의혹이 짙다. 갑자기 김수남과 이원석이 박근혜 대통령에 대한 초강경 뇌물 수사로 선회하여 진두지휘한 이면에는 우연치고는 이재명과의 연관성이 있지 않나 하는 의혹의 눈초리로 바라보지 않을 수 없다. 하늘이 무너져도 정의를 세워야 하겠다고 결기를 세워 임명권자인 박근혜 대통령을 배신할 정도로 청렴결백한 자가 부정부패 투성이인 대장동 자체에는 관여하지도, 쳐다보지도 말아야 할 것 아닌가. 아니 오히려 대장동비리에 칼을 들이대서 수사를 해야 할 자 아닌가. 그런 자가 그런 더러운 곳에 '50억 클럽'이나 가담하는 것이 말이 되는가. '50억 클럽' 전회원도 마찬가지다.

# 3.
# '구국의 12.3 비상계엄' 선포

## 계엄의 정당성과 적법성

### 계엄의 정당성

#### 1. 윤석열 대통령의 계엄선포

선포문 전문은 다음과 같다.[407]


"존경하는 국민 여러분, 저는 대통령으로서 피를 토하는 심정으로 국민 여러분께 호소드립니다.

지금까지 국회는 우리 정부 출범 이후 22건의 정부 관료 탄핵 소추를

---

407　kbs, 「[전문] 윤석열 대통령 비상계엄 선포 담화」, 2024.12.04.,
　　　https://news.kbs.co.kr/news/pc/view/view.do?ncd=8121937

발의하였으며, 지난 6월 22대 국회 출범 이후에도 10명째 탄핵을 추진중에 있습니다.

　　이것은 세계 어느 나라에도 유례가 없을 뿐 아니라 우리나라 건국 이후에 전혀 유례가 없던 상황입니다. 판사를 겁박하고 다수의 검사를 탄핵하는 등 사법 업무를 마비시키고, 행안부 장관 탄핵, 방통위원장 탄핵, 감사원장 탄핵, 국방 장관 탄핵 시도 등으로 행정부마저 마비시키고 있습니다.

　　국가 예산 처리도 국가 본질 기능과 마약범죄 단속, 민생 치안 유지를 위한 모든 주요 예산을 전액 삭감하여 국가 본질 기능을 훼손하고 대한민국을 마약 천국, 민생 치안 공황 상태로 만들었습니다. 민주당은 내년도 예산에서 재해대책 예비비 1조원, 아이돌봄 지원 수당 384억원, 청년 일자리, 심해 가스 전 개발사업 등 4조 1천억원을 삭감하였습니다. 심지어 군 초급 간부 봉급과 수당 인상, 당직 근무비 인상 등 군 간부 처우 개선비조차 제동을 걸었습니다. 이러한 예산 폭거는 한마디로 대한민국 국가 재정을 농락하는 것입니다.

　　예산까지도 오로지 정쟁의 수단으로 이용하는 이러한 민주당의 입법독재는 예산 탄핵까지도 서슴지 않았습니다. 국정은 마비되고 국민들의 한숨은 늘어나고 있습니다. 이는 자유대한민국의 헌정질서를 짓밟고, 헌법과 법에 의해 세워진 정당한 국가기관을 교란시키는 것으로써, 내란을 획책하는 명백한 반국가 행위입니다.

　　국민의 삶은 안중에도 없고 오로지 탄핵과 특검, 야당 대표의 방탄으로 국정이 마비 상태에 있습니다. 지금 우리 국회는 범죄자 집단의 소굴이 되었고, 입법독재를 통해 국가의 사법·행정 시스템을 마비시키고, 자유민주주의 체제의 전복을 기도하고 있습니다. 자유민주주의의 기반이 되어야 할 국회가 자유민주주의 체제를 붕괴시키는 괴물이 된 것입니다. 지금 대한민국은 당장 무너져도 이상하지 않을 정도의 풍전등화의 운명에 처해 있습니다.

친애하는 국민 여러분, 저는 북한 공산 세력의 위협으로부터 자유대한민국을 수호하고 우리 국민의 자유와 행복을 약탈하고 있는 파렴치한 종북 반국가세력들을 일거에 척결하고 자유 헌정질서를 지키기 위해 비상계엄을 선포합니다.

저는 이 비상계엄을 통해 망국의 나락으로 떨어지고 있는 자유 대한민국을 재건하고 지켜낼 것입니다. 이를 위해 저는 지금까지 패악질을 일삼은 망국의 원흉 반국가세력을 반드시 척결하겠습니다. 이는 체제 전복을 노리는 반국가세력의 준동으로부터 국민의 자유와 안전, 그리고 국가 지속 가능성을 보장하며, 미래 세대에게 제대로 된 나라를 물려주기 위한 불가피한 조치입니다.

저는 가능한 한 빠른 시간 내에 반국가세력을 척결하고 국가를 정상화 시키겠습니다. 계엄 선포로 인해 자유대한민국 헌법 가치를 믿고 따라주신 선량한 국민들께 다소의 불편이 있겠습니다마는, 이러한 불편을 최소화하는 데 주력할 것입니다. 이와 같은 조치는 자유대한민국의 영속성을 위해 부득이한 것이며, 대한민국이 국제사회에서 책임과 기여를 다 한다는 대외 정책 기조에는 아무런 변함이 없습니다.

대통령으로서 국민 여러분께 간곡히 호소드립니다.

저는 오로지 국민 여러분만 믿고 신명을 바쳐 자유 대한민국을 지켜낼 것입니다. 저를 믿어주십시오. 감사합니다."

윤석열 대통령은 "자유민주주의의 기반이 되어야 할 국회가 국민의 삶은 안중에도 없고 오로지 탄핵과 특검, 야당 대표의 방탄, 다수당의 국회가 입법독재로 국가의 사법·행정 시스템을 마비시키는 등 국정이 마비되고, 자유민주주의 체제의 전복을 기도하고 있다"며, "이로 인해 대한민국은 당장 무너져도 이상하지 않을 정도의 풍전등화의 운명에 처해 있다"고 강하게 비판했다. 이에 윤 대통령은 "북한 공산 세력의 위협으로부터 자유대한민국을 수호하고 우리 국민의 자유와 행복을 약탈하고 있는 파렴치한 종북 반국가세력들을 일거에 척결하여 자유 헌정질서를 지키기 위해 비상계엄을 선포한다"고 계엄 선포의 목적을 명백하게 밝혔다. 그럼에도 불구하고 국회는 대통령의 뜻에 협력하기는커녕 대통령의 비상계엄 선포의 사유와 목적을 철저히 외면하고, 국민과 민주주의를 지킨다는 명분을 앞세워 무조건적으로 계엄을 해제시켰다. 그것은 그동안 국회에서 패악질한 세력이 자신들이며, 자신들의 반국가적 행위를 용납하지 않겠다고 칼을 들이민 데 대한 정치 본능적 방어로 국민과 나라의 안위는 아랑곳 않고 계엄을 해제시킨 것이다.

## 2. 계엄의 합헌성과 목적성

㈎ 계엄의 합헌성

헌법 제77조 ①대통령은 전시·사변 또는 이에 준하는 국가비상사태에 있어서 병력으로써 군사상의 필요에 응하거나 공공의 안녕질서를 유지할 필요가 있을 때에는 법률이 정하는 바에 의하여 계엄을 선포할 수 있다.

12.3 비상계엄은 헌법 제77조 ①항에 따라 대통령의 합헌적 통치권에 속하는 고유권한이기 때문에 위법, 위헌 사항이 없으면 정당한 통치행위가 된다.[408]

또한 12.3 계엄은 헌법 66조②항과 계엄법 2조 2항에 따라 자유대한민국을 수호하고 자유민주주의의 헌정질서를 지키기 위해 종북 반국가세력을 척결할 목적으로 선포한 것이다.[409] 계엄법 2조 2항은 "사회질서가 극도로 교란(攪亂)되어 행정 및 사법(司法) 기능의 수행이 현저히 곤란한 경우에 군사상 필요에 따르거나 공공의 안녕질서를 유지하기 위하여 선포한다."고 나와 있다. 이러한 계엄 상황에 대한 판단도 대통령 고유의 통치권한에 속하는 문제이다. 이미 앞에서 지적했듯이 입법 사법 행정의 마비 상태에 이를 정도의 줄 탄핵과 긴요한 예산 삭감 등으로 대통령의 통치권 행사가 극도로 제한받는 상태에서 국정이 마비되는 상황을 다른 어떤 방법으로도 타개할 방법이 없었으며, 따라서 이를 계엄상황으로 판단하여 계엄을 선포한 것이다. 일각에서는 정치는 대화를 통해 풀어야 한다고 했으나 이미 국회 탄핵과정이나 예결위 심의과정에서 보여주었는바 민주당 일방 독주였으며, 대화 자체가 불가능한 상태였다.

---

408 헌법 제77조 ①대통령은 전시·사변 또는 이에 준하는 국가비상사태에 있어서 병력으로써 군사상의 필요에 응하거나 공공의 안녕질서를 유지할 필요가 있을 때에는 법률이 정하는 바에 의하여 계엄을 선포할 수 있다.

409 헌법 제66조 ②대통령은 국가의 독립·영토의 보전·국가의 계속성과 헌법을 수호할 책무를 진다. 계엄법 제2조(계엄의 종류와 선포 등) ② 비상계엄은 대통령이 전시·사변 또는 이에 준하는 국가비상사태 시 적과 교전(交戰) 상태에 있거나 사회질서가 극도로 교란(攪亂)되어 행정 및 사법(司法) 기능의 수행이 현저히 곤란한 경우에 군사상 필요에 따르거나 공공의 안녕질서를 유지하기 위하여 선포한다.

(나) 계엄의 합헌적 통치권

    12.3 계엄 선포(2024.12.03. 밤10시 27분경)는 대통령의 합헌적 통치권이다.12.3 비상계엄은 자유대한민국을 수호하고 자유민주주의의 헌정질서를 지키기 위해 종북 반국가세력을 척결할 목적으로 헌법과 법률에 의해 계엄을 선포한 것이다.(헌법 66조②항, 계엄법 2조 2항) 계엄상황에 대한 판단도 대통령 고유의 통치권한에 속하는 문제이다.

    **헌법 제66조 ②대통령은 국가의 독립·영토의 보전·국가의 계속성과 헌법을 수호할 책무를 진다.**

    **계엄법 제2조(계엄의 종류와 선포 등) ② 비상계엄은 대통령이 전시·사변 또는 이에 준하는 국가비상사태 시 적과 교전(交戰) 상태에 있거나 사회질서가 극도로 교란(攪亂)되어 행정 및 사법(司法) 기능의 수행이 현저히 곤란한 경우에 군사상 필요에 따르거나 공공의 안녕질서를 유지하기 위하여 선포한다.**

(다) 목적성

    12.3 비상계엄은 3가지의 목적을 가지고 선포했다. 첫째, 북한 공산세력의 위협으로부터 자유대한민국을 수호하고 우리 국민의 자유와 행복을 약탈하고 있는 파렴치한 종북 반국가세력들을 일거에 척결하고 자유 헌정질서를 지키기 위해 비상계엄을 선포했다.

    둘째, 이 비상계엄을 통해 망국의 나락으로 떨어지고 있는 자유 대한민국을 재건하고 지켜내기 위해 선포했다. 이를 위해 패악질을 일삼은 만국의 원흉 반국가세력을 반드시 척결하고, 체제 전복을 노리는 반국가

세력의 준동으로부터 국민의 자유와 안전, 그리고 국가 지속 가능성을 보장하며, 미래 세대에게 제대로 된 나라를 물려주기 위해 선포했다.

셋째, 가능한 한 빠른 시간 내에 반국가세력을 척결하고 국가를 정상화 시키기 위해 선포했다.

따라서 이러한 목적으로 선포한 12.3 계엄은 어떠한 이유로도 내란이라고 할 수 없다. 내란에는 반드시 목적성이 분명해야 된다. 설사 헌법기관인 국회를 침범하더라도 그행위가 목적성에 부합하면 내란이 성립될 수 없다. 국회가 내란의 주범으로 전락하거나 동조하면 대통령은 헌법을 수호하기 위해 국회를 접수하여 징계할 수 있다. 대통령은 헌법재판소가 내란에 동조하면 헌법재판소를 접수하여 처벌할 수 있다. 그것이 국민이 대통령에게 부여한 헌법수호의 책무이자 사명이다. 합당하기만 하면 말이다. 반론도 있을것이다. 목적에 부합하더라도 그 방법도 헌법에 부합해야 한다고... 그러나 헌법수호의 목적을 위해 위기 상황이 불가피하다고 판단될 때는 한법기능이 훼손하지 않는 선에서 헌법기관을 제한할 수 있다.

### ㈑ 계엄상황에 대한 대통령의 판단

① 민주당의 입법 독재와 탄핵권의 남용으로 인한 위헌적 책동

윤 대통령은 계엄선포문에서 “정부 출범 이후 22건의 정부 관료 탄핵 소추를 발의”하여 “지난 6월 22대 국회 출범 이후에도 10명째 탄핵을 추진 중”에 있다고 밝혔다. 또한 윤 대통령은 “판사를 겁박하고 다수의 검사를 탄핵하는 등 사법 업무를 마비시키고, 행안부 장관 탄핵, 방통위원장 탄핵, 감사원장 탄핵, 국방 장관 탄핵 시도 등으로 행정부마저 마비”시켜 극도의 국정혼란을 초래했다고 밝혔다. 그래서 “국가 예산 처

리도 국가 본질 기능과 마약범죄 단속, 민생 치안 유지를 위한 모든 주요 예산을 전액 삭감하여 국가 본질 기능을 훼손하고 대한민국을 마약 천국, 민생 치안 공황 상태로 만들었다"고 계엄 상황임을 판단했다.(**계엄 상황에 대한 대통령의 통치권적 판단**)

② 비상계엄 상황 판단에 대한 구체적인 사례

이어 윤 대통령은 국회에서 패악질을 일삼는 민주당에 대해 "민주당은 내년도 예산에서 재해대책 예비비 1조원, 아이돌봄 지원 수당 384억 원, 청년 일자리, 심해 가스전 개발 사업 등 4조1천억 원을 삭감하였다"며, 이는 "자유대한민국의 헌정질서를 짓밟고, 헌법과 법에 의해 세워진 정당한 국가기관을 교란시키는 것으로써, 내란을 획책하는 명백한 반국가 행위"로 규정했다.

③ 비상계엄의 목적

이에 따라 윤 대통령은 "북한 공산 세력의 위협으로부터 자유대한민국을 수호하고 우리 국민의 자유와 행복을 약탈하고 있는 파렴치한 종북 반국가세력들을 일거에 척결하고 자유 헌정질서를 지키기 위해 비상계엄을 선포한다"고 하여 비상계엄의 목적이 자유대한민국을 수호하고, 자유민주주의의 헌정질서를 지키기 위해 종북 반국가세력을 척결하여 "망국의 나락으로 떨어지는 대한민국을 재건"할 목적으로 계엄을 선포했음을 분명하게 밝혔다.

④ 비상계엄의 조기 종결로 대국민 약속 천명

윤 대통령은 "지금까지 패악질을 일삼은 만국의 원흉 반국가 세력을 반드시 척결하겠다."고 약속하면서, "이는 체제 전복을 노리는 반국가 세력의 준동으로부터 국민의 자유와 안전, 그리고 국가 지속 가능성을 보장하며, 미래 세대에게 제대로 된 나라를 물려주기 위한 불가피한 조치"라는 점에 대해 국민들의 양해를 구한 뒤 "가능한 한 빠른 시간내에 반국가세력을 척결하고 국가를 정상화 시키겠다"고 약속, 정치적 목적이 아님을 분명히 했다.

## 3. 계엄의 적법성

계엄 선포는 대통령이 계엄상황을 판단하여 국무회의 심의를 거쳐 선포할 때와 국방부 장관이나 행정안전부 장관이 국무총리를 거쳐 대통령에게 계엄 선포를 건의할 수 있다고 나와 있다.(계엄법 제2조 5항과 6항) 또한 계엄을 선포한 때에는 지체없이 국회에 통고해야 한다.(헌법 제77조 4항)[410]

실제 대통령의 국회통고는 이뤄지지 않았으나 TV 담화를 통해 계엄을 선포했기 때문에 대부분의 국회의원들에게 전달되어 국회통고와 같은 효과가 있었다. 국회통고는 미흡하지만 사실상 이뤄진 것이다. 대부분 국회의원들도 대국민담화를 보고 국회로 급히 이동하여 2시간만에 계엄해

---

[410] 헌법 제77조 ④계엄을 선포한 때에는 대통령은 지체없이 국회에 통고하여야 한다.
계엄법 제2조 ⑤대통령이 계엄을 선포하거나 변경하고자 할 때에는 국무회의의 심의를 거쳐야 한다. ⑥국방부장관 또는 행정안전부장관은 제2항 또는 제3항에 해당하는 사유가 발생한 경우에는 국무총리를 거쳐 대통령에게 계엄의 선포를 건의할 수 있다.

제를 결의하는 비정상적인 일이 벌어졌다. 대통령의 계엄이 어떤 의미인지조차 논의되지 않고 무조건 상정하여 무조건 해제시켰다. 물론 그에 따라 윤대통령은 6시간 만에 국무회의를 통해 계엄을 해제했다. 무슨 계엄이 장난인지 선포하자마자 국회에서는 무조건 해제결의하고, 대통령은 법적 절차에 따라 해제시키는 것이 무슨 정치인지 국민들은 이해를 못해 당황해했다. 그러면서 뜬금없이 계엄이냐는 식으로 초기에는 대통령의 계엄에 대해 상당히 부정적이었다. 그러나 국민의 힘은 민주당의 입법 독주와 패악질에 질릴 정도로 아무것도 하지 못하고 무력한 상태에 빠졌으며, 그로 인해 입법, 사법, 행정이 마비될 지경이란 사실을 누구보다 잘알고 있었음에도 불구하고 결사적으로 혈서를 써서라도, 아니면 죽음을 각오한 단식 투쟁이나 장외투쟁을 통해 저항하는 모습은 전혀 없이 계엄을 반대하는 비굴한 모습을 보여주었다. 민주당도 이재명의 독주에 강력하게 반대하는 인간이 한 명도 없이 고양이 앞에 쥐새끼 조아리듯 무뇌 추수자들이 되었다. 어처구니없는 황당한 정치행태라 하지 않을 수 없다.

계엄의 적법성에서 있어서 계엄법 6항의 경우 언론에서는 국방부장관의 건의로 대통령이 계엄을 선포했다고 보도했다. 그러나 집권초기부터 민주당은 대통령을 상대도 하지 않는 분위기였으며, 민주당의 횡포로 줄 탄핵을 자행, 사법·행정의 마비와 국정을 마비시킬 수 있는 선택적 예산 삭감, 정쟁 법안만을 입법 강행한 것 등으로 윤대통령은 국정운영에 있어서 완전히 무력함을 느꼈다는 것이다. 따라서 대통령의 지시에 따라 김용현국방부장관이 계엄에 대한 계획을 수립하여 보고한 것으로 보인다. 이 같은 경우는 국무총리를 군이 거치지 않아도 되는 것으로 보인다. 그러나 국방장관은 '계엄을 위한 국무회의'에 대통령이 들어오기 직전에 계엄 이야기를 했다고 주장하나 한덕수국무총리는 '전혀 보고받은 바가 없다'고 부인했다.[411] 이것이 사실이라면 정식보고가 아닌 계엄할 것이라는 언질이라고 판단된다. 이 경우 대통령의 지시로 시작된 계엄이기 때문에 김용현국방장관의 총리에게 알리는 것은 강행규정도 아니기 때문에 큰 의미가 없다고 보여진다.

## 4. 적법성 판단

(가) 대통령의 계엄 선포 : 12.3 계엄 선포는 대통령의 지시에 따라 김용현국방장관이 계엄에 대한 매뉴얼을 작성하여 보고한 후 짧게나마 국무회의의 심의를 거쳤다. 계엄을 국방부장관이 건의할 경우는 국무총리를 거치게 되어있지만 대통령의 지시의 경우는 국무총리를 거쳐야 할 법적 의무는 없다고 본다.

2025년 1월 23일 대통령 탄핵 4차 변론기일에 증인으로 출석한 김용현 국방장관을 상대로 한 대통령측 변호인은 증인신문에서 김전 장관은 계엄선포의 배경에 대한 취지는 다음과 같이 증언한다.

"대통령은 미래세대에게 제대로된 나라를 물려 주려하는 데 야당의 횡포가 극심해 답답하다는 심정을 자주 토로하셨다. 특히 대통령께서는 거대 야당이 국민의 삶과 민생에는 전혀 관심이 없고 오직 3가지 방탄, 탄핵, 특검 여기에 매몰되어 있는 것에 대해 굉장히 우려를 많이 하셨고, 안

---

411 MBCNEWS, 「"한덕수에 계엄 사전 보고"··엇갈린 주장 (2024.12.27./뉴스투데이/MBC)」, 2024. 12. 26., https://youtu.be/K65yKZn8BY4?si=fakJZRcZrVyaB5-6

타까워하셨다. 거대 야당 민주당은 숫적 우세를 무기로 대통령 집권 초기부터 고위 공직자 줄탄핵으로 국정을 마비시켰고, 위헌법 난발, 핵심적 국정과제 수행을 위한 예산 대폭 삭감 등으로 대통령의 손발을 묶고 돈줄까지 차단하는 폭거를 저지르는 데다가 국가안보를 위한 간첩죄 개정을 반대하고 야당의 비리를 조사한 감사원장과 서울중앙지검장 탄핵까지 하기에 이르렀고, 심지어 상임위 또는 국감에서 국무위원을 심하게 모욕을 주고 공직자로서 위축을 시키는 등 야당의 행동이 국정 마비의 수준을 넘어서 민주주의의 기본원리인 3권분립을 위태롭게 하는 국헌문란의 지경에 이르렀다. 대통령은 '계엄의 형식을 빌려 망국적 상황을 주권자인 국민에게 알리기 위해 대통령의 헌법상의 권한인 비상계엄이란 형식을 통해서 강력한 대국민 호소를 해야 되겠다'라고 생각해서 계엄 준비를 지시하셨다. 대통령께서는 22번의 불법적인 탄핵 발의에 대해서 이것은 우리 헌정사에도 없지만, 이 지구상에 어느 나라에도 이런 사태가 없다. 이건 초유의 사태다, 그러시면서 이것은 정말 의회독재의 폭거다. 그렇게 말씀하셨다. 이와 함께 재판 결과가 자기 마음에 안든다고 해서, 불리하다고 해서 해당 판사를 탄핵하겠다고 겁박하고 자기와 관련된 사건을 수사하고 있는 검사를 무더기로 탄핵을 하고, 이렇게 하면 사법 정의가 제대로 서겠는가. 행안부 장관을 비롯해서 방통위원장은 3번에 걸쳐서 탄핵시도가 있었고, 그것도 모자라 방송심의위원회를 아예 기능을 마비시키기까지 했다. 자기 관련된 사건을 감사한다고 감사원장까지 탄핵하고, 이것은 정말 선을 넘은 것이다. 그러면서 이제 행정부의 기능까지도 마비시키는 사태에 대해서 우려를 하셨다. 특히 예산삭감에 관련해서도 거의 4조원이 넘는 .. 그 청년 일자리, 대왕고래 시추예산, 이것이 전액 다 삭감되고 또 K원전에 관련된 것, 아이돌봄에 관련된 것, 또 심지어 우리 군의 초급 간부들 처우개선 예산까지 전부 다 삭감을 해버리고, '이것은 단순한 예산삭감이 아니라 우리 국민의 삶을 약탈하는 거다. 이것은 국민 약탈 행위다'라고 말씀하시면서 '대통령으로서 나는 이것을 더 이상 묵과할 수 없다. 그런데 어떻게 견제할 수 있는 수단이 없다. 그 방법이 한 가지 있는 것이 비상계엄밖에 없었다.' 그래서 피를 토하는 심정으로 비상계엄을 준비하게 된 것이다."

고 최후의 수단인 비상계엄을 준비하게 된 것이라고 증언했다.

또한 소추위측은 비상계엄 당일 비상계엄 안건이 국무회의의 심의를 거치지 않고 일방적 통고로 비상계엄이 이루어졌다는 것에 대해 "그렇지 않다."며, 김전 장관이 직접 비상계엄 선포문을 참가했던 국무위원들에게 모두 배포하여 심리했다고 증언했다. 소추위측에서 5분간의 국무회의를 형식적으로 치렀다는 것에 대해서도 "대통령실에서 국무위원들을 직접 소집했고 국무위원들이 20시 30분경부터 도착하기 시작하여 마지막으로 2024년 12월 3일 22시 17분경에 오영주장관이 도착하여 11명의 국무위원 의사정족수가 충족될 때까지 국무위원들이 오는 대로 심의를 하여 1시간 30분 넘게 순차적으로 심의가 실질적으로 이뤄진 후 계엄을 선포하게 되었다"고 증언했다. 배포된 계엄 선포문에는 계엄 선포의 사유와 계엄의 종류, 계엄일시, 계엄 지역, 계엄 사령관 등이 기재되어 있으며, '비상계엄은 매우 전격적이고 보안이 필요한 사안이라 배포에 대해서는 국무회의 규정 제3조 4항 및 제5항에 따라서 미리 제출하지 않았다'고 했다. 당시 대통령의 계엄 안건에 대해 심의하는 과정에서 총리, 경제부총리, 외교부장관의 반대의견까지 충분히 청취하였으며, '국무위원 중에는 시민저항과 유혈사태를 우려한 국무위원들이 있었으나 대통령은 절대 그런 일이 있지 않을 것이다.'고 설득했다는 증언도 했다.

(나) 최상목 경제부총리에게 준 쪽지의 위헌성 여부

'최상목 경제부총리에게 준 쪽지'에 대해 김 전 장관은 "첫 번째가 예비비를 확보하라는 것으로, 이것은 비상계엄이 발령되면 여러 가지 예상치 못한 예산 소요가 나올 수 있다는 판단에서 기재부에 요청한 것이다. 두 번째는 국회 관련 보조금, 지원금 이렇게 차단하라고 했는데 이것은 뭐냐면 국회를 통해서 정치적 목적으로 지급되는 각종 보조금, 그 다음에 지원금 등에 대해서 차단을 하라는 취지였다. 세 번째 국가비상입법기구 관련 예산 편성은 이 국가비상입법기구라는 것은 헌법 제76조에 따라 긴급재정입법권을 수행하기 위한 조직을 기재부 내에 구성하고 필요한 예산이 있으면 편성하라는 취지에서 말한 것"이라고 증언했다.[412] 헌법 76조 1항은 대통령의 긴급 재정명령권과 긴급재정입법 권한에 따른 기재부 내의 '국가비상입법기구'로 긴급재정에 소요되는 예산을 조달하기 위한 규정 등을 제정하여 효율적이고 신속하게 시행하기 위한 취지로 설명한 것이다. 그래서 김 전 장관은 거대 야당에 의해 입법권이 마비된 상황

---

412  제76조 ①대통령은 내우·외환·천재·지변 또는 중대한 재정·경제상의 위기에 있어서 국가의 안전보장 또는 공공의 안녕질서를 유지하기 위하여 긴급한 조치가 필요하고 국회의 집회를 기다릴 여유가 없을 때에 한하여 최소한으로 필요한 재정·경제상의 처분을 하거나 이에 관하여 법률의 효력을 가지는 명령을 발할 수 있다. ②대통령은 국가의 안위에 관계되는 중대한 교전상태에 있어서 국가를 보위하기 위하여 긴급한 조치가 필요하고 국회의 집회가 불가능한 때에 한하여 법률의 효력을 가지는 명령을 발할 수 있다.

에서 계엄시 "입법권한을 시행하기 위해서는 그것을 수행할 조직이 필요하다. 그런 조직을 기재부 내에 구성하여 예산이 추가적으로 들어가니까 거기에 대한 예산 편성을 하라 그런 의미로 제가 기록한 것이다."고 증언했다.

뿐만 아니라 대통령변호인 측의 '대통령은 포고령도 반국가세력에 대한 경고용으로 통행금지 같은 조항은 시대에 안맞고, 국민들에게 불편을 주니 제외하라고 했으며, 포고령 1호로 기재한 정치활동 금지문구는 국회입법 활동이나 계엄해제 결의를 방해하려는 의도로 작성한 것이 아니다'는데 동의했다.

㈐ 국회출입통제하지 않은 경고성 계엄

비상계엄시 병력 동원에 관한 대통령의 지침에 대해 김 전장관은 "첫째 국민의 안전이 최우선이고 절대 유혈사태가 발생돼서는 안된다. 둘째, 군은 최소한으로 투입하되 숙련된 간부로 해라. 셋째, 무력충돌로 문제가 될 수 있으니까 실탄지급하지마라. 넷째, 병력은 국회 경내와 선거관리위원회만 투입하라. 다섯째, 병력은 계엄선포 후에 투입하라라고 지시했다"는데 김장관은 동의했다.

대통령변호인 측은 병력동원 규모에 대한 신문에서 '3천명에서 5천명 정도의 병력을 건의했으나 대통령은 250명 정도만 하고 우발적인 사고가 일어나지 않도록 숙련된 간부들로만 편성된 특전사부대들을 투입하라고 지시한 바 있다'는데 대해 김전장관은 시인했다. 이에 김전장관은 '250명 가지고는 국회 질서를 유지하고 경계하기에는 너무 부족하다'고 하니 '대통령이 30명을 추가해서 280명으로 정했고, 국회 병력을 투입하고 그 인원으로 질서유지가 부족하니까 경찰인력을 추가 투입하기로 해서 질서유지를 돕도록 한 것'이라고 했다.

김 전 장관은 이러한 대통령의 제안에 대해 "그렇게 되면 이게 계엄입니까?"라고 반문하자 대통령은 "이번 계엄은 과거에 해왔던 비상계엄과는 다르다."며, "야당과 반국가세력에 대한 경종을 울리기 위한 충격 요법이 필요하다는 차원에서 하는 것이니 최소한의 병력으로 국민들의 안전을 위해서 해달라"고 하면서 "그렇게 준비해달라"고 하여 김 장관은 "제 생각과는 틀렸지만 대통령의 지시기 때문에 존중하고 준비했다"고 증언했다. 그러면서 김 전 장관은 "저는 과거의 계엄을 보면 1군단이나 7군단 병력들이 주력이었다. 물론 지금은 상황이 다르지만 과거의 사례를 보면 그 병력들이 주력으로 들어오고 수방사, 특전사 병력들은 보조병력"이라며, "(수방사, 특전사는) 초기대응부대 정도인데 주력을 다 빼버리고 그것도 초기부대의 간부들만 하라"는 것에 의문이 들어 대통령께 건의했으나 최소한의 병력인 280명으로 결정되어 "야 이거 내가 할 수 있겠냐는 의문도 들었다"고 증언했다. 따라서 대통령은 국회외곽 질서유지를 위한 경찰 인원 배치 결정에 대해, "아무래도 병력이 제한될 수밖에 없기 때문에 경찰 병력을 보강할 수밖에 없는 상황이었다."고 증언했다. 김전장관은 "수방사는 외곽에서 질서유지 임무를 수행하는 역할"이라며, "수방사에서 투입된 인원은 212명이지만 실제로 국회 본청의 울타리 안의 경내에 들어온 인원은 50명 정도밖에 안된다. 그래서 본청 질서유지는 대통령께서 말씀하신 280명이 했다고 할 수 있다."고 증언했다. 대통령 변호인 측이 국회봉쇄 및 국회의결을 막고자 했다면 필요한 최소의 병력에 대한 신문에 김전장관은 "국회의 울타리 길이가 3km만 해도 봉쇄"하려면 "거의 1m간격으로 배치할 경우 3000명이 소요되며, 인원이 많이 몰리는 20개의 국회 출입문은 최소한 100명씩 2000명을 투입, 도합 최소한 5000명이 필요하며, 국회의사당이나 의원회관까지 봉쇄하는데 2~3000명을 합하면 최소한 7천에서 8천명 정도가 돼야 제대로 봉쇄가 가능할 것으로 판단한다."고 증언했다. 실탄에 대해서는 "개인휴대를 금하고 통합보관하라고 했다"고 증언했다. 김 전장관은 "비상계엄시 곽종근에게 국회로 출동하여 국회를 확보하고 경계하라고 지시하였다고 국회 국방위에서 진술한 부분에 대해 시인"했으며, 국회확보 및 경계의 의미는 "경계를 하면서 선별적으로 출입을 통제하는 것이 확보 및 경계다."라고 증언했다.

김 전 장관은 또 "대통령은 어차피 국회의 계엄 해제를 막을 수는 없는 것이니까 계엄 당시 의회의 출입을 통제하지 말라는 지시를 받고, 이러한 지시내용을 예하 지휘관들에게 모두 지시했다"는데 동의하면서 "예, 의원들, 24시경에 전화를 주셔서 대통령께서 의원들이 출입하는 것은 차단하지 말라고 말씀했다."고 증언했다.

㈐ "실행되지 않은 지시는 법적 판결의 대상이 되지 않는다."

계획적으로 실행되지 않은 지시는 실행의 착수로 보지 않는다. 지시에 있어서 지시자와 지시받는자 사이의 의견 다툼으로 실행되지 않는 것도 실행의 착수로 볼 수 없다. 그러나 상명하복 관계에서의 지시는, 비록 사전에 계획된 바가 없더라도 기수범이란 견해도 있다. 기수범은 '내란수괴'가 된다.

김 전 장관의 공소장에 "대통령의 수방사령관 이진우에게 2024년 12월 4일 00시 30분부터 01시경에 전화를 해서 본회의장에 들어가서 4

명 1개조로 한명씩 들처업고 나와라고 지시했다고 기재된 내용은 사실이 아니다"고 증언했다. 김 전 장관은 "제가 이해가 안 가는게 24시 경에 대통령께서 전화 주셔 가지고 '국회의원들 출입하는 것은 차단하지 말고 막지마라' 그렇게 말씀을 하셨는데 불과 2, 30분 후에 반대되는 그 말씀을 하셨다는 게 이해가 안 간다"며, "또 그런 지시를 하시려면 저를 통해서 하시지 않았겠냐?"고 반문했다. 또한 '국회 소추단 주장과 검찰 공소장에 따르면 대통령이 또다시 수방 사령관 이진우한테 전화해서 아직도 못 갔냐, 뭐 하고 있냐 문 부수고 들어가서 끌어내 총을 쏴서라도 문 부수고 들어가서라도 끌어내라라고 지시한 것처럼 기재되어 있는 것'도 사실과 다르다고 부인했다. 이러한 작전을 지시 전에 대통령도 수방사 이진우 사령관에게 전화로 국회의 상황을 묻자 이진우가 '시민들이 많아서 국회를 들어갈 수 없다'는 보고를 받은 상태인데다 대통령이 '실탄을 소지하지 말라'고 강조한 상태에서 '총을 쏴서라도 지시를 했다'는 것은 납득할 수 없다는 것이며, 같은 공소장 기재의 내용에 의하더라도 '당시 수방사 병력 중에 35특임대 37명만이 겨우 국회 울타리를 넘은 상태였고, 나머지 병력은 다 여의도 한강공원, 인근도로, 서강대교 위에 위치하고 있었던 상황'이라 '불가능한 상황'이라는 점에 동의했다.[413]

그러나 2025년 2월 5일 동아일보가 확인한 검찰 특별수사본부(본부장 박세현 서울고검장) 수사기록에 따르면 계엄 당일 이 전 사령관에게 현 상황을 묻는 윤 대통령에게 이 전 사령관은 "경찰들이 군도 못 들어가게

---

KNN NEWS, 「[풀영상] 윤 대통령, 김용현 전 국방부 장관 증인 신문 직접 나선 헌법재판소 탄핵 심판 4차 변론기일」, 2025.1.23., https://www.youtube.com/watch?v=7xw2zvkjJPY

막고 있다. 그래서 제가 담 넘어 들어가라고 (지시)했다"고 보고했다. 국회 본회의장으로 집결하는 국회의원 수가 늘고 있던 상황에서 윤 대통령과 이 전 사령관의 두 번째 통화에서 윤 대통령이 "아직도 (군이 국회 본관 내로) 못 들어갔어?"라고 묻자 이 전 사령관은 "국회 본관 앞까지 갔는데 사람이 너무 많아서 진입하지 못하고 있다"고 답했다. 윤 대통령은 "본회의장으로 가서 4명이서 1명씩 들쳐 업고 나오라고 해"라고 지시했고, 이 전 사령관은 "알겠습니다"라고 답한 것으로 조사됐다. 이후 이 전 사령관은 "국회의원을 끌어내야 한다"는 지시를 간부들에게 하달했다. 다만 이 전 사령관은 "'끌어내'라는 지시를 받은 이후부터는 충격을 받아서 잘 기억이 나지 않는다"는 식으로 수방사 소속 부관들에게 설명했다고 한다. 윤 대통령은 세 번째 통화에서 "총을 쏴서라도, 문을 부수고 들어가서 끌어내"고 재차 지시했다. 이 전 사령관이 충격을 받은 듯 바로 대답하지 않자 윤 대통령은 큰 소리로 "어? 어?"라며 다그쳤다고 한다.

국회에서 계엄해제 결의안이 가결된 2024년 12월4일 오전 1시2분 이전의 시간으로 보인다. 당시 국회의 계엄해제 의결이 예상외로 급속도로 진행되는 상황에 대해 당황한 윤석열 대통령이 다급하여 지시한 것이 아닌가 하는 판단이다.

결국 세 번째 통화 이후 국회에서 비상계엄 해제요구안이 가결됐다. 이 전 사령관이 국회에 투입된 병력들을 공터로 철수하라고 지시한 전후에 윤 대통령의 4번째 전화에서도 윤 대통령이 "어? 어?"라고 다그쳤다는 것이다. 그러면서 "국회의원이 실제로 190명 들어왔다는 건 확인도 안 되는 거고, 그러니까 내가 계엄 선포되기 전에 병력 움직여야 한다고 했는데 다들 반대를 해서" "해제됐다 하더라도 내가 2번, 3번 계엄령 선포하면 되는 거니까 계속 진행해"라고 한 것으로 알려졌다. 윤 대통령 측은 탄핵심판에서 "2차, 3차 계엄을 할 거면 군을 철수시켰겠느냐"고 주장해 왔지만, 검찰은 윤 대통령이 당시 병력 철수상황을 모르고 발언했을 가능성에 무게를 두고 있다.

검찰에 출석한 이 전 사령관은 A 씨 설명을 바탕으로 "윤 대통령이 '문을 부수라' '총'이라는 단어를 사용한 것은 기억나는데 정확한 워딩은 기억나지 않는다"고 진술했다고 한다. 이 전 사령관은 4일 열린 헌법재판소 탄핵심판에 증인으로 출석해 윤 대통령이 "총을 쏘고 문을 부수라고 했는지" 묻는 질문에 "다툼의 여지가 있다"고 사실상 부인하며 "형사재판에서 명확하게 밝히겠다"고 했다. 그러나 검찰은 A 씨 진술의 신빙성이 높다고 보고 윤 대통령이 이 전 사령관에게 전화로 지시한 내용 등을 모두 윤 대통령 공소장에 적시했다.[414]

그러나 가장 먼저 국회에 출동한 707특임단장 김현태 단장은 "어느 누구에게도 정치인 체포 지시받은 적이 없다"고 증언했으며, 국회에서 계엄해제 의결 이후 국회를 철수하기까지 정치인 체포에 대한 지시를 받은 바 없다고 증언했다. 또한 항상 실탄 휴대없는 병력이 국회의 창문을 깨고 들어가 국회의사당 정문을 확보하려 하였으나 완강한 저항으로 인해 확보조차 못했다고 증언했다.[415]

이러한 점으로 미뤄볼 때 계엄령에 의한 국회 점령이나 국회의 계엄

---

414  동아일보, 「[단독]이진우 수행장교 "총 쏴서 우왕좌왕할때 진입하는 그림 연상"」, 2025.02.06., https://www.donga.com/news/Society/article/all/20250206/130977082/1

415  TV조선, 「김현태 "어느 누구에게도 정치인 체포 지시받은 적 없다"」, 2025.2.6., https://www.youtube.com/watch?v=BopOHcU-18Q

해제 의결을 저지하려는 사전 계획은 전혀 없었으며, 단지 국회의원들이 국회 내로 급속히 집결하는 상황과 계엄해제 의결이 급속도로 진행되는 상황에 대해 당황한 나머지 윤석열 대통령의 지시가 국회의 계엄해제의결 직전에 이루어진 것으로 파악된다. 반면에 계엄 당일 6차례의 윤대통령의 전화를 받은 당시 조지호경찰청장은 검찰이 조사한 수사기록에 대통령과의 첫 번째 통화에서 "대통령은 저에게 '조 청장! 국회에 들어가는 국회의원들 다 잡아. 체포해. 불법이야'라고 했다. 뒤의 5회 통화 역시 같은 내용이었다. 대통령이 굉장히 다급하다고 느꼈다"고 진술했다. 또한 조 청장은 여인형 전 방첩사령관이 계엄 당시 첫 번째 통화에서 더불어민주당 이재명 대표, 우원식 국회의장, 김동현 판사를 포함해 15명을 불러줬고, 두 번째 통화에서 "한동훈(전 국민의힘 대표) 추가입니다"라고 말했다고 진술했다.[416] 그러나 조청장은 대통령의 지시를 거부했으며, 이에 대해서는 헌재에서는 형사소송 중이라 답변을 거부했다.

따라서 경찰이나 군이 국회 출입을 막지 않은 상태에서 국회의원 190명이 모여서 계엄해제를 의결했다는 점과 수방사 요원들이 국회에 도착하여 경내에 진입한 요원이 50명 정도 밖에 안된 상황인 점, 그리고 비무장인 점 등에 비추어 헌법기관을 마비시키기 위한 사전계획은 전혀 없었다는 점은 분명하다. 다만 계엄이후 계획에도 없던 지시를 황급히 한 것은 국회의 계엄해제 속도에 대해 계엄권자인 대통령이 당황했기 때문으로 보이며, 이에 대한 대통령의 지시와 지시 불이행은 통치권자의 계엄 체

---

416    연합뉴스, 「헌재서 검찰 조서 공개 "尹, 의원체포 지시"…尹측 항의·퇴장」, 2025.02.18., https://www.yna.co.kr/view/AKR20250218118600004

계 속에서는 지시 자체가 성립되지 않았다는 사실 등을 고려하여 위법성 여부를 판단해야 한다. 즉 계엄체제 속에서 행위 자체로 나타나지 않은 사실까지 위법으로 판단하는 것은 개인이나 법인이 실행되지 않은 계획이나 생각, 지시만으로도 위법성을 판단하는 것과 같은 것이다.

다시 말해 실행되지 않은 위법적 지시에 대해서는 헌법적, 법률적 판단은 불가하다고 본다. 위헌이나 위법은 행위의 결과를 가지고 판결하는 것이지 실행되지도 않은 지시에 대해 판단하는 것은 옳지 않다고 본다.

헌법질서를 수호하고 국가보위와 국민의 안전을 위해 대통령의 통치권의 행사로 선포된 비상대권을 수행하는 과정에서 실행되지 않은 위법적 행위에 대해서는 법으로 판단해서는 안된다는 것이 헌법 학자들의 견해다. 특히 계엄의 목적이 헌정질서의 수호를 위한 경고성 계엄임이 여러 가지 증거로 확고하게 드러났음에도 불구하고 계엄의 목적을 이루기도 전에, 국회는 계엄의 목적과 필요성에 대한 조사도 않고 대통령을 대통령의 자리에서 끌어내리고 방해할 목적만을 위해 계엄해제를 의결하였기 때문에 계엄 목적 수행이 실패로 돌아갈 지도 모른다는 다급한 상황을 우려하여 대통령이 국회의원 체포나 끌어내라고 지시했어도 실행되지 않은 지시는 위헌이나 위법사항이 될 수 없다고 본다. 만일 실행되었더라면 실제로 국회의원이 체포되어 구금되었다거나 조사받았다거나 해야 하며, 또한 체포하려다가 당사자의 저항이나 다른 사람들의 도움으로 체포를 못하였을 경우 미수가 성립되어 위헌, 위법여부를 판단할 수 있다. 따라서 전혀 실행되지 않은 미실행 체포지시는 법의 판단대상이 될 수 없으며, 정치적 도의적 판단사항으로 보인다.

이렇게 볼 때 계엄 선포의 적법성에서부터 그 과정까지 12.3 계엄은 합헌적이며, 합법적이라고 판단된다.


　㈕ 윤 대통령, 계엄시 법을 준수한 경찰에 격려

　10차 헌재탄핵기일 때 대통령 변호인측에서 조전청장에 대한 증인신문에서 '경찰은 2024년 12월 3일 22시 23분경 국회의 7개문을 경찰 기동대 300명을 배치하여 질서유지를 했으나 22시 45분경 일시에 많은 인원들이 몰려드는 상황이라 국회의 안전과 시민들의 안전을 위해서 1차 통제를 하게 되었다.'고 했고, 또 '본래 국회는 18시경부터 다음날 아침 9시까지는 일반인의 출입이 금지되어 있고, 국회관계자들도 신분 확인 후에 출입이 가능하다.'는 진술을 했다는 내용을 소개했다. 또한 '김봉식 서울경찰장은 23시 07분경부터 23시 37경까지 국회 상시출입자들의 국회 출입을 조청장과 상의하여 허용했다. 이때 국회의원, 보좌관, 기자들 다수가 국회로 들어가게 되었다'는 것이다. 대통령 변호인 측은 '이때 대통령의 전화가 와서 조 청장은 대통령께 김봉식 청장이 보고하기를 군은 아직 도착을 하지 않았으며, 사람들은 몰려오고 있고, 김 청장이 검토해보니 국회의원, 국회관계자들의 출입을 막을 법적 근거는 없어서 신분 확인 후에 들여보내고 있다'고 보고하자 대통령이 '역시 우리 김봉식 서울청장이 수사통이라 법도 잘 알고 잘하고 있네'라고 말하고 끊었다는 점을 상기시켰다. 그러나 조 청장은 공소사실과 관계되어 답변을 거부했다. 계엄이 해제되고 난 12월 새벽 5시경에 대통령이 조 청장에게 전화를 해서 "'우리 김봉식 청장이 초동대처를 잘해서 국회도 신속하게 들어가서 대처도 잘하고 상황이 잘 정리되었다. 김봉식 청장한테 잘했다고 수고 많았다고 꼭 전해달라'는 말을 전해주고 내가 직접 격려전화를 해야 될 텐데 김 청장도 피곤할 텐데 쉬고 내가 내일 전화하겠다고 전해달라고 말한 적 있는가?"고 신문했다. 이에 조 청장은 "(대통령께서)'덕분에 신속하게 잘 끝났다'고 한 것은 맞다"고 증언했다. 대통령은 4일 날이 밝은 뒤 김봉식 청장에게도 전화하여 "'초동대처 잘해줘서 의원들 잘 넣어줘서 상황이 빨리 잘 끝났다. 수고했다."고 격려했다는 말을 들은 바 있는가하는 질문에 조 청장은 "나중에 김봉식 청장에게 들었다"고 증언했다. 조 청장은 23시 37분경 2차 통제하게 되었다고 하였다. 포고령 1호가 발령된 23시 23분쯤 계엄사령관 박안수의 전화를 받고서 포고령 1호가 발령된 사실을 알려주고 병력 증원을 요청했다는 부분에 대해서 모르겠다, 박안수가 셧해달라고 했다가 셧다운이 아니라 병력증원이 맞을 수도 있다는 여러 내용에 대해 당시 기억나는 대로 진술했기 때문에 정확한 것은 공소사실에 따른 재판과정에서 밝혀질 것이라고 증언했다.[417] 이와 같은 내용을 보더라도 헌법재판관 출신 조대현 변호사가 지적한 "법정에 증인으로 나오지 않은, 피청구인(윤 대통령) 측에서 반대신문으로 신빙성을 탄핵할 수 없는 진술 조서에 대해 증거로 조사하는 것은 법률(형사소송법)에 위반된다"며 "증거조사 대상에서 제외해달라"고 한 법정 진술은 옳은 것이다. 더욱이 조 변호사는 "그런 진술 조서의 진술 내용까지 증거로 조사하면 형사재판 절차에서 증거로 쓸 수 없는 것을 탄핵심판 절차에서 증거로 썼다는 비난을 면하기 어려울 것"이라고 헌재의 위법

---

417    서울신문, 「헌법재판소 윤석열 대통령 탄핵심판 10차 변론기일...조지호 경찰청 증인신문 풀영상」, 2025. 2. 20., https://www.youtube.com/watch?v=glVpi5d8ArQ

성을 지적했던 것이다.[418] 그럼에도 불구하고 문형배 헌재소장 대행은 이러한 부실한 증인심리를 거쳤다는 이유로 검찰 수사기록을 증거로 채택하는 것은 불법을 자행했다는 지적이다.

## 계엄 선포의 절차적 적법성

### 1. 계엄 선포의 절차적 적법성

계엄 선포는 대통령이 계엄상황을 판단하여 국무회의 심의를 거쳐 선포할 때와 국방부 장관이나 행정안전부 장관이 국무총리를 거쳐 대통령에게 계엄 선포를 건의할 수 있다고 나와 있다.(계엄법 제2조 5항과 6항) 또한 계엄을 선포한 때에는 지체없이 국회에 통고해야 한다.(헌법 제77조 4항)

대통령의 국회 통고는 실제로 이뤄지지 않았으나 TV 담화를 통해 계엄을 선포했기 때문에 대부분의 국회의원들에게 전달되어 국회통고와 같은 효과가 있었기 때문에 국회 통고는 미흡하지만 사실상 이뤄진 것으로 봐야 된다.

또한 계엄법 6항의 경우 언론에서는 국방부장관의 건의로 대통령이 계엄을 선포했다고 하나 계엄 상황에 대한 인식이나 판단은 계엄에 대한 준비를 오래전부터 해왔기 때문에 윤대통령도 이미 갖고 있었다고 봐야 된다. 따라서 대통령의 지시에 따라 김용현국방부장관이 계엄에 대해 검

---

418    연합뉴스, 「헌재서 검찰 조서 공개 "尹, 의원체포 지시"…尹측 항의·퇴장」, 2025.02.18.,
       https://www.yna.co.kr/view/AKR20250218118600004

토를 하여 건의한 것으로 보인다. 이때 국무총리에게 대통령이 국무회의에 들어오기 직전에 계엄이야기를 했다고 김용현 장관 측은 주장하고 한덕수국무총리는 전혀 보고받은 바가 없다고 부인했다.[419] 이것은 만일 김용현 장관이 한총리에게 전달했다면 극히 형식적인 것이므로 건의가 아닌 언질이라고 봐야 된다. 이 경우 법적 판단이 어떻게 나올 지는 모르나 대통령의 지시로 시작된 계엄이라면 김용현 국방장관의 총리에게 알리는 것은 큰 의미가 없다. 총리에게 알리는 것도 강행규정은 아니다.

헌법 제77조 ④계엄을 선포한 때에는 대통령은 지체없이 국회에 통고하여야 한다.
계엄법 제2조 ⑤ 대통령이 계엄을 선포하거나 변경하고자 할 때에는 국무회의의 심의를 거쳐야 한다. ⑥ 국방부장관 또는 행정안전부장관은 제2항 또는 제3항에 해당하는 사유가 발생한 경우에는 국무총리를 거쳐 대통령에게 계엄의 선포를 건의할 수 있다.

## 2. 위헌 적법성 판단 기준

① 계엄의 두 가지 방식
대통령의 계엄 선포는 국무회의의 심의를 거쳤기 때문에 적법하며, 김용현 전 국방장관의 경우도 국무총리를 거쳐 대통령에게 계엄을 건의

---

[419] MBCNEWS, 「"한덕수에 계엄 사전 보고"··엇갈린 주장 (2024.12.27./뉴스투데이/MBC)」, 2024. 12. 26., https://youtu.be/K65yKZn8BY4?si=fakJZRcZrVyaB5-6

한 것이 약간의 언질을 준 것인지는 모르나 대통령의 지시로 계엄 준비가 시작되었다면 국방장관의 총리 건의는 무의미하다.

② 계엄의 요소

계엄의 목적이나 실행수단, 작전계획과 작전수행의 신속성 등을 감안하면 국회의 계엄해제 방해를 위해 정치인 체포나 국회의원을 끌어내라는 지시는 사전 계획에 없었다고 본다.

㉠ 작전계획 : 우선 707특임단의 국회 투입은 국회의사당과 의원회관의 봉쇄였다. 김 단장은 "국회의사당과 국회의원회관 등 2개 건물 봉쇄 지시를 받았는데 국회 구조를 몰라서 티맵을 켜서 회관 위치 등 내부 구조를 확인했다"고 했다.[420] 이것은 국회의원들의 일반정치활동에 대한 금지를 위한 조치로 합법적이다. 다만 계엄해제를 위한 활동에 대해서는 헌법 제77조 5항에 의해 예외로 계엄법의 적용 대상이 될 수 없다. 여기서 계엄군의 출동은 정치활동 금지라는 일반적인 개념에 의해 출동한 것이며, 국회의 계엄해제를 막기 위해 출동한 것은 아니다. 다만 출동 이후 계엄 해제를 방해할 목적으로 국회의원을 이끌어내라는 지시를 받았으나 707특임단장은 지시를 받지 못하여 실행조차 되지 않았다. 조지호 경찰청장과 이진우 수방사령관은 지시를 받았으나 실행하지 않았다.

㉡ 실행수단 : 국회에 진출한 총병력은 280명으로 총기를 휴대했으나 실탄이 아닌 모사탄을 장착하거나 탄알집을 장착하지 않고 있었고 출

---

**420**  동아일보,「707특임단장 "'국회 내 의원 150명 넘으면 안된다' 지시 받아"」, 2024.12.09., https://www.donga.com/news/Politics/article/all/20241209/130602359/1

입자들을 적극적으로 통제하지 않았다.[421] 국회에 실질적으로 투입된 병력은 사병 61명이다.[422] 이것은 김현태 707특임단장이 현장에서의 자체 판단에 따라 자신의 명령에 의해 이루어진 것으로 밝혔다.

ⓒ 작전 수행의 신속성 : 박안수 계엄사령관(육군 대장)은 3일 윤석열 대통령이 전국 비상계엄을 선포한 뒤 약 1시간 30분 지난 오후 11시 50분쯤 '참수부대'로 불리는 '707특수임무단' 등을 투입해 국회 확보 및 봉쇄에 나섰다.[423]

ⓔ 작전 수행시기 : 비회기중이 아닌 회기중에 계엄을 선포한 것은 불체포권을 가진 국회의원을 체포할 의사가 전혀 없음을 확고히 표명한 것이며, 대통령이 주장하듯 이재명의 민주당의 입법독재 등 망동적 행위에 대한 경고와 국회 정상화를 위한 충격을 주기 위한 것이란 점이 타당하다 할 것이다.

ⓜ 국회, 비상계엄 해제 의결

게다가 국회는 계엄군에 의한 아무런 제지 없이 지난 12월 4일 제22대 국회 제418회 국회 제15차 본회의를 열고 비상계엄 해제 요구 결의안을 상정해 재석 의원 190명에 찬성 190표로 가결시켰다.[424]

---

421   조선일보, 「김용현 국방, 계엄司 사실상 지휘… 국회에 최정예 참수부대 투입」, 2024.12.05., https://www.chosun.com/politics/diplomacy-defense/2024/12/05/C7Q7JR4FHFHVTLWEI43GG3AZ6Q/

422   JTBC, 「[단독] "정예 병력만 이동시켰다"?…'사병 61명' 국회 투입 확인」, https://www.youtube.com/watch?v=14VAxPGUTzA

423   위의 조선일보 기사, 확보 및 봉쇄는 국회의원들의 출입 차단이 아니라고 했음.

424   ①KBS, 「국회, 비상계엄 해제 요구 결의안 가결」, 2024.12.04., https://news.kbs.co.kr/news/pc/view/view.do?ncd=8121989
②위키데이타, 「제22대 국회 제418회 국회 제15차 본회의 국회본회의회의록」,

위의 ㉠, ㉡, ㉢, ㉣, ㉤으로 볼 때 국회의 계엄해제를 계획적으로 방해를 목적으로 봉쇄하기 위한 작전계획이 존재한다고 보기 어려우며, 따라서 위헌적 계획이나 실행 역시 실질적으로 하지 않아 국회의 계엄해제가 가결된 것이다.

이에 따라 대통령은 계엄 선포한 지 6시간 만에 국무회의를 거쳐 계엄해제를 선포했다.

③ 계엄군의 국회 출동 위헌 여부

계엄군의 국회 출동은 계엄법 제9조 1항에 의한 정치활동 금지 조치로 사전 계획에 따른 것으로 합법적이나 그것이 계엄해제를 요구하는 것일 경우는 위헌이 된다. 그러나 정치활동 금지가 반드시 계엄해제 활동만을 의미하는 것은 아니기 때문에 국회의사당과 국회의원회관 봉쇄가 계엄해제 방해를 위한 목적이 아닌 일반적인 정치활동을 금지하기 위한 조치로도 볼 수 있다. 이는 계엄 선포 이후 1시간 30분 늦게 계엄군이 출동한 이후 국회에 도착한 뒤에 곽종근 사령관으로부터 '국회의원이 151명이 되면 안된다. 끌어내라'는 뉘앙스로 전달받았다는 707특임단장의 증언으로 볼 때 사전 계획에는 전혀 없었다는 점이 인지된다. 이는 또 707특임단의 국회진출이 계엄령 선포 1시간 30분 뒤이므로 정보사측에서 5분 만에 선관위에 진입한 것과는 대조적이다. 국회의 계엄해제를 목적으

https://ko.wikisource.org/wiki/%EA%B5%AD%ED%9A%8C%EB%B3%B8%ED%9A%8
C%EC%9D%98_%ED%9A%8C%EC%9D%98%EB%A1%9D/%EC%A0%9C22%EB%8C
%80/%EC%A0%9C418%ED%9A%8C/%EC%A0%9C15%EC%B0%A8

로 투입된 것이 아니라 충격을 줘서 민주당의 탄핵, 예산 전액 삭감 등 패악질에 대한 경고성이라는 데 무게가 실린다. 이것은 수사와 재판과정에서 밝혀질 것으로 보인다.

④ 국회 정문 확보와 봉쇄 착수전 종료

707특임단장 김현태는 "곽 사령관에게서 (계엄 선포) 당일 안보폰(비화폰)으로 '국회의원들이 모인다는데, 150명이 넘으면 안 된다고 한다'라는 말을 들었다"며 "'끌어낼 수 있겠냐'고 묻는 뉘앙스였다"고 했다. 김 단장은 "어느 정도 시간이 지났을 때 의원들 끌어내라는데 가능하겠냐고 사령관이 물었고, 내가 '진입도 불가능하다'고 답하자 사령관은 '무리하지 마라. 국민 안전, 부대원 안전을 최우선으로 챙겨라'고 했다"고 강조했다.[425]

이러한 지시가 김용현 국방장관으로부터 왔는지, 아니면 대통령으로부터 왔는지에 따라 법적 문제가 달라질 것으로 보인다. 헌법 제77조 3항과 계엄법 제9조 1항은 전국민을 대상(정치인 포함)으로 취할 수 있는 특별조치로 정치활동 금지, 체포 구금 등 영장없이 특별조치를 취할 수 있으므로 국회 출입을 봉쇄하는 것도 일반 정치활동 금지를 위해서는 가능하다. 다만 국회에서 계엄해제를 위한 활동일 경우에 한하여 계엄법 제9조 1항은 예외로 적용대상이 될 수 없다. 이는 헌법 제77조 5항에 따라 국회가 재적의원 과반수의 찬성으로 계엄 해제를 요구할 때는 대통령

---

**425** 동아일보, 위의 기사

은 해제하여야 한다는 내용 때문이다.

여기서 국회의 계엄해제 활동을 방해하여 '150명이 넘으면 안된다. 끌어낼 수 있겠느냐, 끌어내라는데 가능하겠냐'고 현장 상황을 타진하면서 '끌어내라는 지시를 전달'했으나 '무리하지 마라'고 하여 철회했다는 점이다. 이 지시는 위헌적 요소가 있으나 실행이 안됐으며, 결과적으로 계엄해제를 의결하고, 대통령은 국무회의를 통해 계엄을 공식적으로 해제했기 때문에 직권남용으로 보인다. 그러나 이러한 지시가 누구냐에 따라 법적용이 달라질 것으로 보인다.

곽종근 특수전사령관은 대통령의 지시라고 하고, 대통령은 끌어내라는 지시를 한 적이 없으며, 정치인 체포지시도 없었다고 해명했다. 여기서 의문점이 김용현 국방장관에게 지시하면 될 일을 굳이 대통령이 곽종근 사령관에게 비화폰으로 지시한다는 것이 불합리하다는 점이다. 이것은 수사와 재판과정에서 밝혀질 내용이다.


헌법 제77조 ③비상계엄이 선포된 때에는 법률이 정하는 바에 의하여 영장제도, 언론·출판·집회·결사의 자유, 정부나 법원의 권한에 관하여 특별한 조치를 할 수 있다. ⑤국회가 재적의원 과반수의 찬성으로 계엄의 해제를 요구한 때에는 대통령은 이를 해제하여야 한다.

계엄법 제9조(계엄사령관의 특별조치권) ① 비상계엄지역에서 계엄사령관은 군사상 필요할 때에는 체포·구금(拘禁)·압수·수색·거주·이전·언론·출판·집회·결사 또는 단체행동에 대하여 특별한 조치를 할 수 있다. 이 경우 계엄사령관은 그 조치내용을 미리 공고하여야 한다.

## 계엄 선포와 그 과정에 있어서의 위헌성 여부

위의 내용을 종합하면 계엄 선포의 위헌성은 전혀 없다. 국회통고가 미흡하기는 했어도 TV언론 매체를 통한 대국민담화로 전국민에게 알렸기 때문에 그 국민 속에 국회의원들도 포함하기 때문에 사실상의 통고를 했다고 할 수 있다. 계엄 선포에서 6시간 만에 해제에 이르기까지 적법 절차를 준수했기 때문에 위헌성 여부는 없다고 볼 수 있다.

## 계엄 수사의 적법성

민주당은 처음부터 대통령의 계엄을 내란죄로 규정하여 4일 계엄해제 의결 후 이재명 민주당 대표는 "지난밤 윤석열 대통령의 계엄 선포는 명백한 국헌문란이자 내란 행위"라고 규정하며 "계엄을 해제한다 해도 윤석열 대통령과 이에 가담한 인사들의 내란죄가 덮어지지 않는다"고 지적했다. 민주당은 대통령의 비상계엄 선포가 내란죄에 해당한다는 입장이다.[426] 민주당은 비상계엄을 선포한 윤 대통령과 김용현 국방부 장관, 이상민 행정안전부 장관을 내란죄로 고발하고 탄핵을 추진하겠다고 밝혔다.[427]

이러한 무죄추정의 원칙을 위배한 정치적 선동에 따라 경찰과 검찰

---

426  뉴스핌, 「[비상계엄] 이재명 "尹 계엄은 내란행위…대통령 사퇴·내란죄 수사 관철"」, 2024.12.04., https://www.newspim.com/news/view/20241204000238

427  한국경제, 「내란죄냐 적법 조치냐…'비상계엄 선포' 법적 쟁점 따져보니」, 2024.12.04., https://www.hankyung.com/article/202412043530i

이 윤 대통령을 일제히 불법적인 내란죄로 수사에 착했다. 경찰만 내란 죄에 대한 수사권이 있으나 검찰은 직권남용을 수사하는 과정에서 내란 죄까지 확대 적용하여 수사했다. 공수처도 직권남용에 대한 수사 이외의 권한은 없으나 내란죄 수사를 강행하여 담당법원인 서울중앙지방법원에 체포 및 수색영장을 청구하지 않고, 군사작전하듯 밤 12시에 서울서부지 방법원에 영장을 청구하여 체포영장과 수색영장을 발부받았으며, 이를 실행한다는 방침이다.

이에 대통령 측 변호인단은 내란죄에 수사권이 없는 공수처가 대통 령을 내란수괴로 적시하여 영장 청구하는 자체가 불법이며, 체포영장 발 부도 불법이어서 헌재에 영장청구에 대한 권한쟁의 심판과 체포영장에 대한 효력정지 가처분신청을 헌재에 내기로 했다.[428]

## 국회에서 계엄해제 의결

2024년 12월 4일 01시경 우원식 국회의장은 "비상계엄해제요구 제1 항 비상계엄해제요구 결의안을 상정합니다. 제안 설명은 서면으로 대체 하겠습니다. 그러면 비상계엄 해제요구 제1항 비상계엄 해제 요구 결의 안을 의결하도록 하겠습니다. 투표해주시기 바랍니다. ... 투표를 다 하셨 습니까? 그러면 투표를 마치겠습니다. ... 투표결과를 말씀드리겠습니다.

428  퍼블릭뉴스, 「윤갑근 "불법 영장 청구 무효…효력정지 가처분·권한쟁의 심판 신청"」, 2024.12.31., https://www.psnews.co.kr/news/articleView.html?idxno=2078234

재적 190인 중 찬성 190인으로써 비상계엄 해제 결의안은 가결되었음을 선포합니다. 제가 오늘 의결하고 한 말씀 드리겠습니다. 국회의 의결에 따라 대통령은 즉시 비상계엄을 해제해야 합니다. 이제 비상계엄 선포는 무효입니다. 국민 여러분께서는 안심하시기 바랍니다. 국회는 국민과 함께 민주주의를 지키겠습니다. 국회 경내에 들어와 있는 군경은 당장 국회 바깥으로 나가주시기 바랍니다. 이상입니다."[429]라고 하여 국회에서의 비상계엄 해제 결의안이 통과되었다. 계엄해제 사유에 대해서도 명백히 밝힌 내용이 없다. 무조건 비상계엄은 위헌적이고 위법하다는 정치 본능적 방어를 위해 의결한 것으로 보인다. 거대야당의 의원들이 1980년 5.17 비상계엄에 대한 허위사실에 의한 군에 대한 혐오감과 트라우마가 뿌리깊게 자리잡고 있는 피해의식에 문제가 있다. 비상계엄은 헌법 조항이면서도 무조건 거부반응과 반국민적이고, 반민주적이라는 편견에 사로잡혀 있기 때문으로 보인다. 87년 헌법은 대통령의 비상대권의 행사권보다 국회의 해제의결권에 힘을 실어준 삼권불균등 헌법이다.

대통령이 비상대권을 행사하자마자 해제가 된다면 헌법에 조문화할 필요성이 없는 것이다. 헌법상 이러한 평시 비상대권은 사문화된 조항과 같다. 그렇다면 평시 극도의 사회혼란을 방지하기 위한 대통령의 비상대권을 실효적으로 수행하기 위해서는 계엄선포에 대한 일정정도의 심의기간을 설정하고, 심의기간 내에는 해제를 제한하도록 해야 할 것이다.

다만, 전혀 명분이 없는 계엄선포의 경우는, 헌법재판소를 폐지하고,

---

**429** 매일신문, 「'비상계엄 해제 요구 결의안' 국회 본회의 가결 [영상]」, 2024.12.04.,
https://www.imaeil.com/page/view/2024120401015996259

대법원의 판결을 받도록 하는 내용으로 개헌을 할 필요가 있다고 본다.

또한 국민투표로 선출한 대통령의 탄핵은 국민투표로 최종 탄핵해야 된다는 내용으로 개헌을 해야 한다. 일반 공무원 탄핵도 파면전까지는 직무유지가 보장돼야 한다.

매일신문은 "이번 결의안은 최근 정치적 긴장과 시민사회의 요구가 고조되는 상황에서 계엄령의 유지가 불필요하다는 점을 강조하며 발의됐다"고 하면서, "결의안은 계엄 상황이 지속될 경우 헌법 질서와 민주주의 기본원칙이 위협받을 수 있다는 우려 속에서 국회의 단호한 의지를 담아 마련됐다."고 계엄해제 결의안의 내용을 소개했다. 매일신문은 "이날 표결은 각 당이 이견 없이 계엄해제가 시급하다는데 뜻을 모으며 초당적 협력을 이룬 것으로 평가됐다"고 했다.[430]

## 탄핵심리 대상 여부

국회에서 대통령 탄핵의 80%가 내란에 해당하는데도 불구하고 헌재에서 내란죄를 제외시킨 것은 탄핵의 사유 대부분을 제외시킨 것과 같으므로 그 자체만으로도 사실상 탄핵 기각에 해당한다는 것이 대통령 변호인단의 주장이다. 윤 대통령의 대리인단은 "탄핵소추 사유에서 내란죄를 철회한다는 것은 단순히 2가지 소추 사유 중 1가지가 철회되는 것이 아니

---

430  매일 신문, 위의 기사

라 무려 80%에 해당하는 탄핵소추서의 내용이 철회되는 것"이라며 "마땅히 각하(소송종결)돼야 한다"고 밝혔다. 윤 대통령 측은 "탄핵소추의결서 40쪽 분량에서 윤 대통령의 각종 담화와 포고령 1호 등을 제외한 분량은 26쪽이고, 이 중 윤 대통령의 비상계엄 관련 내용이 21쪽을 차지하므로 수량적으로 계산해보면 80%에 달한다"고 주장했다. 반면 국회 쪽은 "계엄 선포를 전후해 벌어진 일련의 행위, 즉 사실관계 자체는 탄핵심판에서 다루되 '형법 위반'은 제외하고 '헌법 위반'에 한정해 주장하겠다"는 입장이다. 이에 윤 대통령 측은 "국민을 교묘하게 속이는 언어도단"이라며 "형법상 내란죄에 해당하는지 여부도 판단되지 않았는데 어떻게 비상계엄을 '내란'으로 단정하고 내란 행위가 헌법에 위배되는지를 판단할 수 있다는 말인가"라고 말했다. 이어 "대통령이 내란죄를 범했기 때문에 권한 행사를 정지하고 탄핵소추를 한다는 것과 대통령의 비상계엄 선포행위가 적합하지 않으므로 탄핵소추를 한다는 것은 전혀 다른 평가"라고 탄핵 재판에서 내란죄만 쏙 뺀 것에 대해 강경하게 비판했다.[431]

우리나라의 헌법학의 권위자인 허영 경희대학교 법학전문대학원 석좌교수도 "탄핵소추안의 핵심인 내란죄 철회를 인정하여 소추의 동일성이 상실되었고, 소추사유 철회에 국회의 결의도 없었으므로 부적법하다"며, 이는 "'사기 탄핵'이 될 수 있으며 각하할 수 있는 사유"라고 헌법재판소의 재판 진행상의 문제점을 강하게 질책했다.

대통령 변호인인 조대현 변호사도 "국회가 2024년 12월 14일 가결한

---

**431** 매일경제, 「[속보] 尹측 "내란죄 빠져 탄핵 사유 80% 철회된 것…헌재, 탄핵 각하해야"」, 2025.01.07., https://www.mk.co.kr/news/politics/11211757

탄핵소추 사유는 대통령 비상계엄 선포가 헌법과 법률에 위반되고 형법 상 내란죄를 구성한다는 것"이어서 "대통령이 내란죄 수괴라 해서 국회 의원 204인이 탄핵소추안에 찬성한 것"임에도 불구하고 "대통령 탄핵소 추 사유에서 내란죄 등 형법 위반 부분을 철회한 것은 이사건 탄핵소추 가 적법화될 수는 없는 것"이라 지적했다. 그러면서 이렇게 부적법한 탄 핵소추는 "각하되어야 한다"고 주장했다.[432]

뿐만 아니라 국회에서 1차 탄핵 시 정족수 미달로 탄핵이 부결되었 음에도 불구하고 표결 불성립이라는 우원식 국회의장의 위법적 행위로 재상정하여 대통령을 탄핵시킨 행위는 대통령에 대한 직위를 찬탈하려 는 반란의 행위와 다를 것이 없다는 지적이 있다.

조대현 변호사는 헌법재판소의 대통령 탄핵심판 2차 변론에서 탄핵 심판 청구가 부적합한 사유에 대해 4가지로 진술했다. 첫째, 조대리인은 "국회에서 1차 부결된 탄핵소추를 재차 의결한 것은 헌법에 위배된다"고 하여 각하되어야 함을 주장했다. 이는 지난 2024년 12월 5일 민주당 주 도로 탄핵소추안이 상정되어 7일에 의결했다. 대통령 탄핵소추는 그 요 건이 엄격함에도 불구하고 요건도 갖추지 않은 상태에서 탄핵을 강행했 던 것이다. 조 변호사는 비상계엄 선포로 헌정질서가 통제되거나 일반인 들의 기본권이 제약된 사례가 전혀 없었음에도 불구하고 대통령을 탄핵 하는 것은 불가하다는 주장이다. 또한 당시 탄핵발의가 탄핵사유도 조

---

432 법률방송, 「[풀영상]윤석열 대통령 탄핵심판 2차 변론기일. '노무현 탄핵'' 변론했던 조대 현변호사, 국회측 탄핵소추안 조목조목 반박」, 2025.1.24.,https://www.youtube.com/ watch?v=Grfb7-OzsXA

사 않고 무조건 국회법상 적법하게 발의했음에도 불구하고 국민의힘 의원 108명이 탄핵 반대를 당론으로 퇴장하는 바람에 우원식은 시간을 끌면서 표결을 강요하다 표결을 마친 뒤 탄핵 표결 불성립이라는 궤변을 만들어 선포했다. 이는 국회법상 300의석 중 200의석 이상 찬성으로 가결됨에도 불구하고 국민의 힘 108명이 퇴장하면서 기권하여 탄핵표결 정족수 미달로 부결되었음에도 불구하고 우원식 국회의장이 국회법에도 없는 '표결불성립'이라고 선포하여 위법을 자행했다. 뿐만 아니라 우원식 국회의장은 부결된 지 일주일 만에 임시국회를 소집하여 똑같은 내용으로 12월 12일 2차 탄핵소추안을 내고 12월 14일 탄핵안을 처리하게 된 것은 대통령 탄핵을 엄중하게 처리하도록 규정한 헌법정신 위반이라 지적했다.[433] 이는 '회기를 달리하더라도 국민이 선출한 대통령을 탄핵될 때까지 자구수정도 없는 똑같은 내용으로 재상정하여 탄핵하는 것은 일사부재의 원칙을 위반한 것이 아니라고 해도 헌법을 위반했고 그 위헌성을 부정할 수 없는 것'이라고 지적했다. 게다가 국회의 거대야당의 탄핵될 때까지 탄핵소추안을 발의하여 의결하는 행위는 탄핵권 남용으로, 이는 마치 헌법재판소에서 탄핵이 기각된 것을 다시 상정하여 재의결하여 인용될 때까지 탄핵심판을 하는 것과 같다는 것이다. 그러나 법조계에서는 회기를 달리하더라도 자구수정없이 똑같은 내용으로 재상정하여 탄핵하는 것은 일사부재의 원칙을 위반한 것이라는 것이 중론이다.[434] 둘째, 조

---

**433** ①법률방송, 위의 2025.1.24. 자동영상
②문화일보, 「尹 변호인 조대현 '눈물의 변론' 먹먹해진 헌재 탄핵 심판정 | 허민의 뉴스쇼」, 2025.1.21., https://www.youtube.com/watch?v=-p2WIYYixg8

**434** 서울경제, 「""탄핵, 될 때까지 한다"는 민주당, 법적 논란 없을까…법조계 의견 들어보니」,

변호사는 "탄핵심판 대상에서 내란 부분을 빼면 탄핵소추 의결의 정족수도 무너진다"는 점을 지적, 각하되어야 함을 주장했다. 국회에서 탄핵소추안을 의결할 때 계엄 선포의 위헌성과 내란죄로 탄핵소추하여 윤석열 대통령을 내란죄의 수괴라고 하는 죄목을 씌워서 온통 언론을 통하여 선동한 후 검경과 공수처가 내란죄로 전광석화처럼 수사에 착수하는 등 온국민들에게 내란몰이로 여론화한 뒤에 탄핵을 가결시켰음에도 불구하고 정작 헌법재판소에서는 자신들에게 불리한 내란죄를 빼고 계엄의 위헌성만을 다투겠다는 것은 국회에서 계엄 선포만으로는 탄핵소추 자체가 성립되지 않아 부결될 것이기 때문에 헌재의 탄핵소추안이 적법화될 수 없다는 지적이다. 따라서 이러한 탄핵 소추안은 각하되어야 마땅하다는 주장이다. 셋째, 조대리인은 "비상계엄 선포의 위헌 위법 여부는 사법심사의 대상이 아니다"고 각하를 주장했다. 조대리인은 "비상 대권은 국가의 헌법을 수호하고 국가를 위기에서 구하라는 헌법의 명령"으로, "비상계엄 선포는 대통령이 자유민주주의 헌법 질서를 수호하고 국가를 보위하기 위해서 헌법이 허용한 비상대권을 행사한 것"이라서 사법심사의 대상이 아니라고 했다. 또한 조대리인은 대통령의 비상대권 행사 배경에 대해 "국내 국외의 공산주의 좌익 세력이 대한민국 선거의 부정을 획책해서 국회의 과반수 권력을 탈취하고, 그 과반수 권력을 자의적으로 휘둘러서 국회의 입법권과 탄핵소추권, 예산 심의권을 남용해서 국가기능을 마비시키고 자유민주주의 헌법 질서를 붕괴시켰다"며, "대통령

---

2024.12.08., https://www.sedaily.com/NewsView/2DI1HQUBX3

이 이러한 (상황을) 국가비상사태라고 판단하고 자유민주주의 헌법 질서를 회복시키기 위해서 헌법에 따라 비상 대권을 행사한 것"이라 비상계엄 선포 사유를 설명했다. 또한 조 대리인은 "대통령은 국내 국외의 모든 정부를 종합해서 자유민주주의 헌정질서가 붕괴될 위험성이 매우 큰 비상사태라고 판단했고, 이를 해결할 통상적인 수단이 없다고 판단해서 이 사건 비상계엄을 선포한 것"이라며, "그러한 고도의 통치행위 위헌 위법 여부는 사법부의 심사대상이 되지 않는 것"이라 했다. 만일 이러한 대통령의 통치행위가 사법심사의 대상이 된다면 "대통령이 국가비상사태를 신속하고 효과적으로 해소시키기 어렵게 되며, 대통령이 헌법을 수호하고 국가를 보위할 책무를 제대로 수행할 수 없게 된다"는 점을 그 사유로 제시했다. 조대리인은 따라서 "국가비상사태는 신속하고 효과적으로 대처해서 완벽하게 해결해야 하는데 비상계엄을 선포할 때마다 국회의 승인이나 사법부의 심판을 거치게 한다면 대통령의 헌법 수호와 국가 보위에 대한 책무를 효과적으로 다 할 수 없게 된다"는 점을 구체적으로 설명했다. 그래서 "헌법은 대통령이 비상대권 행사에 대하여 다른 국가기관의 사전 통제를 인정하지 않고 사후 통제 수단만 규정하고 있으며, 긴급명령에 대해서는 국회의 사후 승인을 얻도록 규정하고 있고 비상계엄에 대해서는 국회의 재적의원 과반수 의결로 그 해제를 요구할 수 있다고 규정하고 있다"는 점을 상기시켰다. 다만 국회의 역할은 "비상계엄의 필요성이 해소되었는데도 비상계엄이 유지되고 있는 경우에 국회가 통제할 수 있도록 규정한 것"이라고 한 것이라고 헌법의 취지를 설명했다. 이는 마치 국회의원이 국회에서 위헌적 법률을 발의했다거나 위헌적 주장을 했다고 하여 사법심사의 대상이 되지 않는 것과 같다. 즉 대통령의 비상대권의 행사는 내란이나 외환죄에 해당할 수도 없음에도 불구하고 내란죄와 내란 수괴로 선동하여 불법적 탄핵을 강행했다는 설명이다.

그렇기 때문에 헌법정신에 반하여 "국회의 과반수 권력은 비상계엄이 선포되자마자 본회의를 열고 비상계엄의 사유나 필요성 여부에 대해 조사하지도 않고 비상계엄이 선포된 후 두 시간 만에 비상계엄의 해제 요구를 의결했다"고 해제의결에 대한 문제점을 지적했다. 따라서 조대리인은 "헌법이 헌법 수호와 국가 보위를 위해서 대통령에게 비상 대권을 허용하고 다른 국가기관의 요건 심사를 배제한 취지를 위반한 것이므로 마땅히 각하되어야 한다"고 주장했다.

넷째, 조 대리인은 "이 사건 대통령 탄핵소추는 탄핵소추권을 남용한 것"이라 각하되어야 함을 주장했다. 그는 "이 사건 비상계엄은 국가의 비상사태를 알리고 경계하기 위한 것"이라 병력도 최소한으로 하고, 무력 사용도 금지한 바 "헌정질서가 훼손된 것 바가 전혀 없고, 국민이 기본권이 침해된 바도 없다"는 점을 상기시켰다. 또한 조 대리인은 '비상계엄 선포 6시간 40분 만에 비상계엄이 해제되어 국민들이 자고 있는 동안 비상계엄 이전의 상태로 돌아갔고' 국회가 탄핵소추안을 상정하고 표결할 당시에도 헌법 질서의 침해가 없었기 때문에 "헌정질서를 회복시키려는 필요성이 없었다"는 점을 지적했다.

따라서 '(국회의) 탄핵소추는 헌법을 수호하기 위한 목적이 아니라 국민이 직접 선거로 선출된 대통령의 지위를 국회의 과반수 권력을 활용해서 탈취하기 위한 것'이라고 규정한 뒤 국민의 뜻을 존중해야 할 국회의원들이 다수의 권력을 앞세워 "정권탈취를 위해서 온갖 수단과 방법을 동원했다"고 야당의 정권찬탈을 위한 계엄해제에 대해 통렬히 비판했다.

조 대리인은 '그동안 야권에서는 국민의 주권 행사인 선거로 당선된 윤대통령에 대해 선거 결과에 승복하지 않고 대통령 취임 전부터 지금까지 200여 차례에 가까운 대통령 퇴진을 요구하는 집회와 선동으로 대통령을 탄핵시키겠다고 수시로 위협했다'는 점을 지적했다.

더 나아가 '대통령 가족에 대한 의혹을 선동하고 특검법을 의결하여 대통령의 재의 요구로 부결 확정됐는데도 불구하고 재의결을 반복하여 헌법의 입법권 남용 취지에 반하면서까지 대통령의 지위를 흔들고 모욕하며, 괴롭혔다'고 주장했다.

게다가 조 대리인은 "국회의 과반수 권력으로 대통령이 직무수행을 방해하였다"며, "임명권 행사를 방해했고, 장관과 방통위원장, 고위공직자에 대한 탄핵소추를 남발하여 국가기관의 직무수행을 정지시켰다"고 했다. 또 "야당의 인사의 비리나 불법을 조사하는 검사와 감사원장을 탄핵소추해서 적법하고 정당한 수사와 감사 직무를 정지시키고, 대통령과 검찰청의 활동 예산을 삭감해서 직무수행을 못하게 했으며, 대통령까지 탄핵소추하여 대통령의 직무까지 정지시켰다"고 그들의 만행을 지적했다. 그리고 이 모두가 "대통령이 직무를 정지시키고 끌어내려서 정권을 탈취하려는 목적에서 비롯된 것"이라고 규정했다.

뿐만 아니라 "대통령에 대한 탄핵소추로 대통령의 직무를 정지시킨 다음에 국방부장관과 육군참모총장, 수방사령관, 특전사령관, 정보사령관 등 국군 주요 지휘관들과 경찰청장, 서울 경찰청장 등을 내란죄 혐의로 구속해서 국방 기능과 치한 기능을 마비시켰다"고 하여 국헌을 문란시켰음을 제기했다.

"또 자기들 뜻에 따르지 않는다고 해서 방송통신위원장, 국무총리,

법무장관, 행정안전부장관 등을 탄핵소추하고 자기들이 비리를 조사하거나 수사하는 감사원장, 검사들까지 탄핵소추해서 직무수행을 정지시켰다"고 민주당의 무소불위의 독재와 독선을 비판했다. 게다가 "국회가 추천해야 할 헌법재판관 3인을 추천하지 않아 탄핵 소추된 고위 공무원들의 탄핵 재판을 할 수 없게 만들어 직무복귀 여부를 한없이 연장되게 했다"고 조대리인은 지적했다.

조 대리인은 이러한 점들을 종합하면 '국회의 대통령 탄핵소추는 헌법 질서를 수호하기 위한 것이 아니라 국회 과반수 권력을 남용해서 대통령의 직무수행을 정지시키고 파면시킨 다음 대통령의 지위를 탈취하려는 것임이 분명하다'고 단언했다.

따라서 "대통령은 무너져가는 헌법 질서를 수호하기 위한 최후 수단으로써 비상계엄을 선포했지만 국회 과반수 권력의 방해로 헌법 질서를 수호하는 책무를 완수할 수 없게 됨"은 물론 "대통령을 불법 체포하려는 세력과 경호원들의 무력충돌을 막기 위해서 대통령 스스로 수감되는 상황"에까지 이르렀다고 했다.

결론적으로 조 대리인은 "이제는 헌법재판관이 나서서 대한민국의 헌법 질서를 수호해 줄 것"을 간곡히 호소하면서 "공산주의 좌파세력이 민주 선거를 왜곡시킨 사실, 국회 과반수 권력이 입법권을 남용해서 자유민주주의 헌법 질서를 무시하고 자기들 멋대로 독재하고 한 사실, 국회의 과반수 권력이 예산심의권을 남용해서 대통령과 검찰의 직무수행 국방기능의 정비, 국가 경제의 발전 등을 방해한 사실, 대통령이 이러한 사태를 종합해서 국가 비상사태라고 판단하고, 이를 해결할 다른 수단이 없어서 부득이 비상계엄을 선포하게 된 사실, 국회의 과반수 권력이 대통령의 비상계엄 선포를 내란죄로 선동하고 탄핵소추권을 남용해서 헌법 질서 수호를 방해하고 국가 기능을 마비시킨 사실 등을 정확히 조사하시고 그러한 위기 상황에서 자유민주주의 헌법 질서를 수호해 주시기 바란다"고 간곡히 부탁했다. 그래서 조 대리인은 "대한민국의 헌법과 국민들이 헌법재판관들의 현명한 심판을 기대하며 열망하고 있음을 잊지 마시기 바란다"며, "헌법재판소가 국회 과반수 세력의 권력 남용을 통제할 권한이 있다는 사실을 확실하게 공표하여 주시기 바란다"고 호소했다.[435]

## 내란죄 여부

내란죄는 "대한민국 영토의 전부 또는 일부에서 국가권력을 배제하거나 국헌을 문란하게 할 목적으로 폭동을 일으킨 자"이며, 국헌문란도 해당되며, 이는 헌법 또는 법률의 기능을 소멸시키거나 헌법에 의해 설치된 기관 등을 강압에 의해 전복 또는 그 권능행사를 불가능하게 한 것을 의미한다.[436]

대법원 판례 96도3376(1997.4.17.)에 따르면 "내란죄는 국토를 참절하

---

**435** 법률방송, 위의 2025.1.24.자 동영상

**436** 형법 제91조(국헌문란의 정의) 본장에서 국헌을 문란할 목적이라 함은 다음 각호의 1에 해당함을 말한다. 1. 헌법 또는 법률에 정한 절차에 의하지 아니하고 헌법 또는 법률의 기능을 소멸시키는 것 2. 헌법에 의하여 설치된 국가기관을 강압에 의하여 전복 또는 그 권능행사를 불가능하게 하는 것

거나 국헌을 문란할 목적으로 폭동한 행위로서, 다수인이 결합하여 위와 같은 목적으로 한 지방의 평온을 해할 정도의 폭행·협박행위를 하면 기수가 되고, 그 목적의 달성 여부는 이와 무관한 것으로 해석되므로, 다수인이 한 지방의 평온을 해할 정도의 폭동을 하였을 때 이미 내란의 구성요건은 완전히 충족된다고 할 것"이라 하여 12.3계엄은 이에 해당하는 내용이 전혀 없다.[437] 내란죄는 국토참절과 국헌문란을 목적으로 폭동을 일으키거나 헌법에 의한 국가기관의 기능을 강압에 의해 마비시키는 것이다.(형법87조, 91조)[438] 폭동의 규모도 한개의 지방의 평온을 해할 정도의 대규모 폭동이어야 한다.

12.3 계엄은 전혀 이에 해당하지 않는다. 처음부터 국토를 참절하거나 국헌을 문란시킬 목적 자체가 없었다. 또한 국회와 선관위원회를 확보하고 봉쇄하라는 지시를 받고 계엄군이 출동했으나 계엄의 목적이나 실행수단, 작전계획과 작전수행의 신속성, 작전 실행 시기 등을 감안하면 국회의 계엄해제 방해를 위해 정치인 체포나 국회의원을 끌어내라는 지시는 사전 계획에 없었다.

---

437  국가법령정보센터, 「대법원 판례 96도3376」, 1997. 4. 17. 선고,
     https://law.go.kr/LSW//precInfoP.do?precSeq=209155

438  제87조(내란) 대한민국 영토의 전부 또는 일부에서 국가권력을 배제하거나 국헌을 문란하게 할 목적으로 폭동을 일으킨 자는 다음 각 호의 구분에 따라 처벌한다. 각주 위의 295) 형법 제91조와 동일

## 작전계획 및 작전의 신속성

사전 작전계획 자체가 없었다. 이는 707특임단 요원들이 탄 UH-60 헬기로 국회에 도착한 시간이 윤 대통령의 계엄선포시간인 오후 10시 27분보다 1시간 30(21)분이나 늦은 오후 11시 50(48)분쯤으로 그때부터 국회 장악에 나섰기 때문이다.[439] 계엄군의 국회출동에 관한 한 아무런 사전 계획이 없었다는 증거이며, 이는 당시 계엄사령부의 간부들이 전부 퇴근한 상태에서 밤늦게 국방장관으로부터 출동명령이 떨어졌기 때문에 국회출동은 당시 야간훈련을 준비하던 707특임단에게 떨어졌다.[440] 이들은 당황한 가운데 야간훈련을 취소하고 계엄상황에 대한 숙지도 되지도 않은 상태에서 엉겁결에 명령을 받고 출동했던 것이다. 계엄군의 출동은 일반 정치활동 금지나 국회의 보호차원이라는 일반적인 개념에 의해 출동한 것이며, 국회의 계엄해제를 막기 위해 출동한 것은 아니다. 경고성 계엄의 출동이냐, 국회의 기능마비를 위한 출동이냐 하는 것은 출동병력의 규모, 기능마비를 위한 도착시간, 그리고 국회 도착 후 계엄군의 실제 행동으로 볼 때 국회의 기능마비가 아니라는 사실을 판단할 수 있다. 그러므로 경고성 계엄에 대한 주장은 합당하다. 그러나 국회가 국헌을 문란시키는 행위를 했다면 국민이 부여한 헌법수호자로서 국회의 기능을 제한하거나 저지하는 것도 합헌적이다. 국회를 봉쇄하는것도 마찬가지

---

**439**  위의 2024.12.05., 조선일보 기사

**440**  동아일보, 「특전사령관 "尹, 707특임단 계엄작전중 전화…이동상황 물었다"」, 2024.12.06.,
https://www.donga.com/news/Politics/article/all/20241206/130583946/1

다. 그것이 국민이 헌법수호자로서 대통령에게 부여한 비상 대권이다.

이러한 계엄의 '경고성'을 위해 출동한 707특임단 김현태 단장은 "국회의사당과 국회의원회관 등 2개 건물 봉쇄 지시를 받았는데 국회 구조를 몰라서 티맵을 켜서 회관 위치 등 내부 구조를 확인했다"고 했다.[441] 정확한 지시는 국회의사당과 국회의원회관 건물을 확보하고 봉쇄하라는 지시다. 여기서 봉쇄는 전면 차단을 의미하는 것이 아니라 출입을 제한하라는 것인데 구체적인 지시를 받기 전에 계엄이 해제된 상황이라고 김 단장은 헌재에서 증언한 바 있다. 물론 계엄법에 따르면 군사상 필요에 따라 국민들에 대한 "체포·구금(拘禁)·압수·수색·거주·이전·언론·출판·집회·결사 또는 단체행동에 대하여 특별한 조치를 할 수 있다."고 나와 있으며, 이는 계엄사령관이 미리 공고하여야 한다. 여기에는 정치인들의 일반적인 정치활동도 예외가 될 수 없다.[442] 다만 헌법 제77조 5항으로 특정된 국회의 계엄해제 활동에 대해서는 제한할 수 없다.[443] 따라서 12.3계엄 당시의 국회의원의 활동은 계엄해제를 위한 것이기 때문에 제한하는 것은 위헌이고 위법이다. 그러나 이미 주지하는 바와 같이 국회

---

**441** 동아일보, 「707특임단장 "'국회 내 의원 150명 넘으면 안된다' 지시 받아"」, 2024.12.09., https://www.donga.com/news/Politics/article/all/20241209/130602359/1

**442** 헌법 제77조 ③비상계엄이 선포된 때에는 법률이 정하는 바에 의하여 영장제도, 언론·출판·집회·결사의 자유, 정부나 법원의 권한에 관하여 특별한 조치를 할 수 있다.
계엄법 제9조(계엄사령관의 특별조치권) ①비상계엄지역에서 계엄사령관은 군사상 필요할 때에는 체포·구금(拘禁)·압수·수색·거주·이전·언론·출판·집회·결사 또는 단체행동에 대하여 특별한 조치를 할 수 있다. 이 경우 계엄사령관은 그 조치내용을 미리 공고하여야 한다.

**443** 헌법 제77조 ④ 계엄을 선포한 때에는 대통령은 지체없이 국회에 통고하여야 한다. ⑤ 국회가 재적의원 과반수의 찬성으로 계엄의 해제를 요구한 때에는 대통령은 이를 해제하여야 한다. ⑤ 국회가 재적의원 과반수의 찬성으로 계엄의 해제를 요구한 때에는 대통령은 이를 해제하여야 한다.

의원들의 출입을 제한하지 않았으며, 국회에 모인 190명 전원이 계엄해제 의결에 찬성하여 2시간 만에 계엄해제를 의결했다. 이것은 12.3 계엄이 국헌문란과 전혀 관계없다는 사실을 입증해주는 부동의 증거이다.

## 작전 실행 시기

국회 비회기중이 아닌 회기중에 계엄을 선포한 것은 윤석열 대통령이 주장하는 경고성 계엄을 통해 '이재명의 민주당의 입법독재 등 망동적 행위에 대한 경고와 국회 정상화를 위한 충격을 주는 한편, 국민의 각성을 불러일으키려는 목적에 힘을 실어주고 있다. 또한 회기중에 비상계엄을 선포한 것은 전혀 국회의원들에 대한 체포할 의사가 없음을 명확하게 공표한 것이다.

## 국회 확보 및 봉쇄

당시 국회는 계엄군에 의한 아무런 제지 없이 출입이 가능하여 2024년 12월 4일 제22대 국회 제418회 국회 제15차 본회의를 열고 비상계엄 해제 요구 결의안을 신속히 상정해 재석 의원 190명에 찬성 190표로 가결된 결과만 보더라도 국헌문란에 따른 내란이라고 할 만한 요소는 없었다.[444]

---

444  ①KBS,「국회, 비상계엄 해제 요구 결의안 가결」, 2024.12.04.,
     https://news.kbs.co.kr/news/pc/view/view.do?ncd=8121989

따라서 위의 (가), (나), (다)로 볼 때 국회의 계엄해제를 계획적으로 방해할 목적으로 국회 확보 및 봉쇄 작전을 실행했다고 할 수 있는 요소들은 없으며, 위헌적 사전 계획이나 실행 역시 존재한다고 보기 어렵다. 또한 실질적으로 계엄해제를 방해했다고 볼 수 있는 행위가 없기 때문에 국회의 계엄해제가 비상계엄 선포 2시간 만에 가결된 것이다. 이에 따라 대통령은 계엄 선포한 지 6시간 만에 국무회의를 거쳐 계엄을 해제했다. 다만 홍장원의 증언이나 메모, 곽종근의 증언은 대통령이 정치인 체포를 지시한 것처럼 증언하고 있기 때문에 이에 대한 내용은 다음의 헌법재판소의 대통령 탄핵심리에서 자세하게 다루기로 한다.

## 평가

### 계엄의 시기성

통치권적 차원에서라도 이러한 지시는 사전 지침이나 계획에도 없고, 법적 검토도 없는 충동적 지시로서 법을 준수하는 법집행자들에게는 해프닝으로 끝날 정도로 허술하기 짝이 없었다는 지적이 많다. 더 나아가 이러한 계엄령은 말 그대로 '야차와 같은 세력'을 상대로 "야당과 반

---

②위키데이타, 「제22대 국회 제418회 국회 제15차 본회의 국회본회의회의록」, https://ko.wikisource.org/wiki/%EA%B5%AD%ED%9A%8C%EB%B3%B8%ED%9A%8C%EC%9D%98_%ED%9A%8C%EC%9D%98%EB%A1%9D/%EC%A0%9C22%EB%8C%80/%EC%A0%9C418%ED%9A%8C/%EC%A0%9C15%EC%B0%A8

국가세력에 대한 경종을 울리기 위한 충격 요법이 필요하다는 차원"에서 선포했다는 점에서 긍정적인 측면도 있으나 이는 상대를 너무나 순진하게 보고 안이한 태도로 계엄령을 선포했다는 비판을 면할 수 없다.

계엄의 시기로 볼 때 국민들은 위기의식을 느끼는 국민들보다 위기의식을 느끼지 않는 국민들이 대다수라는 점에서 국민적 공감대를 가져올 수 있는 계엄이냐는 점에 대해서는 회의적이다. 좀더 거대야당에 의해 우리 사회가 무너져서 국민들이 이제는 도저히 참을 수 없다고 할 정도까지 기다린 다음에 비상계엄을 전격적으로 선포했어야 계엄의 적기라할 수 있다. 그러나 거대야당의 횡포를 눈에 뻔히 보고 있는 상황에서 회기중에 계엄을 선포하게 되면 거대야당이 즉각 계엄 해제로 맞설 것임에도 불구하고 이를 간과한 계엄은 오히려 역풍을 맞게 됐다는 평가가 우세한 편이다. 계엄을 선포하더라도 비회기중에, 그것도 일요일 밤에 국회의원들이 지방에서 서울로 오기 전에 단행했어야 한다는 지적이 많다.

따라서 이러한 허술한 계엄령은 윤 대통령의 무능을 그대로 드러내는 것이며, 그러한 무능은 야당은 물론 여당의 한동훈 대표와 친한파 국회의원들의 계엄령에 대한 반기를 들수 있게 만들었으며, 이를 전혀 예측하지 못한 것도 엄중한 계엄령에 대한 준비 소홀로 지적된다.

결과적으로 12.3 비상계엄은 계엄군이나 경찰의 방해나 저지가 없는 가운데 국회의 계엄해제가 너무나 신속하게 의결됐고, 아무런 불상사가 없었던 점으로 보아서는 그나마 다행이라고 할 수도 있겠지만 계엄의 목적을 전혀 달성하지 못하고 국회에서 대통령이 탄핵당하고, 헌재에서 파면을 당하는 등 헌정사상 초유의 비운을 겪지 않을 수 없었던 점은 매우 통탄할 일이 아닐 수 없는 일이다. 게다가 87 헌법은 국회의 계엄 해제의

결권을 강화하여 다수당이나 다수결로 대통령의 비상대권 발동을 무력화할 수 있으므로, 비상계엄으로 민주당의 입법독재나 패악질을 해결하는 데는 한계가 있다. 그렇다고 정치적으로 해결한다는 것은 오히려 더 불가능할 수도 있다. 따라서 대통령 주재 하의 국민공청회나 국민대토론회를 여러차례 개최하여 국민들이 민주당의 패악질과 횡포의 실체를 알도록 하여 국민이 힘으로 해결할 수 있도록 해야 한다는 지적이 많다.

## 계엄의 계획성

12.3 비상계엄은 한마디로 무계획적이고 즉흥적인 측면이 많다는 지적이다. 아무리 경고성 계엄이라고 하더라도 무계획적이라는 비판을 면할 수 없다. 아무리 과거의 비상사태와 같은 상황이 아니라고 한다해도 계엄군을 동원하는 문제이기 때문에 계엄군도 계엄의 명분과 공감대가 필요한 것이 아니라면 경고성 계엄조차도 문제가 생길 수 있다는 점이 발생할 수 있다는 것이다.

치밀한 작전과 계획 하에 계엄을 수행하지 않았기 때문에 계엄군의 국회 도착시간이 계엄 선포한 지 1시간 30분이나 지나서 도착하여 이미 국회 정문을 확보하고 봉쇄하기에는 너무나 많은 시민들과 국회관련 자들이 모여서 계엄군을 저지하는 상황이 되어버렸다. 그것도 계엄을 하기에는 너무 소수의 병력을 동원하였기 때문에 그 병력으로는 국회조차 봉쇄하지 못하고 곧바로 국회에 의해 계엄이 해제되어 헤프닝에 그치게 되었다. 그렇다고 계엄군을 국회로 출동시킨다고 하여 쿠데타가 아닌 이상 민주당의 입법독재를 해결할 수는 없다. 대통령의 비상대권은 국회의

계엄해제권에 의해 즉시 무력화될 수 있기 때문에 비상계엄으로 해결하는 것은 국민에게 민주당의 실상을 잠깐 알리고 자폭하는 길 밖에 없다. 결국 비상계엄은 근본적 해결책이 될 수 없다. 다만, 대통령 탄핵과 파면까지, 형사상 대법원의 최종판결까지 언론과 국민에게 진실을 알리면서 희생하는 길 밖에 없을 것이다. 따라서 이러한 계엄을 보고 극단적 우익세력들은 "이재명에게 한꺼번에 정권을 계획적으로 넘겨주기 위한 고도의 작전"이라고 비판하는가 하면, 근거도 없이 "윤석열대통령은 남로당의 후예"라고 까지 혹평을 하는 사람도 있다. 그는 '윤석열이 남로당의 후예인 박지원이 천거한 박영수 특검 밑에서 일하지 않았냐? 윤석열이 문재인 정권에서 보수우익을 궤멸시키기 위해 얼마나 악랄하게 수사했냐? 그런 그가 남로당의 후예가 아니고서는 그렇게 할 수 없다.'고 말한다. 그러나 '고의로 자기 자신을 사지로 몰아넣는 사람이 세상에 어디있느냐'는 반문과 '윤석열대통령이 남로당의 후예라는 증거가 있느냐'는 질문에는 "지금 돌아가는 상황을 보라"는 것이다. '계엄을 하지 않았다면 대선이나 연방제 개헌을 들고 나올 수 있었겠냐'는 것이다. '계엄을 일부러 엉터리로 하여 이재명에게 정권을 잡도록 만들어 주고, 연방제 개헌을 만들어 주는 물꼬를 터주지 않았냐'는 것이다. 게다가 온나라가 혼란에 빠지고, 온국민들이 고통을 받게 되었으며, 윤석열 한 사람 때문에 아무 죄도 없는 군장성들이 전부 내란죄로 평생을 망치게 됐는데 뭐가 아니냐는 반론이다. 전부 '윤만세 세력' 때문에 이 나라가 망하게 된 것이라고 혹독하게 비판을 한다. 그들은 '대통령으로 있을 때 무엇 때문에 문재인을 잡아넣지 못하고 이재명 하나 잡아넣지 못하냐'하고 반문하면서 그것은 윤석열이 제2의 문재인이기 때문이라는 것이다.

그들은 윤석열이 검찰총장 때 얼마나 많은 정통보수세력들을 잔인하게 수사해서 감옥으로 보냈는지를 생각해보라는 것이다. 그런 사람이 무슨 자유민주주의자냐는 것이다. 또 이재수 장군을 자살하도록 만든 장본인이 윤석열 아니냐는 것이다. 게다가 박근혜 전 대통령을 겨냥한 적폐수사를 거론하며 "1000여 명을 수사하고 200여 명을 구속하여 보수 궤멸을 기도한 자"라는 것이다.

특히 개헌을 '연성개헌', '법률적 개헌'이라고 하여 국회에서 개헌을 할 수 있도록 한 '망국적 개헌절차법'을 만들수 있도록 길을 열어준 사람이라고 혹독하게 비판한다. 국회에서 개헌을 하면 이 나라는 단번에 적화될 수밖에 없다는 주장이다. 국민을 배제한 인민공화국 헌법을 자유민주주의로 포장하여 민주당의 다수결로 밀어붙이면 우리나라는 자유민주주의가 아닌 인민민주주의공화국이 되는 것이다. 우리나라는 이미 조선노동당에 의해 조종되는 남로당의 후예들에 의해 각계각층은 물론 입법, 사법, 행정과 군 및 정보기관까지 완전 장악되어 지배당하는 나라가 되었다고 땅이 꺼져라고 한숨을 쉬면서 한탄하기도 한다. 그것은 사실이다. 이미 국회는 반민주적 작태를 통해 입법 독재, 입법 패악질을 마음대로 자행하고 있는 것이 현실이다. 이러한 패역무도한 자들이 헌법개정을 하는 법률을 만들어 연성헌법, 즉 국회에서 개헌을 의결하자는 것이다. 그러한 헌법은 연방적화헌법에 준하는 헌법일 가능성이 확실시 된다. 이미 민주당은 2018년에 40% 이상이 자유민주주의에서 자유를 제

외시키자고 했으니 지금은 거의 60%이상이 될지도 모른다.[445]

그런가 하면 민주당과 좌익들은 윤석열 대통령의 계엄 실패에 대해 국민을 영구지배하기 위한 내란 책동이며, 내란수괴라고 열을 올리면서 내란 프레임으로 정국을 주도하려고 온갖 일을 다하고 있다. 모든 정치적인 행동에는 반드시 내란세력으로 매도하는가 하면, 내란수괴로 몰아세우는 것이 일상이 되어버렸다. 이들은 내란정국으로 몰아가서 대선에서 완전히 승리하여 정권을 잡기 위해 수단과 방법을 가리지 않고 모든 노력을 다하고 있다.

특히 이재명은 완전히 보수의 탈을 쓰고 중도보수 행세를 하고 있으며, 보수적인 정책을 남발하고 있다. 언제 자신이 재벌해체를 주장했냐는 식이다.

좌도 아니고 우도 아니라는 사람은 '윤석열은 어떻게 대통령까지 한 사람이 그렇게 거짓말을 많이 하냐'는 것이다. '자기가 국회의원을 끌어내라고 했으면 했다고 해야지 그런 적 없다'고 하니 '대령한테 까이는 것 아니냐'는 것이다. '위에서 그러니 그 밑에 사람들도 전부 거짓말을 하게 되고, 자신이 했으면 떳떳하게 했다'고 하고 '부하들은 잘못이 하나도 없다'고 하면 '얼마나 멋있냐'는 것이다. '전두환을 봐라.' 아닌 것은 아니라고 즉각 골목성명을 하다 잡혀가더라도 할말을 하지 않느냐는 것이다. 윤석열도 그렇게 하면 국민들이 역시 윤석열은 다르다고 하여 지지를 할 텐

---

**445** 채널A, 「민주당 의원 40% "헌법서 '자유' 빼자"」, 2018.02.'
https://www.ichannela.com/news/main/news_detailPage.
do?publishId=000000078261

데 어정쩡하게 거짓말이나 하니 누가 좋아하냐는 것이다. 그러나 이들은 발끝에서 머리끝까지 거짓으로 들어찬 '인간철판' 이재명에 대해서는 지극히 관대하고 보수정치인들의 조그만 잘못에 대해서는 침소봉대하며 열을 올리는 게 특징이다. 결국 패거리 정치에서 벗어났다고 하지만 벗어난 적이 없다. 그러니 이러한 견해를 들으면 자유민주주의의 길이 험난하기만 하게 보인다. 자유민주주의도 발전을 해야 된다. 그리고 완성이 되어야 한다. 그래서 언제나 항상 서로 위하고 존중하면서 행복하게 사는 자유대한민국으로 거듭나야 한다. 그런데 현실은 자유민주주의를 파괴하는 쪽으로만 의견들이 모아지는 것 같다.

반면에 지난 겨울 강추위에도 불구하고 궐기한 국민들은 '12.3비상계엄이 이 나라를 살렸다'고 하면서 대단히 높이 평가한다. '비상계엄이 아니었다면 민주당이 국회에서 패악질과 국회의 입법 독재, 입법폭거와 예산폭거는 물론 이재명 개인 방탄을 위해 국회를 쓰레기판으로 만든 것을 알기나 했겠냐'는 것이다. 이러한 사실을 알게 된 것이 윤석열 대통령의 '구국의 결단'인 '12.3 비상계엄'이 계기가 된 것이며, 대통령을 탄핵하고 국가의 위기상황을 느끼고 자유민주주의를 수호하는 애국국민들이 궐기하게 되면서 민주당의 패악질과 부정선거의 실체들을 알게되고, 언론이 더 많이 보도하게 되어 널리 알려지게 되었다고 평가한다. 그리고 그 덕에 2030세대들이 깨어나서 대거 참여하게 되었고, 그들이 이 나라의 실상을 깨닫게 되기 시작했다는 것은 이 나라에 희망이 보인다는 것이다. 게다가 호남은 전통적으로 보수의 지지율이 10%를 넘지 못했는데 이번에 기적적으로 30%이상의 지지율과 전국적으로는 40%이상의 지지율을 갖게 되는 기적과 같은 변화를 가져왔다고 평가한다.

## 계엄의 준비성

이번 12.3 비상계엄은 너무나 준비 없이 졸속으로 이뤄졌다고 평가한다. 계엄을 지휘하는 군간부들도 무엇 때문에 계엄을 하는지조차 모르고 동원된 경우가 대부분이다. 군대도 급변사태가 아닌 다음에는 무조건 명령만 내린다고 되는 일이 아니고 상황설명이 충분히 이뤄져야 한다는 것이다. 거대야당의 패악질로 국회가 마비되고, 행정과 사법부가 마비되는 헌정사상 초유의 참사가 일어나고 있다는 사실을 명백히 알아야 했었다. 그러나 계엄상황에 대해 공감하지 못한 상태에서 준비없이 출동을 하니 수동적으로 대처할 수밖에 없고 현장에서 우왕좌왕하게 되는 것이다. 충분히 계엄상황이나 정훈사상교육을 통하여 자유민주주의에 대한 굳건한 사상적 무장이 되어 있어야 정신전력의 강화로 능동적으로 대처하게 된다. 게다가 계엄을 선포하게 될 경우 다수당인 민주당이 계엄 해제의결을 단독 처리할 수 있는 힘이 있다는 사실을 간과하고 이에 대한 대책 마련이 전혀 없다. 계엄의 정당성이나 목적은 훌륭하지만 실제로 용의주도하게 본래의 취지를 시작도 못해보고 해제되었다. 뿐만 아니라 전국민에게 민주당의 패악질이나 선관위의 부정선거의 본산지가 된 것에 대해 대통령의 주재하에 전국민 앞에 국민공청회를 열어 여러 차례에 걸쳐 구체적인 증거를 가지고 자세하게 민주당과 종북 반국가 세력들을 알리고 토론으로 국민교육과 의식화로 깨어나게 했어야 했다. 그리고 성역 없는 수사를 신속하게 했어야 하는데 문재인이나 이재명 하나 신속히 사법 처리못하는 무능으로 나라의 근간이 흔들리게 된 것이다.

## 계엄의 동의성

계엄을 선포하기 전에 국문회의를 거치게 되어 있다. 그런데 대부분의 국무위원들이 반대하는 데도 밀어붙였기 때문에 실패한 것이라는 평가가 있다. 비밀을 유지해야 하는 관계로 사전 통보없이 시작했다고 하지만 군에 사상교육과 급변사태에 대비하는 교육을 지속적으로 하게 되면 언제 계엄이 선포되더라도 신속하게 대처할 수 있었을 것이다. 또한 군인도 국민의 주권자로서 자유민주의가 파괴되고 있는 우리의 현주소를 알아야 하며, 사상교육으로 확고한 자유민주주의를 지켜낼 수 있도록 해야 한다. 국민이 깨어나기만 한다면 계엄을 단행하는 것보다 훨씬 더 바람직할 것이다.

그리고 무엇보다 국무위원들의 동의가 있어야 한다. 법에는 없다고 해도 국무위원들이 공감해야 국민들도 공감할 수 있는 것이다. 그것을 독단으로 결단하여 밀어부친 것이 결국은 실패로 돌아간 것이다.

따라서 국무회의를 거친다는 조항이 있는 것은 의결과정이 아니라 심의과정이라 해도 요식행위로 해서는 안 된다. 충분히 의견을 수렴하는 것이 민주적인 절차에 합당한 것이다.

그런데 이번 12.3 비상계엄은 그런 면에서 매우 미흡하고 졸속적인 측면이 있다는 점을 인정하지 않을 수 없다. 물론 심의시간이 짧다고 해도 그것이 불법일 수는 없다. 다만 윤석열 대통령은 쫓기듯 6명의 국무위원에게 연락을 하였으나 한덕수 국무총리는 11명의 국무회의 정족수를 위해 나머지 국무위원들을 소집했다고 했으며, 당시 국무회의를 경찰에서는 간담회 수준이라고 진술한 바도 있다. 그러나 대통령이 한밤중에

11명 정족수가 될 때까지 기다려 간담회나 하자고 국무위원들을 소집했
다는 것은 당시 국무회의를 극도로 폄하하는 발언밖에 안된다. 한 총리
측은 또 비상계엄과 관련해 "국방부장관으로부터 사전에 보고받은 것이
없으며 국무위원들의 반대를 전달해 계엄 선포를 막고자 국무회의를 소
집했고 대통령이 국무회의의 정족수를 채우는 소집을 수용했을 뿐"이라
고 말했다. 그러면서 "비상계엄 전 국무회의는 의안 제출, 검토 의견 명
시, 의결 절차 및 부서가 이뤄지지 않아 통상의 국무회의와 차이가 있었
다"고 덧붙였다.[446] 이것도 보안을 요하는 계엄을 심의하는 국무회의는
통상적 국무회의와는 다르다고 하여 위법하다고 볼 수는 없다. 또한 반
대의견을 개진했다는 것은 심의를 거쳤다는 것을 입증하는 대목이다. 정
족수를 지켜 심의를 했다는 사실은 시간이 길고 짧음에 따라 위법 여부
를 판정할 수 없다. 국무회의 형식이 법적으로 정해진 내용도 아니다. 따
라서 적법절차를 거쳤다는 데는 이론의 여지가 없다. 다만 법이 어떻든
국무위원들의 공감과 동의를 얻었다면 결과는 달라질 수 있었을 것이다.

## 국민통합의 중요성

　12.3 비상계엄이 선포된 이유는 국론의 극도의 분열로 편가르기 정
치가 판을 치고, 다수의 횡포가 국회를 장악했기 때문이다. 그러나 12.3
비상계엄의 실패로 우리 사회는 좌우 진영의 대결은 매우 심각한 상항에

---

법률신문, 「한덕수 탄핵심판 첫 기일에 변론 종결…"불합리한 혐의 벗고 싶다"」, 2025.02.19., https://www.lawtimes.co.kr/news/205734

놓이게 되었다. 자유민주주의로 국민통합을 이뤄야 하는데도 불구하고 국민들은 양분되어 자유를 우선하는 가치관의 국민과 평등을 우선하는 가치관의 국민 간에 언제나 갈등과 대립, 투쟁이 더욱 격화되는 계기가 되었다.

광화문의 태극기집회와 민노총을 주축으로하는 집회는 좌우의 총성없는 전쟁과 같다. 이렇게 갈라질 대로 갈라져 대립 투쟁하는 가운데 12.3계엄을 계기로 이재명 민주당의 패악질을 구체적으로 많은 국민들이 알게 된 것도 사실이다. 그러나 국민이 극단으로 나뉘어져 싸우는 모습은 바람직하지 않다. 게다가 12.3비상계엄의 실패로 오히려 대통령이 체포되고, 구치소에 수감되는 수욕을 겪었다. 이에 분노한 국민들이 궐기한 관계로 국민의힘에 대한 지지도와 윤석열 대통령에 대한 지지율이 계엄 이전으로 돌아섰으며, 점점 더 높아지는 추세였다.

그러나 좌우 이념적 갈등은 극한 상태로 치닫게 된 것도 사실이다. 국민통합은 자유민주주의를 중심으로 가치관의 통합이 되어야 한다. 12.3 비상계엄은 국민통합을 이뤄야 함에도 불구하고 진영간 갈등과 대립을 극대화시켰으며, 마치 내전 양상을 보는 것처럼 심각한 상황까지 갔다. 이는 또 12.3 비상계엄으로 인한 실패이자 성공인 셈이다. 실패는 국민통합을 해쳤으며, 성공은 보수우익국민들을 깨워서 궐기시켰다는 점이다. 그러나 보수우익 진영은 개인마다, 단체마다 10인 10색으로 각각의 따로국밥식이어서 서로 조금만 차이가 나도 대립하고 갈등을 일으키기 일쑤인 단점이 있다. 세상에 같은 것은 없는 것이다. 다른 것이 당연한 것이지만 다른 것으로 인해 갈등과 대립을 가져와서는 안된다. 다름은 다양성과 저마다의 역할과 기능이 있어서 사랑으로 조화를 이룰 때는 극도의 아름다움과 힘과 능력의 상승은 물론 발전의 원동력이 되는 것이다. 그러므로 서로 존중하고 서로 위하는 사랑의 정신이 뒷받침되지 않고서는 자유민주주의는 존속할 수 없게 된다.

따라서 국민통합을 위해서는 제도적으로 민주주의의 근간이 되는 국민주권주의에 따른 국민공천제와 대의 직접민주제도의 제도적 실현, 국회의원 특혜 및 불체포특권 폐지, 그리고 입법부의 기형화를 방지하기 위한 상하 양원제, 견제와 협력의 조화를 이룰 수 있는 삼권분립을 확립할 수 있는 개헌이 이뤄져야 한다. 특히 국민공천제를 바탕으로 한 민주적인 '국민공천과 선출'을 동시에 하는 민주적인 국민공천 및 추첨제를 확립해야 된다. 또한 대의 직접민주제는 주권자인 국민이 정치대의(리)자인 국회의원이나 자치단체의회 의원들이 정기적으로 국민의 의견을, 토론과 제안을 통해서 현장에서 수렴하는 제도이다. 그리고 국회의 상원은 국민주권주의인 국민공천제에 의해 실현해야 된다.

이번 12.3 비상계엄은 이 나라의 위기상황을 열어주는 역할을 했지만 또한 그 위기는 기회가 될 수 있다. 위기를 극복하기 위해서는 대선정국을 통해서 반이재명전선을 구축하고 후보단일화는 물론 태극기부대와 2030세력을 중심한 자유보수국민들이 초종교적 자유국민연합체로서 가칭 '자유대한민국 수호 비상국민회의'라는 중심축을 중심으로 국민의힘이란 당을 중심한 축과 한덕수 이낙연을 중심한 호남축인 3축이 하나되어야 한다. 3축이 하나되어 반명 그랜드 빅텐트를 쳐서 중도보수로 위장해 이 나라를 망치는 이재명 세력을 극복하여 자유민주의 대한민국을 수호 발전시켜 나가야 한다. 그렇지 않으면 전국이 대장동화되고, 전국이 정신병동화되어 보수 궤멸이란 끔찍한 사태를 맞이할 수도 있다. 문재인

정권의 한 번도 경험해보지 못한 나라는 볼 수 있기라도 하지만 이재명 정권이 들어서면 삼권이 이재명의 민주당을 중심한 일극절대독재체제의 구축으로 이재명의 나라를 보지도 못하고 사라질 지도 모른다.

또 하나의 위기는 개헌정국이다. 지난번 김진표 국회의장이 제안한 소위 '유연한 헌법 개정이 필요하다'며 국회에서 법률로 헌법개정법을 만들어 국민투표 절차를 생략하는 '연성헌법'에 대한 제안을 한 바있다. 그러나 이는 자유민주주의를 통째로 붕괴시키는 무서운 흉계를 가지고 있음을 알아야 한다. 연성헌법의 독성은 국민의 뜻과 상관없이 인민민주주의 헌법으로 가되 김진표국회의장이 "대통령 한 사람이 모든 문제를 해결하는 방식"이 아닌 "권력 분산과 협력"을 위한 분권형 개헌, 즉 대통령의 권한을 국회로 이양하여 내치는 내각제로, 외치는 대통령제로 이원화시키자는 대통령 4년 중임제 개헌을 주장한 바 있다.[447] 김의장의 표면적 명분은 국민투표라는 개헌의 절차의 어려움으로 35년 동안 개헌을 못했다는 점을 내세워 국회에서 부정선거로 선출된 국회에서 간소화시켜 개헌을 하자는 취지이다. 국민을 배제한 개헌은 주권자인 주인을 배제한 반민주적인 정치 대리인들만의 잔치밖에 안된다. 그렇지 않아도 정치의식의 민도가 낮아서 옳고 그름을 구분 못해 전과 4범이자 온통 사법 리스크가 덕지덕지 붙은 후보에 대한 지지도가 가장 높은 이 나라 국민들의 수준으로는 가만히 놔둬도 망하게 되어 있는 것이 우리의 현실이다. 개헌의 방향은 국민을 위한 자유민주주의가 되도록 보다 강화시키는 방

---

447  한겨레, 「김진표 "개헌 절차 완화해야…'의원 3분의 2 동의' 연성 개헌도 검토 필요"」, 2022.07.28., https://www.hani.co.kr/arti/politics/politics_general/1052693.html

향이어야 하며, 계급적 계층적 이해관계를 초월한 국민을 위한 개헌이
되어야 한다. 6.25, 5.16이나 4.19나 5.18 등 좌우 어느 한 편으로 편향된
정치세력의 이해관계에 따른 역사적 사건을 배제시키고 순수한 자유민
주주의만을 위한 헌법이 되어야 한다. 헌법 전문은 역사적 사건을 기록
하는 여야 정치의 기록물을 기록하는 정치적 이해관계의 선전장이 되어
서는 안된다. 그리고 반드시 국민공청회를 장기간에 걸쳐 개최하여 국민
의 주권을 행사할 정도의 의식수준을 갖고 개헌을 해야 진정한 국민주권
주의가 반영된 개헌이라 할 수 있다. 주권의식이 없는 국민은 국민이 아
닌 백성이나 머슴, 또는 괴뢰나 노예에 불과하다. 따라서 국민투표는 거
수기적 무지한 국민투표가 아닌, 헌법적 지식을 바탕으로 주권 의식이
살아있는 의지적 선택이어야 한다. 또한 탄핵 등 헌법재판소의 단심제를
보완하기 위해서는 재심법원을 별도로 두어 재심 이유가 인정될 근거가
있다면 자유롭게 재심을 청구할 수 있게 하며, 필요하면 개헌 때 헌법재
판소를 폐지하고 재심법원과 대법원이 헌법재판소의 기능을 대신하도록
한다.

이러한 국민주권주의적 국민투표가 되려면 저하될 대로 저하된 우
리 국민의 의식 수준을 높여야 된다. 우리 국민의 의식수준이 저하될 대
로 저하된 이면에는 초, 중고교의 교육과정에서 올바른 국민의 주권의식
을 확립시키는 자유민주사상교육의 부재와 현대사교육의 부재, 그리고
통일안보교육의 부재때문이다. 뿐만 아니라 자유민주주의와 대척점에 있
는 공산주의 사상에 대한 비판과 대안 능력이 없기 때문이기도 하다. 이
를 국민교육으로 보완하지 않으면 자유민주주의를 수호할 수 없다.

따라서 이러한 국민의식의 위기를 극복하기 위해서는 자유민주주의

의 보편적 가치를 기반으로한 역사관과 가치관을 갖게 하는 국민사상교육을 실시한 결과, 자유민주적인 국가관이 정립되어야 국민통합은 물론 여야의 극단적 갈등이나 흑백논리, 마타도어, 당리당략으로 흘러가는 정치를 정상화시킬 수 있다.

이렇게 우리 사회는 대선정국과 개헌정국과 분열된 국민의식으로 인한 혼란한 정국인 3대 정국과 이를 해결해야 하는 3대 과제가 놓여 있다. 이를 극복하는 길이 국민통합이다. 국민통합에는 중심이 있어야 한다. 국민통합조차 정치적으로 이용하는 나라가 됐지만 진정한 국민통합은 사랑과 자유민주주의 이념에 의한 국민통합이다.

그러나 근본적으로 들어가면 무엇보다 국민통합의 근간은 사랑이다. 상대를 위하고 존중하는 사랑이야말로 국민통합의 가장 커다란 힘이요, 근원이자 능력이다. 따라서 자유민주주의의 중심은 사랑이다. 이렇게 볼 때 자유민주주의를 무조건 수호만 해서는 안된다. 수호만 해서는 발전이 안된다. 수호만 하면 그 나라 국민에 의해 침범당하기도 하기 때문에 침범당하지 않을 정도로 발전시켜야 한다. 자유민주주의는 법과 제도만으로 지킬 수 없다. 사랑과 도덕과 윤리를 바탕으로 자유민주주의를 수호하고 발전시켜서 완성시켜야 한다. 소생, 장성, 완성의 3단계를 거쳐 완성적 자유민주주의를 성취해야 한다. 사랑에는 자유가 있지만 책임도 있으며, 종교와 이념과 인종과 문화 등이 다름으로 인해 차별하지 않지만 획일이 아닌 포용과 조화와 협력을 추구한다. 또한 사랑은 원리원칙을 근간으로 한 도덕과 윤리를 지향하지만 그 이상이요, 비도덕적이고 반윤리적인 행태에 대해서는 매우 엄격하다. 그리고 사랑은 창조적이고 창의적이며, 공생과 협동을 지향한다. 사랑은 자주적이고 헌신적이며 건설적이어서 문명의 발전과 인류공영과 신문화의 창달에 기여한다. 사랑은 근면하여 쉬지 않고 상대와 이웃과 사회, 국가와 민족, 세계를 위하여 평화의 이상 세계를 구현하기 위해 열망하는 진취적 원동력이다. 그러므로 자유민주주의가 지향하는 궁극적 목적은 사랑과 평화의 이상세계인 것이다.

# 이재명 '민주당의 반란'과 12.3 비상계엄

**인쇄일**   2025년 5월 03일
**발행일**   2025년 5월 08일

**저 자**   이재호

**펴낸곳**   도서출판 오색필
**주 소**   서울특별시 중구 필동로 42-1 상원빌딩 2층
**이메일**   areumy1@naver.com

ISBN   979-11-988339-6-9(03340)
       값 28,000원